刘总监解车热线书系

汽车发动机维修

轻松入门800问

刘汉涛 编著

机械工业出版社
CHINA MACHINE PRESS

《汽车发动机维修轻松入门 800 问》是“刘总监解车热线书系”之一。本书将复杂的发动机构造与原理以一问一答的形式展现在您的眼前，提出的问题具有较强的普遍性和针对性，给出的解答和采取的措施具有较强的实用性和可操作性。它突出理论与实践相结合，强调即学即用，是发动机维修人员贴身的“专业老师”，问您所想、答您所问是本书的最大特点。

本书的读者对象是发动机的初学者以及从事发动机维修的社会各界人士。因此，本书在编写过程中力争做到通俗易懂、形象直观、图文并茂和全面翔实。初学者可以通过本书达到入门提高的效果；有基础的读者也可以通过本书学到更多的技巧和更专业的技术知识，从而以一种更加从容不迫的心态笑傲职场。

汽车发动机维修轻松入门 800 问

图书在版编目（CIP）数据

汽车发动机维修轻松入门800问 / 刘汉涛编著. —
北京：机械工业出版社，2015.10
（刘总监解车热线书系）
ISBN 978-7-111-51839-6

Ⅰ.①汽… Ⅱ.①刘… Ⅲ.①汽车—发动机—车辆修理—问题解答 Ⅳ.①U472.43-44

中国版本图书馆CIP数据核字（2015）第245907号

机械工业出版社（北京市百万庄大街22号 邮政编码100037）
策划编辑：李 军 孙 鹏 责任编辑：李 军 孙 鹏
责任校对：张玉琴 责任印制：乔 宇
北京画中画印刷有限公司印刷
2016年1月第1版第1次印刷
184mm×260mm · 13 印张 · 417 千字
0001—4000册
标准书号：ISBN 978-7-111-51839-6
定价：68.00元

凡购本书，如有缺页、倒页、脱页，由本社发行部调换
电话服务 网络服务
服务咨询热线：010-88361066 机工官网：www.cmpbook.com
读者购书热线：010-68326294 机工官博：weibo.com/cmp1952
010-88379203 金书网：www.golden-book.com
封面无防伪标均为盗版 教育服务网：www.cmpedu.com

前言

问您所想，答您所问

发动机作为汽车上一个看得见摸得着的重要总成，它像人一样，也是“生命”之物，有体温、有血液、有呼吸系统、有消化系统，更有四肢。发动机也有“个头”，个头大小不一样，导致汽车产生的“劲”也就千差万别，身大力不亏是对发动机个头的最好描述。

本书将复杂的发动机构造与原理以一问一答的形式展现在您的眼前，全书以发动机的几大机构和系统为主线，以发动机维修人员应知应会为重点，详细讲解了发动机基础知识、曲柄连杆机构、配气机构、润滑系统、冷却系统、供给系统、起动系统、点火系统和电控系统，提出的问题具有较强的普遍性和针对性，给出的解答和采取的措施具有较强的实用性和可操作性。它突出理论与实践相结合，强调即学即用，是发动机维修人员贴身的“专业老师”，问您所想、答您所问是本书的最大特点。

本书适用于发动机的初学者以及从事发动机维修的社会各界人士。因此，本书在编写过程中力争做到通俗易懂、形象直观、图文并茂和全面翔实。初学者可以通过本书达到入门提高的效果；有基础的读者也可以通过本书学到更多的技巧和更专业的技术知识，从而以一种更加从容的心态笑傲职场。

由于本书涉及的知识面广、讲解内容新，书中提出的问题、给出的解答均是作者个人的看法，不当与疏漏之处在所难免，恳请广大读者给予谅解与宽容。

刘汉涛

目　录

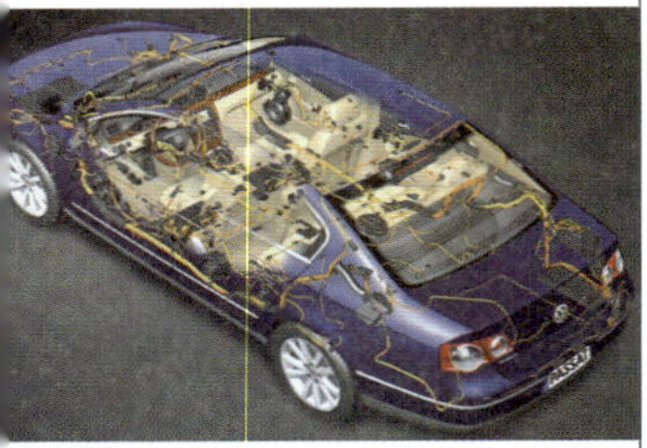

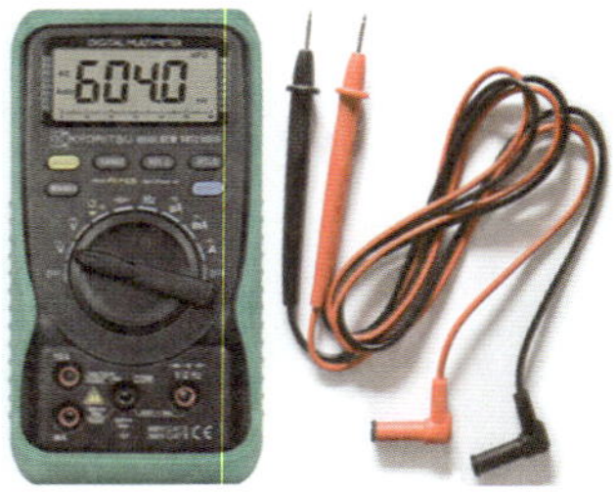

CONTENTS

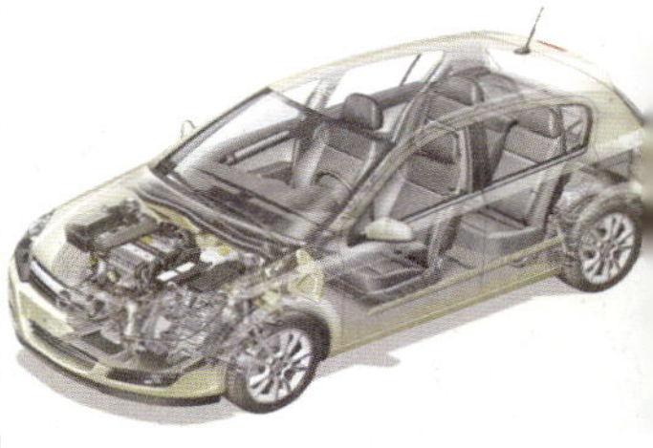

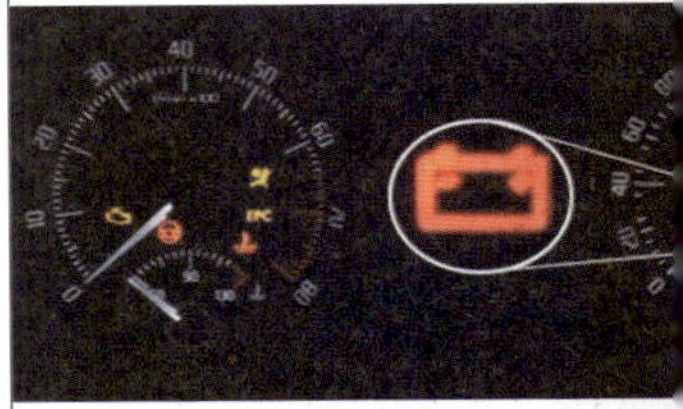

目　录

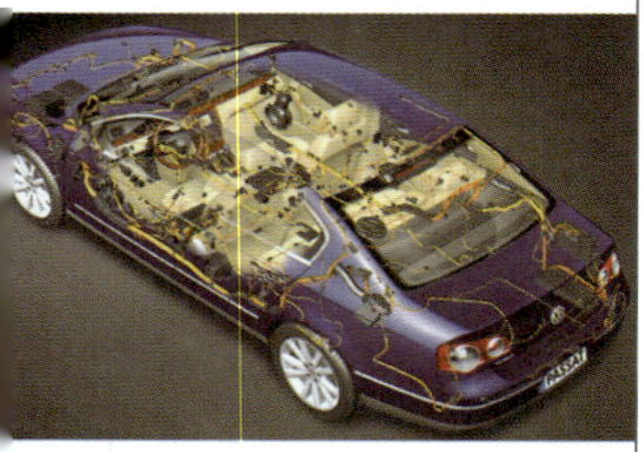

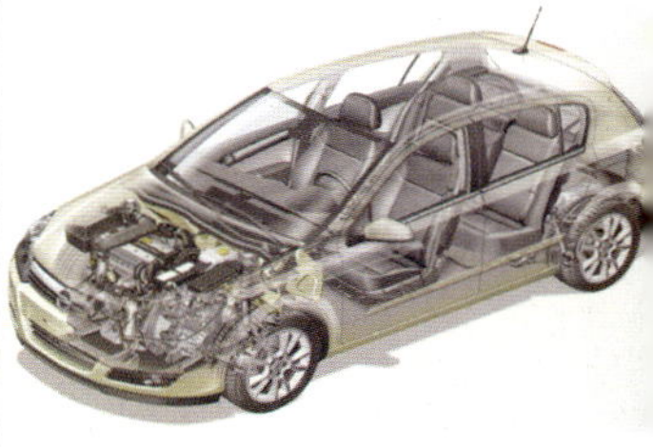

LO
AUTO
ECON
ON/OFF

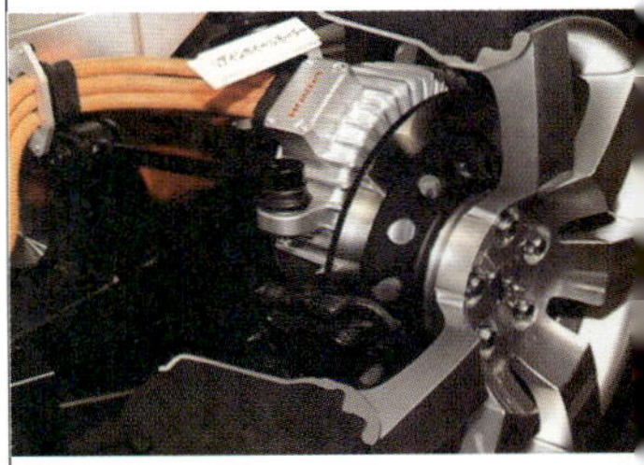

目　录

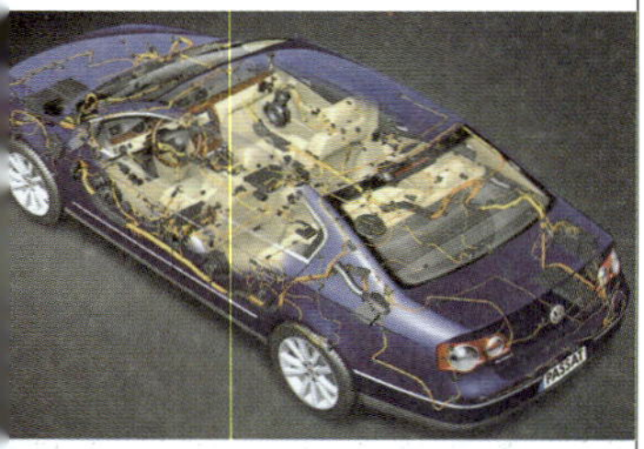

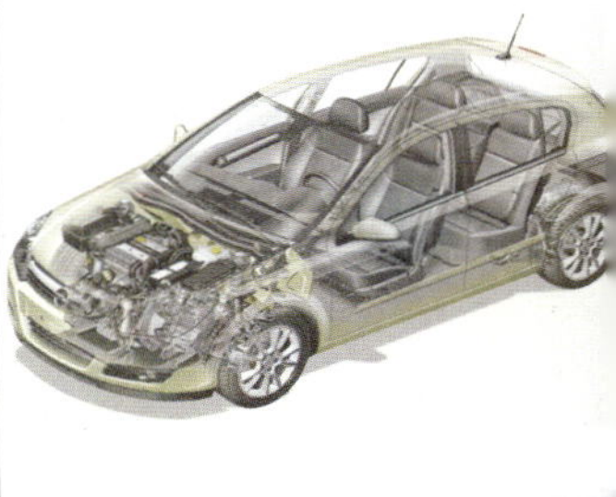

LO
AUTO
ECON ON/OFF

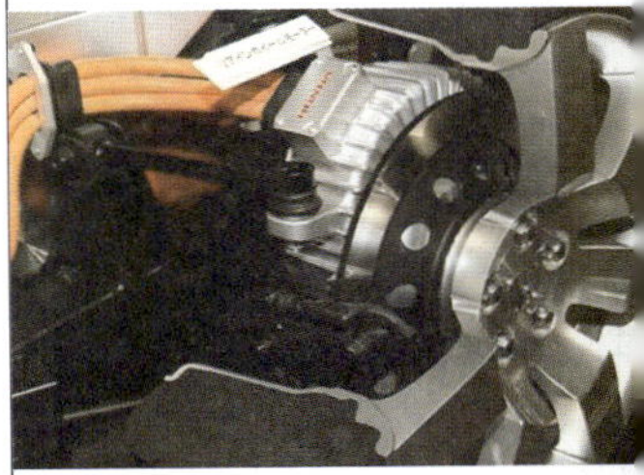

目 录

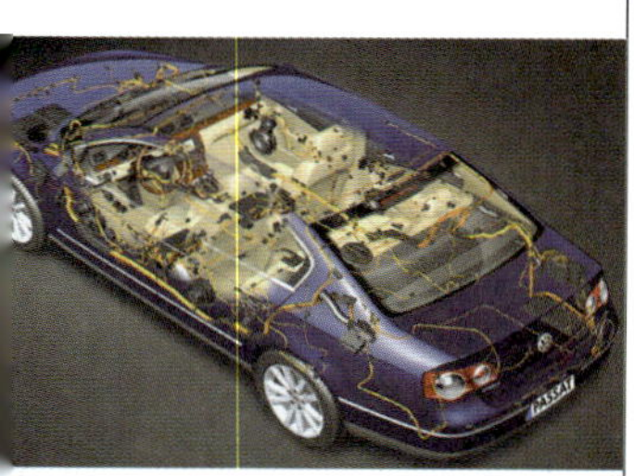

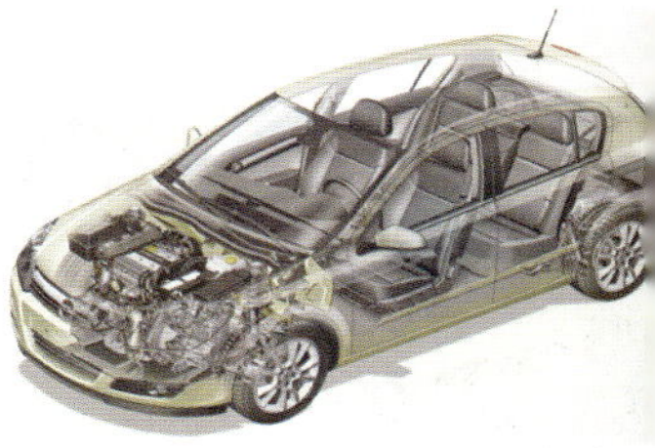

AUTO
LO
ECON

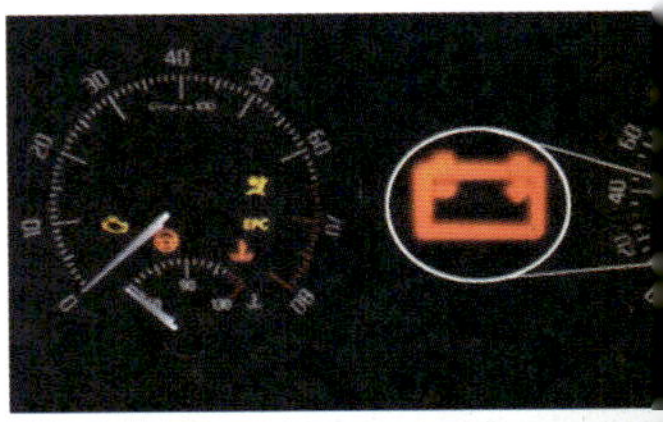

目　录

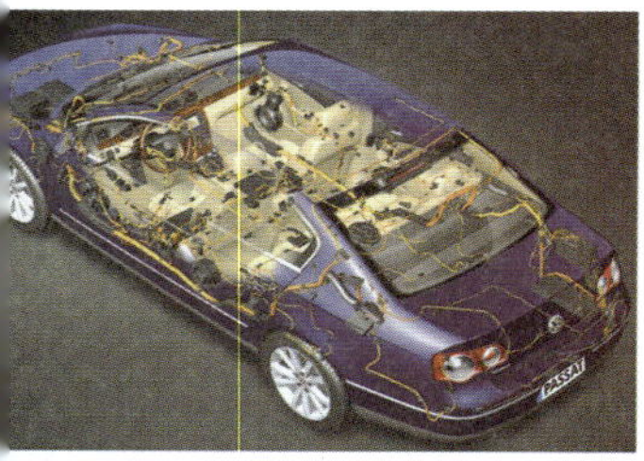

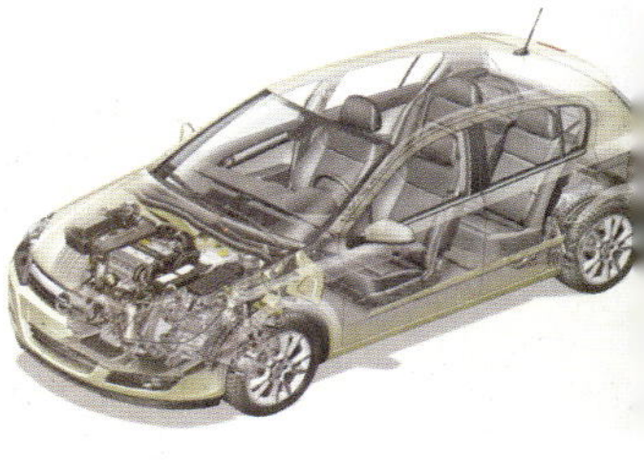

AUTO
LO
ECON
ON/OFF

ODYSSEY
ODYSSEY
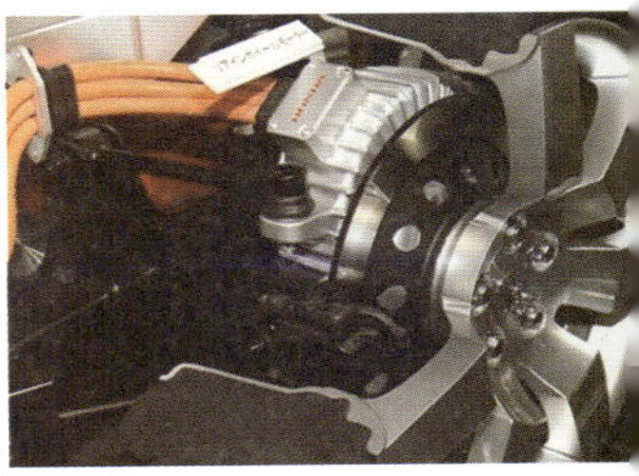

目　　录

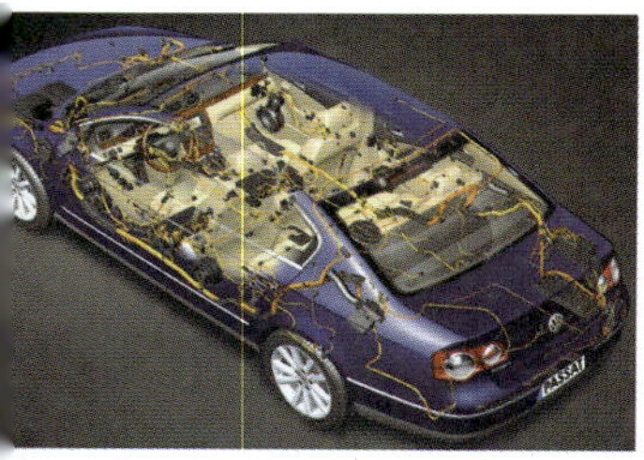

第一章 发动机基础知识

1. 什么是发动机?

发动机是一种动力源，是将其他形式的能量转变为机械能的一种机械装置。汽车所采用的发动机是内燃机。内燃机是燃料在发动机内部燃烧的一种热力机。内燃机每实现一次热功转换都要经历一系列连续的工作过程，从而构成一个工作循环。

2. 什么是化油器式发动机?

早期的汽油机是把汽油和空气在化油器内混合成可燃混合气，再吸入气缸加以压缩，然后用火花塞产生的电火花点火使之燃烧而发热做功，这种发动机被称为化油器式发动机。

化油器

3. 什么是汽油喷射式发动机?

现代汽油机是将汽油直接喷入进气歧管或气缸内，与空气混合形成可燃混合气，再用电火花点燃，这种发动机被称为汽油喷射式发动机。

狄塞尔发动机

4. 什么是狄塞尔发动机?

德国工程师鲁道夫·狄塞尔设想将吸入气缸的空气高度压缩，使其温度超过燃料的自燃温度，再用高压将燃料喷入气缸，使之着火燃烧。他首创的压燃点火式内燃机（柴油机）于 1897 年研制成功。后人为纪念这位发明家，于是把这种发动机称为狄塞尔发动机，也就是现在所使用的柴油发动机。

5. 什么是汪克尔发动机？

1954 年，德国人汪克尔发明了三角转子旋转活塞式发动机，简称为转子发动机。后人为纪念这位发明家，就把这种发动机称为汪克尔发动机。

6. 什么是前置发动机？

发动机放置在车前部，即放在前轴之前为前置发动机。对于目前占主流的前轮驱动而言，前置发动机简化了变速器与驱动桥的结构，使变速器与驱动桥安装在一个壳体内，称为变速驱动桥。因此，发动机的动力直接传输到前轮上，省略了长长的传动轴，不但减少了功率传递损耗，也大大降低了底盘传动系统的复杂性和故障率。

另外，将发动机放置在驾驶人的前方，在正面撞车时，发动机可以保护驾驶人免受冲击，从而提高了汽车行驶时的被动安全性。

7. 什么是中置发动机？

发动机放置在前轴与后轴之间为中置发动机。可以这么说，中置发动机的汽车肯定是后轮驱动或者四轮驱动。汽车在转弯时，其各个部分因为惯性作用都会向弯外移动，而发动机是汽车中质量最大的部分，所以，发动机因惯性而对车体的作用力对汽车在转弯中的转向有至关重要的影响。

中置发动机的特点就是将车辆中惯性最大的发动机置于汽车中央，这是使汽车获得最佳运动性能的主要保证，因为汽车的车体重量分布接近理想平衡。

一般来说，只有那些超级跑车或者讲究驾驶乐趣的跑车才采用中置发动机。

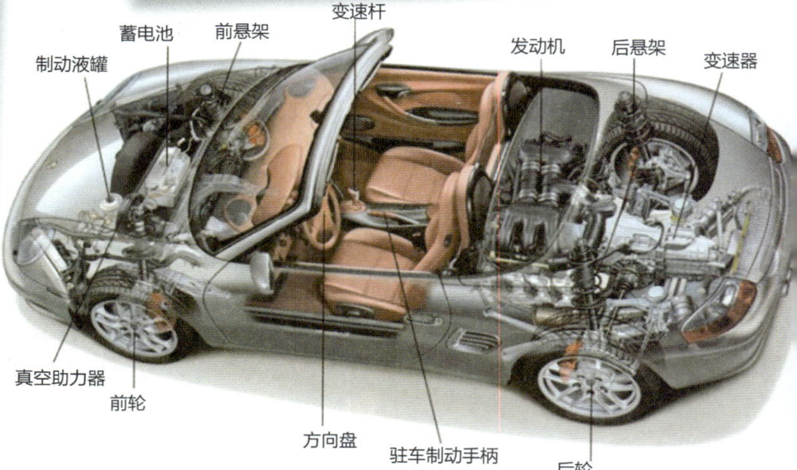

中置发动机位置示意图

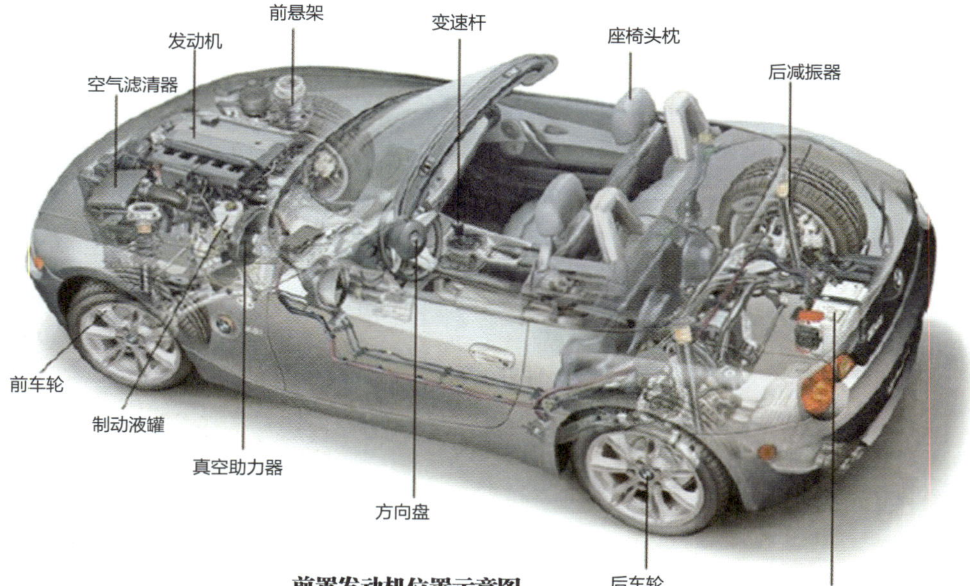

前置发动机位置示意图

8. 什么是后置发动机?

发动机放置在后轴的后部为后置发动机。可以这么说，将发动机放置在后轴的后部是最纯正的后置发动机。其最具代表性的就是大客车，而后置发动机的乘用车屈指可数，最具代表性的就是保时捷 911。

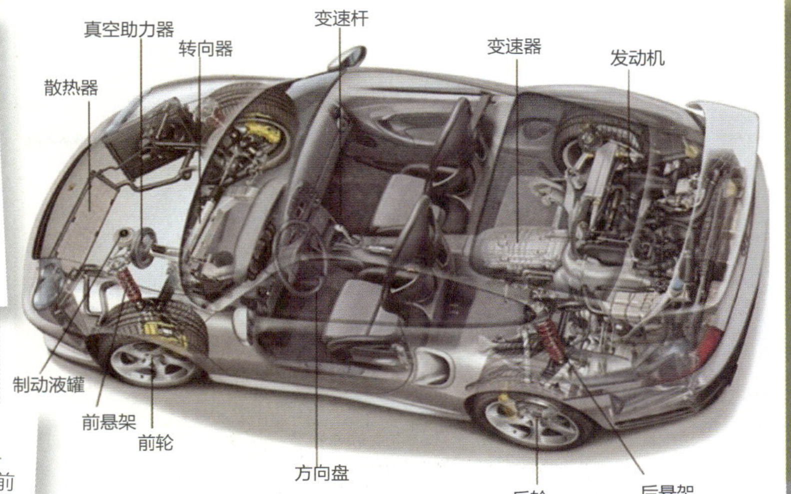

后置发动机位置示意图

9. 什么是横置发动机?

横置发动机就是发动机和汽车的前轴平行。可以这么说，你站在车头前，打开发动机舱盖后面向发动机，如果发动机横着放在你的眼前，那就是横置发动机。

一般前驱的紧凑型轿车、大多数的中级轿车和少数高级轿车都采用横置发动机的布置方式。

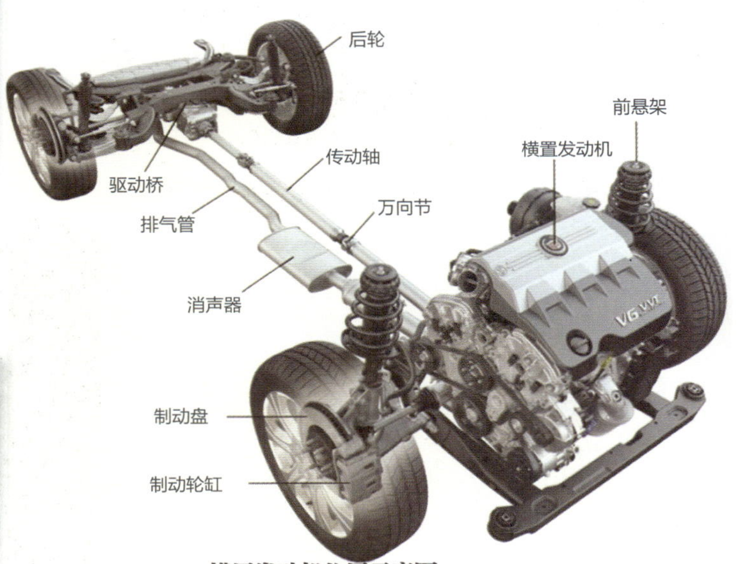

横置发动机位置示意图

10. 什么是纵置发动机?

纵置发动机就是发动机和汽车的前轴垂直。可以这么说，你站在车头前，打开发动机舱盖后面向发动机，如果发动机竖着放在你的眼前，那就是纵置发动机。

一般后轮驱动或者四轮驱动都采用纵置发动机，因为动力要传递到后驱动桥上，在传动距离无法缩短的情况下，就要尽可能减少动力的方向转换。如果采用横置发动机，因为曲轴和传动轴的方向垂直，所以先要转换一次方向以通过传动轴传输动力，但是传动轴的方向和后驱动桥的方向也是垂直的，在后驱动桥需要再将旋转方向转换过来，这无疑降低了传动系统的效率。而使用纵置发动机就可以使曲轴与传动轴平行，减少了一次传动方向的转换，降低了能量的损失。

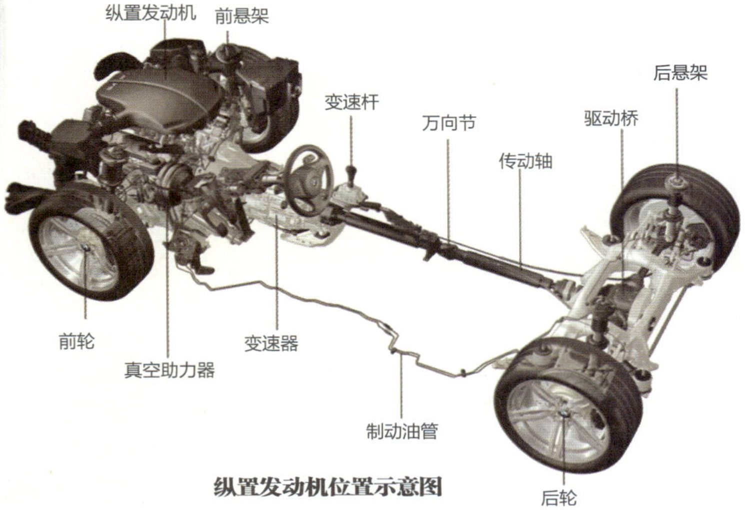

纵置发动机位置示意图

11. 什么是反置发动机?

“反置”是横置发动机的一种特殊布置方式，通常的横置发动机采用排气歧管在前，进气歧管在后的布置方式，简单地说就是“前出后进”。如果将进、排气歧管的位置调换，将进气歧管置于前端，排气歧管置于后部，变成“前进后出”，就是所谓的反置发动机了。

只有横置发动机才有“正反置”之说，纵置发动机进、排气歧管在左右两端，互换并没有什么差别，所以是没有这样的说法的。

反置发动机示意图

12. 反置发动机有何优势?

反置发动机的优势在于进气歧管处在迎风面，能够更好地降低进气温度，温度的下降使空气密度提高，单位体积内的氧含量也随之提升，能够使燃烧更加充分，提高效率，有效降低油耗。对于缸外喷射的发动机而言，反置式的布置使得供油管路也随进气歧管移到了前方，有更好的散热效果。而排气歧管后移的设计，使排气歧管不再经过发动机下方，可以使发动机位置整体下移，有效降低重心，并且排气管与发动机距离更远，降低了散热系统的热负荷，也避免了高温尾气对油底壳的影响。

14. 什么是 L 型发动机?

L 型发动机又称直列（Line Engine）发动机，这种布局的发动机所有气缸均是按同一角度并排成一个平面，并且只使用了一个气缸盖，同时其缸体和曲轴的结构也要相对简单，好比气缸们站成了一列纵队。

L 型发动机一般是垂直布置的，但为了降低高度，有时也把气缸布置成倾斜的甚至水平的。这种排列形式的气缸体结构简单，加工容易，但长度和高度较大。一般 6 缸以下发动机多采用 L 型发动机，如 L4 型发动机、L5 型发动机和 L6 型发动机等。

本田可变排量发动机

13. 可变排量发动机是怎么回事?

通常为了获得较大的动力，需要将发动机的排量增大，如 8 缸、12 缸发动机的动力就非常强劲，但付出的代价就是油耗增加。尤其是在不需要大功率输出时，燃油就白白浪费掉了，而发动机的可变排量就可以很好地解决这个问题。

可变排量就是根据工况需要而改变参加工作的气缸数量。那么，发动机怎么来实现排量的改变呢?简单地说，就是通过控制进气门和油路来开启或关闭某个气缸的工作状态。比如一台 4 缸可变排量发动机，可以根据实际工况需要，实现 2 缸、4 缸两种工作模式，以降低油耗，提高燃油的经济性。

本田公司研发的可变气缸管理技术 VCM 的全称为 Variable Cylinder Management，它可通过关闭个别气缸的方法，使 3.5L 的 V6 发动机可在 3 缸、4 缸、6 缸三种工作模式之间变化，使得发动机排量也能在 1.75 ~ 3.5L 之间变化，从而大大节省燃油。

15. 什么是 V 型发动机？

V 型发动机就是将所有气缸分成两组，把相邻气缸以一定夹角布置在一起，使两组气缸形成有一个夹角的平面，从侧面看气缸成 V 字形，故称 V 型发动机。

V 型发动机使用了两个气缸盖。它的特点是缩短了发动机的长度和降低了发动机的高度，但加大了发动机的宽度，且形状复杂，加工困难，一般多用于缸数多的大功率发动机上。如 V6 型发动机、V8 型发动机和 V10 型发动机等。

16. 什么是 VR 型发动机？

V 型发动机的气缸夹角一般为 60° ~ 90°，并且使用两个气缸盖，这样占用的空间很大，所以，科研技术人员研究出了 VR 型发动机，其气缸夹角仅为 15°，而且只使用了一个气缸盖，堪称汽车动力系统里的一朵奇葩。

VR 型发动机的气缸夹角非常小，两列气缸接近平行，气缸盖上火花塞的孔几乎并在一条直线上。VR 型发动机的特点就是体积特别小，所以，非常适用于大众车系的前置发动机。VR 型发动机非常紧凑，虽然是 V 型机，但由于两列气缸相离很近，所以，只需要一个气缸盖就可以，比 V 型发动机成本低很多。

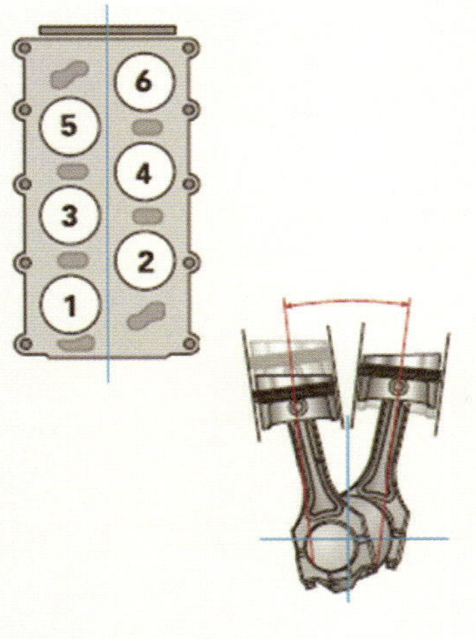

VR6 型发动机活塞排列示意图

17. 什么是 W 型发动机？

W 型发动机是根据模块化设计原则糅合了两个 VR 气缸组。单个气缸组内气缸之间的夹角为 15°，两个 VR 气缸组之间的夹角为 72°。W 型发动机的最大优点是节省空间，能够在一定空间中紧凑地放置更多数量的气缸，如 W12 型发动机用接近 V8 型发动机的体积塞下 12 个气缸。这种发动机只在大众和奥迪等少量车上可以见到。现有四种 W 型发动机：W8、W12、W16 和 W18。

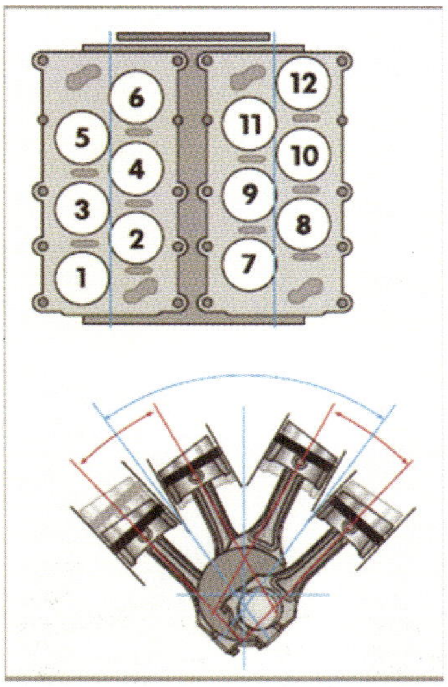

W12 型发动机活塞排列示意图

18. 什么是 H 型发动机？

H 型发动机将气缸排成两列，两列之间的夹角为 180°，即两列气缸平行放置，因此，这种发动机也称为水平对置发动机。水平对置发动机的整体高度大大降低，长度有所缩短，发动机外形看上去更为扁小，其优点就是降低了整车重心，令车辆行驶更加平稳，实现了汽车应有的敏捷性，降低了侧翻的可能。

由于水平对置发动机的制造成本和工艺难度相当高，所以，目前世界上只有德国保时捷和日本斯巴鲁两个厂商在使用。

H 型发动机

19. H 型发动机有什么优势？

水平对置发动机的重心低。它的气缸为“平放”，而不是像 V 型或 L 型发动机那样“斜放”或“立放”，因此，降低了汽车的重心，同时又能让车头设计得又扁又低，这两个因素都能增强汽车的行驶稳定性。

水平对置发动机本身就左右对称，因此，它可使变速器等放置在车身正中，让汽车左右重量对称，而不会像大多数汽车那样重心偏向一侧。

水平对置发动机的动力输出轴方向与传动轴方向一致，因此，不需要改变动力传递方向或利用齿轮传动，而是可以直接与离合器、变速器对接，动力传递效率较高，使汽车的起跑和加速更迅猛。

水平对置发动机具有上述的诸多优势，那为什么其他厂商没有研制水平对置发动机呢？除了因为水平对置结构较为复杂外，还有如机油润滑等问题很难解决。横置的气缸因为重力的原因，会使机油流到下部，使一边气缸得不到充分的润滑。显然，保时捷和斯巴鲁都很好地解决了众多技术难题。

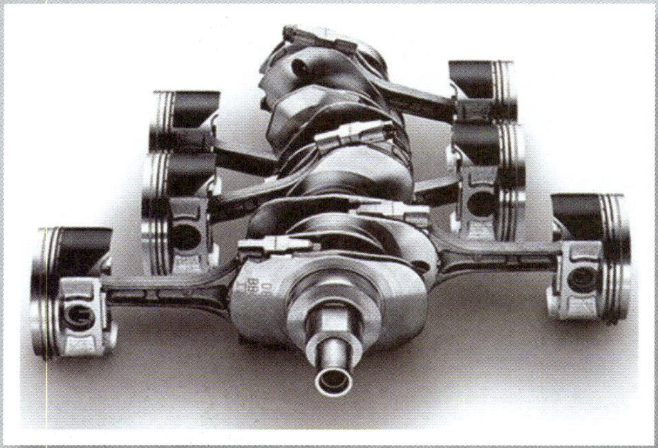

H 型发动机活塞排列示意图

20. 发动机按所用燃料如何分类？

发动机按照所使用燃料的不同可以分为汽油发动机、柴油发动机和气体燃料发动机 3 类。使用汽油为燃料的发动机称为汽油发动机，简称为汽油机；使用柴油为燃料的发动机称为柴油发动机，简称为柴油机；使用天然气、液化石油气和其他气体燃料的发动机称为气体燃料发动机。

21. 发动机按行程数目如何分类？

发动机按照完成一个工作循环所需的行程数目可分为四行程发动机和二行程发动机。曲轴转两圈（720°），活塞在气缸内上、下往复运动四次，完成一个工作循环的发动机称为四行程发动机；曲轴转一圈（360°），活塞在气缸内上、下往复运动两次，完成一个工作循环的发动机称为二行程发动机。

22. 发动机按活塞运动方式如何分类？

发动机按照活塞运动方式的不同，可分为往复活塞式发动机和旋转活塞式发动机（转子发动机）两种。往复活塞式发动机的活塞在气缸内做往复直线运动；旋转活塞式发动机的活塞在气缸内做旋转运动。

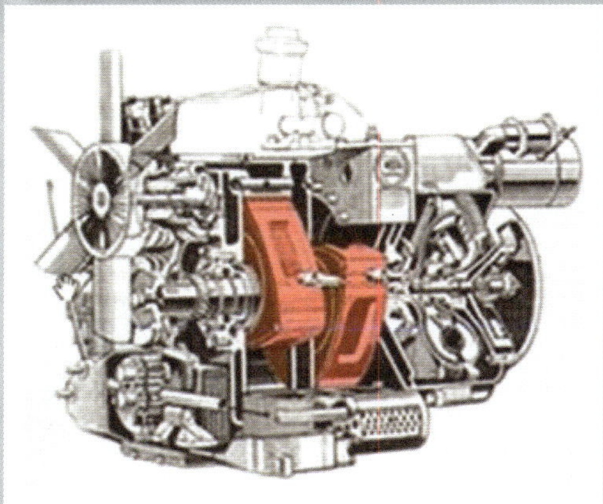

旋转活塞式发动机

23. 发动机按冷却方式如何分类？

发动机按照冷却方式不同可以分为水冷发动机和风冷发动机两种。水冷发动机是利用在气缸体和气缸盖冷却水套中进行循环的冷却液作为冷却介质进行冷却的；而风冷发动机是利用流动于气缸体与气缸盖外表面散热片之间的空气作为冷却介质进行冷却的。

24. 发动机按气缸数目如何分类？

发动机按照气缸数目不同可以分为单缸发动机和多缸发动机。仅有一个气缸的发动机称为单缸发动机；有两个或两个以上气缸的发动机称为多缸发动机，如 2 缸、3 缸、4 缸、5 缸、6 缸、8 缸、12 缸等都是多缸发动机。

奥迪 V8 发动机

25. 发动机按气缸排列方式如何分类？

发动机按气缸排列方式不同可分为 L 型（直列式）发动机、V 型发动机、VR 型发动机、W 型发动机和 H 型发动机。

26. 发动机按进气状态如何分类？

往复活塞式发动机按进气状态不同可分为增压式发动机和自然吸气式（非增压）发动机。若进气是在接近大气状态下进行的，则为自然吸气式发动机；若利用增压器将进气压力增高，进气密度增大，则为增压式发动机。如我们在汽车尾部看到标有字母“T”的即为增压发动机，如 1.8T、2.0TSI 等。

废气涡轮增压发动机

27. 什么是增压？

四行程发动机的工作过程为进气→压缩→做功→排气。用于物理定律的限制：分子有规则运动的机械能可以完全转化为分子无规则运动的热能，热能却不能完全转化为机械能。这样为了提高发动机动力的输出，增加发动机的缸数提高进气量，也就是浪费更多的能量，而工程师们能做的只是仅有的一点改良。既然有物理定律的限制，那么压缩→做功→排气这部分已经不能有大突破了，只能在进气上下文章了。一般来说，对进气的改良就是增加进气量，即对新鲜空气进行预压缩，称为增压。

28. 发动机有几种增压方式？

增压后进入气缸内的新鲜空气量增加，这就意味着可以燃烧更多的燃料，从而可以提高发动机功率，改善其经济性和排放性能。增压方式有以下几种：

1）机械式增压。

2）容积式增压。

3）气波增压。

4）废气涡轮增压。

5）复合增压。

其中，废气涡轮增压是发动机中应用最普遍、最有效的增压方式。

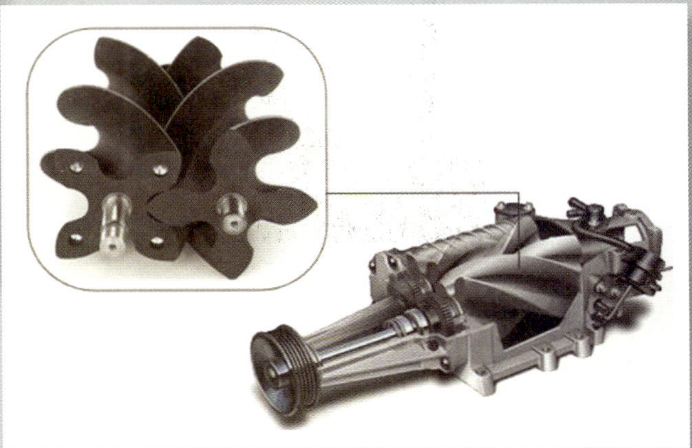

机械增压器转子

29. 发动机由哪几部分组成？

发动机是一台由许多机构和系统组成的复杂机器，现代汽油机的结构形式很多，即使是同一类型发动机，其具体结构也是各种各样的。但就其总体功能而言，基本上都是由如下的机构和系统组成：曲柄连杆机构、配气机构、润滑系统、冷却系统、供给系统、起动系统和点火系统，即汽油机由两大机构和五大系统组成。对于柴油机，其混合气是压燃的，柴油机没有点火系统，因此，柴油机由两大机构和四大系统组成。

30. 什么是上、下止点？

活塞在气缸内做往复直线运动时，当活塞向上运动到最高位置，即活塞顶部距离曲轴旋转中心最远的极限位置称为上止点。

活塞在气缸内做往复直线运动时，当活塞向下运动到最低位置，即活塞顶部距离曲轴旋转中心最近的极限位置称为下止点。

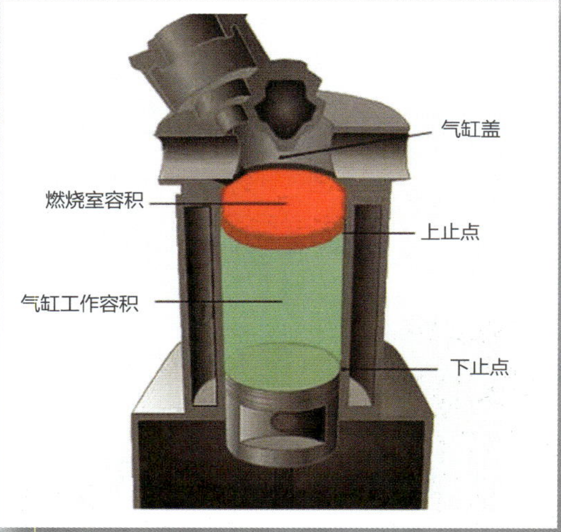

名词术语示意图

31. 什么是行程、曲柄半径和活塞行程？

1）活塞由一个止点到另一个止点运动一次的过程称为行程。

2）曲轴与连杆大端连接的中心到曲轴旋转中心的距离称为曲柄半径。

3）上、下止点间的距离称为活塞行程。活塞的行程是曲柄半径的 2 倍。

32. 什么是气缸工作容积、燃烧室容积和气缸总容积？

1）活塞从一个止点移动到另一个止点所扫过的空间容积称为气缸工作容积，又称为单缸排量，它取决于气缸直径和活塞行程。

2）活塞位于上止点时，活塞顶上部整个空间的容积称为燃烧室容积。

3）活塞位于下止点时，活塞顶上部整个空间的容积称为气缸总容积。即气缸总容积等于气缸工作容积与燃烧室容积之和。

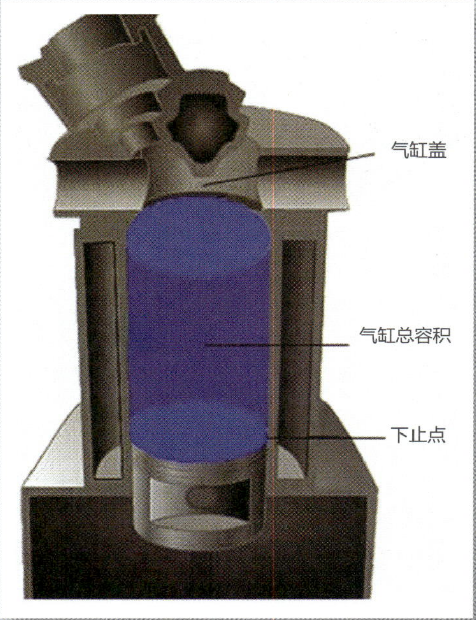

名词术语示意图

33. 发动机排量对轿车有何影响？

多缸发动机所有气缸工作容积的总和称为发动机工作容积或发动机排量，单位是升（L）。

现代轿车的级别划分是以发动机排量作为依据的。发动机排量小于或等于 1L 的属于微型车；发动机排量大于 1L 且小于或等于 1.6L 的属于普通级轿车；发动机排量大于 1.6L 且小于或等于 2.5L 的属于中级轿车；发动机排量大于 2.5L 且小于或等于 4L 的属于中高级轿车；发动机排量大于 4L 的属于高级轿车。

34. 大排量输出大功率吗？

发动机排量是最常见的一个发动机参数，单位是升（L），比如我们在汽车尾部看到的 1.8L、2.4L 等。发动机排量是非常重要的发动机参数，它比缸径和缸数更能代表发动机的大小，发动机的许多指标都同排量密切相关。一般来说，发动机排量越大，输出功率就越大。

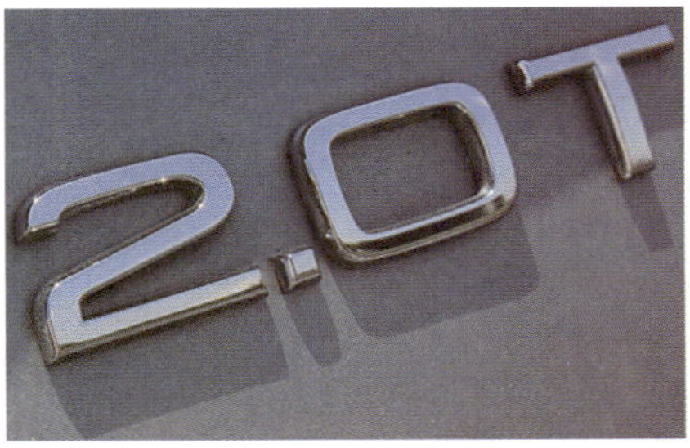

汽车尾部的发动机排量标识

35. 什么是压缩比？

气缸总容积与燃烧室容积之比称为压缩比。压缩比表示活塞由下止点移动到上止点时，气缸内气体被压缩的程度。压缩比越大，压缩终了时气缸内的压力和温度就越高。目前，汽油机的压缩比一般为 7 ~ 12；柴油机的压缩比一般为 16 ~ 22。

36. 压缩比决定发动机“喝”什么油吗？

我的车应该加注什么标号的燃油呢？很多朋友会轻易地给出答案：看发动机的压缩比呗。压缩比越高，所要求的燃油标号就越高，这个论断对于以前的化油器发动机来讲确实是这样的。但随着电喷系统（包括多点顺序喷射、稀薄燃烧等技术）普及多年的今天，再单纯看压缩比的方法判断所需燃油的标号已经不那么准确了。如飞度 1.3L 发动机和标致 2.0L 发动机的压缩比都超过了 10.0，但仍然只需要加注 93 号汽油。因为稀薄燃烧、涡轮增压等技术的应用都会改变发动机对燃油标号的要求。

对于消费者来说，认真遵循厂家说明书中的建议来加注燃油是最稳妥、最正确的做法。因为加注低于发动机要求标号的燃油会导致爆燃，而加注高于标号的燃油是一种浪费。

37. 什么是工作循环？

发动机的活塞在气缸内往复运动时，依次完成进气行程、压缩行程、做功行程和排气行程就构成了一个工作循环，正因为发动机一个工作循环接着一个工作循环地工作，发动机才能持续地运转。

38. 什么是工况？

发动机在某一时刻的运行状况称为工况，以该时刻发动机输出的有效功率和曲轴转速表示。曲轴转速即为发动机转速。

39. 什么是发动机转速？

发动机的转速是指发动机曲轴每分钟所转过的圈数，用字母 n 表示，单位是 r/min。发动机转速的高低关系到单位时间内做功次数的多少。发动机在怠速时转速一般可以达到 700 ~ 900r/min，正常运行时可以达到 3000 ~ 5000r/min。

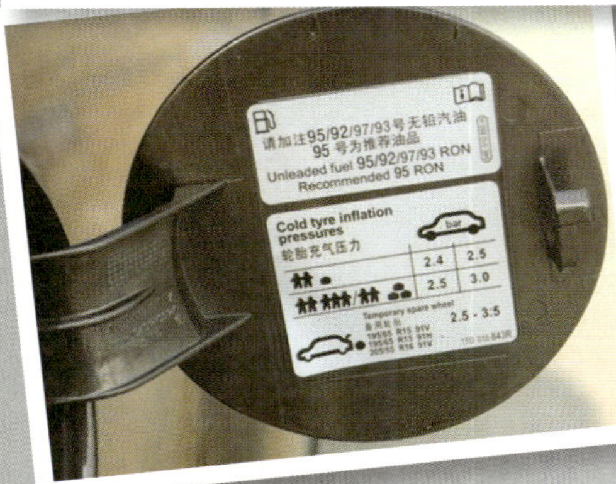

油箱盖上的加油提示语

汽车仪表板

40. 四行程汽油机如何工作？

四行程汽油机的运转是按进气行程、压缩行程、做功行程和排气行程的顺序不断循环进行的。

1）进气行程。进气行程中，进气门打开，排气门关闭，转动的曲轴带动活塞从上止点向下止点运动，气缸内容积增大，压力降低而形成真空，将可燃混合气吸入气缸。由于进气系统的阻力，进气终了时缸内气体的压力略低于大气压力，约为 75 ~ 90kPa，温度约为 370 ~ 440K。

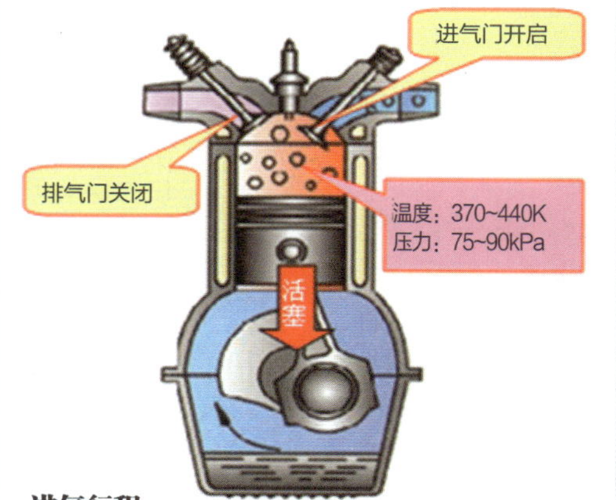

进气行程

2）压缩行程。为使吸入缸内的混合气迅速燃烧，放出更多的热量，从而使发动机发出更大的功率，必须在混合气燃烧前对其进行压缩，使其容积变小、温度升高。为此，在进气终了时便立即进入压缩行程。在此行程中，进、排气门均关闭，曲轴推动活塞由下止点向上止点运动。在压缩终了时，气缸内的压力高达 600 ~ 1200 kPa，温度可达 600 ~ 700K。

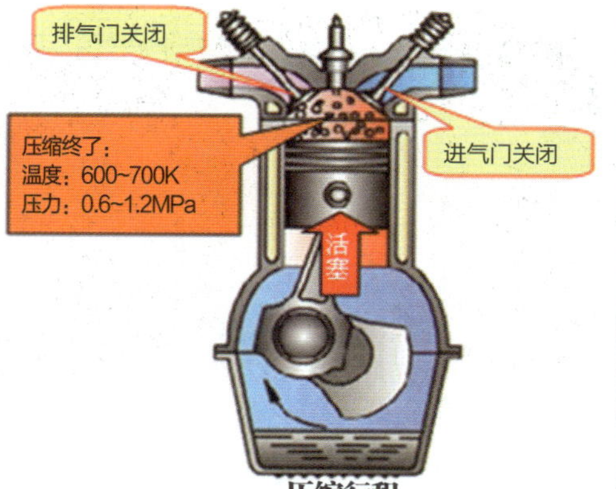

压缩行程

3）做功行程。在压缩行程终了时，火花塞产生电火花点燃混合气。此时，进、排气门仍关闭。由于混合气的迅速燃烧，使缸内气体的温度和压力迅速升高，最高压力可达 5000 ~ 9000kPa，最高温度可达 2200 ~ 2800K。在高温高压气体的作用下，活塞从上止点向下止点运动，活塞的下移通过连杆使曲轴旋转，产生转矩而做功。发动机至此完成了一次将热能转变为机械能的过程。在做功行程终了时，压力降为 300 ~ 500kPa，温度降为 1300 ~ 1600K。

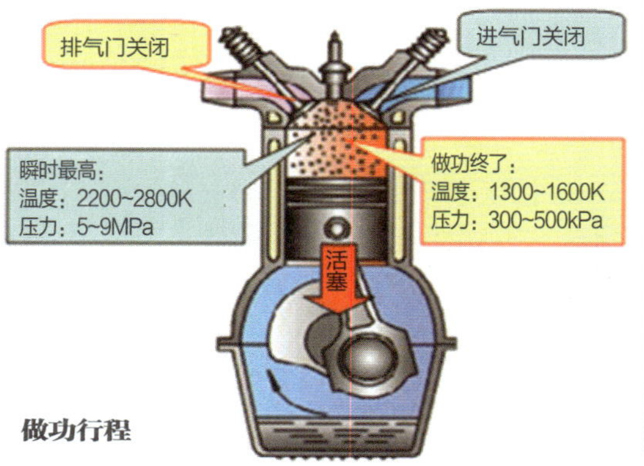

做功行程

4）排气行程。可燃混合气燃烧后成为废气，应从气缸内排出，以便下一个工作循环得以进行。因此，当做功行程接近终了时，排气门开启，进气门仍关闭，废气压力因高于大气压力而自动排出。此外，当活塞越过下止点上移时，还靠活塞的推挤作用强制排气。活塞到上止点附近时，排气行程结束。

曲轴继续旋转，活塞从上止点向下止点运动，又开始了下一个新工作循环。可见四行程汽油机经过进气、压缩、做功、排气 4 个行程完成一个工作循环，这期间活塞在上、下止点往复运动 4 次，相应地曲轴旋转了两圈（720°）。

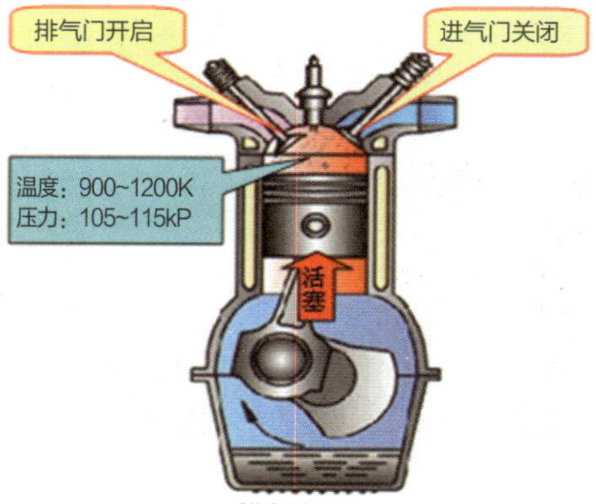

排气行程

41. 四行程柴油机如何工作?

四行程柴油机和汽油机一样，每个工作循环也经历进气行程、压缩行程、做功行程和排气行程。但由于柴油机用的燃料是柴油，其黏度比汽油大，不易蒸发，而其自燃温度却比汽油低，故可燃混合气的形成及点火方式都与汽油机不同。

1）进气行程。它不同于汽油机的是进入气缸的不是可燃混合气，而是纯空气。

2）压缩行程。压缩行程中将进入气缸的纯空气压缩。由于柴油机的压缩比高，压缩终了时的温度和压力都比汽油机高，压力可达 3 ~ 5MPa，温度可达 800 ~ 1000K。

3）做功行程。柴油机在压缩行程终了时，喷油泵将高压柴油经喷油器呈雾状喷入气缸内的高温高压空气中，迅速汽化并与空气形成混合气。此时，由于气缸内的温度远高于柴油的自燃温度，柴油便立即自行着火燃烧，且此后一段时间内边喷油边燃烧，气缸内压力和温度急剧升高，推动活塞下行做功。

做功行程中，瞬时压力可达 5 ~ 10MPa，瞬时温度可达 1800 ~ 2200K；做功终了时，压力约为 0.2 ~ 0.4 MPa，温度约为 1200 ~ 1500K。

4）排气行程。排气行程与汽油机基本相同。排气终了时，气缸内压力约为 0.105 ~ 0.125MPa，温度约为 800 ~ 1000K。

42. 四行程发动机有何工作特点?

1）每一个发动机工作循环，曲轴转两圈（720°），每一个行程曲轴转半圈（180°），进气行程时进气门开启，排气行程时排气门开启，其余两个行程进、排气门均关闭。

2）4 个行程中，只有做功行程产生动力，其他 3 个行程是为做功行程做准备工作的辅助行程，虽然做功行程是主要行程，但其他 3 个行程也必不可少。

3）在发动机运转的第一个工作循环时，必须有外力使曲轴旋转完成进气、压缩行程，着火后，完成做功行程，并依靠曲轴和飞轮储存的能量便可自行完成以后的行程，以后的工作循环发动机无需外力就可自行完成。

43. 四行程汽油机与柴油机有何异同点?

四行程汽油机与四行程柴油机相比，具有以下异同点：

（1）相同点

1）每个工作循环都包含进气行程、压缩行程、做功行程和排气行程，每个行程各占 180° 曲轴转角，即曲轴每旋转两圈完成一个工作循环。

2）4 个活塞行程中，只有一个做功行程，其余 3 个均是耗功行程。显然，在做功行程曲轴旋转的角速度要比其他 3 个行程时大得多，即在一个工作循环内曲轴的角速度是不均匀的。为了改善曲轴旋转的不均匀性，可在曲轴上安装转动惯量较大的飞轮或采用多缸发动机并使其按一定的工作顺序依次进行工作。

（2）不同点

1）汽油机的汽油和空气在气缸外混合（缸内直喷除外），进气行程进入气缸的是可燃混合气。柴油机的柴油和空气在气缸内混合，进气行程进入气缸的是纯空气。

2）汽油机在压缩终了时，靠火花塞强制点火，而柴油机则靠自燃，所以又称汽油机为点燃式发动机，称柴油机为压燃式发动机，即汽油机有点火系统，而柴油机无点火系统。

3）汽油机的压缩比小；柴油机的压缩比大。

4）汽油机的噪声小；柴油机的噪声大。

四行程汽油机

44. 二行程汽油机如何工作？

二行程汽油机在气缸上开有 3 个口，排气口位于做功时活塞全行程的 2/3 处，它稍高于换气口，进气口在气缸的下部，其工作原理如下：

1）第一行程。活塞在曲轴的带动下，由下止点向上止点运动，当活塞上行到将换气口、排气口关闭时，已进入气缸的混合气被压缩，直到活塞运动到上止点，压缩行程便结束。同时，随着活塞上行，曲轴箱容积增大，形成一定的真空度。当活塞上行到进气口露出时，新鲜混合气被吸入曲轴箱内。

刘总监提示：第一行程：活塞上方进行换气、压缩，活塞下方进气；第二行程：活塞上方进行做功、换气，活塞下方混合气被预压，换气过程纵跨两个行程。

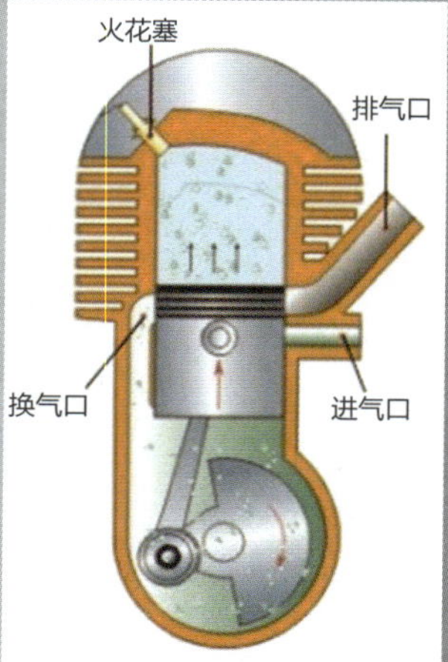

压缩行程

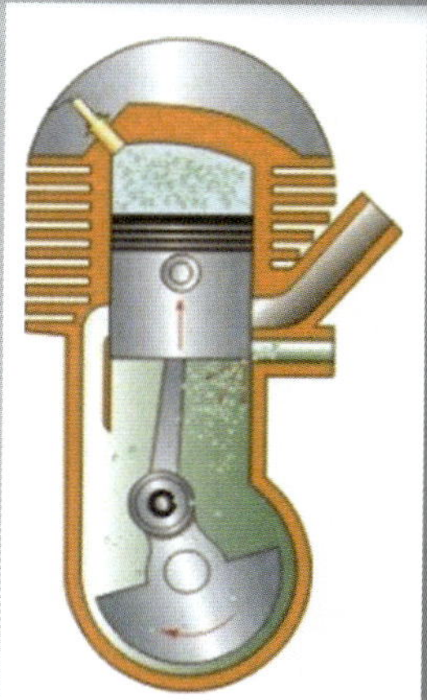
进气行程

2）第二行程。当活塞上行到接近上止点时，火花塞产生电火花，点燃气缸内的可燃混合气，混合气着火燃烧产生高温、高压，在气压的作用下，活塞由上止点向下止点运动，带动曲轴旋转向外输出动力。当活塞下行到将进气口堵死时，随着活塞继续下移，曲轴箱内的新鲜混合气被预压。

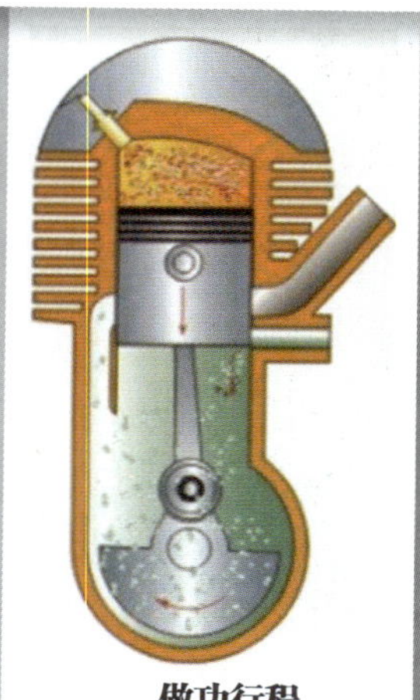
做功行程

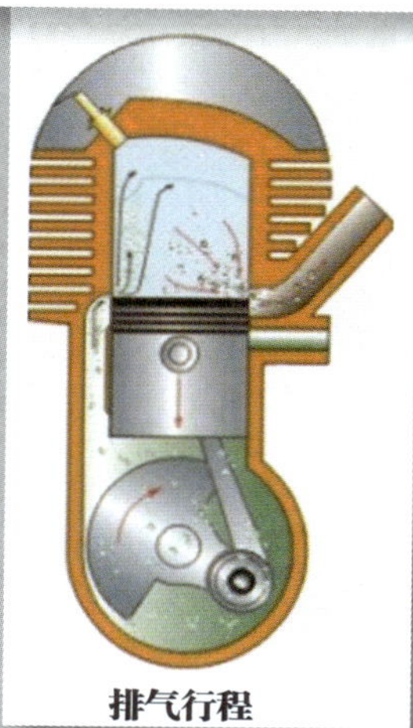
排气行程

45. 为什么排气口稍高于换气口？

在二行程汽油机中，排气口位置稍高于换气口，这样做功行程将要结束时，可使排气口首先露出，气缸内的废气在残压的作用下迅速排出，既有利于排气干净，也可使气缸内的压力迅速降低，便于当换气口露出时，新鲜混合气进入气缸。

46. 为什么活塞顶做成特殊形状？

二行程汽油机的活塞顶部通常做成特殊形状，以便将从换气口进入气缸的新鲜混合气引到气缸的上部。这样既可防止新鲜混合气混入废气内，随废气一起排出气缸，又可驱赶废气，使排气更加彻底。事实上，尽管如此，要完全避免新鲜混合气不随废气排出是不可能的，因此，二行程汽油机的换气“品质”较差。

47. 二行程柴油机如何工作？

有换气泵的单缸二行程柴油机工作原理同二行程汽油机工作原理有很多相似之处，所不同的是进入气缸的不是混合气，而是纯空气。新鲜空气由换气泵提高压力（约 120 ~ 140kPa）后，经气缸外部的空气室和气缸上的进气口进入气缸内，而废气由专设的排气门排出，具体工作原理如下：

1）第一行程。活塞由下止点向上止点运动，行程开始前，进气口和排气口均已开启，由换气泵将提高压力的空气泵入气缸进行换气。当活塞继续上行将进气口关闭、排气门也关闭时，开始压缩缸内的空气。当活塞接近上止点时，喷油器向缸内喷入雾状柴油，柴油迅速与空气混合形成可燃混合气并自行着火燃烧。

2）第二行程。活塞到达上止点后，着火燃烧的高温、高压气体推动活塞下行做功。活塞下行至约 2/3 行程时，排气口开启，废气靠自身压力排出气缸。此后，进气口开启，进行与二行程汽油机类似的换气过程。

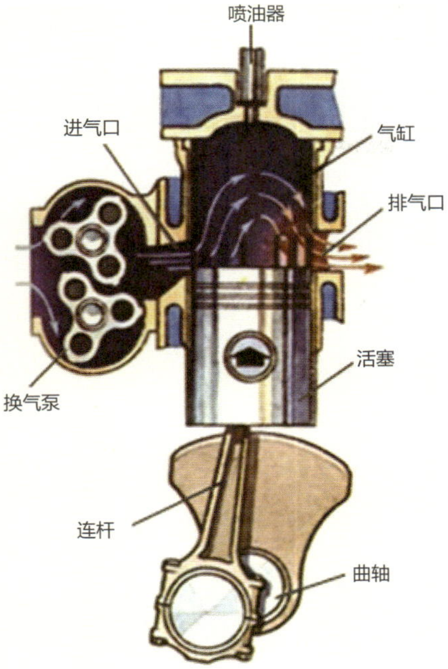

第一行程

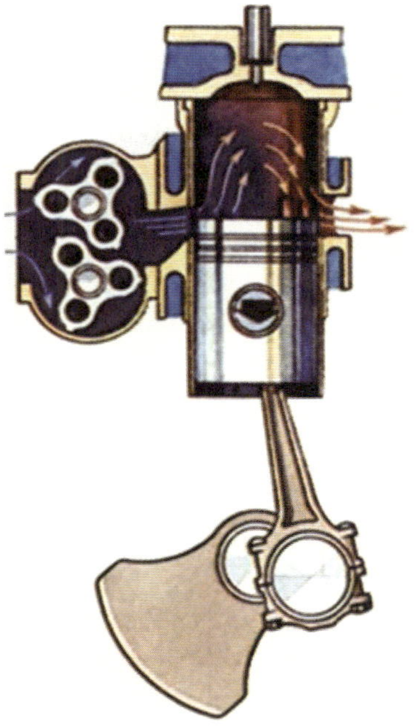
第二行程

48. 二行程发动机有何工作特点？

1）四行程发动机的进、排气是两个分开的专门过程，而二行程发动机单纯的排气（或进气）时间极短，是一个几乎完全重叠的、以新鲜气体清扫废气的换气过程。这样的换气过程不可避免地会发生新鲜气体和废气混合，造成废气难以排净和新鲜气体随废气排出的后果。

2）完成一个工作循环，二行程发动机的曲轴只需转一圈，而四行程发动机的曲轴需要转两圈。因此，当发动机工作容积、压缩比和转速相等时，从理论上讲，二行程发动机的功率应为四行程发动机功率的 2 倍，但实际上只有 1.5 ~ 1.6 倍。这是由于二行程发动机难以将废气排净和新鲜混合气随废气排出，以及为了安排换气过程而较多地损失了高压气体的做功能力，这也使得二行程发动机比四行程发动机的动力性差。

3）当转速相同时，二行程发动机的做功次数较四行程发动机多一倍。因此，二行程发动机运转较平稳，这对单缸发动机来说更为明显。

4）由于二行程发动机没有气门或只有排气门，从而省去了配气机构或使配气机构较为简单，简化了发动机的结构。

49. 转子发动机如何工作？

转子发动机最早是德国科学家汪克尔发明的，所以又叫汪克尔发动机。转子发动机全称为三角活塞转子发动机，它是一种特殊的活塞式发动机。

转子活塞为一个凸弧边三角形，当转子在近似椭圆的外旋轮线缸体内旋转时，弧边三角形的 3 个顶点与缸壁保持接触，从而使转子弧面同缸壁之间形成 3 个相互分隔的工作室。这 3 个工作室的容积大小随转子的转动而周期性变化，转子每旋转一周能完成一次 4 个行程的过程，这四个行程同活塞往复式发动机的 4 个行程相对应，从而形成完整的工作循环。

转子发动机构造图

50. 转子发动机有何优点?

与传统的活塞往复式发动机相比，转子发动机有以下几个突出优点：

1）运动零件更少。双转子发动机主要有 3 个运动零件：两个转子和一个输出轴。而最简单的 4 缸往复活塞式发动机也至少有 40 个运动零件，包括凸轮轴、气门、气门弹簧、气门座、活塞、活塞销、连杆、挺柱、摇臂、正时带、曲轴等。

2）动力输出更顺畅。因为每次燃烧可使转子旋转 90°，并且转子每旋转一周，输出轴将旋转 3 周，所以，每次燃烧可使输出轴旋转 270°。这意味着单转子发动机的一次燃烧可为输出轴的 3/4 的旋转提供动力。而单缸活塞式发动机完成一次燃烧需要曲轴（输出轴）旋转两周，且燃烧使曲轴旋转 180°，也就是说，曲轴每次旋转只有 1/4 能获得动力。

3）运动零件的运动速度更缓慢。由于转子的旋转速度是输出轴的 1/3，因而发动机的主要运动零件的运动速度比活塞式发动机要慢得多，这也有利于提高可靠性。

转子发动机构造分解图

51. 什么是发动机的换气过程?

发动机的进气过程和排气过程统称为换气过程。其任务是将废气尽可能排除干净，吸入更多的气体，使发动机尽可能发出大的功率与转矩。

52. 换气过程包括哪几个阶段?

发动机上一循环排气口开启直到下一循环进气口关闭的整个时期，称为四行程发动机的换气过程，它约占 410° ~ 480° 曲轴转角。根据气体流动的特点，换气过程可分为自由排气、强制排气和进气 3 个阶段。

53. 什么是自由排气阶段?

从排气门开始开启到气缸内压力接近于排气管内压力的时期称为自由排气阶段。此阶段一般在下止点前开始，为了减小排气所消耗的功，同时当排气行程开始时排气门已有较大的开度，排气门应提前开启，一般提前开启 40° ~ 80° 曲轴转角，即我们平时所说的排气提前角。在自由排气阶段分为超临界状态和亚临界状态。

54. 什么是超临界状态?

在排气门开始开启的初期，气缸内压力大于排气管压力 2 倍以上的排气状态，称为超临界状态。此时，通过排气门口的废气流速达到该状态下的声速，当排气温度为 600 ~ 900℃时，可达 500 ~ 600m/s。废气以声速流过排气门口后突然膨胀，产生特殊的噪声，所以，排气系统必须装有消声器。

55. 什么是亚临界状态?

当气缸内压力与排气管压力之比下降到 2 倍以下时，称为亚临界状态。此阶段废气流过排气门口的速度低，不会产生特殊的噪声。

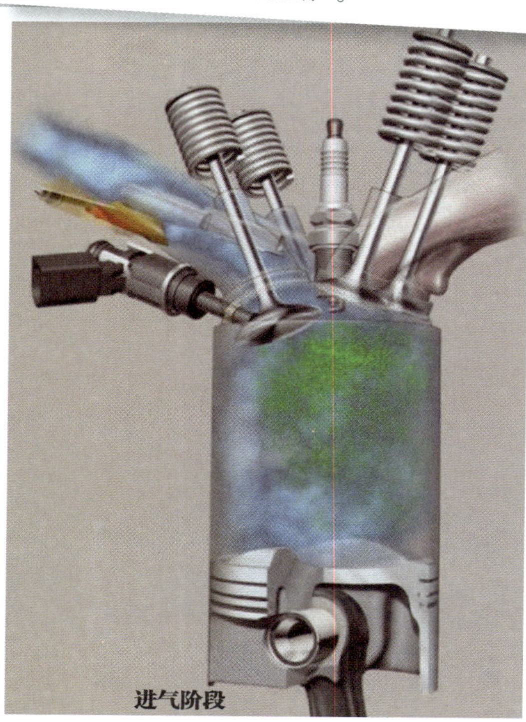

进气阶段

56. 什么是强制排气阶段？

上行的活塞将废气强制排出的阶段称为强制排气阶段。如果排气门在活塞达到上止点时关闭，在活塞接近上止点时，排气门的开度已经很小，这会增大排气阻力，使气缸内残余废气量增加，且增加排气所消耗的功。因此，排气门一般迟后关闭10° ~ 30° 曲轴转角，即我们平时所说的排气迟闭角。

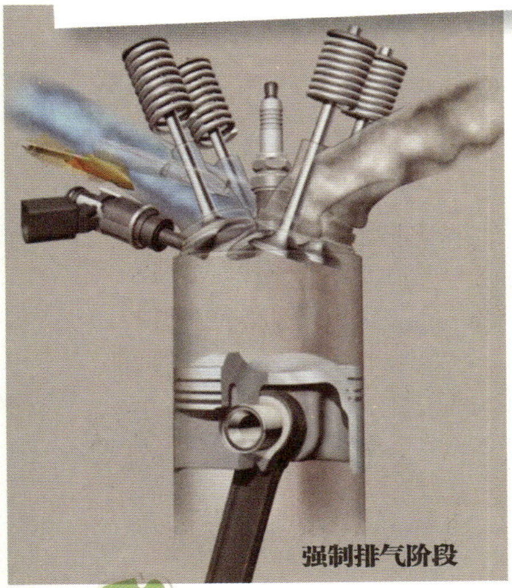

强制排气阶段

57. 什么是进气提前角？

在强制排气的后期，活塞处于上止点前某一曲轴转角时，进气门就开始打开，当活塞到达上止点，进气行程开始时，进气门已有较大的开启面积，可使气体顺利进入气缸。从进气门开始开启到活塞运动到排气行程上止点时，曲轴所转过的角度称为进气提前角，一般为10° ~ 30° 曲轴转角。

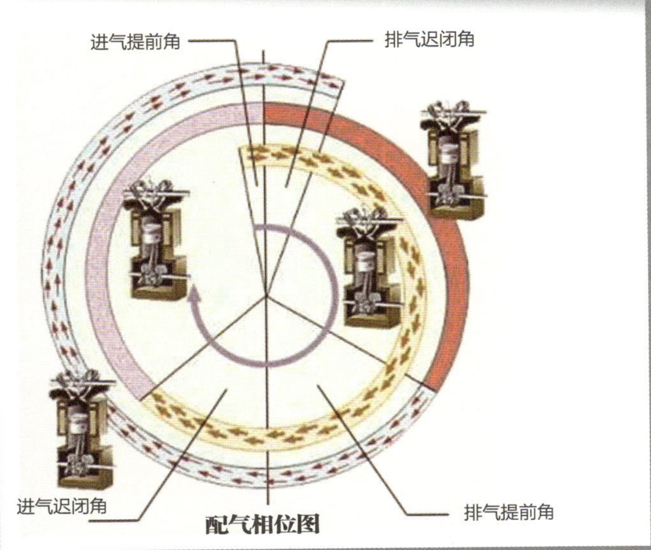

配气相位图

58. 什么是进气迟闭角？

当活塞运动到进气行程下止点时，进气门没有关闭，因此，从进气行程下止点开始到进气门完全关闭时，曲轴所转过的角度称为进气迟闭角，一般为40° ~ 80° 曲轴转角。其目的是利用进气流的惯性和压力差继续向气缸内充气，增加进气量。

59. 什么是排气提前角？

当活塞处于做功行程下止点前某一曲轴转角时，排气门就开始打开，当活塞到达下止点，排气行程开始时，排气门已有较大的开启面积，可顺利完成自由排气阶段。从排气门开始开启到活塞运动到做功行程下止点时，曲轴所转过的角度称为排气提前角，一般为40° ~ 80° 曲轴转角。

60. 什么是排气迟闭角？

当活塞运动到排气行程上止点时，排气门没有关闭，因此，从排气行程上止点开始到排气门完全关闭时，曲轴所转过的角度称为排气迟闭角，一般为10° ~ 30° 曲轴转角。其目的是利用排气流的惯性，尽可能地将缸内废气排除干净。

61. 什么是气门重叠？

由于排气门迟后关闭，进气门提前开启而存在进、排气门同时开启的现象称为气门重叠。气门重叠期间，进气管、气缸、排气管连通起来，可以利用气流压力差和惯性清除缸内废气，增加进气量。

62. 气门重叠角过大有何影响？

进、排气门同时开启时间所对应的曲轴转角，称为气门重叠角。气门重叠角非常小，以使进、排气流来不及改变各自的流动方向和流动惯性，非增压发动机的气门重叠角为 20° ～ 60° 曲轴转角。若气门重叠角过大，可能会引起废气倒流入进气管的现象。

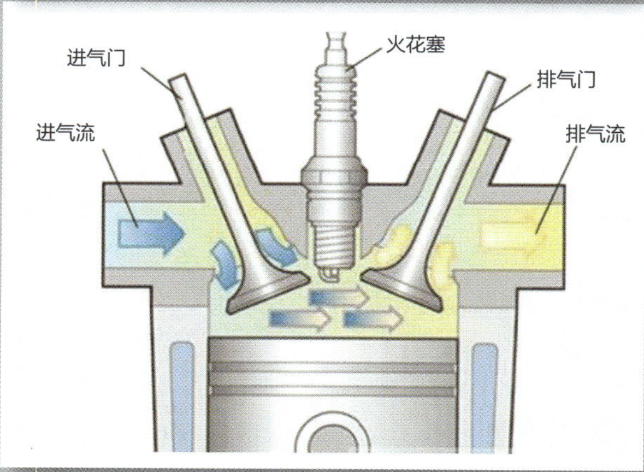

气门重叠示意图

63. 什么是循环充量？

换气过程常用的评价指标有循环充量、充气效率和单位时间充量。

每循环实际进入气缸内的新鲜充量的质量，称为循环充量。循环充量大，才可能使循环的最高压力提高，作用于活塞的推力增大，从而使发动机获得大的输出转矩。所以，循环充量大是发动机转矩大的必要条件。但是，循环充量不能用来评定不同工作容积发动机换气过程进行的好坏，只能在相同工作容积下进行比较，即两台发动机工作容积相同，若其中一台在相应转速下的循环充量大，则该发动机的进气系统设计得好。

64. 什么是充气效率？

实际进入气缸的新鲜空气量与大气状态下充满气缸工作容积的新鲜空气量之比称为充气效率。充气效率是评价发动机换气过程完善程度的指标，它不受气缸容积的影响。

65. 影响充气效率的因素有哪些？

影响充气效率的因素有如下几点：

1）转速和配气相位的影响。

2）负荷的影响。

3）空气滤清器的影响。

4）压缩比的影响。

5）进气管的影响。

6）进气加热的影响。

形状各异的进气管

66. 如何提高发动机充气效率？

1）降低进气系统的阻力损失，提高进气终了的压力，具体的措施如下：

① 减小空气滤清器的阻力。

② 减小进气歧管的沿程阻力和局部阻力，如加大通道面积、减少弯道和截面突变，保持管道内表面光滑。

③ 减小进气道阻力。

④ 减小进气门处的流动阻力。如加大进气门直径以增加流通能力；增加气门数以增加流通截面，如 3 气门、4 气门、5 气门。

⑤ 改进凸轮的轮廓线设计，加大进气门开启时间与截面。

2）降低排气系统的阻力损失，减少缸内残余废气。主要减小排气门、排气道与排气管的阻力。

3）减少高温零件在进气过程中对工质的加热，主要维持发动机冷却系统技术状况良好，分置进、排气歧管。

4）合理利用换气过程的动态效应，在压缩波到达进气门处时关闭进气门，在膨胀波到达排气门处时打开排气门。

5）合理选择配气相位。

6）采用可变配气相位与可变进气系统，以提高气门的流通能力。如利用波动效应、惯性效应与通过旋转件的转动来改变进气管长度和容积的可变进气系统。

采用可变配气相位的配气机构

69. 汽油有哪些性能指标？

汽油的使用性能指标主要有蒸发性和抗爆性，这两个指标对发动机性能影响很大。

汽油应该是快速地、无杂质地蒸发，衡量指标是 10%、50%、90% 蒸发温度。

10% 蒸发温度标志汽油的起动性。10% 蒸发温度低，起动性好，但太低了容易引起气阻、在油箱中蒸发损失增加。该温度太高，则冷起动困难。

50% 蒸发温度标志汽油的平均蒸发性。该温度低，可以缩短暖机时间，但太低了则会导致结冰；太高，则汽油机冷机的过渡特性差。

90% 蒸发温度标志含有难以蒸发的重质成分，该温度太高，在燃烧室内易形成杂质，并稀释机油。

67. 什么是单位时间充量？

单位时间内进入气缸内的新鲜空气的质量称为单位时间充量。单位时间充入的新气量与发动机有效功率紧密相关。汽油机单位时间充量越大，单位时间内燃烧的气体数量越多，单位时间内做的功越多，因而功率越大；柴油机单位时间充量越大，单位时间内喷入气缸的柴油量可以相应增加，因而功率也可以提高。

汽油的加注

68. 汽油机的燃烧过程有何特点？

1）燃料与空气借助于喷射装置在缸外进行混合，混合时间长，混合均匀。

2）压缩终了前通过火花塞点火，着火时间、地点一定。

3）着火后火焰扩散，适当的涡流运动可以加速火焰传播。

4）通过改变混合气的数量来调节负荷。

70. 什么是抗爆性？

抗爆性是指汽油在燃烧室内燃烧时抵抗爆燃的能力，其评定指标是辛烷值。在汽油机燃烧过程中，随着压缩比及气缸内气体温度提高，可能出现一种不正常的自燃现象，称为爆燃。汽油辛烷值越高，抗爆性越强，越能承受发动机采用较高压缩比而不发生爆燃，越有利于提高汽油机的经济性。

71. 汽油高标号等于高质量吗？

汽油分为 97 号和 93 号，但高标号汽油并不等于高质量，也就是说 97 号的汽油并不一定就比 93 号汽油的杂质少，这里的标号只代表汽油的辛烷值，并不能代表汽油的品质和清洁程度。一些车主为了保证汽油的清洁度，会采用在汽油里添加汽油清洁剂的做法，这样可有效地防止在金属表面形成积炭结层，并能逐渐活化原有的积炭颗粒，并慢慢去除，从而保护发动机免受伤害。不过汽油清洁剂的添加一定要慎重，如果加入了伪劣的产品会得到相反的效果，甚至会加重对汽车发动机的损害。

加注汽油的选择

72. 汽油机的混合气有几种形成方式？

汽油机的混合气形成方式有两种：一种是化油器式，即利用化油器在气缸外部形成大体均匀的可燃混合气，靠控制节气门开度调节混合气数量；另一种是汽油喷射式，即利用喷油器在一定压力下直接向进气歧管或气缸内喷射汽油，与吸入的空气相混合而形成可燃混合气。

73. 汽油喷射式混合气如何形成？

汽油喷射系统混合气的形成是在进气管或气缸中进行的。喷油器将来自供油系统具有一定压力的汽油喷到各缸进气道的进气门前（多点缸外喷射）或喷到节气门前方的进气管内（单点喷射）或直接喷入气缸（缸内喷射），与来自空气供给系统的新鲜空气在缸外（缸外喷射）或缸内（缸内喷射）相混合形成可燃混合气。

74. 什么是过量空气系数？

发动机工作时，实际供给的空气量不一定等于理论空气量（1kg 燃料实际完全燃烧理论上所需的空气量）。燃烧 1kg 燃料提供的空气量 L 与理论上所需空气量 L_0 之比，称为过量空气系数 α，即 $\alpha = L/L_0$，它是我国通用的可燃混合气成分指标。

75. 什么是空燃比？

发动机是通过燃烧汽油，将热能转化为机械能。可是一次燃烧到底需要多少空气呢！于是人们引入了一个概念叫做“空燃比”，什么意思呢，就是空气的重量除以汽油的重量，用 A/F 表示。这个比值是发动机运转时的一个重要参数，它不仅对排放出来的尾气成分有重要的影响，同时也对发动机的动力性和经济性有重要的影响。

理论上，1kg 汽油完全燃烧所需要的最少空气量约为 14.7kg，被称为理论空气量。把过量空气系数 $\alpha = 1$，空燃比 $A/F = 14.7$ 的可燃混合气叫做理论混合气；$\alpha < 1$，$A/F < 14.7$ 的可燃混合气叫做浓混合气；$\alpha > 1$，$A/F > 14.7$ 的可燃混合气叫做稀混合气。

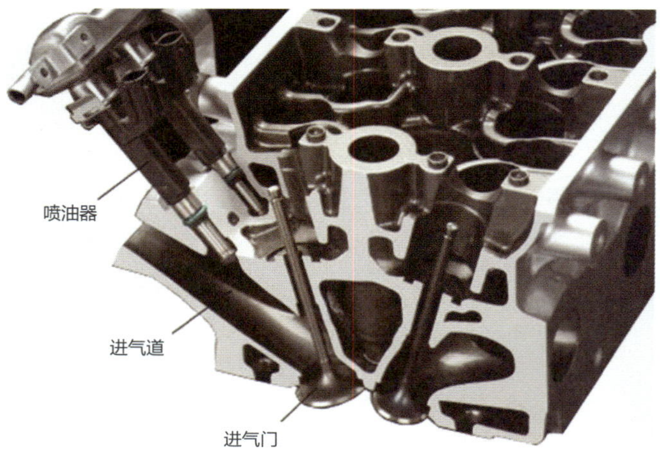

多点缸外喷射示意图

76. 汽油机的燃烧包括哪两部分？

汽油机的燃烧过程包括着火和燃烧两部分。从压缩行程上止点前火花塞点火开始到做功行程燃料基本上燃烧完全为止，燃烧持续时间较短（约占 25° ~ 40° 曲轴转角），其燃烧过程接近于定容燃烧。

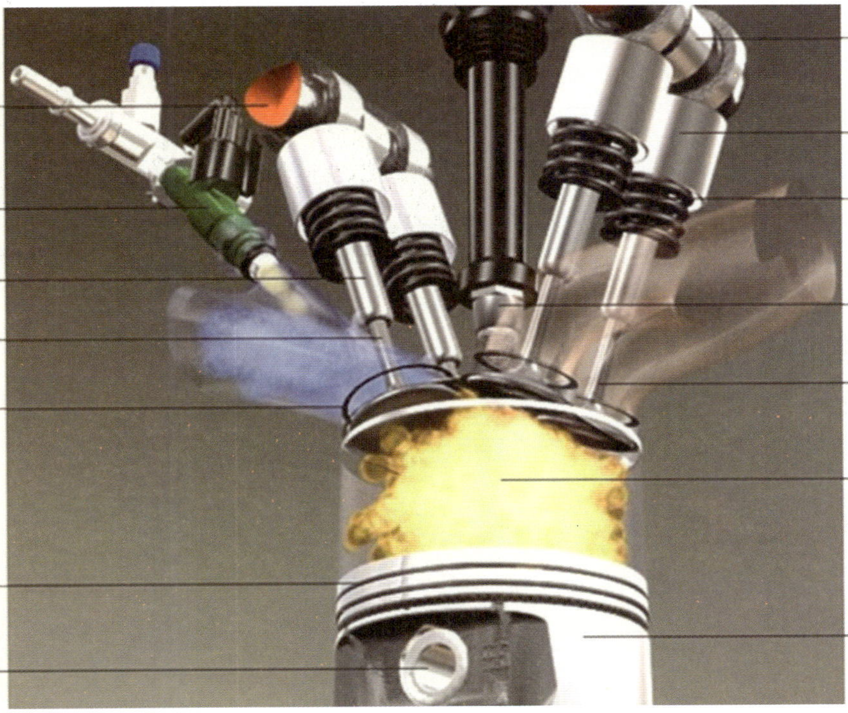

汽油在气缸内燃烧示意图

77. 汽油机的着火界限是多少？

汽油和空气形成的可燃混合气必须经过着火阶段才能进行燃烧。而着火是指混合气的氧化反应加速、温度升高，以致引起空间某一位置最终有某个火焰出现的过程。汽油机采用电火花点火的方式使可燃混合气着火。

点火能否成功，与火花塞点火放出的热量大小和混合气的浓度有关。火花塞点火放出的热量太小，混合气的浓度过浓或过稀，火焰均不能传播，汽油机混合气浓度的着火界限，一般为过量空气系数 $\alpha = 0.5 \sim 1.3$ 之间。

78. 燃烧过程分为哪几个阶段？

燃烧是燃油中的碳原子和氢原子与空气的氧原子剧烈氧化反应的过程，并伴有发热、发光的现象。假设氮在燃烧前后不参加化学反应，则完全燃烧的最终产物只有 CO_2、H_2O 和 N_2。

为了提高汽油机的动力性和经济性，充入气缸的可燃混合气燃烧要完全、及时和正常。因为只有完全燃烧，才能充分利用燃油的热能；只有及时燃烧，在上止点后 12° ~ 18° 曲轴转角内燃烧完毕，才能使燃气具有更高的温度和压力，对活塞的推力大，使热能更多的转变为机械能；只有正常燃烧，才能保证发动机稳定、可靠的工作。

根据压力变化的特征，把燃烧过程分为 3 个阶段：着火延迟期、急燃期和补燃期。

79. 什么是着火延迟期?

随着压缩过程气缸内的混合气，压力和温度进一步提高，加速了氧化反应的速度。但是，由于汽油机的压缩比较低，而混合气的自燃温度比较高，不容易自燃。在压缩到接近上止点的时候，火花塞电极间跳过火花，火花能量使电极附近的混合气氧化反应加快，所放出的热量使该局部混合气温度迅速升高，这又会使局部氧化进一步加快，这种反应进行到一定程度，就出现发火区，形成火焰中心。从火花塞电极间跳过火花起到形成火焰中心为止的这段时间，称为着火延迟期。

多缸燃烧做功示意图

80. 什么是急燃期?

从火焰中心形成起，火焰前锋以 20 ~ 30m/s 的速度，近似球面的形状向未燃混合气推进，直到火焰掠过整个燃烧室，主要部分混合气燃烧完毕，因而出现最高压力为止，这段时间称为急燃期。

急燃期是燃烧过程的主要阶段，它对发动机性能影响最大。实践证明，以曲轴转角计算的压力升高率为 170 ~ 240kPa/(°)，且火焰中心形成在上止点前 12° ~ 15° 曲轴转角，最高压力出现在上止点后 12° ~ 18° 曲轴转角。

82. 汽油机有几种燃烧室?

燃烧室的形状对火焰传播距离、火焰传播速度、爆燃、散热损失及充气系数等均有很大的影响，而且影响很复杂。

由于汽油机和柴油机的燃烧方式不同，其气缸盖上组成燃烧室的部分差别较大。汽油机的燃烧室主要在气缸盖上，而柴油机的燃烧室主要在活塞顶部的凹坑。汽油机常用燃烧室形状有以下几种：碗形燃烧室、楔形燃烧室、浴盆形燃烧室、半球形燃烧室。

81. 什么是补燃期?

混合气中汽油蒸发不良与空气混合不均匀时，部分颗粒较大的燃油在火焰前锋掠过时，只是表层燃油被燃烧，未燃烧的部分需要在补燃期内燃烧。此外，燃烧产物 CO_2、H_2O 中，有少部分在高温的作用下会分解为 H_2、O_2 和 CO 等产物，这称为热分解现象。在膨胀过程中，因工质温度下降，热分解产物又可继续燃烧、放热，这就形成了补燃期。

补燃是在活塞下行中进行的，这时气缸容积已明显扩大，故补燃产生的热量不能有效地转变为功，反而使排气温度增加，热效率下降。因此，希望尽可能减少补燃。

单缸燃烧做功示意图

83. 汽油机各燃烧室有何特点?

1）楔形燃烧室结构较简单、紧凑。在压缩终了时能形成挤气涡流，因而燃烧速度较快，经济性和动力性较好。

2）浴盆形燃烧室结构也较简单、紧凑。

3）半球形燃烧室结构较前两种更紧凑。但因进排气门分别置于气缸盖两侧，故使配气机构比较复杂。但由于其散热面积小，有利于促进燃料的完全燃烧和减少排气中的有害气体，对排气净化有利。

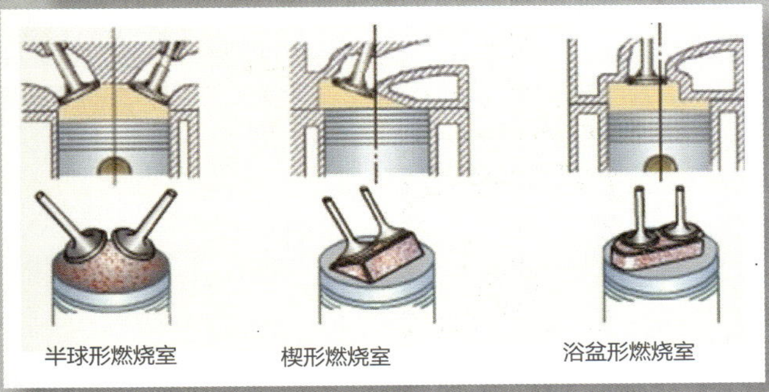

汽油机燃烧室形状

84. 柴油机的燃烧过程有何特点?

1）吸入气缸的是新鲜空气，被压缩的也是新鲜空气。

2）柴油通过高压喷入气缸，在气缸内形成可燃混合气。

3）柴油和空气混合时间极短。

4）气缸内混合气成分不均匀且不断变化。

5）没有外源点火，只是靠压缩自燃。

6）混合与燃烧重叠进行。

7）质量调节，即负荷和转速不是通过进气节流，而是通过燃料量来调节。

85. 柴油有哪些性能指标?

柴油是柴油机的主要燃料，它分重柴油和轻柴油两类。重柴油多用于转速 1000r/min 以下的中、低速柴油机；轻柴油多用于转速 1000r/min 以上的高速、中高速大功率柴油机。柴油的物理化学性质对柴油机的着火和燃烧影响很大，其主要性能指标有着火性、蒸发性、黏度和凝点。

86. 着火性对柴油机有何影响?

柴油的着火性是指柴油的自燃能力，其评定指标是十六烷值，十六烷值越高，着火性越好。着火性好的柴油，喷入气缸后能及时着火燃烧，柴油机工作柔和，冷起动性能也随之改善；若着火性能差，燃烧前所需的物理、化学准备时间长，着火后压力升高率过高，导致柴油机工作粗暴。一般柴油的十六烷值限制在 65 以下，十六烷值太高，容易裂化，导致排气冒黑烟，经济性下降。

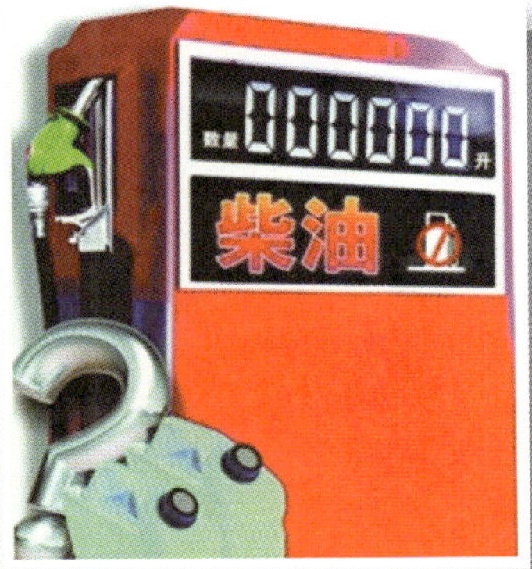

柴油

87. 柴油的蒸发性用什么表示?

柴油的蒸发性用馏程表示。将柴油加热，分别测定蒸发出 50%、90% 和 95% 的馏分温度。馏出 50% 的温度低，说明这种燃烧轻馏分多，蒸发性好，有利于混合气的形成和燃烧，但若轻馏分过多，着火前蒸发油气过多，会使柴油机工作粗暴。90% 和 95% 的馏分温度标志柴油中所含难于蒸发的重馏分。重馏分过多，在气缸中不易蒸发，与空气混合不均匀，则燃烧不完全，易产生冒烟和积炭。

88. 柴油的黏度对柴油机有何影响?

柴油的黏度用来表示柴油的雾化性。黏度低，则容易形成混合气。若黏度过低，会加剧油泵及喷油器之间的精密偶件表面之间的磨损；若黏度过高，流动阻力增加，柴油从喷油器喷出时的雾化性差，不易形成均匀的混合气。因而，柴油应具有适当的黏度。

生物柴油

89. 什么是凝点？

柴油的凝点用来表示柴油的低温流动性，它是指柴油冷却到开始失去流动性的温度。好的柴油应具有低的凝点，若凝点过高，不利于燃料的正常供给，尤其在低温条件下工作，可能造成油路堵塞。选用柴油时，一般要求其凝点比最低工作环境温度低 3 ~ 5℃以上。

90. 柴油机的混合气有几种形成方式？

柴油机的混合气形成方式有两种：一种是空间雾化混合方式，即直接将柴油喷射到燃烧室空间，经雾化、蒸发与空气混合，形成雾状混合物的方式；另一种是油膜蒸发混合方式，即将柴油顺着气流的运动方式，涂到气缸壁面形成油膜，油膜受热蒸发，并与空气混合形成均匀混合气的方式。

91. 柴油机有几种燃烧室？

燃烧室的造型和喷油器的布置决定了混合气的形成方式，根据这两个特性可以将柴油机燃烧室分为分隔式燃烧室和直喷式燃烧室，这两类燃烧室造型的特性又可以进一步区分。

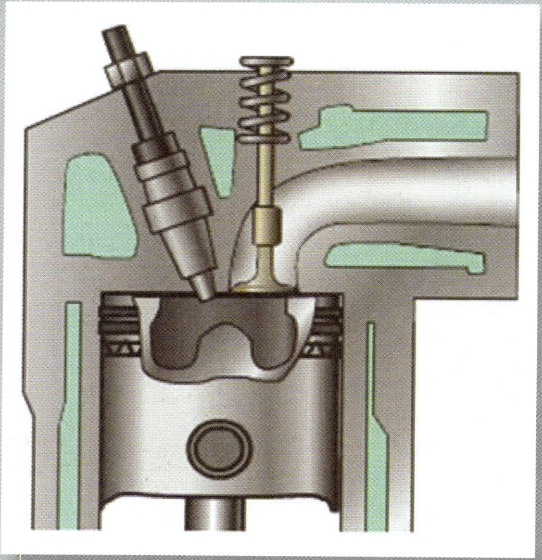

柴油机直喷式燃烧室

92. 分隔式燃烧室有哪些特征和类型？

分隔式燃烧室有以下特征：

1）燃烧室至少分成两个部分。

2）由各室之间的空气流动形成可燃混合气。

分隔式燃烧室的类型有预燃室式、Lanova（空气存储室）式、涡流室式 3 种。

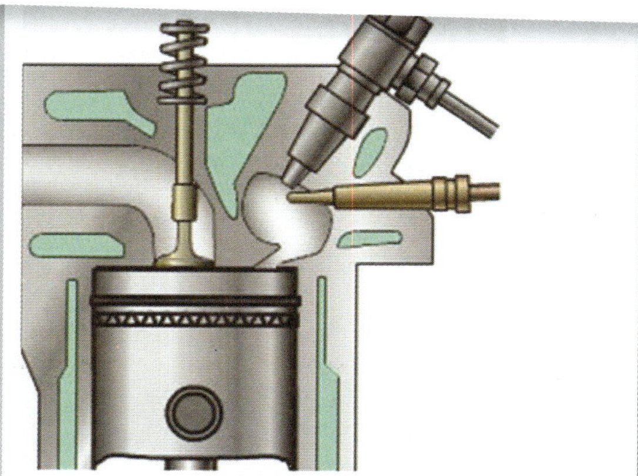

柴油机预燃室式燃烧室

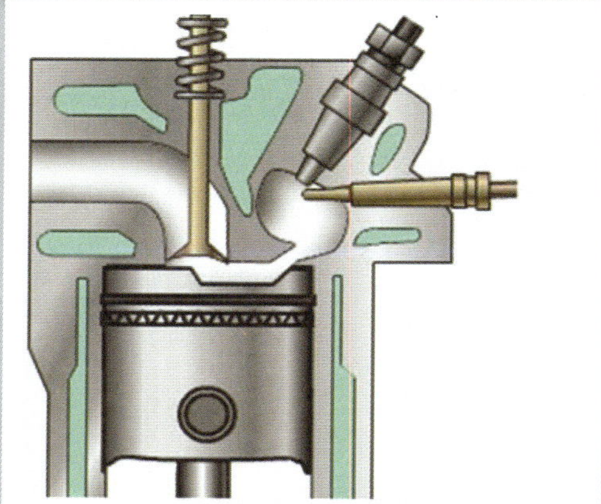

柴油机涡流室式燃烧室

93. 直喷式燃烧室有哪些特征和类型？

直喷式燃烧室有以下特征：

1）燃烧室不分开，大都以凹坑形式出现在活塞或气缸盖上。

2）通过喷射（油束）形成混合气。

3）在进气过程中通过切向气道、螺旋气道或导气屏产生的涡流运动促进混合气形成。

直喷式燃烧室的类型有开式与半开式两种，其中半开式还可以分为 M 型、U 型、D 型与紊流型。

94. 发动机有哪些排放污染物?

发动机工作时会排放一些对人体和环境有害的成分。主要有一氧化碳 CO、未燃烧的碳氢化合物 HC、氮氧化合物 NOx 和浮游的微小颗粒。

95. 排放污染物如何形成?

1）一氧化碳 CO。一氧化碳产生的原因主要是由于燃烧时氧气相对不足，燃油中的碳不能与足够的氧结合、燃料燃烧不完全而产生的。

当 CO 的含量在百万分之一容积浓度以上时，随着浓度的增加，会引起头痛、呕吐、昏厥甚至死亡。

2）氮氧化合物 NOx。氮氧化合物产生的原因是由于燃烧时在高温高压的作用下，空气中的氧和氮生成 NO 和少量的 NO_2，NO 在进入大气后又氧化成 NO_2，统称为 NOx。

NOx 可经呼吸进入人体肺部，与肺中的水气结合生产稀硝酸，损害人体健康。此外，HC 加上 NOx 在阳光照射下，会形成光化学烟雾，可刺激人的眼睛，引起肺炎、肺气肿及致癌效应。

3）碳氢化合物 HC。碳氢化合物主要是未燃的燃料、裂解反应的中间产物。此外，使用中混合气过浓、过稀、雾化不良、断火等产生的燃烧不良或不能燃烧，也会造成 HC 的增加。

HC 有刺激性气味，已经证明 HC 在动物身上有致癌效应。此外，HC 还是光化学烟雾的组成部分。

4）微粒。微粒的主要组成是直径为 0.0001mm 的炭粒，其他还有少量的硫酸盐类微粒。柴油机燃烧过程的微粒排放比较严重。

发动机排放污染物示意图

96. 如何防治排放污染物的产生?

1）前处理。对燃料和空气在进入发动机气缸前进行处理的方式称为前处理。它可以减少燃料挥发进入大气以及缸内燃烧后排气中有害成分。如使用无铅汽油、采用曲轴箱通风系统。

2）机内净化。为了降低排气污染物而改进、设计发动机供给系统、点火或喷油系统等的方式称为机内净化。它可以减少排气中有害成分的组成。如废气再循环 EGR、采用汽油直接喷射与稀薄燃烧系统。

3）后处理。废气在排入大气前应用净化装置来处理废气，以减少有害成分排放的方式称为后处理。如三元催化转换器、二次空气喷射系统。

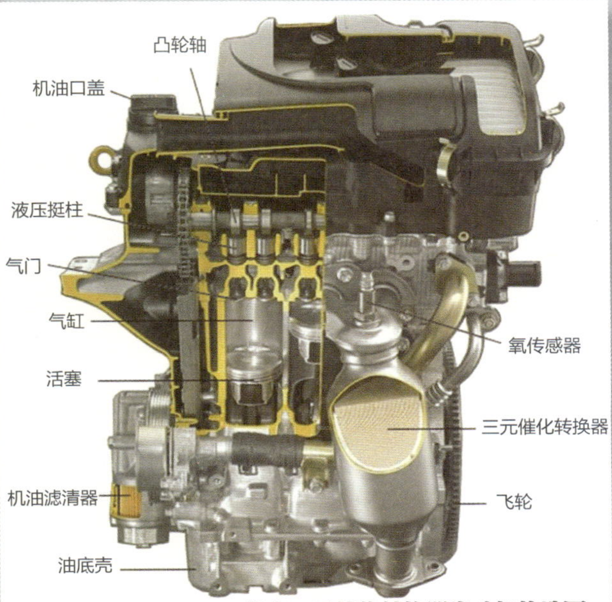

带有三元催化转换器发动机构造图

97. 电控发动机空档滑行省油吗?

大多数出租车驾驶人和货车驾驶人，利用空档滑行来节省燃油。但对于现在的电控发动机轿车来说，空档滑行操作一定要慎重。如果突然在高速时挂到空档，发动机相当于处于怠速状态，油耗实际上是在增加。

目前，电控发动机的控制内容之一就是电子控制燃油喷射（电喷），这种设计可以控制燃油喷射的时间和多少，以满足各种工况的要求。对于采用电喷设计的车辆，空档滑行有时候就不会起到降低油耗的作用，相反还有可能会增加油耗。这是因为电喷车的行车电脑中都会存储“减速断油”的程序。比如，车辆在高速行驶的时候，驾驶人突然松开加速踏板，车速降低，发动机转速下降的情况下，行车电脑会控制喷油器做出“减速断油”的动作，此时，气缸内没有燃油喷射和燃烧，这样的情况相当于让车辆带着发动机转动。

汽车行驶

98. 为什么要热车？

夏季、冬季都需要热车，冬季的预热时间要比夏季长一些。发动机经过一夜的静置，各摩擦面上的润滑油已经基本消失，失去了油膜保护；低温促使润滑油的黏度增大，附着力和流动性变差，增加了发动机起动时的阻力。此时行车，会加大发动机的负荷，增加不必要的磨损。有研究表明，发动机在冷起动时的磨损量占整个磨损量的一半左右。正常的怠速暖车可以减少这种磨损，从而延长发动机的使用寿命。

99. 热车时间越长越好吗？

很多驾驶人进入了热车的误区，认为热车时间越长越好，这是不正确的。其实只要发动机能够达到稳定且正常的怠速就可以行车了。化油器发动机在达到工作温度以前，供油系统往往不能正常工作，必须拉开阻风门进行怠速热车，否则会转速不稳甚至熄火。推回阻风门后，发动机怠速平稳，即可起步行驶。对于电控发动机车辆，精密的电脑使喷油器喷油准确，燃油雾化程度高，起动后只需要很短的时间，发动机的转速就可以稳定并达到规定的怠速值，所以，现在的电控车的热车时间不宜过长。

冬季热车

100. 热车时间有什么参考标准？

很多驾驶人在冷车起动后会热车，但是对热车多久没有明确概念。有的认为需要 3 ~ 5min，有的认为 30s 足矣。由于各车的技术指标不同、经验不同、车况不同，热车时间各有不同。较为主流的观念是，技术先进的车型，热车时间比较老的车型可以相应缩短。具体热车时间可以参考两个指标：一个是冷却液温度；另一个是发动机转速。

一般来说，在怠速热车的过程中，首先需要发动机转速回到正常怠速转速的水平。有的德系车型转速偏高，其起动后需等到 1000r/min 左右时方可行驶，其他车型也有怠速状态下转速大约在 800r/min 左右的，这都是需要满足的条件之一。其次是仪表板显示冷却液温度出现了变动，则可加速行驶。有的车主大概会等到冷却液温度升至 70 ~ 80℃再正常行驶，也算是不错的选择。

发动机转速表与冷却液温度表

101. 怠速原地热车与怠速缓行热车哪个好？

对于冷起动后怠速热车，究竟采用原地热车还是缓行热车的方式，目前还存在争议。有观点认为，原地热车，变速器没“动”。因为，在冷车时，齿轮油都流到变速器的下半部，只有在行车时，才会因齿轮的运转而将底部的齿轮油带起而润滑上半部。

不过有技术人员认为，原地热车和缓行热车都属于热车过程。原地热车的过程不应取消，其具体时间至少应有 30s 左右，让运转的机油泵将机油输送到发动机最需要润滑的活塞、连杆及曲轴等部位。随后，车辆可以起步。但是，在刚刚起步的两三百米的短距离内，车主不宜加大油门。一般操作即按照上面所说等冷却液温度和转速达标后再加深踩加速踏板。

第二章 曲柄连杆机构

102. 曲柄连杆机构有何作用?

曲柄连杆机构是往复活塞式发动机实现工作循环、完成能量转换的主要机构。其作用是把燃气作用在活塞顶上的力转变为曲轴的转矩，使曲轴产生旋转运动而对外输出机械能。

103. 曲柄连杆机构在什么条件下工作?

在发动机做功时，气缸内最高温度可达 2500K 以上，最高压力可达 3 ~ 5MPa，现代发动机最高转速可达 3000 ~ 6000r/min，则活塞在气缸内每秒钟要完成约 100 ~ 200 行程，可见其线速度是很大的。此外，与可燃混合气和燃烧废气接触的机件还会受到化学腐蚀。因此，曲柄连杆机构工作条件的特点是高温、高压、高速和化学腐蚀。

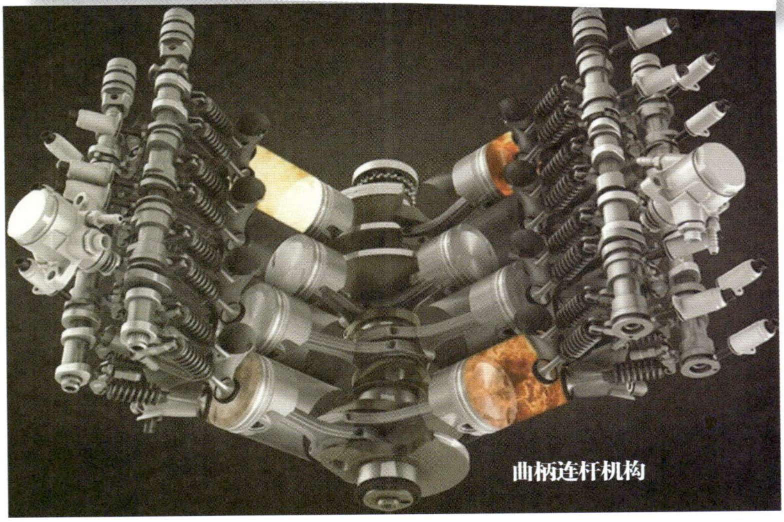

曲柄连杆机构

104. 曲柄连杆机构工作时受到哪些作用力?

曲柄连杆机构工作时所受的力主要有气体作用力、往复惯性力、离心力和摩擦力等。

1）气体作用力。在每个工作循环中，气体作用力始终存在并不断变化。

2）往复惯性力。它是指活塞连杆组和连杆小头在气缸中做往复直线运动所产生的惯性力。其大小与机件的质量及加速度成正比，其方向总与加速度的方向相反。

3）离心力。它是指偏离曲轴轴线的曲柄和连杆大头绕曲轴轴线做圆周运动产生的旋转惯性力，简称离心力。其大小与曲柄半径、旋转部分的质量和曲轴转速有关，其方向沿曲柄半径向外。

4）摩擦力。任何一对互相压紧并做相对运动的零件表面之间都存在摩擦力，其大小与对摩擦面形成的正压力和摩擦因数成正比，其方向与相对运动的方向相反。摩擦力是造成零件配合表面磨损的根源。

105. 曲柄连杆机构由哪几部分组成？

曲柄连杆机构由缸体曲轴箱组、活塞连杆组和曲轴飞轮组三部分组成。

1）缸体曲轴箱组，主要包括气缸盖、气缸垫、气缸体、曲轴箱、气缸套和油底壳等机件。

2）活塞连杆组，主要包括活塞、活塞环、活塞销和连杆等机件。

3）曲轴飞轮组，主要包括曲轴、飞轮、扭转减振器、带轮和正时齿轮等机件。

曲柄连杆机构构造图

106. 什么是水套？

发动机用冷却液冷却时，气缸周围和气缸盖中均有用以充“水”的空腔，称为水套。气缸体和气缸盖上的水套是相互连通的。利用水套中的冷却液流过高温零件的周围而将热量带走。

107. 气缸是活塞运动的场所吗？

发动机的气缸体和曲轴箱常铸成一体，称为气缸体－曲轴箱，简称为气缸体。气缸体上半部有若干个为活塞在其中运动而做导向的圆柱形空腔，称为气缸。气缸是活塞往复直线运动的场所。

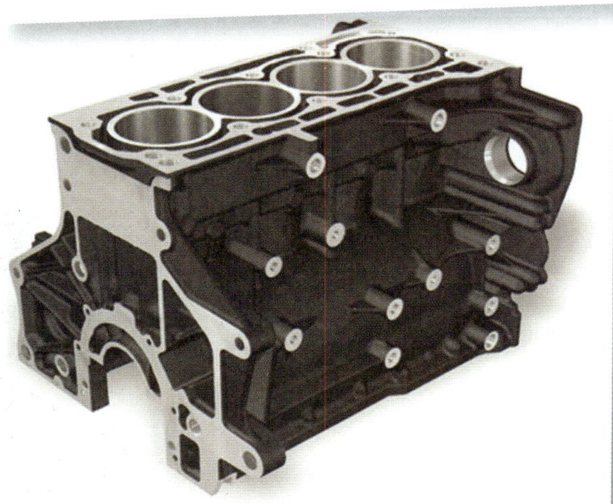
L 型气缸体

108. 气缸有哪几种排列形式？

汽车发动机气缸排列形式基本上有 3 种：L 型、V 型和 H 型。

1）L 型，即直列式（单列式）。其是将发动机的各个气缸排成一列，一般是垂直布置的。但为了降低发动机的高度，有时也把气缸布置成倾斜的甚至是水平的。

2）V 型，其是将发动机的气缸排成两列，其气缸中心线的夹角小于 180°。它的特点是缩短了发动机的长度，降低了发动机高度，增加了气缸体的刚度，重量也有所减轻，但加大了发动机宽度，且形状复杂，加工困难，一般多用于缸数多的大功率发动机上。

3）H 型，即水平对置式。其发动机的高度比其他形式的小得多，在某些情况下，使得汽车的总体布置更为方便。

109. 气缸为什么不合并？

V8-4.0L 发动机包含 8 个 0.5L 的气缸，那么，为何不把 8 个 0.5L 的小气缸合并为一个 4.0L 的大气缸呢？原因有很多，但主要的原因在于平滑性。V8 发动机之所以更加平稳，是因为它有八次间隔均匀的爆炸（做功）而不是一次大爆炸。另一个原因在于起动转矩，在起动 V8 发动机时，只需驱动两个气缸（1.0L）完成它们的压缩行程，但是对于一个大气缸，必须改为压缩 4.0L 的气体量。

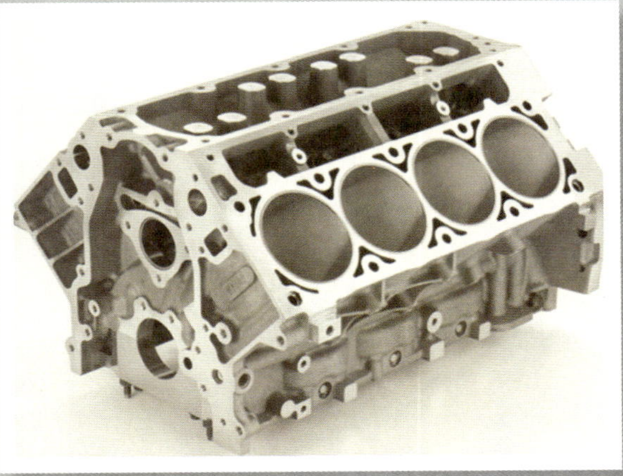

V8 发动机气缸体

110. 气缸磨损有什么规律？

气缸正常的磨损特点是不均匀磨损，主要表现在以下几个方面：

1）在气缸轴线方向呈上大下小的不规则锥形磨损，最大磨损部位在第一道活塞环上止点稍下部位。

2）在气缸最下沿不与活塞环接触的部位，几乎没有磨损，形成一个明显台阶，通常称为“缸肩”。

3）在断面上的磨损呈不规则的椭圆形，磨损最大部位往往随气缸结构、使用条件的不同而异，一般是前后或左右方向磨损最大。

4）磨损量不大于 0.01mm/10000km。

111. 为何第一道活塞环上止点稍下部位磨损最严重？

1）首先是由于活塞环换向，运动速度几乎为零，环的布油能力最差，润滑能力弱。

2）其次，因爆发燃烧的压力、温度最高，可燃混合气燃烧产生的酸性氧化物产生的矿物酸最多，附着在气缸壁上不但不能被油膜完全覆盖，甚至破坏缸壁上的润滑油膜，在这个部位上，腐蚀磨损严重。

3）第三，进气流对缸壁局部的冷却以及未雾化的燃油颗粒对局部缸壁上润滑油膜的破坏，强化了局部缸壁的“冷激”效应。

4）第四，进气中的灰尘在此处缸壁上的附着量较多，不但能加剧此处的腐蚀磨损，也加剧了此处的磨料磨损。

5）第五，活塞在此处所承受的侧压力大，活塞环的背压最大，容易破坏缸壁上的润滑油膜，加速此部位的黏着磨损。

所以，第一道活塞环上止点稍下对应的缸壁上磨损量最大。但是，曲轴轴向间隙过大、活塞偏缸、缸体变形等故障就会改变气缸的磨损规律，使最大磨损部位出现在气缸中部或下部。

112. 气缸磨损检测有哪些内容？

气缸的检查一般包括两项内容：

1）一是外观检查，检查气缸的机械损伤、表面质量和化学腐蚀程度等。

2）二是用内径百分表检测气缸的最大磨损量、圆度误差和圆柱度误差。

发动机构造剖面图

113. 如何检测气缸圆度误差？

圆度误差是指同一截面上磨损的不均匀性，用同一横截面上不同方向测得的最大直径与最小直径差值的一半作为圆度误差。测量前，首先要确定气缸磨损前的直径。测量时，将内径百分表的测头置于第一道活塞环上止点处或稍下一点并来回摆动表架，观察百分表的长针顺时针摆动到极限位置的读数，在该截面上测出其最大值和最小值并计算出圆度误差。

114. 如何检测气缸圆柱度误差？

圆柱度误差是指沿气缸轴线的轴向截面上磨损的不均匀性，用被测气缸上、中、下 3 个截面所测得的最大直径与最小直径差值的一半作为圆柱度误差。分别在气缸上部、中部和下部测出最大直径和最小直径并计算出圆柱度误差。

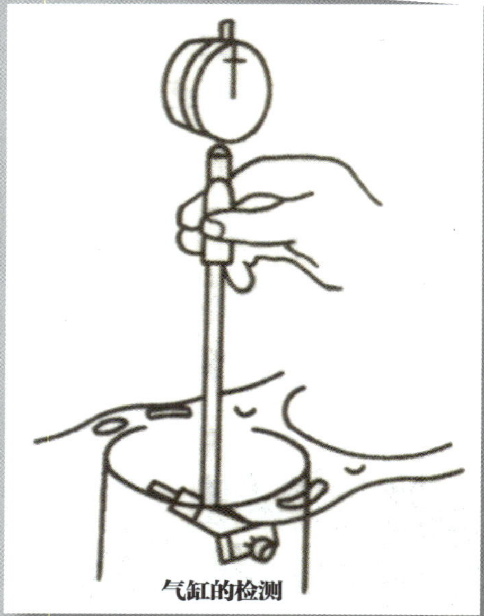

气缸的检测

115. 气缸检测的技术条件是什么？

1）气缸的圆度误差达到 0.050 ~ 0.063mm；圆柱度误差达到 0.175 ~ 0.250mm；最大磨损量有修理尺寸的气缸达到 0.20mm；无修理尺寸的气缸（薄型气缸套）达到 0.40mm；其中一项达到极限值时必须修理或更换气缸（套）。

2）气缸的圆度误差和圆柱度误差均小于极限值，而磨损量小于 0.15mm 时，可更换活塞及活塞环。

116. 如何提高气缸的使用寿命？

1）在结构材料方面，用耐磨、耐腐蚀、抗穴蚀能力强的材料，如采用镍铬高锰奥氏体铸铁、含铬高磷铸铁等，从减振、防振着手，在结构上采用不等厚的气缸套及合理的间距等，以减少湿式气缸套的穴蚀。

2）在维修方面，研究改善气缸体“整形修理”工艺，提高气缸体主要要素的形状与位置精度；气缸经过镗磨加工后，应有合理的表面粗糙度，有利于配合副的磨合和润滑油膜的形成；应用激光淬火工艺进行气缸表面强化，以大大降低气缸的磨损率；严格按技术要求检验气缸、活塞、连杆等，保证活塞连杆组的正确安装位置和配合间隙；制订科学的磨合规范，提高气缸抗综合磨损能力。

3）在使用方面，应正确选择和使用机油，适时更换“三滤”，做好车辆的日常维护；保证发动机的正常工作温度；正确合理的驾驶操作。

117.60° 气缸夹角是最优化设计吗？

在发动机中，我们提到气缸夹角往往是 V 型发动机，在 V 型发动机中，较常见的是 60° 和 90° 的夹角，水平对置发动机的气缸夹角为 180° 。

60° 夹角是最优化的设计，是经过无数科学实验论证过的结果，因而，绝大多数的 V 型发动机都采用这种布局形式。

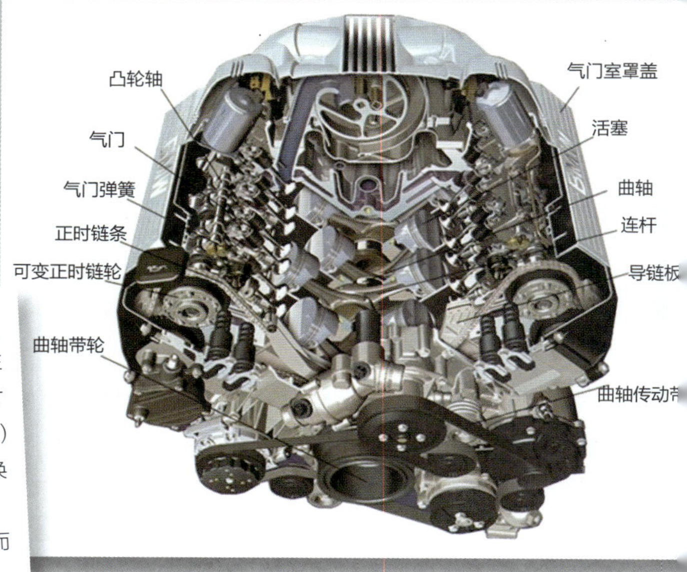

60° 气缸夹角发动机构造图

118. 气缸体有哪几种结构形式?

气缸体应具有足够的强度和刚度，根据气缸体与油底壳安装平面的位置不同，通常把气缸体分为以方 3 种形式：

1）一般式气缸体。一般式气缸体的特点是油底壳安装平面和曲轴旋转中心在同一高度。这种气缸体的优点是机体高度小，重量轻，结构紧凑，便于加工，曲轴拆装方便；但其缺点是刚度和强度较差，曲轴前后端的密封性较差，多用于中小型发动机。

2）龙门式气缸体。龙门式气缸体的特点是油底壳安装平面低于曲轴的旋转中心。这种气缸体的优点是强度和刚度较好，能承受较大的机械负荷，密封简单可靠，维修方便；但其缺点是工艺性较差，加工较困难。

3）隧道式气缸体。这种形式的气缸体曲轴的主轴承孔为整体式，采用滚动轴承，主轴承孔较大，曲轴从气缸体后部装入。其优点是结构紧凑、刚度和强度好；但其缺点是加工精度要求高，工艺性较差，曲轴拆装不方便。

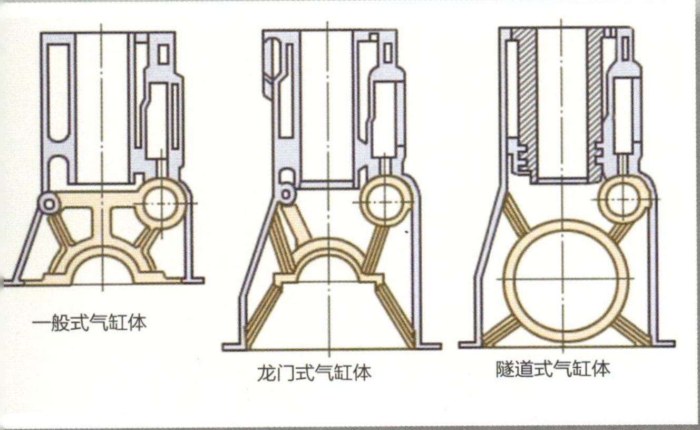

气缸体的结构形式

119. 气缸体有哪些损伤形式?

发动机运转时，气缸体是在高温、高压和交变载荷的条件下工作，在使用中容易发生损伤。气缸体的损伤形式主要有变形、裂纹、气缸的磨损、螺纹孔损坏和水道边缘处的腐蚀等。这些损伤将破坏零件的正确几何形状，造成漏气、漏油和漏水，影响发动机的装配质量和工作能力。

120. 如何检测气缸体变形?

气缸体在使用过程中发生变形是普遍存在的，气缸体的变形破坏了零件的正确几何形状，影响发动机的装配质量和工作能力。由于拆装气缸盖螺栓时力矩过大或不均、拧紧顺序不正确等都会引起气缸体与气缸盖结合平面的翘曲变形。气缸体的变形主要为上、下平面、端面的翘曲和配合表面的相对位置误差增加。

气缸体的翘曲变形可用钢直尺和塞尺检测。将等于或大于被测平面全长的直尺放到气缸体平面上，用塞尺沿气缸体平面的纵向、横向和对角线方向多处进行测量，以求得其平面度误差。

项目				误差/mm
与气缸盖结合平面的平面度	任意	50mm×50mm		0.05
	全长/mm	≤600		0.15
		>600	铸铁	0.25
			铝合金	0.35

龙门式气缸体

121. 如何修理气缸体变形?

气缸体变形后，可根据变形程度采取不同的修理方法。

1）平面度误差在整个平面上不大于 0.05mm 或仅有局部不平时，可用刮刀刮平。

2）平面度误差较大时可采用平面磨床进行磨削加工修复，但加工量不能过大，约 0.24 ~ 0.50mm，否则会影响压缩比。

122. 气缸体的裂纹有几种?

气缸体产生裂纹的部位与结构、工作条件和使用不当有关，常见的裂纹有以下几种：

1）曲轴箱共振裂纹。

2）水套的冰冻裂纹。

3）气缸套修理尺寸级数过多和镶嵌气缸套过盈量过大，压装工艺不当等造成的裂纹。

4）发动机长时间在超负荷条件下工作，造成气缸体内应力过大产生的裂纹。

气缸体裂纹

123. 如何检测气缸体裂纹?

对于气缸体外部明显的裂纹可直接观察，而对于细微裂纹和内部裂纹，一般采用将气缸盖装合后进行水压试验。其方法是将气缸盖和气缸垫装在气缸体上，将水压机出水管插头与气缸前端水泵入水口处连接好，并封闭其他水道口，然后将水压入水套，要求在 0.3 ~ 0.4MPa 的压力下保持约 5min，气缸体应没有任何渗漏现象。如有水珠渗出，则表明该处有裂纹。

124. 如何修理气缸体裂纹?

气缸体上的裂纹可根据裂纹的部位不同，采用不同的修理方法。凡涉及漏水、漏油、漏气，一般予以更换。对尚未影响到燃烧室、水道、油道的裂纹，可以采取胶粘修复。

125. 为什么采用镶入气缸套?

由于气缸体的材料一般采用优质灰铸铁、球墨铸铁或铝合金，为了提高气缸的耐磨性，有时在铸件中加入少量合金元素，如镍、铬、钼、磷等。但是，如果气缸体全部采用优质耐磨材料，则成本高，因为除了与活塞配合的气缸壁表面外，其他各部分的耐磨性要求并不高。所以，现代汽车发动机广泛采用在气缸体内镶入气缸套，形成气缸工作表面。这样，气缸套可用耐磨性较好的合金铸铁或合金钢制造，以延长使用寿命，而气缸体则可用价格较低的普通铸铁或铝合金等材料制成。

126. 什么是干式气缸套?

干式气缸套的特点是气缸套镶入气缸体后，其外壁不直接与冷却液接触，而和气缸体的壁面直接接触，壁厚较薄，一般为 1 ~ 3mm。它具有整体式气缸体的优点，强度和刚度都较好，且不会引起漏水、漏气现象，但加工比较复杂，内、外表面都需要进行精加工，拆装不方便，散热不良。

干式气缸套

127. 如何更换干式气缸套?

1）取出旧缸套：用专用工具压出旧缸套或拉出旧缸套。

2）选择新缸套：根据承孔的大小和修理尺寸（分为 4 级:标准、+ 0.50mm、+ 1.00mm、+ 1.50mm）要求选配新缸套。第一次选用标准尺寸的气缸套。

3）镗削缸套承孔：根据新缸套的外径尺寸进行镗削，并留适当的压入过盈量。一般有凸缘的气缸套为 0.05 ~ 0.07mm；无凸缘的气缸套为 0.07 ~ 0.10mm。另外，有凸缘的气缸套，应在气缸体上端镗出凸缘槽，凸缘与槽口每边应有不小于 0.05mm 的间隙。

4）压入新缸套：将气缸套放正，并在气缸套外径上涂以机油，用压力机徐徐压入。

128. 什么是湿式气缸套?

湿式气缸套的特点是气缸套镶入气缸体后，其外壁直接与冷却液接触，气缸套仅在上、下各有一圆环带和气缸体接触，壁厚一般为 5 ~ 9mm。它散热良好，冷却均匀，加工容易，通常只需要精加工内表面，而与冷却液接触的外表面不需要加工，拆装方便，但缺点是强度、刚度都不如干式气缸套好，而且容易产生漏水、漏气现象。

湿式气缸套

129. 如何更换湿式气缸套?

1）取出旧缸套：取出旧缸套并清除气缸体各个接合面间的铁锈、污物。难以清除的坚硬物质可以用砂纸打磨，直至露出金属光泽为止，特别是与密封圈接触的部位必须光滑，以防止漏水。

2）试装新缸套：将未装密封圈的新缸套装入气缸内，压紧后检查气缸套端面高出气缸体平面的高度，一般厂家规定为 0.05 ~ 0.15mm。若不符合要求，可在气缸套台肩下装入适当厚度的铜质垫片进行调整，相连两缸间的凸出量误差不大于 0.03mm。

3）装入新缸套：先在新缸套上装好密封圈，涂上机油，然后稍加用力即可将新缸套装入。

4）进行水压试验。

130. 为什么气缸套要高于气缸体?

气缸套镶入气缸体后，通常气缸套顶面略高出气缸体上平面 0.05 ~ 0.15mm。这样当紧固气缸盖螺栓时，可将气缸垫压得更紧，以保证气缸的密封性，防止冷却液和气缸内的高压气体窜漏。

131. 如何诊断气缸套破裂?

如果气缸套出现裂纹，会有种种特殊的现象，根据这些现象可以推断气缸套是否破裂及其产生的部位。

1）排气管冒白烟或者喷水珠。让柴油机低速运转，用手掌斜伸到离排气管口 8 ~ 10cm 的位置，手心对着排气流，停留 2 ~ 4s，如果手心上出现汗水般水珠，说明气缸套可能有破损。这是由于冷却液经过裂缝进入了气缸，被高温加热，变成水蒸气，从排气管排放到空气中，形成白色的烟雾。

对于汽油机，可以拆下火花塞观察，如果在火花塞的电极表面有水珠，也说明气缸套可能有裂纹。

2）散热器水面上看到机油油花或者气泡。向散热器内加满冷却液，起动发动机，并且以 800r/min 左右的速度运转，如果在散热器的水面上看到气泡或者油花，说明气缸套损坏。涌出的气泡越多，说明气缸套破损越严重。

3）拆下油底壳检查。向散热器内加满冷却液，卸下油底壳，擦干气缸内表面的机油，将发动机静置一夜，然后观察有无冷却液渗漏的痕迹。如果从气缸套表面看到水珠，或者有锈斑出现，说明该气缸在锈斑处或者其上方有裂纹或者砂眼存在。

气缸套

132. 气缸套破裂的原因有哪些?

1）制造方面的原因：制造厂的铸造工序存在细小裂纹，但是未被检验出来；气缸套台肩的高度误差超过规定值，当拧紧气缸盖螺栓后，造成气缸套台肩的退刀槽处整圈开裂，这种现象俗称为“刷台”。

2）使用方法的原因：经常采用错误的起动方法，例如在冬季，采取先起动柴油机，然后才加冷却液；在散热器“开锅”后，突然注入冷水；柴油机满负荷、大油门工作后立即熄火并且排放冷却液。

3）维修方面的原因：配件有问题，例如错用了气缸套或者气缸垫；安装气缸套前，没有彻底清除气缸体上口台肩处的脏污或者锈迹，造成气缸套与气缸体的接触面不平整，使气缸套略微倾斜，致使气缸套工作时承受额外的侧压力；气缸套压入气缸体后，其突出气缸体上平面的高度超过规定值（例如 0.15mm），又没有及时进行修整；在压装气缸套时，使用铁锤子直接敲击，或者在未安装气缸垫的情况下用气缸盖直接压紧气缸套，而且气缸盖螺栓拧紧力矩过大；湿式气缸套的阻水圈与气缸体孔配合过紧，装配时强行压入，造成气缸套破裂。

133. 气缸套破裂与气缸套进水有何区别?

气缸套进水与气缸套破裂这两种故障有相似之处，但是又不完全相同。

气缸套破裂最严重的后果，莫过于气缸套进水了。但是气缸套进水的原因比较多，除了气缸套破裂以外，还包括燃油中混入水分、气缸垫被冲坏、气缸盖紧固螺栓松动等。气缸套进水以后，除了排气管冒白烟或滴水外，还有发动机运转不平稳，其响声似有“缺腿”的现象。

134. 如何防止气缸套进水?

1）在储存和添加燃油的过程中，要严防水分侵入，包括雨水进入。另外，要定期清洗燃油箱，更换燃油滤清器，必要时更换燃油。

2）如果气缸垫损坏，要及时更换。作为应急措施，可以用石棉线或者锡箔纸填充在烧损的部位，也可以从废旧气缸垫上相同部位剪下一块，然后贴补在破损处。

3）为了防止冷却液从气缸盖的结合面进入气缸，在紧固气缸盖螺栓时，必须按照“对角、交叉、分 2 ~ 3 次”的方法拧紧。此后还要定期复查气缸盖螺栓的松紧度。如果气缸盖固定螺栓有滑扣现象，必须及时更换。

135. 气缸盖有什么作用?

气缸盖安装在气缸体的上面，其作用是封闭气缸的上部，并与处于上止点时的活塞顶部和气缸壁一起形成燃烧室。气缸盖经常与高温高压燃气相接触，因此，承受很大的热负荷和机械负荷。水冷发动机的气缸周围和气缸盖中都加工有冷却水套，并且气缸体和气缸盖冷却水套相通，冷却液在水套内不断循环，带走部分热量，对气缸和气缸盖起冷却作用。

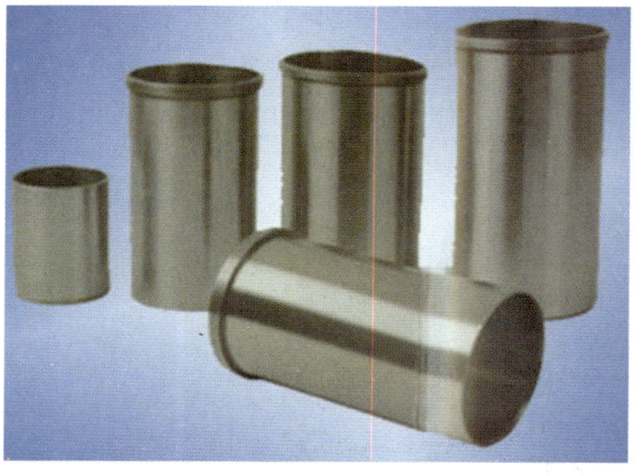

气缸套

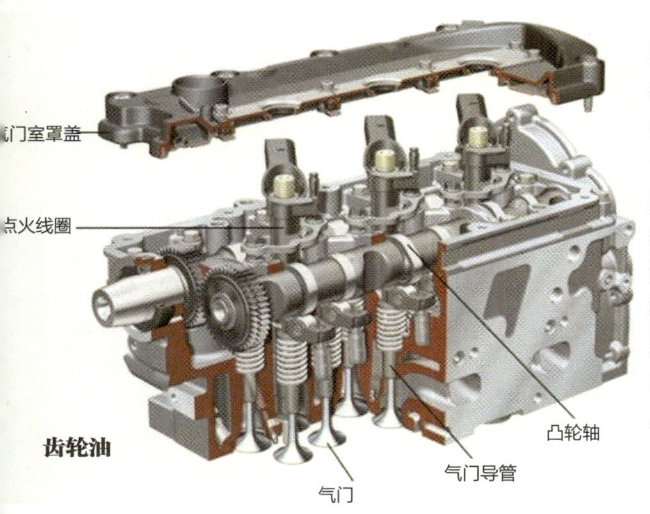

气缸盖

136. 对气缸盖有哪些要求？

气缸盖是一个负荷严重而结构又十分复杂的重要机件。要求其有足够的强度、良好的耐热性；同时材料还应具有良好的浇铸工艺性。

气缸盖的结构应有足够的刚性；触火面形状应符合图纸要求；有足够圆弧过渡且光洁完整；受压面和各种道腔应分别符合规定的压力试验要求；各安装座孔尺寸、形状都应符合精度要求，尤其是各个气门座孔与气门锥面应保持良好的密封状态。

137. 气缸盖上有哪些部件？

气缸盖上加工有进气门座孔、排气门座孔、气门导管孔、火花塞安装孔（汽油机）或喷油器安装孔（缸内直喷汽油机或柴油机）。在气缸盖内还设有水套、进排气道和燃烧室或燃烧室的一部分。如果采用顶置式凸轮轴，则在气缸盖上还加工有凸轮轴轴承座及其润滑油道。

在气缸盖上安装有配气机构的大部分部件，如进气歧管、排气歧管、凸轮轴、挺柱、气门、气门座、气门弹簧、气门弹簧座、气门导管、气门油封和气门锁片等。

138. 对燃烧室有哪些要求？

1）结构尽可能紧凑，面容比要小，充气效率要高，以减小热量损失及缩短火焰行程。

2）使混合气在压缩终了时具有一定的涡流运动，以提高混合气燃烧速度，保证混合气得到及时和充分燃烧。

3）表面要光滑，不易积炭、排气净化好。

139. 如何测量燃烧室容积？

燃烧室容积的简易测量方法如下：

1）彻底清除燃烧室内的积炭和污垢，将修平的气缸盖放置在工作台上，用水平仪找好水平。

2）将火花塞和进、排气门按规定装配好，并保证不泄漏；

3）用量杯加入 80% 的煤油和 20% 的机油混合油至燃烧室，记下量杯中液体变化的差值，总注入量即为燃烧室容积。

4）如果活塞顶部有凹坑，还应测量凹坑的容积。若燃烧室容积减少，应采用铣削方法，去掉燃烧室内金属较厚的部分，调整合适为止。

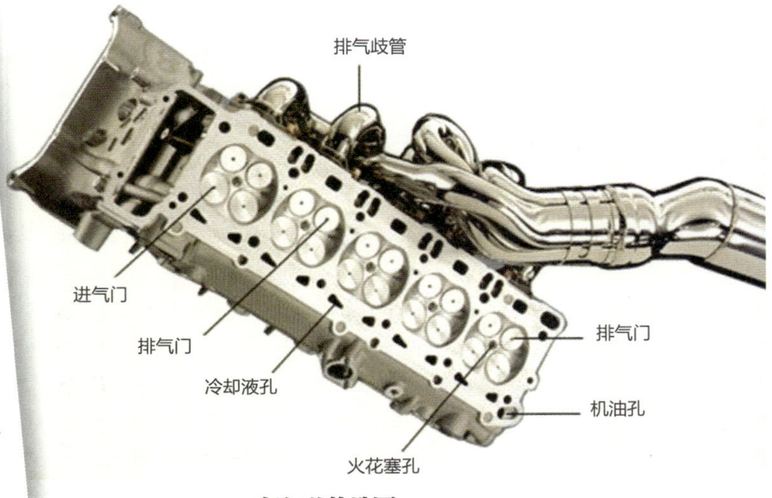

气缸盖构造图

140. 气缸盖有哪些类型?

在多缸发动机的一列中，只覆盖一个气缸的气缸盖称为单体式气缸盖;能覆盖部分（两个以上）气缸的气缸盖称为块状气缸盖；能覆盖全部气缸的气缸盖则称为整体气缸盖。

采用整体气缸盖可以缩短气缸中心距和发动机的总长度，其缺点是刚性较差，在受热和受力后容易变形而影响密封，损坏时需整个更换。整体气缸盖多用于缸径小于 105mm 的汽油发动机上。缸径较大的发动机常采用单体气缸盖或块状气缸盖。

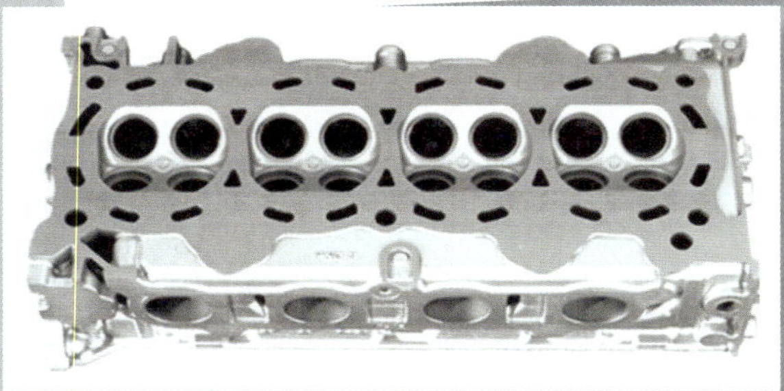

整体式气缸盖

141. 如何拧紧气缸盖螺栓?

气缸盖用螺栓紧固在气缸体上。拧紧螺栓时，必须按由中央对称地向四周扩展的顺序分几次进行。最后一次要用扭力扳手按规定的拧紧力矩值拧紧，以免损坏气缸垫和发生漏水、漏油和漏气现象。如果气缸盖由铝合金制成，则最后必须在发动机冷态下拧紧，这样在热机状态时能增加密封的可靠性，因为铝制气缸盖的膨胀程度比钢制的大；铸铁气缸盖最后则应该在发动机热态下拧紧。

142. 如何检测气缸盖变形?

气缸盖变形主要是指其与气缸体结合的下平面平面度误差超限。引起气缸盖变形的主要原因如下：

1）气缸盖工作时受热不均匀。

2）装配时气缸盖螺栓拧紧力矩不均匀且不按规定顺序拧紧。

3）螺纹孔中污物清除不净；高温下拆卸气缸盖。

检测时，将气缸盖翻过来，把钢直尺放到气缸盖下表面，用塞尺检查气缸盖的平面度，最大允许变形量为 0.10mm。

143. 如何修理气缸盖变形?

修理方法与气缸体相同。经过修理后的气缸盖，其缸盖高度不得低于规定值。如果气缸盖变形，平面度超差，允许对气缸盖进行修复时还应检查燃烧室容积。燃烧室容积一般不得小于标定容积的 95%，同一缸盖各缸燃烧室容积差不大于平均容积的 1% ~ 2%，否则更换气缸盖。

144. 气门室罩盖有什么作用?

气缸盖罩又称为气门室罩盖，其作用是用来密封配气机构等零部件，防止灰尘污染机油或灰尘进入加快配气机构零部件的磨损。气门室罩盖上有加机油口和曲轴箱通风管接口。

气门室罩盖用铝合金铸造或用薄钢板冲压制成，与气缸盖接合面上安装有气门室罩盖垫。

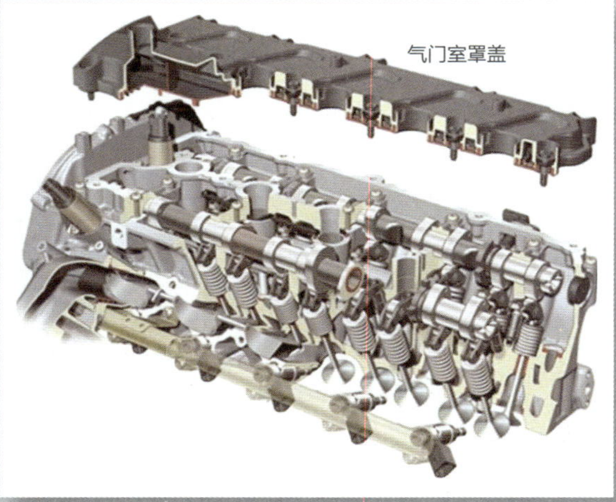

气门室罩盖安装位置图

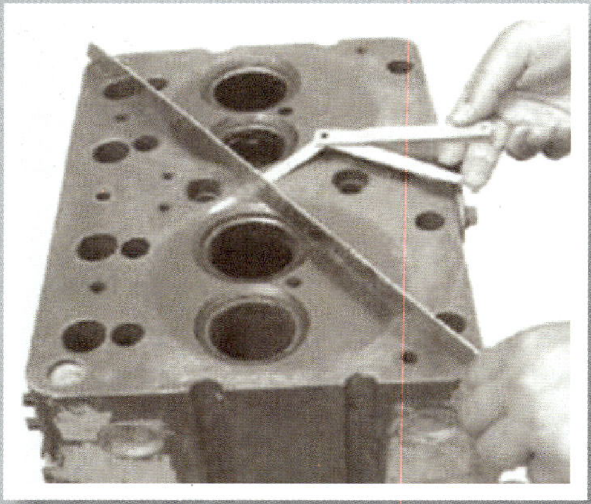

气缸盖变形检测

145. 气缸垫能密封吗?

气缸垫位于气缸盖与气缸体之间，又称气缸床。其作用是填补气缸体和气缸盖之间的微观孔隙，保证结合面处有良好的密封性，进而保证燃烧室的密封，防止气缸漏气、水套漏水和油道漏油。

146. 对气缸垫有哪些要求?

1）在高温高压燃气作用下有足够的强度，不易损坏。

2）耐热和耐腐蚀，即在高温、高压燃气和有压力的机油和冷却液的作用下不烧损或变质。

3）具有一定的弹性，能补偿结合面的不平度，以保证密封。

4）拆装方便，能重复使用，寿命长。

气缸垫

147. 气缸垫有几种结构形式?

1）金属－石棉式气缸垫。这种形式气缸垫的石棉中间夹有金属丝或金属屑，且外覆铜皮或钢皮。水孔和燃烧室周围另用镶边增强，以防被高温燃气烧坏。这种气缸垫的压紧厚度为 1.2 ~ 2mm，有很好的弹性和耐热性，能重复使用，但厚度和质量的均一性较差。

2）实心金属片式气缸垫。很多强化的汽车发动机采用实心金属片式气缸垫。这种气缸垫在需要密封的气缸孔、水孔和油孔周围冲压出一定高度的凸纹，利用凸纹的弹性变形实现密封。

气缸垫及凸轮轴

148. 发动机有几种支承方式?

发动机一般通过气缸体和飞轮壳或变速器壳支承在车架上，发动机的支承方式一般有三点支承和四点支承两种。所谓三点支承即前端两点通过上曲轴箱支承在车架上，后端一点通过变速器壳支承在车架上。四点支承则为前端两点通过上曲轴箱支承在车架上，后端两点通过飞轮壳支承在车架上。

发动机在车架上的支承是弹性的，这是为了消除在汽车行驶中车架的扭转变形对发动机的影响，以及减少传给底盘和乘员的振动和噪声。

149. 发动机支架如何布置?

通常有两个或 3 个支架可以将发动机固定到车架上，它们可以隔离来自汽车底盘和驾驶室的振动。还有附加的支架用于支承变速器或驱动桥，同时也支承发动机。一些特别靠前的发动机支架固定于散热器横梁上。横置发动机较低的支架有的固定于发动机的后端，也有的固定于驱动桥前端。

150. 发动机支架有哪些类型?

发动机支架有两种类型：橡胶衬套式和液压减振式。大多数发动机支架采用橡胶衬套式支架，橡胶衬套吸收发动机的振动。橡胶衬套松弛地固定于发动机壳体上，允许它在发动机舱内有一定的移动。

液压减振式支架有两个充满液体的腔室，在二者之间留有一个空口来减弱发动机的振动。发动机振动时，一个腔室的液体要完全流到另一个腔室需要一定的时间和能量，这样有助于减小发动机的振动，它们的外形和作用与悬架减振器相似。

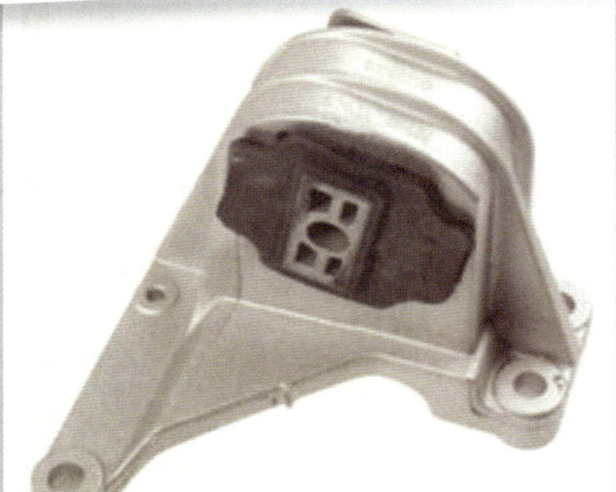

橡胶衬套式支架

151. 主动发动机支架是什么原理?

主动发动机支架内部的缓冲元件与普通汽车所使用的发动机支架结构大致相同，它可以吸收一部分发动机在运转时所产生的振动，而当发动机出现异常振动时，支架内部的线圈和永久磁铁会出现相应的位移，由此会引发电流上的变化，发动机电脑在接收到这个信号时也会对线圈的电流加以限制，以实现更富弹性的缓冲效果。

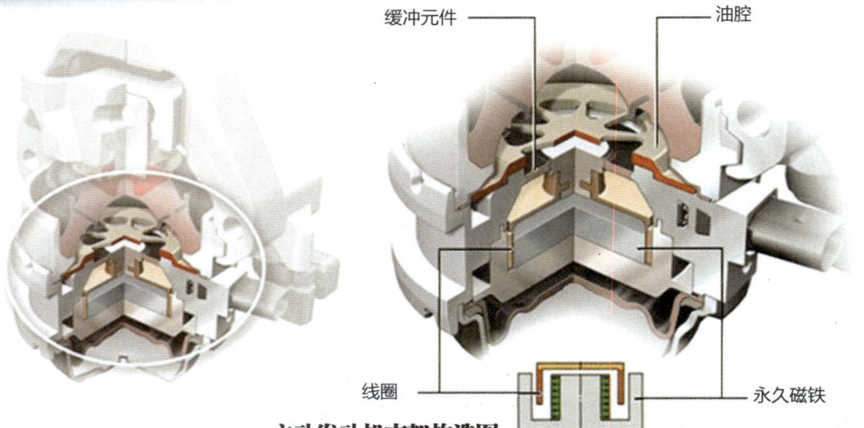

主动发动机支架构造图

152. 活塞在什么条件下工作?

活塞的作用是与气缸盖、气缸壁共同构成燃烧室，承受气体压力，并将此力通过活塞销传给连杆，以“蹬动”曲轴旋转。

活塞是在高温、高压、高速、润滑不良和散热困难的条件下工作的。活塞的工作条件要求活塞具有足够的刚度和强度，良好的导热性和耐磨性，质量要小，以保持最小的惯性力，热膨胀系数小，活塞与气缸壁间较小的摩擦因数等。

153. 活塞采用何种材料?

汽车发动机目前广泛采用的活塞材料是铝合金。铝合金活塞具有质量小(约为同样结构的铸铁活塞的 50% ~ 70%)。导热性好(约为铸铁的 3 倍)的优点。缺点是热膨胀系数较大，在温度升高时，强度和硬度下降较快。为了克服这些缺点，一般要在结构设计、机械加工或热处理上采取各种措施加以弥补。

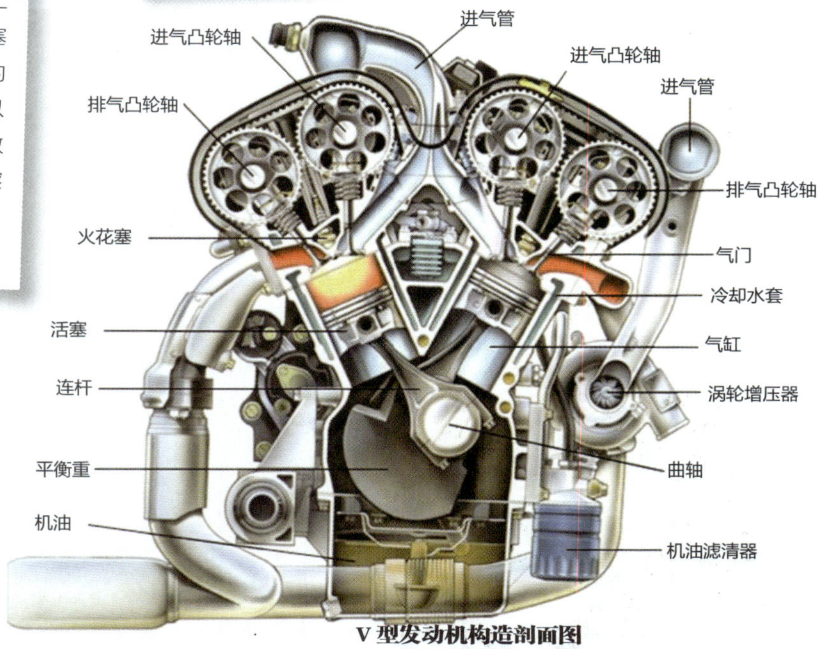

V 型发动机构造剖面图

154. 活塞顶部有哪些装配标记？

活塞由顶部、头部和裙部 3 部分组成。

活塞顶部是燃烧室的组成部分，其形状与选用的燃烧室形状有关。活塞顶部一般标有记号，如箭头、三角、圆点等，安装时应将记号朝向曲轴前端。另外，有的活塞顶部还有月牙形凹坑，称为气门让坑，其作用是防止顶气门。

活塞顶部箭头标记

155. 活塞头部有什么作用？

活塞头部是活塞环槽以上的部分，一般有 3 道“皱纹”，即汽油机一般有 3 道环槽，上面两道用以安装气环，下面一道用以安装油环。活塞头部一般做得较厚，以便于热量从活塞顶部经活塞环传给气缸的冷却壁面上，从而防止活塞顶部的温度过高，其主要作用如下：

1）承受气体压力并传给连杆。

2）与活塞环一起实现气缸的密封。

3）将活塞顶部所吸收的热量通过活塞环传导到气缸壁上。

156. 为什么铸入环槽护圈？

活塞环槽的磨损常常是影响活塞使用寿命的一个重要因素。在热负荷较高的发动机中，由于活塞的第一道环槽温度较高，铝合金材料硬度的下降，再加上活塞环与环槽的相对运动，更加速了环槽的磨损。为了保护和加强活塞环槽，可在铝合金活塞环槽部位铸入由耐热材料制造的环槽护圈，以提高环槽的使用寿命。

157. 为什么环槽下平面磨损严重？

活塞环槽的磨损主要是下平面，尤以第一道环槽最严重，各环槽由上而下逐渐减轻。其主要原因是由于燃气的压力作用及活塞高速往复运动，使活塞环对环槽的冲击增大。此外，活塞头部还受到高温高压燃气的作用，使其强度下降。环槽的磨损将引起活塞环与环槽侧隙的增大，活塞环的泵油作用增大，使气缸漏气和窜机油，密封性降低。

158. 活塞裙部有什么作用？

活塞裙部是指油环槽下端以下部分。其作用是为活塞在气缸内做往复直线运动导向和承受侧压力，因而裙部要有一定的长度和足够的面积，以保证可靠导向和减轻磨损。

被分解的活塞连杆组

159. 什么是全裙式与拖板式活塞？

活塞裙部的基本形状为一薄壁圆筒，若该圆筒为完整的称为全裙式活塞。

许多高速发动机为了减小活塞质量，在保证裙部有足够承压面积的条件下，将活塞不受作用力的两侧，即沿活塞销座孔轴线方向的裙部切去一部分，形成半拖板式活塞；若裙部全部切去，形成拖板式活塞。

半拖板式活塞

160. 拖板式活塞有什么优点？

拖板式活塞与全裙式活塞相比，具有如下优点：

1）质量轻，比全裙式活塞轻 10% ~ 20%，适应高速发动机减小往复惯性力的需要。

2）活塞裙部弹性好，可以减小活塞与气缸的配合间隙。

3）能够避免与曲轴平衡重发生运动干涉。

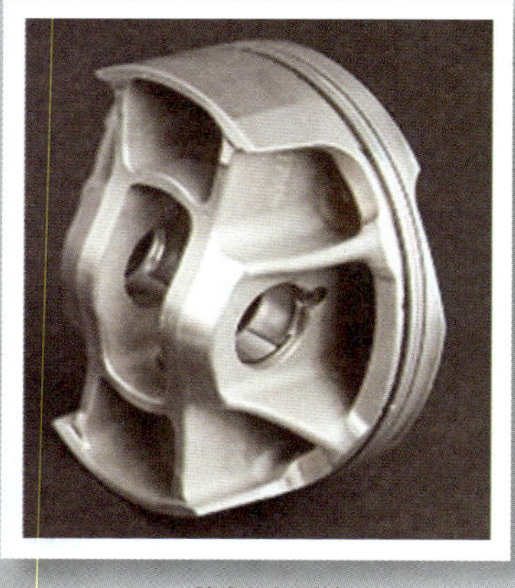

拖板式活塞

161. 梯形活塞什么样？

在某些高性能发动机上，连杆是锻钢制成的，只有 13mm 厚。为了降低振动以及能承受比一般发动机高的燃烧压力，活塞销孔和连杆小头设计成梯形结构，这就是梯形活塞名称的由来。

与传统的活塞与连杆连接相比，在活塞销处，活塞销孔和连杆小头有较大的接触面积。所以，燃烧产生的压力分配到一个较大面积，减轻了活塞销和连杆的负荷。

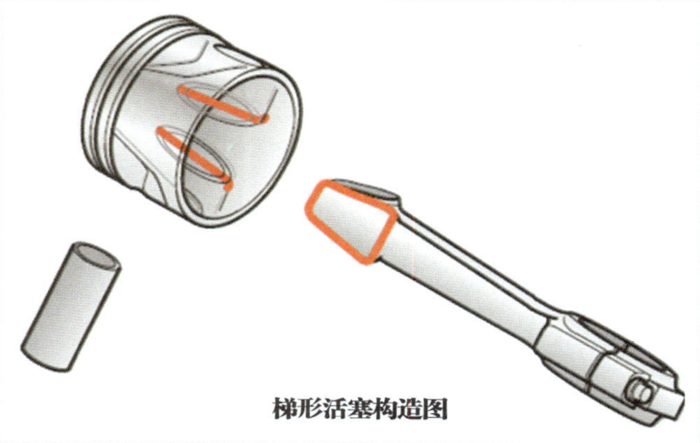

梯形活塞构造图

162. 活塞裙部断面为何是椭圆形？

由于气体作用力、侧压力及活塞销座孔附近的金属堆积等原因，活塞裙部受热后膨胀量大，致使裙部在受热变形时，在沿活塞销座孔轴线方向的直径增量大于其他方向。所以，为了使活塞在正常温度下与气缸壁间保持比较均匀的间隙，以免在气缸内卡死或引起局部磨损，必须预先在冷态下把活塞加工成其裙部断面为长轴垂直于活塞销方向的椭圆形。

163. 活塞头部为何制成上小下大？

由于活塞沿轴线方向温度分布和质量分布都不均匀，因此，各个断面的热膨胀量是上大下小，铝合金活塞的这种差异尤其显著。为了使铝合金活塞在工作状态下接近一个圆柱形，有的活塞将其头部的直径制成上小下大的阶梯形或截锥形，或将活塞裙部制成上小下大的截锥形。有的活塞为了更好地适应其热变形，使活塞裙部制成变椭圆，即在裙部的不同部位其椭圆度不同，椭圆度由下而上逐渐增大，即裙部横截面越往上越扁。

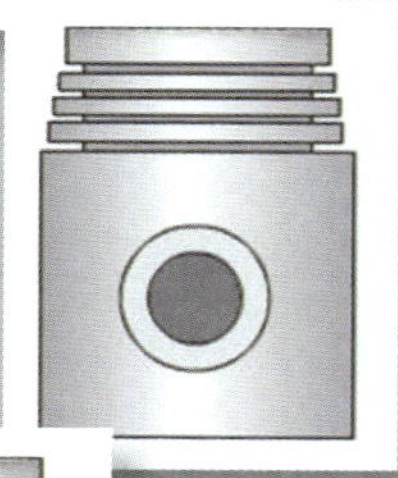

阶梯形活塞

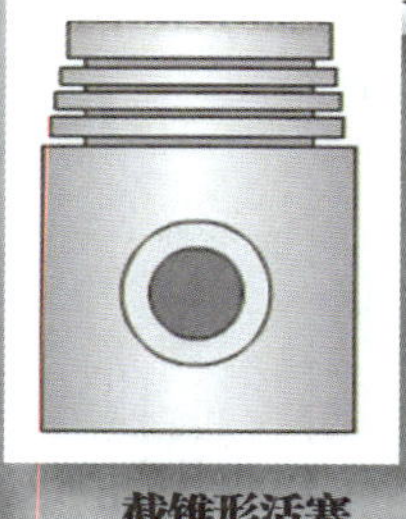

截锥形活塞

164. 活塞销座孔中心线为何要偏移?

一般发动机活塞销座孔的中心线与活塞中心线垂直相交。但也有些高速汽油发动机的活塞销座孔中心线向在做功行程中受侧压力的一面偏移了 1 ~ 2mm。这是因为，如果活塞销对中布置，则当活塞越过上止点时侧压力的作用方向改变，会使活塞敲击气缸壁面产生噪声。如果把活塞销偏移布置，则可使活塞较平顺地从压向气缸的一面过渡到压向另一面，且过渡时刻早于达到最高燃烧压力的时刻，可以减轻活塞“敲缸”，减小噪声，改善发动机工作的平顺性。

165. 活塞有哪些耗损形式?

活塞的耗损形式主要有活塞环槽的磨损、活塞裙部的磨损、活塞销座孔的磨损、活塞拉伤、顶部烧蚀、脱顶和裂纹等。

166. 活塞拉伤的主要原因是什么?

活塞拉伤一般有明显的痕迹，其主要原因如下：

1）活塞裙部与气缸壁间隙小，不能形成足够的油膜。

2）机械杂质进入气缸表面。

3）活塞销卡簧在活塞销轴向冲击力的作用下冲击环槽，使气缸和活塞损坏。

有些活塞容易出现拉缸，主要是活塞选用的材料、设计及制造工艺不当等原因引起的。活塞轻度拉伤，在不影响配合间隙的情况下，允许用细砂布打磨后继续使用；拉伤严重的活塞必须更换。

活塞销卡簧

167. 活塞顶部烧蚀的主要原因是什么?

活塞顶部烧蚀主要是不正常燃烧使顶部接受过多热量或者活塞出现碰头卡死和断环故障之后，在大负荷情况下运转而造成的。如喷油过早，会引起工作粗暴，它产生的爆发力很大，其冲击波比正常压力大许多倍，它所重击到的地方会产生软点，这样频繁的冲击，会使活塞顶部产生局部疏松而形成蜂窝状，严重时会被烧熔或击穿。若某一机型容易出现烧顶时，一般还与活塞的材料和设计有关。活塞顶部烧蚀则予以更换。

在气缸内的活塞

168. 活塞脱顶的主要原因是什么?

活塞脱顶是指活塞头部与裙部分离。造成活塞脱顶的主要原因如下：

1）活塞环的端隙过小或活塞环与环槽槽底无背隙，高温下活塞环卡死，活塞与气缸壁发生黏结，而裙部受连杆拖动，造成头部与裙部分离。

2）发动机过热，活塞头部卡死在气缸中，而裙部受连杆拖动，造成头部与裙部分离。

3）设计或制造中留下的缺陷。活塞脱顶应予以更换。

169. 活塞裂纹的主要原因是什么?

活塞裂纹主要产生于活塞环槽和活塞销座孔处。活塞环对活塞裙部的不断上下撞击、活塞销损伤变形以及发动机发生爆燃、活塞的材料和制造中存在缺陷等均可引起活塞产生裂纹，严重时活塞将破裂。

170. 活塞变形的特征及具体原因有哪些?

活塞在工作时，产生变形的主要原因是热膨胀，其次是侧压力。活塞变形的特征及具体原因如下：

1）整个活塞的热膨胀量大于气缸的热膨胀量，使活塞与气缸的配合间隙变小。这是由于活塞的温度高于气缸壁，且铝合金的膨胀系数大于铸铁。

2）活塞头部的热膨胀量大于裙部，沿活塞轴线方向的膨胀量呈上大下小的趋势。这是由于活塞上部的温度比下部高，且活塞的壁厚是上厚下薄。

3）活塞裙部沿圆周方向的变形量不均匀，变成近似椭圆形，长轴沿销座孔轴线方向。这是活塞销座孔处金属多，热膨胀量大，以及侧压力挤压裙部所致。

171. 活塞变形的预防措施有哪些?

鉴于活塞的上述变形特征，为了使活塞在正常的工作温度下与气缸壁间保持比较均匀而合适的间隙，确保活塞的正常工作，活塞在结构上常采取以下措施：

1）活塞制成上小下大的锥形，使活塞在工作时接近于一个圆柱形。

2）活塞裙部加工成椭圆形，其短轴沿活塞销座孔轴线方向，长轴垂直于活塞销座孔轴线方向，使活塞在工作时接近于一个圆柱形。

3）将活塞销座孔外端面向内制成凹陷状或采用拖板式活塞，使销座孔两端有充分的膨胀余地，不会与气缸壁接触。

4）为限制活塞裙部的受热膨胀，有些铝合金活塞在活塞销座孔处嵌入热膨胀系数仅为铝合金 1/10 的“恒范钢片”或“筒形钢片”。

172. 选配活塞有哪些注意事项?

当气缸的磨损超过规定值，必须对气缸进行修复，或活塞发生异常损坏时，需要视情节选配活塞。选配活塞时要注意以下几点：

1）根据气缸的修理尺寸选用同一修理尺寸和同一分组尺寸的活塞。活塞裙部的尺寸是镗、磨气缸的依据，只有在活塞选配后，才能按选定活塞的裙部尺寸进行镗、磨气缸。

2）活塞是成套选配的，同一台发动机必须选用同一厂牌的活塞，以保证其材料和性能的一致性。在成套选配的活塞中，其尺寸差一般为 0.01 ~ 0.05mm，质量差为 4 ~ 8g，销座孔的涂色标记相同。

铝合金活塞

被分解的活塞连杆组

173. 活塞顶碰气缸盖的原因是什么？

1）在维修或装配时，不小心将小螺钉掉入进气管（如拆装喷油器时，从孔中掉入），在吸气时吸入气缸，或小垫片粘在气缸盖下面，安装气缸盖时没注意留在燃烧室内，着车后出现异响，使活塞顶与气缸盖碰撞。

2）连杆轴瓦损坏也会造成活塞顶碰气缸盖。这种碰撞是惯性碰撞，并不是连杆或活塞过长而引起的。因此在转动飞轮时，发现不了活塞顶碰气缸盖，只有在发动机运转时才能听出（随转速增高而响声增大，低速时响声轻）。

3）在装连杆瓦盖时，将瓦盖装反或与其他缸的错装。螺栓虽然拧紧，但瓦还是椭圆形（连杆体与盖成对加工，不得换装），转动惯性导致活塞撞击气缸盖，出现轻脆、坚实的“嗒嗒”声，断油后还响，并不减弱，气缸盖振动大。因此，在维修时，应特别注意这一点。

4）连杆螺栓松脱后，亦造成活塞惯性顶碰气缸盖，应选用合格螺栓，按要求拧紧，禁止使用旧螺栓。

174. 活塞环有什么作用？

活塞环是具有弹性的开口环，有气环和油环之分，两者配合使用。气环又称压缩环，其作用是保证气缸壁与活塞间的密封，防止气缸中的高温、高压燃气大量漏入曲轴箱，同时还将活塞顶部的大部分热量传导到气缸壁，再由冷却液或空气带走。油环的作用是用来刮除气缸壁上多余的机油，并在气缸壁上涂布一层均匀的油膜，这样既可以防止机油窜入气缸内燃烧，又可以减小活塞、活塞环与气缸的磨损和摩擦阻力。

活塞环

175. 活塞环在什么条件下工作？

活塞环在高温、高压、高速和润滑极其困难的条件下工作。它的运动情况很复杂，一方面由于它与气缸壁间有相对高速的滑动摩擦，以及由于环的胀缩而产生的环与环槽侧面相对的摩擦，另一方面，由于环对环槽侧面的上下撞击。高温使环的弹力下降，润滑变坏。尤以第一道环工作条件最为恶劣。因此，活塞环是发动机所有零件中工作寿命最短的。

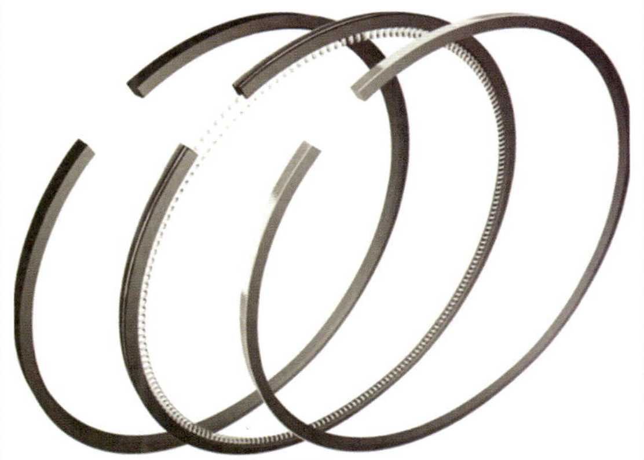

活塞环

176. 活塞环采用何种材料？

一般活塞环的材料采用灰铸铁、球墨铸铁或合金铸铁，目前汽车上广泛采用的是合金铸铁。随着发动机的强化，活塞环特别是第一道环，承受着很大的冲击负荷，因此，要求活塞环材料除了有好的耐磨性、耐热性、磨合性、导热性以外，还应有高的强度、冲击韧性和足够的弹性。

177. 活塞环为何镀铬或喷钼？

一些发动机的第一道气环，其外圆柱表面一般都镀上多孔性铬或喷钼，以减缓活塞环和气缸的磨损。多孔性铬层硬度高，并能储存少量机油，以改善润滑条件，使环的使用寿命提高 2 ~ 3 倍。其余气环还可以镀锡或磷化处理，以改善磨合性能。

178. 活塞环为何留有三隙?

发动机工作时，活塞、活塞环等机件都会发生热膨胀，而活塞环在气缸、活塞环槽内的运动相对较为复杂，既要与活塞一起在气缸内做上下往复运动以及径向胀缩，还要在环槽内作微量的圆周运动。为了既能保证气缸的密封性，又能防止环卡死在缸内或胀死在环槽中，安装时，活塞环应留有端隙、侧隙和背隙。

179. 什么是活塞环端隙?

活塞环端隙又称为开口间隙，是活塞环装入气缸后，该环在上止点时，环的两端头的间隙或活塞环在标准环规内两端头的间隙，一般为 0.25 ~ 0.50mm。

180. 如何检测活塞环端隙?

活塞环端隙是为了防止活塞环受热膨胀卡死在气缸内而设置的。检测端隙时，将活塞环置入气缸内，并用倒置活塞顶部将环推入气缸内相应的上止点位置，然后用塞尺测量。若端隙大于规定值，则应重新选配活塞环；若端隙小于规定值时，应利用细平锉刀对环口的一端进行锉修。锉修时，只能锉修一端且环口应平整，锉修后应将毛刺去掉，以免在工作时刮伤气缸壁。

活塞环端隙测量示意图

181. 什么是活塞环侧隙?

活塞环侧隙又称为边隙，是指活塞环装入活塞后，其侧面与活塞环槽之间的间隙。第一道气环因工作温度高，一般为 0.04 ~ 0.10mm；其他环一般为 0.03 ~ 0.07mm。油环的侧隙较小，一般为 0.025 ~ 0.07mm。

182. 如何检测活塞环侧隙?

活塞环应有合适的侧隙，以保证机件工作可靠。若侧隙过大将使活塞环的泵油作用加剧，使环岸疲劳破碎，加速环的断裂和使机油消耗增加；侧隙过小会使活塞环卡死在环槽内，环的弹力极度减弱，冲击应力加剧，不但使气缸密封性降低，也容易使环折断。检测时将活塞环放入相应的环槽内，用塞尺进行测量。若侧隙过小时，车削加宽活塞环槽修整侧隙。

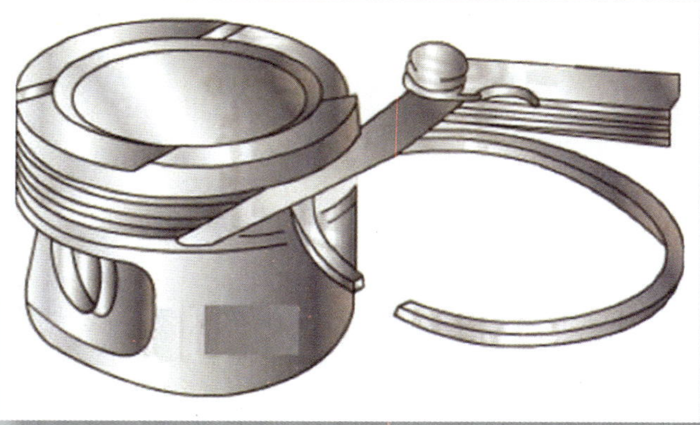

活塞环侧隙测量示意图

183. 什么是活塞环背隙?

活塞环背隙是指活塞环随活塞装入气缸后，活塞环内圆柱面与活塞环槽底部间的间隙，一般为 0.5 ~ 1.0mm。油环的背隙比气环大，目的是增大存油间隙，以利于减压泄油。背隙的作用是为建立背压、储存积炭和防止活塞工作时膨胀过大挤断活塞环而设置的。

184. 如何检测活塞环背隙？

背隙一般不用活塞环的内圆柱面与活塞环槽底部直径差值的一半来表示，为测量方便，通常是将活塞环装入活塞内，以环槽深度与活塞环径向厚度的差值来衡量。测量时，将环落入环槽底，再用深度游标卡尺测出环外圆柱面沉入环岸的数值。如背隙过小时，应更换活塞环。

刘总监提示：在实际操作中，通常是以经验法来判断活塞环的侧隙和背隙。将环置入环槽内，环应低于环岸，且能在环槽中滑动自如，无明显松旷感觉即可。

185. 气环切口有哪些形状？

活塞环切口的形状和装入气缸后的间隙大小对于漏入曲轴箱的燃气量有一定影响。切口间隙过大，则漏气严重，使发动机功率减小；间隙过小，活塞环受热膨胀后就可能卡死或折断。气环切口的形状如下：

1）直角口。其工艺性好，应用最广泛。

2）阶梯形。阶梯形切口的密封性较好，但工艺性较差。

3）斜切口。其斜角一般为 30° 或 45°，其密封作用和工艺性均介于前两者之间，但其锐角部位在套装入活塞时容易折损。

4）带销钉槽切口。压配在活塞环槽中的销钉是用来防止活塞环在工作中绕活塞中心线转动的。

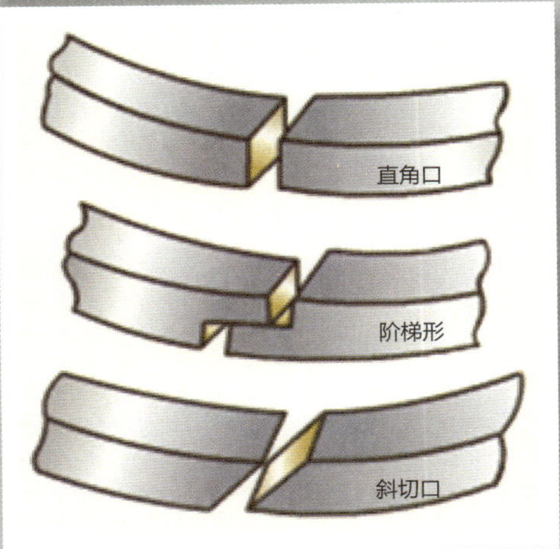

气环切口形状示意图

186. 气环断面有哪些形状？

1）矩形环。其结构简单，制造方便，散热性好，应用最广泛。

2）扭曲环。在安装时，必须注意环的断面形状和方向，应将其内圆切槽向上，外圆切槽向下，不能装反。

3）锥面环。其可以改善环的磨损，这种环在气缸内可向下刮油，而向上滑动时由于斜面的油楔作用，可在油膜上浮起，减少磨损。

4）梯形环。其主要作用是当活塞受侧压力的作用而改变位置时，环的侧隙相应发生变化，使沉积在环槽中的结焦被挤出，避免了环被粘在环槽中而引起折断。

5）桶面环。其特点是活塞环的外圆面为凸圆弧形；其缺点是凸圆弧表面加工较困难。

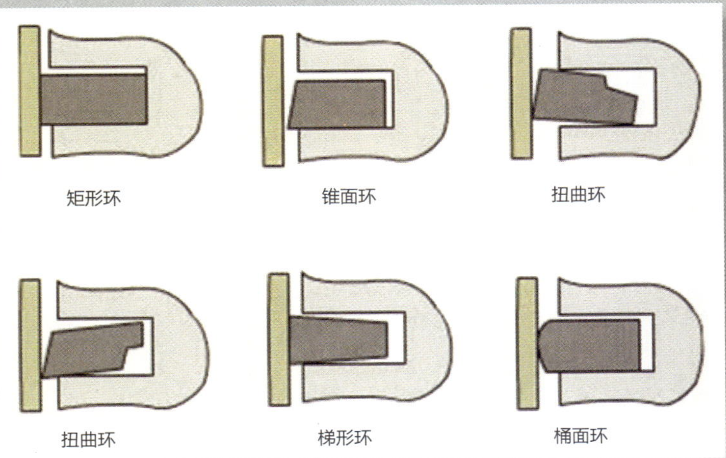

气环断面形状示意图

187. 矩形环的泵油原理是什么？

活塞下行时，由于环与气缸壁之间的摩擦阻力以及环本身的惯性，环将压靠着环槽的上端面，气缸壁上的机油就被刮入下侧隙和背隙内。当活塞上行时，环又压靠着环槽的下端面，结果第一道环背隙里的油就进入气缸中，如此反复，结果就像油泵的作用一样，将气缸壁上的机油最后压入燃烧室。

188. 普通油环什么样?

油环分为普通油环和组合油环两种，无论活塞上行还是下行，油环都能将气缸壁上多余的机油刮下来经活塞上的回油孔流回油底壳。

普通油环一般是用合金铸铁制造的，其外圆面的中间切有一道凹槽，在凹槽底部加工出很多穿通的排油小孔或狭缝。

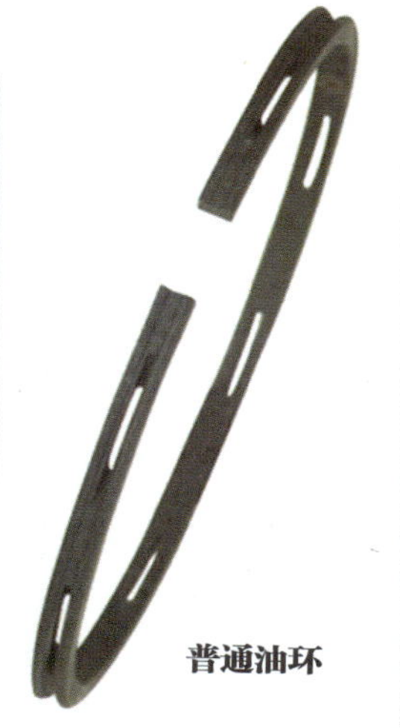

普通油环

189. 组合油环有何优点?

油环有普通油环和组合油环两种。组合油环由上、下刮片和产生径向、轴向弹力作用的衬簧组成。这种油环的优点如下：

1）片环很薄，对气缸壁的比压大，因而刮油作用强。

2）刮片是各自独立的，因此，对气缸的适应性好。

3）质量小。

4）回油通路大，刮油效果明显。

组合油环

190. 活塞环有哪些耗损形式?

活塞环长期在高温、重载和高速情况下工作，润滑条件较差，其主要耗损形式是磨损。随着磨损的加剧，活塞环的弹力逐渐减弱，端隙、侧隙、背隙增大。此外，活塞环还可能断裂。

活塞环在工作时，由于受高温高压燃气的作用、往复运动的冲击和不良的润滑条件，使其磨损失效比气缸磨损至极限的速度快。随着活塞环磨损的不断加剧，活塞环的弹力也逐渐减弱，端隙、侧隙增大，使气缸密封性变差，造成窜油和漏气，导致发动机动力性和经济性下降。因此，对发动机进行二级维护时，如果气缸的最大圆柱度误差小于使用极限时，可采用更换同一尺寸级别的活塞环的方法来改善发动机性能，延长发动机的大修间隔里程。

191. 活塞环损坏后能引起哪些状况?

当活塞环磨损、损坏或失效后，将出现发动机起动困难，功率不足，曲轴箱压力升高，通风系统严重冒烟，机油消耗增大，排气冒蓝烟，燃烧室、活塞等表面严重积炭等不良状况。

活塞环

192. 如何检测活塞环弹力?

活塞环的弹力是指活塞环端隙达到规定值时作用在活塞环上的径向力。活塞环的弹力是建立背压的首要条件，也是保证气缸密封性的必要条件。弹力过大使环的磨损加剧；弹力过弱，气缸密封性变差，燃烧室积炭严重，发动机的动力性和经济性降低。

弹力检测一般在弹力检测仪上进行。检测时，把活塞环放在弹力检测仪上，使环的开口处于水平位置，移动检测仪上的量块，把活塞的开口间隙压缩到标准值，观察秤杆上的质量，应符合技术要求。

193. 如何检测活塞环漏光度？

活塞环的漏光度检测旨在检测环的外圆表面与气缸壁的接触和密封程度，其目的是避免漏光度过大使活塞环与气缸壁的接触面积减小，造成漏气和窜机油的隐患。其检测方法如下：

1）将活塞环平放在已经修好的气缸内，用活塞顶部推平活塞环。

2）在活塞环上盖一个比气缸直径略小的硬纸板做成的遮光板，在气缸下部放置灯光照明。

3）观察活塞环外圆与气缸壁之间是否漏光。

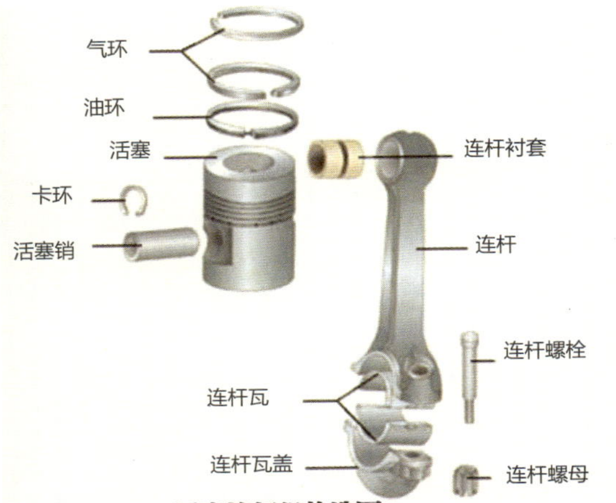

活塞连杆组构造图

194. 检测活塞环漏光度有哪些技术要求？

1）在活塞环端口左右 30° 范围内不应有漏光点。

2）在同一活塞环上的漏光不得多于两处，每处漏光弧长所对应的圆心角不得超过 25°，同一环上漏光弧长所对应的圆心角之和不得超过 45°。

3）漏光处的缝隙应不大于 0.03mm，当漏光缝隙小于 0.015mm 时，其弧长所对应的圆心角之和可放宽至 120°。

195. 如何选配活塞环？

在发动机大修或小修时，活塞环是被当成易损件更换的。活塞环设有修理尺寸，不因气缸和活塞的分组而分组。

活塞环选配时，以气缸的修理尺寸为依据，同一台发动机应选用与气缸和活塞修理尺寸等级相同的活塞环。发动机气缸磨损不大时，应选配与气缸同一级别的活塞环。气缸磨损较大尚未达到大修标准时，严禁选择加大一级修理尺寸的活塞环锉端隙使用。

196. 活塞环的选配要求是什么？

活塞环的选配要求：与气缸、活塞的修理尺寸一致；具有规定的弹力以保证气缸的密封性；环的漏光度、端隙、侧隙和背隙应符合原厂设计规定。

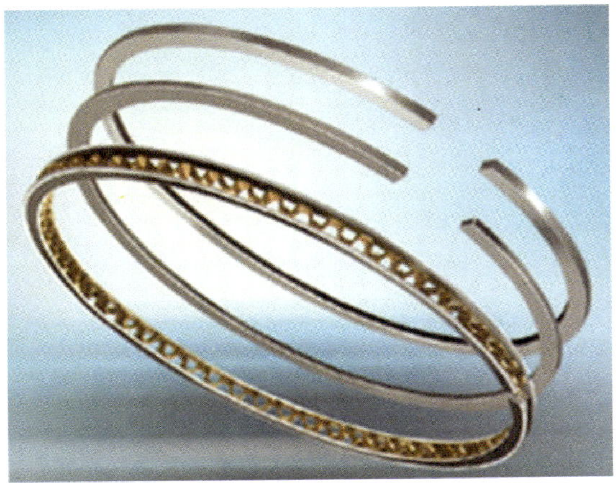

气环和组合油环

197. 更换活塞环时应注意哪些问题？

1）检查活塞环的端隙应在活塞环行程内的最低位置进行，不能在磨损严重的气缸上部检验，也不要在活塞环行程区域以外检验。

2）在拆下活塞连杆组前，应用刮刀刮除缸肩，并用砂布将缸口磨光。若气缸磨损比较严重造成在活塞环行程最低位置也有明显的台阶时，也应刮除和磨光。

3）应按维修手册的要求对每道活塞环进行装配，其端口按一定夹角交错布置。

198. 安装活塞环时应注意哪些问题？

安装气环时，有镀铬的活塞环一般装在第一道，因为镀铬环能增强环的耐磨性，延长环的寿命。安装扭曲环时，其安装方向视该环的具体作用而定：用作刮油的正扭曲环其内缺口或内倒角朝上，外缺口或外倒角朝下；用作布油的反扭曲环，其安装方向与上述相反。各种环的组合方式和安装方向要按该型号发动机说明书的要求进行，不得随意改变。

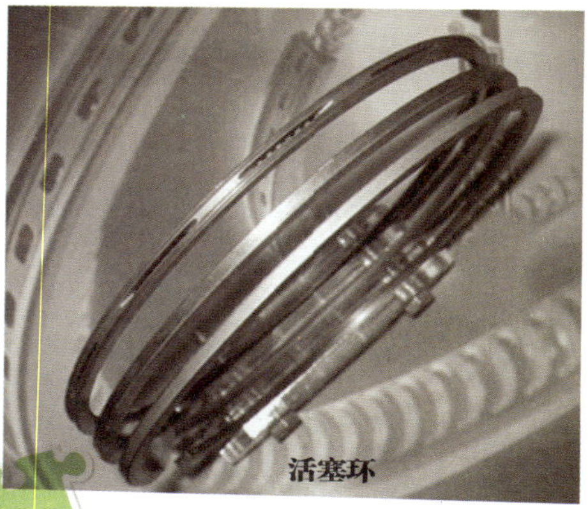

活塞环

199. 安装活塞环时开口为何要交错布置？

为了提高气缸的密封性，避免高压气体的泄漏，要求安装活塞环时，开口必须交错布置。一般是以第一道活塞环的开口位置为始点，其他各环的开口布置呈迷宫状走向。各道活塞环的开口一般不要布置在活塞销轴线的 ±45° 方向上，因为活塞销轴向两端的润滑油较多，润滑油容易向上窜入燃烧室。第一道环应布置在做功行程压力较小的右侧，并且尽可能远离燃烧中心，其他环（包括油环）依次间隔 90° ~ 180° 。例如，两道环的发动机，第二道环与第一道环间隔 180° ；三道环的发动机，则每道环间隔 120° 或第二道环间隔 180° ，第三道环与第二道环间隔 90° ；四道环的发动机，第二道环与第一道环间隔 180° ，第三道环与第二道环间隔 90° ，第四道环与第三道环间隔 180° 。安装油环的刮片也要交错排列，二道刮片的应间隔 180° ，三道刮片的则依次间隔 120° 。

200. 活塞环端部的侧面有哪些装配标记？

新型发动机活塞环的端部侧面都制有装配标记，活塞环有标记的一面朝上安装，并且要注意每一道环的装配位置。环的标记常有“O”“OO”和“T1”“T2”等。除环上有标记的一面朝上外，它们的安装顺序分别为第一道、第二道。有的活塞环上还制有尺寸标记和厂标。活塞环一端的 R 为厂标，另一端为活塞环的尺寸，S 为标准环，修理尺寸用阿拉伯数字表示，如 25 表示其修理尺寸为 + 0.25mm。

活塞环除可由装配标记识别外，还可以从它包装的颜色加以辨认。不同厂家活塞环的包装色彩不同，不同的色彩还能表示活塞环不同的安装顺序。

201. 活塞环与气缸间的磨损有何特点？

1）活塞环在上、下止点之间作往复运动，速度从静止状态变化到最高达 30m/s 左右，如此反复做大幅度变化。

2）作往复运动时，在工作循环的进气、压缩、做功和排气行程中，气缸压力变化很大。

3）因受做功行程的影响，活塞环的运动经常是在高温下进行的，特别是第一道气环，在高温高压及燃烧生成物所产生的化学作用下，油膜很难建立，使其实现完全润滑比较困难，而常常处于临界润滑状态。

202. 活塞环有哪几种磨损？

1）根据磨损机理，活塞环磨损可分为正常磨损、熔着磨损（划伤，擦伤）、磨料磨损及腐蚀磨损。但这些磨损现象不会单独出现，而是同时存在并且相互影响。

2）按照磨损部位，活塞环磨损又可分为滑动面磨损和上下端面磨损。一般来说，滑动面磨损比上下端面磨损大，滑动面主要是熔着磨损和磨料磨损；上下端面则以因活塞作往复运动而引起的撞击磨损为主。

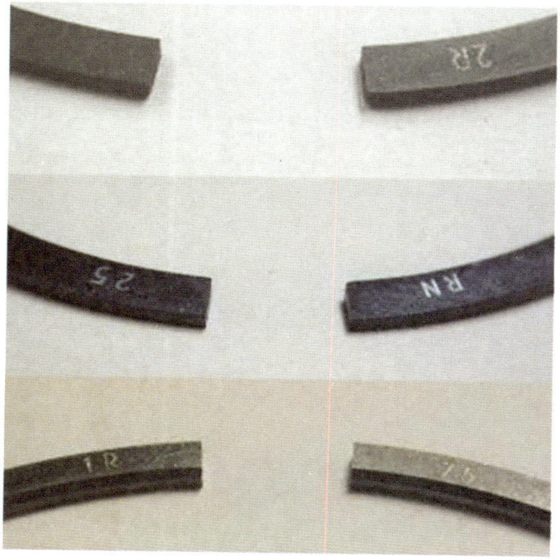

活塞环断面标记

活塞环与气缸的正常磨损

203. 活塞环上下端面的磨损原因有哪些？

活塞环上下端面的磨损主要是因为机油、燃油中的硬性残渣以及从大气中混进的尘埃颗粒在上下端面上形成的机械研磨，本质上是磨料磨损。可是，当出现活塞的异常热变形、环槽侧隙变小时，也可能发生熔着磨损。

影响活塞环磨损的因素很多，其中活塞环的材料和形状、气缸套的材料和结构、活塞的材料和结构、润滑状态、发动机的结构形式、运转条件、燃油和润滑油的品质等是主要因素。当然，在同一气缸中，润滑状态对活塞环磨损的影响则是最大的。

204. 活塞环有哪些减磨措施？

由于影响活塞环磨损的因素很多，而且这些因素往往是交织在一起的。另外，发动机的类型及使用条件不同，活塞环的磨损也有很大差别，因而不能只靠改善活塞环本身的结构和材料来解决问题，主要可以从以下几个方面来着手：

1）活塞环和气缸套的材料及良好的匹配。

2）表面处理及结构状态。

3）润滑油及添加剂的选择。

4）由于装配及运转时受热而导致的气缸套及活塞的变形。

205. 活塞环有哪些表面处理方法？

1）提高表面硬度以减少磨料磨损。即在环的工作表面上形成一种非常硬的金属层，使松软的铸铁磨料不易嵌入其表面，提高环的耐磨性。现在最广泛采用的是松孔镀铬，不仅镀铬层硬度很高（HV800～1000），摩擦因数很小，而且松孔镀铬层具有良好的储油结构，因此能显著提高活塞环的耐磨性。另外，镀铬成本低，稳定性好，在大多数情况下均具有较好使用性能。因此，现代汽车发动机的第一道环都使用镀铬环，而油环也几乎百分之百使用镀铬环。

2）改善活塞环工作表面的储油能力和抗熔着能力以防熔着磨损。活塞环工作表面上的润滑油膜在高温下被破坏，有时会形成干摩擦，如果在活塞环表面施加一层具有储存机油及抗熔着的表面覆层，则能减少熔着磨损，提高环的抗拉缸能力。活塞环喷钼就具有极高的抗熔着磨损能力，一方面由于喷钼层是多孔组织的储油结构覆层；另一方面钼的熔点比较高（2630℃），干摩擦时仍能有效地工作。在这种情况下，喷钼环比镀铬环有更高的抗熔着能力。但喷钼环耐磨料磨损能力比镀铬环差，另外，喷钼环成本较高且结构强度难以稳定。因此除非十分需要喷钼外，最好都采用镀铬。

3）改善初期磨合的表面处理。这种表面处理是在活塞环表面覆盖一层适当软度、富有弹性的易损物质，使环与气缸套突出部分相接触而加速磨损，从而缩短磨合期，使环良好地进入稳定的工作状态。目前较普遍采用的是磷化处理。在活塞环表面上形成一种质地柔软、易于磨损的磷化膜，由于磷化处理所需设备简单、操作方便、成本低、效率高，所以在小型发动机的活塞环工艺上普遍采用。另外，镀锡和氧化处理也可改善初期磨合。

镀铬活塞环

206. 活塞销有什么作用？

活塞销是装在活塞头部座孔内的圆柱形销子，它的中部穿过连杆小头，用来连接活塞和连杆，并把活塞承受的气体作用力传给连杆。为了减轻质量，活塞销一般用优质合金钢制造，并做成空心的。

国内使用的活塞销内孔会有台阶或者凹槽，还有一种是实心活塞销。国外使用的活塞销内孔是直的。活塞销的内孔形状主要有圆柱形、两端截锥形以及两端截锥形和中部圆柱形的组合形。圆柱形孔加工容易，但活塞销的质量较大；两段截锥形孔的活塞销质量较小，且因活塞销所受的弯矩在其中部最大，所以，接近于等强度梁，但锥孔加工较难。

207. 对活塞销有哪些要求？

活塞销用来连接活塞和连杆，并将活塞承受的气体作用力传给连杆。活塞销在高温条件下承受很大的周期性冲击负荷，且由于活塞销在座孔内摆动角度不大，难以形成润滑油膜，因此，润滑条件较差。为此，活塞销必须有足够的刚度、强度和耐磨性，质量尽可能小，销与座孔应该有适当的配合间隙和良好的表面质量。在一般情况下，活塞销的刚度尤为重要，如果活塞销发生弯曲变形，可能使活塞销座孔磨损。

208. 什么是全浮式活塞销？

全浮式活塞销在发动机运转过程中，活塞销、连杆小头和活塞销座孔都有相对运动。这样，活塞销不仅可以在连杆小头衬套孔内，还可以在销座孔内缓慢地转动，以使活塞销各部分的磨损比较均匀。为了防止活塞销的轴向窜动而刮伤气缸壁，在活塞销两端装有卡环，进行轴向定位。

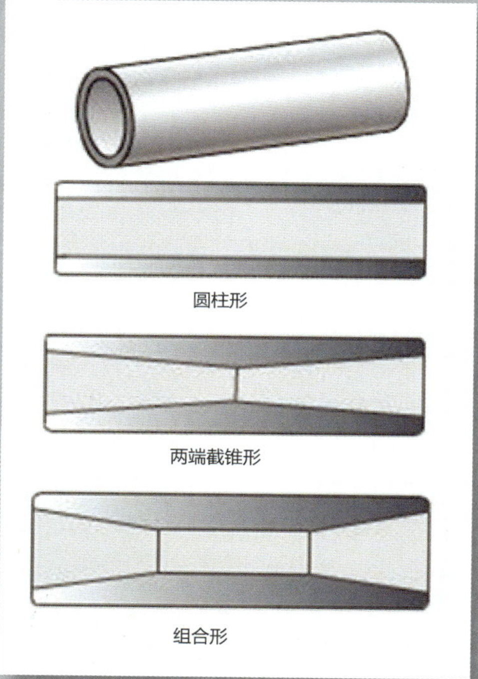

活塞销内孔形状

209. 什么是半浮式活塞销？

半浮式活塞销是活塞销只能在活塞销座孔内转动，而在连杆小头内不能转动。由于活塞销不会轴向窜动，因此，不需要卡环。

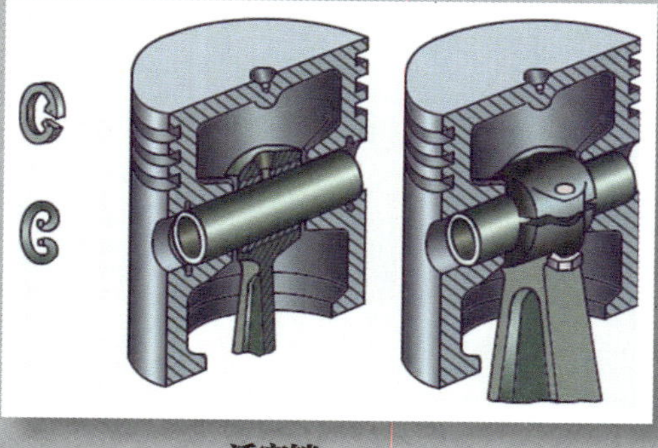

活塞销

210. 活塞销有哪些耗损形式？

发动机工作时，活塞销要承受燃烧气体的压力和活塞连杆组的惯性力，这些力的大小和方向是周期性变化的，对活塞销产生很大的冲击作用。活塞销多用全浮式连接，与活塞销座孔的配合精度很高，常温下有微量的过盈。在发动机正常工作时，与活塞销座孔和连杆衬套有微小的间隙。因此，活塞销可以在销座孔和连杆衬套内自由转动，使活塞销的径向磨损比较均匀，磨损速率也较低。

活塞销在工作时，承受较大的冲击载荷，当活塞销与活塞销座孔和连杆衬套的配合间隙超过一定数值时，就会由于配合的松旷发生异响。

211. 如何选配活塞销？

发动机大修时，一般应更换活塞销。选配标准尺寸的活塞销，为小修留有余地。

选配活塞销的原则是，同一台发动机应选用同一厂牌、同一修理尺寸的成组活塞销，活塞销表面应无任何锈蚀和斑点，表面粗糙度 *Ra* 不大于 0.20μm，圆柱度误差 *Ra* 不大于 0.0025mm，质量差在 10g 范围内。

为了适应修理的需要，活塞销设有四级修理尺寸，可以根据活塞销座孔和连杆衬套的磨损程度来选择相应修理尺寸的活塞销。

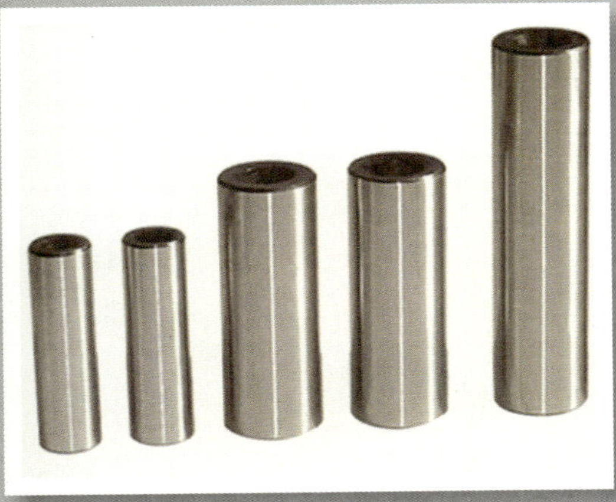

活塞销

212. 如何修配活塞销座孔？

活塞销与活塞销座孔和连杆衬套的配合一般是通过铰削、镗削或滚压来实现的。其配合要求如下：

1）在常温下，汽油机的活塞销与销座孔配合间隙为 0.0025 ~ 0.0075mm，与连杆衬套的间隙为 0.005 ~ 0.010mm，且要求活塞销与衬套的接触面积在 75% 以上。

2）柴油机活塞销与销座孔的过盈量较大，过盈量一般为 0.02 ~ 0.05mm，与连杆衬套的间隙也比汽油机大，一般为 0.03 ~ 0.05mm。

213. 连杆有什么作用？

连杆的作用是将活塞承受的力传给曲轴，推动曲轴转动，从而使活塞的往复运动转变为曲轴的旋转运动。

214. 连杆承受哪些作用力？

连杆在工作时承受活塞顶部气体作用力、活塞连杆组往复运动时的惯性力和连杆大头绕曲轴旋转产生的旋转惯性力，这些力的大小和方向都是周期性变化的。这就使连杆承受压缩、拉伸和弯曲等交变载荷。因此，要求连杆在质量尽可能小的情况下有足够的刚度和强度。

发动机

215. 连杆由几部分组成？

连杆由小头、杆身和大头三部分组成，其中，连杆小头用来安装活塞销，以连接活塞。对于全浮式活塞销，由于工作时小头孔与活塞销之间有相对运动，所以常常在连杆小头孔中压入减磨的青铜衬套或铁基粉末冶金衬套。

216. 连杆小头如何润滑？

在发动机工作时，活塞销和衬套之间存在相对转动，必须润滑，其润滑方式有两种：

1）在小头和衬套上铣有油槽或钻有油孔以收集发动机运转时飞溅上来的机油，并用以润滑。

2）在连杆杆身内钻有润滑油道，通过连杆轴颈的油道得到有压力的机油进行润滑。

217. 连杆杆身为何做成工字形？

连杆杆身用来连接连杆小头和连杆大头，杆身的断面形状一般为工字形，这样做的目的是在满足强度和刚度的基础上减轻质量。

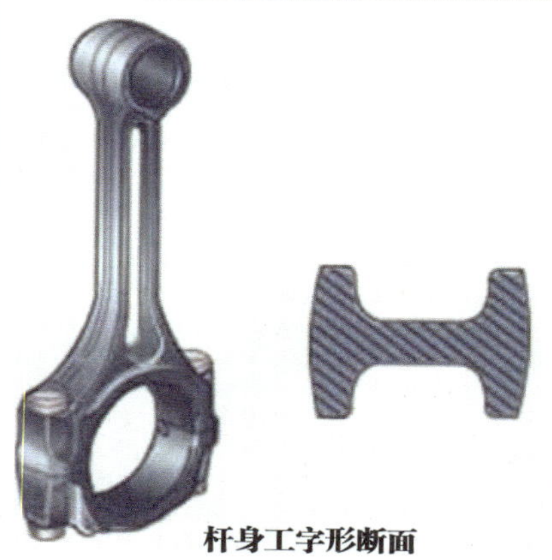

杆身工字形断面

218. 连杆大头分为哪两种？

连杆大头与曲轴的连杆轴颈相连，它同曲轴一起作旋转运动。为了便于安装，连杆大头一般做成剖分式的，被分开的部分称为连杆盖，用特制的连杆螺栓紧固在连杆大头上。

连杆大头按剖分面的方向可分为平切口和斜切口两种。

219. 平切口有什么特点？

连杆大头平切口的特点是剖分面与连杆杆身轴线垂直，汽油机多采用这种连杆。因为一般汽油机连杆大头的横向尺寸都小于气缸直径，可以方便地通过气缸进行拆装，故常采用平切口连杆。

220. 斜切口有什么特点？

连杆大头斜切口的特点是剖分面与连杆杆身轴线成 30° ~ 60° 夹角。柴油机多采用这种连杆，因为柴油机的压缩比大，受力较大，曲轴的连杆轴颈较粗，相应的连杆大头尺寸往往超过了气缸直径。为了使连杆大头能通过气缸，便于拆装，一般都采用斜切口，最常见的是 45° 夹角。

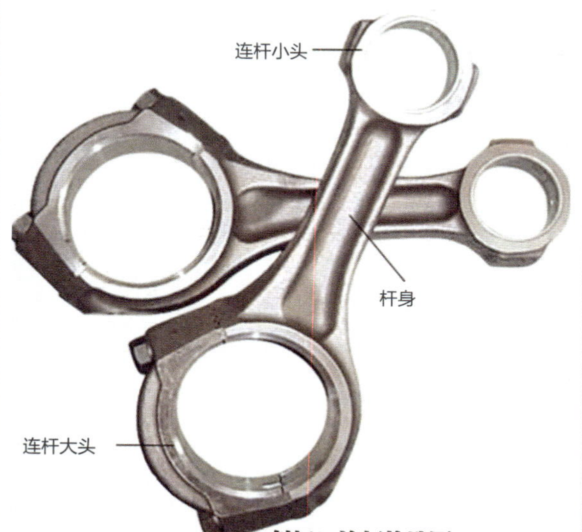

斜切口连杆构造图

221. 平切口如何定位？

平切口连杆盖与连杆的定位多采用连杆螺栓定位，它是利用连杆螺栓中部精加工的圆柱凸台或光圆柱部分与经过精加工的螺栓孔来保证的。

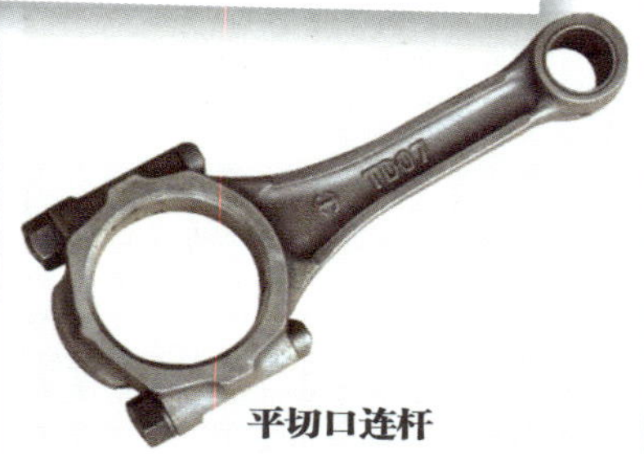

平切口连杆

222. 斜切口有几种定位方式?

斜切口连杆在工作中受到惯性力的拉伸，在切口方向也有一个较大的横向分力。因此，斜切口连杆上必须采用可靠的定位措施。斜切口连杆常用的定位方式有 3 种：止口定位、套筒定位和锯齿定位。

223. 止口定位有什么特点?

止口定位的优点是工艺简单，缺点是定位不太可靠，只能单向定位，对连杆盖止口向外变形或连杆大头止口向内变形均无法防止。

224. 套筒定位有什么特点?

套筒定位是在连杆盖的每一个螺栓孔中压配一个刚度大而且剪切强度高的短套筒。它与连杆大头有精度很高的配合间隙，因此，拆装连杆盖时也很方便。它的缺点是定位套筒孔的工艺要求高，若孔距不够准确，则可能因过定位而造成大头孔严重失圆，此外，连杆大头的横向尺寸也必然因此而加大。

225. 锯齿定位有什么特点?

锯齿定位的优点是锯齿接触面大，贴合紧密，定位可靠,结构紧凑。缺点是对齿节距公差要求严格。如果对齿节距公差要求不严格，连杆盖装在连杆大头上时，中间会有几个齿脱空，不仅影响连杆组件的刚度，而且连杆大头孔也会立即失圆。

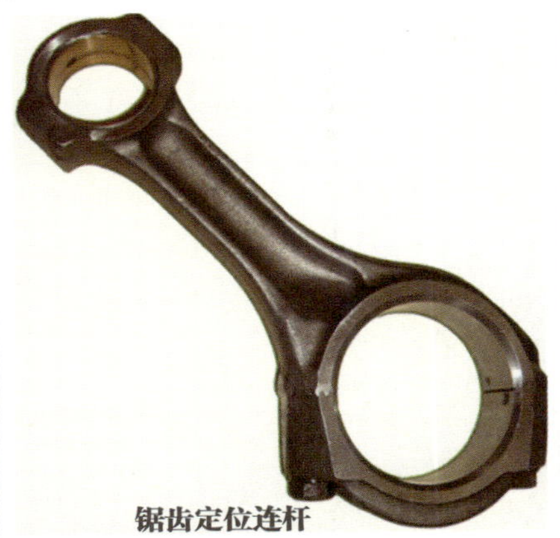

锯齿定位连杆

226. 连杆轴承有什么特点?

连杆轴承又称连杆瓦，装在连杆大头内，保护连杆轴颈和连杆大头孔。连杆轴承剖分成两半，在上面浇铸减磨合金层。连杆轴承装入连杆大头时有一定的过盈，以使轴承均匀地紧贴在孔壁上，从而具有很好的承载能力和导热能力。

在连杆轴承内表面上还加工有油槽，用以储油，保证可靠润滑。连杆轴承采用减磨合金材料，主要有巴氏合金、铜铅合金和铝基合金。

227. 如何安装连杆盖?

为了防止连杆轴承在工作中发生转动或轴向移动，在两个连杆轴承的剖分面上，分别冲压出高于钢背面的两个定位凸唇。装配时，这两个凸唇分别嵌入连杆大头和连杆盖上的相应凹槽中。安装连杆盖时，连杆大头凹槽与连杆盖凹槽应位于同一侧。

228. 如何检修连杆裂纹?

连杆在工作中受到交变载荷的作用，有时会出现裂纹，严重时会导致连杆断裂。一般采用磁力探伤检查。若连杆出现裂纹，应更换。

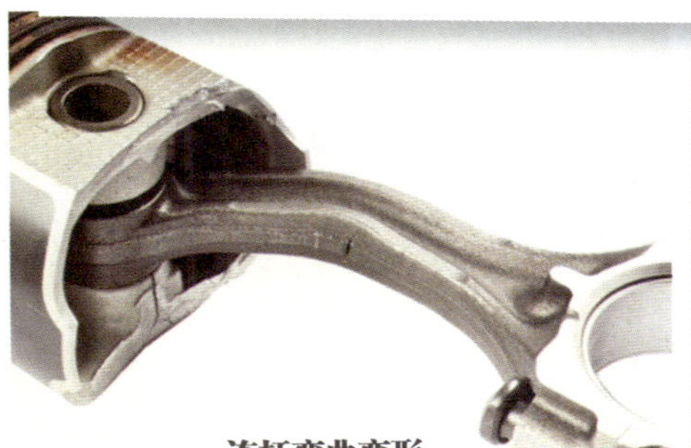

连杆弯曲变形

229. 如何检修连杆变形?

在发动机工作中，由于超负荷或爆燃等原因，产生复杂的交变载荷，将造成连杆弯曲和扭曲变形。连杆的弯曲是指连杆小端轴线对大端轴线在轴线平面内的平行度误差。连杆的扭曲是指连杆小端轴线对大端轴线在轴线平面法向上的平面度误差。连杆变形后，使活塞在气缸中歪斜，引起活塞与气缸、连杆轴承与轴颈偏磨，将对曲柄连杆机构的工作产生很大的影响。因此，当连杆发生变形时应予以更换。

230. 如何检修连杆衬套?

在更换活塞销的同时，必须更换连杆衬套，以恢复其正常配合。新衬套的外径应与小端承孔有 0.10 ~ 0.20mm 的过盈量，以防止衬套在工作中发生转动。过盈量也不可过大，否则会在压装时将衬套压碎。

选择新衬套时，可用量具分别测量连杆小端承孔内径和衬套外径，其差值便是衬套的加工余量。通常多用经验法进行判断，在衬套压装前先将其余活塞销试配，如能勉强套入活塞销则为合适。如套不进或套入感觉松旷，表示其加工余量过大或过小，均应重新选用衬套。

231. 如何检修连杆其他损伤?

1）连杆的杆身与小端的过渡区应无裂纹、表面无碰伤，必要时采用磁力探伤检验连杆的裂纹。如有裂纹，禁止继续使用，应立即更换。另外，如果连杆下端损坏或断裂时，也要同时更换连杆组合件。

2）连杆大端侧面与曲柄之间一般应有 0.10 ~ 0.35mm 的间隙，如超过 0.50mm 时，可在连杆大端侧面堆焊，之后修理平整。

3）连杆杆身与下盖的结合平面应平整。检验时，使两平面分别与平板平面贴合，其接触面应贴合良好，如有轻微缝隙，不得超过 0.026mm。连杆轴承承孔的圆柱度误差大于 0.025mm，应进行修理或更换连杆。

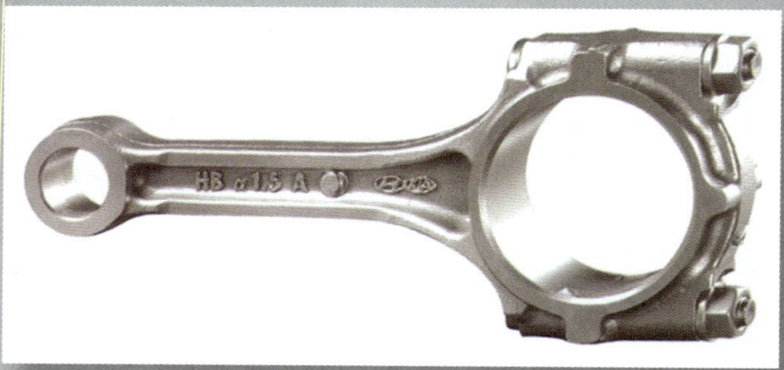

连杆

232. 如何拧紧连杆螺栓?

连杆盖和连杆大头用连杆螺栓紧固在一起，连杆螺栓在工作中承受很大的冲击力，若折断或松脱将造成严重事故。为此，连杆螺栓都采用优质合金钢并经精加工和热处理特制而成。安装连杆盖拧紧连杆螺栓螺母时，要用扭力扳手分 2 ~ 3 次交替均匀地拧紧到规定的力矩，拧紧后还应可靠的锁紧。连杆螺栓损坏后绝不能用其他螺栓来代替。

233. 如何安装活塞和连杆?

目前，通常是采用热装合方法进行活塞与连杆的装配。因为活塞销与销座孔在常温下有微量的过盈，所以，装合时一定要将活塞加热。方法是活塞置入水中加热至 353 ~ 373K，取出后迅速擦净，将活塞销涂以机油，插入活塞销座孔推过连杆衬套，直至另一端销座孔的外边缘，然后装入卡环。两卡环的内端应与活塞销有 0.10 ~ 0.25mm 的间隙。否则，卡环将被顶出造成拉缸。卡环嵌入环槽中的深度应不少于丝径的 2/3。

安装活塞和连杆

234. 曲轴是发动机的主轴吗?

曲轴是具有曲柄的弯弯曲曲的轴，是发动机旋转的主轴。它的作用是承受连杆传来的力，并由此造成绕其本身轴线旋转的力矩。同时，它还带动配气机构、水泵、发电动机、机油泵、动力转向泵和空调压缩机等附属装置。

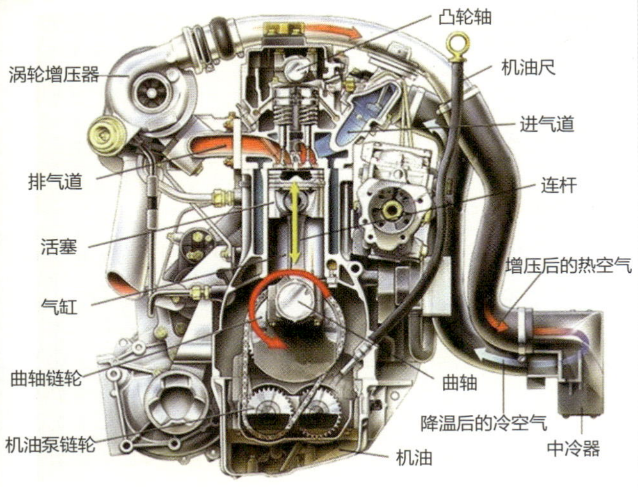

发动机内部示意图

235. 曲轴由几部分组成?

曲轴通常由主轴颈、连杆轴颈、曲柄、平衡重、前端轴和后端凸缘等组成。

1）主轴颈是曲轴的支承点，用主轴承盖安装在上曲轴箱的主轴承座中。

2）连杆轴颈用来安装连杆大头。连杆轴颈一般制成实心，有时为减轻质量，也采用空心轴方式。

3）曲柄用以连接主轴颈和连杆轴颈。曲轴上钻有贯穿主轴颈、曲柄和连杆轴颈的油道，以使气缸体上的主油道内的机油能够润滑主轴颈和连杆轴颈。在维修中，对曲轴上的油道要彻底疏通并清洗干净，以免造成烧轴抱瓦。

4）为了平衡离心力，曲柄处铸有（或紧固有）平衡重。平衡重用以平衡由连杆轴颈、曲柄等回转部分所引起的离心力，有时还用来平衡一部分往复惯性力，从而使曲轴旋转平稳，以减轻主轴承负荷、发动机振动和噪声。

5）前端轴是指第一道主轴颈之前的部分，用以装置正时齿轮（或正时链轮）、带轮、曲轴前油封等附件。

6）后端凸缘是指最后一道主轴颈之后的部分，用来连接飞轮。为了防止机油从后端泄漏，后端也安装有油封装置，称为曲轴后油封。

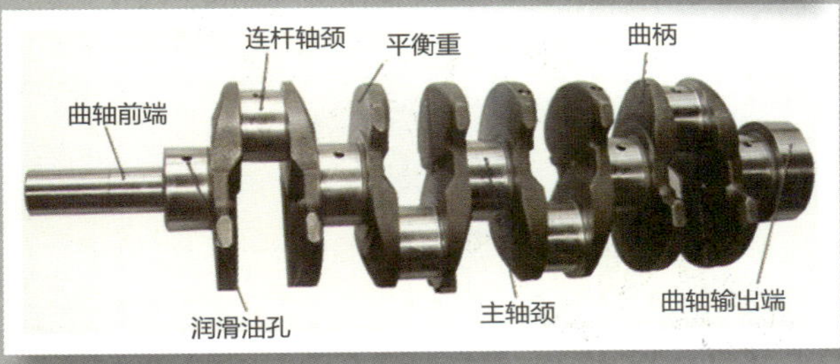

曲轴构造图

236. 主轴颈和连杆轴颈有哪些磨损规律?

曲轴主轴颈和连杆轴颈的磨损是不均匀的，且磨损部位有一定的规律性。通常，各主轴颈的最大磨损靠近连杆轴颈一侧；而连杆轴颈的最大磨损部位在主轴颈一侧。另外，曲轴轴颈沿轴向还有锥形磨损。

237. 如何检测曲轴轴颈磨损?

首先检视轴颈有无磨痕，然后利用外径千分尺测量曲轴各轴颈的直径，从而完成圆度和圆柱度的测量。在同一轴颈的同一横截面内的圆周进行多点测量，取其最大与最小直径差值的一半，即为该轴颈的圆度误差。在同一轴颈的全长范围内，轴向移动千分尺，测其不同截面的最大值与最小值，其差值的一半即为该轴颈的圆柱度误差。曲轴主轴颈和连杆轴颈的圆度、圆柱度误差不得大于 0.025mm，超过该值，应按修理尺寸对轴颈进行磨削修理。

238. 连杆轴颈径向不均匀磨损的原因是什么?

连杆轴颈的径向不均匀磨损是由于发动机工作时作用在连杆轴颈上的力沿圆周方向分布不均匀造成的。由于工作时，连杆轴颈承受着由连杆传来的周期性变化的气体压力、活塞连杆组往复运动的惯性力及连杆大头回转运动的离心力作用，这些力的合力作用在连杆轴颈内侧，方向始终沿曲柄半径向外，使连杆大头始终压紧在连杆轴颈内侧，从而导致连杆轴颈的内侧磨损较大。

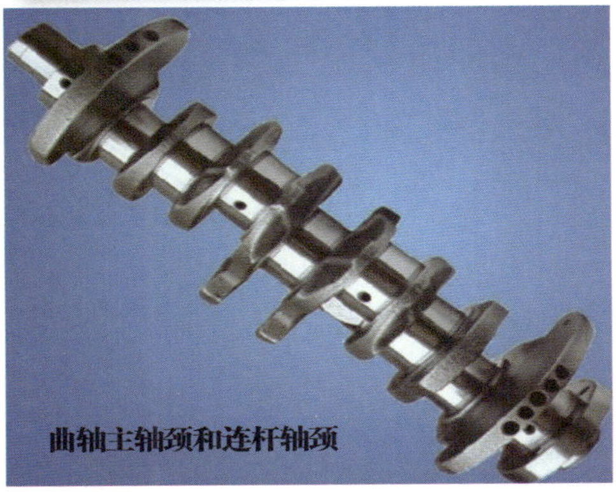

曲轴主轴颈和连杆轴颈

239. 连杆轴颈轴向不均匀磨损的原因是什么?

连杆轴颈轴向的不均匀磨损是由于通往连杆轴颈的油道是倾斜的。曲轴旋转时，在离心力的作用下，与油流相背一侧的轴承间形成涡流，使机械杂质偏积在连杆轴颈的这端，因而加速了这一端轴颈的磨损，使连杆轴颈磨损呈锥形。此外，连杆弯曲、连杆大头不对称结构等原因，造成轴颈受力不均匀都会使轴颈沿轴向呈不均匀磨损。

240. 主轴颈径向不均匀磨损的原因是什么?

主轴颈径向的不均匀磨损主要是受连杆、连杆轴颈及曲柄臂离心力的影响，使靠近连杆轴颈一侧的轴颈与轴承间发生的磨损相对较大。在全支承曲轴的 5 个主轴颈中，第二、三、四道主轴颈由于两边都有连杆轴颈，受力较均匀，磨损也较均匀，而其余两道主轴颈的磨损是靠近连杆轴颈的一侧磨损较为严重。

提示：在 L 型发动机中，连杆轴颈的磨损比主轴颈的磨损严重，这主要是由于连杆轴颈的负荷较大、润滑条件较差等原因所造成的；在 V 型发动机中，主轴颈的磨损比连杆轴颈严重。

241. 曲轴主轴颈擦伤和烧伤的原因有哪些?

曲轴轴颈表面除磨损外还可能出现擦伤和烧伤。擦伤主要是机油不清洁，其中较大的机械杂质在轴颈表面划成沟痕。烧伤是由烧瓦引起的，烧瓦后，轴颈表面会出现严重的擦伤划痕，轴颈表面烧灼变成蓝色。

242. 什么是曲拐?

一个连杆轴颈和它两端的曲柄及相邻两个主轴颈构成一个曲拐。曲轴的形状和曲拐的布置取决于气缸数、气缸排列和发动机的点火顺序。直列式发动机曲轴的曲拐数等于气缸数；V 型发动机曲轴的曲拐数等于气缸数的一半。

243. 什么是全支承曲轴?

曲轴的主轴颈数比气缸数目多一个，即每一个连杆轴颈两边都有一个主轴颈。如 6 缸发动机全支承曲轴有 7 个主轴颈。4 缸发动机全支承曲轴有 5 个主轴颈。采用这种支承，曲轴的强度和刚度都比较好，并且减轻了主轴承载荷，减小了磨损。柴油机和大部分汽油机多采用这种形式。

曲轴

244. 什么是非全支承曲轴?

曲轴的主轴颈数比气缸数目少或与气缸数目相等，这种支承方式叫非全支承曲轴。虽然这种支承的主轴承载荷较大，但缩短了曲轴的总长度，使发动机的总体长度有所减小。有些汽油机，承受载荷较小可以采用这种曲轴支承方式。

曲拐在曲轴上的位置

245. 曲轴弯曲变形是如何造成的?

曲轴主轴颈的同轴度误差大于 0.05mm，则称为曲轴弯曲。曲轴产生弯曲变形是由于使用不当和维修、装配不当造成的。如发动机在爆燃和超负荷等条件下工作、个别气缸不工作或工作不均衡、各道主轴承松紧度不一致、主轴承承孔同轴度偏差增大等，都会造成曲轴承载后的弯曲变形。当变形逾限后，将加剧活塞连杆组和气缸的磨损以及曲轴和轴承的磨损，严重时，会使曲轴疲劳折断。

246. 如何检测曲轴弯曲变形?

曲轴弯曲的检测应以两端主轴颈的公共轴线为基准，检查中间主轴颈的径向圆跳动误差。检测时，将曲轴两端主轴颈分别放置在检验平板的 V 形架上，然后将百分表固定在磁性支座上，调整百分表触头并使其垂直地抵在中间主轴颈上，慢慢转动曲轴一圈，百分表指针所示的最大摆差即为中间主轴颈的径向圆跳动误差值，若大于 0.15mm，应予以校正。低于此值可结合磨削主轴颈进行修正。

提示：测量时，要注意百分表触头顶住测定物时要保持垂直，并有一定的预压力，否则无法正确测定。如果百分表触头部分及 V 形架支承部分有磨耗时，得到的测定值是不准确的，一定要注意这一点。

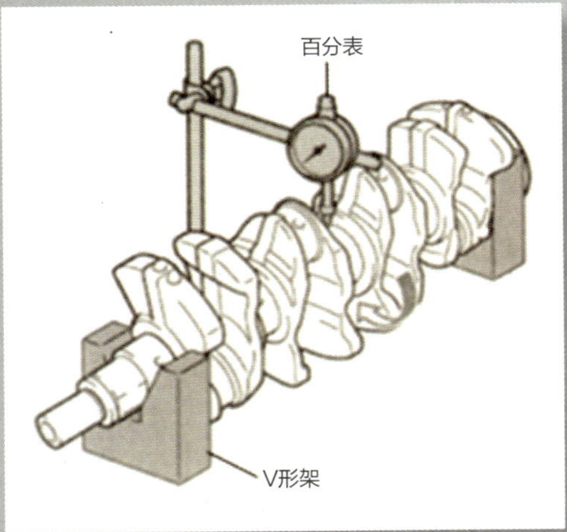

曲轴弯曲变形检测

247. 曲轴扭曲变形是如何造成的?

若连杆轴颈分配角误差大于 0° 30′，则称为曲轴扭曲。曲轴扭曲变形主要是烧瓦和个别活塞卡缸造成的。当个别气缸壁间隙过小或活塞热膨胀过大，活塞运动阻力将增大，曲轴运转不均匀，发展到活塞卡缸，未及时发现或卡缸发生后处理不当，便会导致曲轴的扭曲。此外，拖带挂车时起步过猛或紧急制动（未踩离合器）以及超速、超载等，都会引起曲轴的扭曲变形及其他耗损。曲轴产生扭曲变形后，将使连杆轴颈分配角改变，影响发动机的配气正时和点火正时。

248. 如何检测曲轴扭曲变形?

曲轴扭曲变形的检测可在曲轴磨床上进行，也可将曲轴置于 K 形规上，把两端同平面内的连杆轴颈转到水平位置上，用百分表分别测量这两个连杆轴颈到平板的距离，求得这同一方位上两个连杆轴颈的高度差，扭转变形的扭转角若大于 0° 30′，可进行表面加热校正或敲击校正。

249. 为什么留有曲轴间隙?

发动机在工作过程中，曲轴轴承、推力轴承会逐渐磨损。在磨合期内磨损较大，磨合期后磨损较缓慢，但磨损到一定限度后又急剧磨损。使用中应按规定周期或根据发动机的运转状况经常检查和调整，确保有一个适当的间隙。以减缓轴承的磨损。如曲轴径向间隙过大，在冲击力的作用下，轴承变形，合金层脱落，泄漏机油过多，破坏润滑条件，发生严重的撞击声响；如间隙过小，运动零件表面很难形成润滑油膜，容易烧伤轴承和损伤轴颈。如曲轴轴向间隙过大，由于曲轴前后的窜动，导致气缸的偏磨，严重时造成拉缸，改变配气正时和离合器的正常工作以及产生不正常的敲击声响；如间隙过小，会使机件因受热膨胀而卡死。

250. 曲轴为何设有轴向定位装置?

曲轴作为转动件，必须与其固定件之间有一定的轴向间隙。而在发动机工作时，曲轴经常受到离合器施加于飞轮的轴向力作用而有轴向窜动的趋势。曲轴轴向窜动将破坏曲柄连杆机构各零件的正确相对位置，因此，曲轴必须有轴向定位装置（一般是滑动推力轴承）。而在曲轴受热膨胀时，又应允许它能自由伸长，所以曲轴上只能有一处设置轴向定位装置。

251. 推力轴承有哪几种类型?

曲轴推力轴承的类型有两种：组合翻边轴承和片式推力轴承。片式推力轴承的一侧有润滑油槽，安装时，有油槽的一侧应朝向曲柄。

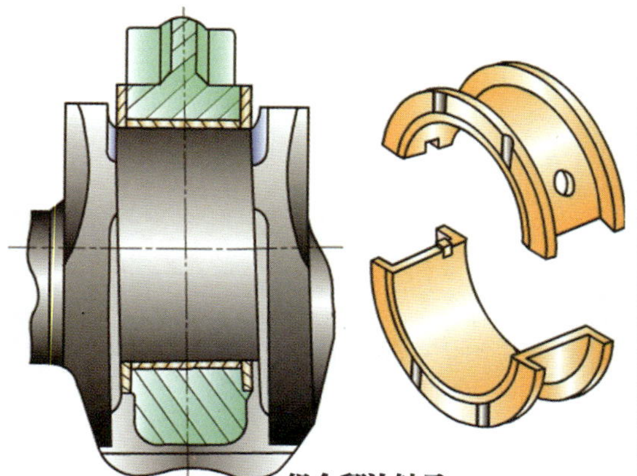
组合翻边轴承

252. 如何检测曲轴径向间隙?

1）专用塑料间隙规检测法。一些汽车的曲轴轴承的配件中，配有检测曲轴径向间隙的专用塑料间隙规。检测时，拆下主轴承盖，把间隙规纵向放入轴承中，再按原厂规定的力矩紧固主轴承盖，在拧紧过程中应注意防止曲轴的转动。然后，拆下主轴承盖，取出已压展的塑料间隙规，与附带有不同宽度色标的量规或第一道主轴承侧面上不同宽度的刻线对比，其所标示的值即为径向间隙值。

2）手感检测法。技术熟练的技工，多用手感来检测径向间隙。将主轴承盖螺栓按规定顺序和力矩拧紧后，用适当的转矩转动，试其松紧度。

连杆轴承的检查与其相似。若采用经验法，将连杆按规定装在连杆轴颈上，然后用手用力甩动连杆小头，连杆应能转动 1.25 ~ 1.75 转为合适。

253. 如何调整曲轴径向间隙?

可通过改变主轴承盖的垫片厚度来调整曲轴径向间隙。但现代汽车轴瓦表面通常有一层很薄的减磨合金，以保护轴瓦减磨层和轴颈表面不被划伤，减缓磨损，使配合间隙变化不大。因此，主轴承盖与轴承座孔间无须调整垫片，轴颈与轴承的油膜间隙通常是通过精确的轴颈磨削加工和轴承的直接选配来达到的。一般车型曲轴径向间隙值为 0.03 ~ 0.08mm。

254. 如何检测曲轴轴向间隙?

1）将曲轴主轴承安装在气缸体的主轴承座孔内，片式推力轴承安装在主轴承座的两侧，并将主轴承盖按原位装回气缸体主轴承座上，按规定力矩拧紧主轴承盖紧固螺栓。

2）使曲轴处于气缸体的一侧，然后组装好百分表并将磁性表座吸固在气缸体上，百分表的测头抵触在曲轴的一端。

3）用撬棒前后撬动曲轴并观察百分表指针的摆动数值，指针的最大摆差即为曲轴轴向间隙。或者用撬棒将曲轴撬向一端，再用塞尺检查止推轴承和曲轴止推面之间的间隙，即为曲轴轴向间隙。

255. 如何调整曲轴轴向间隙?

曲轴的轴向间隙是指推力轴承承推端面与轴颈定位肩之间的间隙。曲轴轴向间隙的检查可用百分表或塞尺进行。其轴向间隙应符合规定，一般为 0.08 ~ 0.25mm。如间隙过大或过小，应更换不同厚度的止推轴承进行调整。

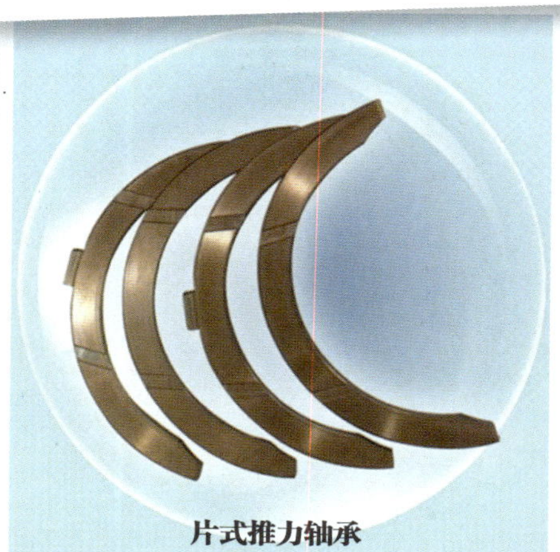
片式推力轴承

256. 如何检测主轴承承孔直径、圆度和圆柱度？

首先将主轴承盖（包括原调整垫片）按原位装回气缸体主轴承座上，并按规定力矩拧紧主轴承盖紧固螺栓。然后用内径量缸表分别沿各承孔的圆周测 3 ~ 5 点，测出各孔的直径和圆度误差，再轴向移动量缸表，分别在各孔轴向测 3 处，测出各承孔的圆柱度误差。

检测主轴承承孔直径、圆度和圆柱度

257. 如何检测主轴承承孔同轴度？

以气缸体前后两主轴承承孔为测量基准，采用专用检验仪进行测量。每个承孔轴向测 3 处，取其最大值，标定方向，做好记录，最后换算出同轴度误差，一般不大于 0.15mm。

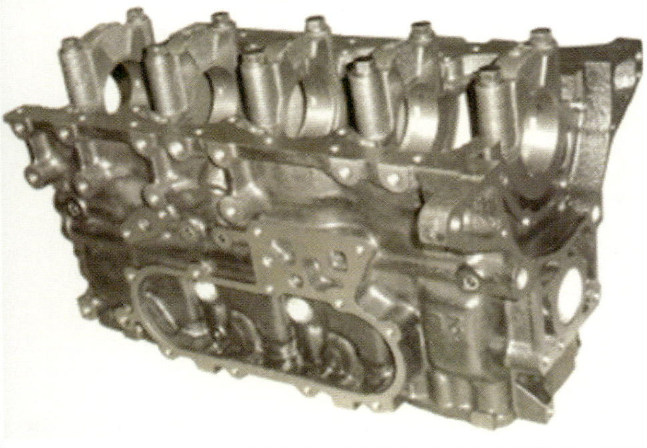

主轴承承孔同轴度

258. 如何检测气缸轴心线与主轴承承孔轴心线垂直度？

气缸与主轴承承孔垂直度偏差一般不大于 0.03/100mm；在全长范围内不大于 0.05mm。检测时，将检验仪同定心套支承在气缸中，并用调整螺钉轴向支承定位于气缸体的上平面。测量时，用手转动手柄，测量头便水平转动到与定心轴前、后两点接触，表针在两触点的示值差，即为气缸轴心线与主轴承承孔公共轴线的垂直度实际偏差。

259. 曲轴产生裂纹有哪些规律？

曲轴的裂纹多发生在曲柄与轴颈之间的过渡圆角处以及油孔处。前者是横向裂纹，危害极大，严重时造成曲轴断裂，如有裂纹应更换曲轴；后者多为轴向裂纹，沿斜置油孔的锐边轴向发展，必要时也应更换曲轴。

曲轴横向、轴向裂纹主要是由应力集中引起的，曲轴变形和修磨不慎也会使过渡区的应力陡增，加剧曲轴的疲劳断裂。

曲轴

260. 如何检测曲轴裂纹？

曲轴清洗后，首先应检测有无裂纹。检测方法有两种：

1）磁力探伤法。即用磁力探伤机来检测曲轴有无裂纹。

2）浸油敲击法。即将曲轴置于煤油中浸一会，取出后擦净表面并撒上白粉，然后分段用小锤轻轻敲击，如有明显的油迹出现，则该处有裂纹。

261. 如何对曲轴进行冷压校正?

曲轴的弯扭变形超过一定限度后应进行校正。通常的校正方法采用冷压校正、火焰校正和表面敲击校正。

冷压校正时，将曲轴用 V 形铁架支住两端主轴颈，用油压机沿曲轴弯曲相反方向加压，在压头与主轴颈间垫以铜块。由于钢制曲轴的弹性作用，压弯量应为曲轴弯曲量的 10 ~ 15 倍，保持 2 ~ 4min 后即可基本校直。如弯曲量较大时，校压应分多次进行，以防曲轴折断，对球墨铸铁曲轴应特别注意这一点。为减小弹性后效作用，压校后的曲轴应进行人工时效处理，将校直的曲轴加热到 573 ~ 773K，保温 0.5 ~ 1h，以消除冷压时的内应力。

曲轴工作状态示意图

262. 什么是火焰校正?

火焰校正是利用气焊炬对变形工件弯曲凸起处的一点或几点迅速局部加热和急剧局部冷却，靠冷缩应力得到校正。

263. 什么是表面敲击校正?

曲轴校正还可用表面敲击校正。这种方法通过敲击曲柄表面，使其发生变形，从而改变曲轴轴线的位置而得到校正。

264. 轴承有哪些耗损形式?

轴承耗损形式有磨损、合金疲劳剥落、轴承疲劳收缩及粘着咬死等。轴承的径向间隙的使用限度，轿车为 0.15mm，载货汽车为 0.20mm，逾限后因轴承对润滑油流动阻尼能力减弱，可使主油道压力降低 98kPa 左右，从而破坏轴承的正常润滑；加之引起的冲击载荷，又造成轴承疲劳应力剧增，使轴承疲劳而导致粘着咬死，使发动机丧失工作能力。因此，行车中应注意油压变化，听察异响，发现异常应立即停车检修。二级维护时，必须检查轴向间隙，发现轴承间隙逾限时，即更换轴承。若因曲轴异常磨损造成上述故障，应进行修磨或校正曲轴。

265. 如何选配轴承?

轴承的选配包括选择合适内径的轴承以及检测轴承的高出量、自由弹开量、横向装配标记、凸唇、轴承钢背表面质量等内容。

1）选择轴承内径。根据曲轴轴颈的直径和规定的轴承径向间隙选择合适内径的轴承。现代汽车发动机曲轴轴承在制造时，根据选配的需要，其内径直径已制成一个尺寸系列。

2）检测轴承钢背质量。轴承钢背光滑完整无损耗，横向定位凸唇完好，以确保钢背与座孔贴合良好。

3）检测轴承弹开量。轴承弹开量：汽油机一般为 0.8 ~ 1.5mm，柴油机一般为 1.5 ~ 2.5mm。

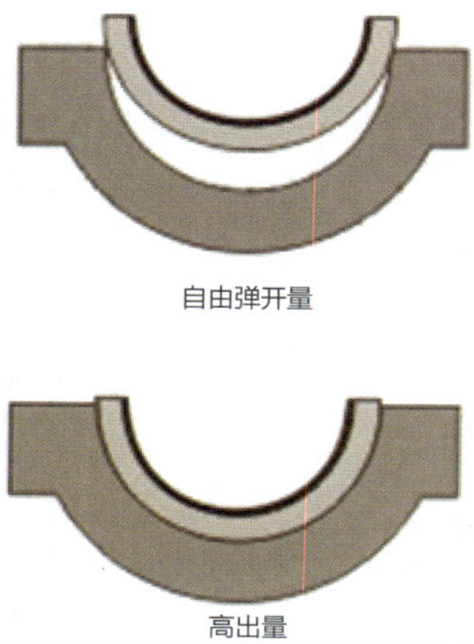

轴承自由弹开量和高出量

266. 如何检测轴承高出量?

汽油机轴承高出量一般为 0.04 ~ 0.09mm。检测时，把轴承装入承孔，按原厂规定的紧固力矩拧紧两侧的紧固螺栓。然后，完全松开一侧的紧固螺栓，再用塞尺检查轴承承孔剖分面的间隙，此间隙就是轴承的高出量，大约为 0.06mm。柴油机轴承负荷大，高出量也大，用原厂规定的专门检验规进行检查。

267. 轴承高出量对发动机有何影响?

轴承高出量过小，轴承装配后与承孔的过盈不足，自锁能力弱，在工作中容易产生转动引起烧瓦。高出量过大，装配后轴承局部可能翘起，在冲击载荷下，合金层不但容易疲劳剥落，加速轴承疲劳“泯口”，引起烧瓦，还可能造成承孔穴蚀，也同样破坏轴承的自锁性能。

268. 平衡轴能减振吗?

平衡轴让发动机工作起来更加平稳、顺畅。平衡轴技术是一项结构简单并且非常实用的发动机技术，它可以有效减缓整车振动，提高驾驶的舒适性。

当发动机处在工作状态时，活塞的运动速度非常快，而且速度很不均匀。当活塞位于上、下止点位置时，其速度为零，但在上、下止点中间位置的速度则达到最高。由于活塞在气缸内做反复高速直线运动，因此，必然会在活塞、活塞销和连杆上产生较大的惯性力。虽然连杆上的配重可以有效地平衡这些惯性力，但却只有一部分运动质量参与直线运动，另一部分参与了旋转运动。因而除了上、下止点位置外，其他惯性力并不能完全达到平衡状态，此时的发动机便产生了振动。

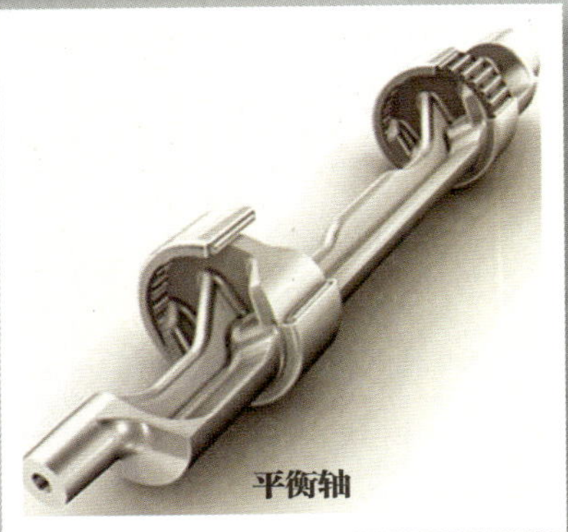

平衡轴

下图所示为奥迪 2.0L-TFSI 发动机采用的双平衡轴结构原理图，两平衡轴产生的离心力与曲轴产生的离心力方向相反，这样，就可以抵消掉大部分的振动了。

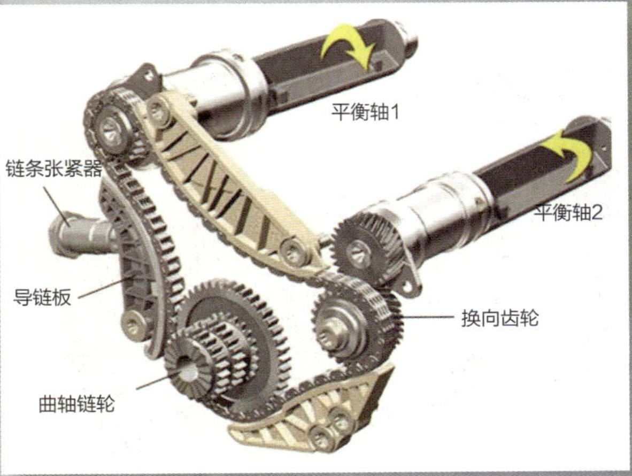

奥迪 2.0L-TFSI 发动机采用的双平衡轴结构原理图

269. 飞轮有什么作用?

飞轮的主要作用是储存做功行程的能量，用于克服进气、压缩和排气行程的阻力和其他阻力，使曲轴能均匀地旋转；飞轮外缘压有的齿圈与起动机的驱动齿轮啮合，供起动发动机用；汽车离合器也装在飞轮上，利用飞轮后端面作为驱动件的摩擦面，用来对外传递动力。

飞轮储存动能原理示意图

270. 如何对飞轮进行定位?

飞轮与曲轴在制造时一起进行过动平衡实验，在拆装时为了不破坏它们之间的平衡关系，飞轮与曲轴之间应有严格不变的相对位置。通常用定位销和不对称布置的螺栓来定位。

飞轮中心的不对称螺栓孔

271. 飞轮的常见损伤及原因有哪些?

1）飞轮齿圈的磨损和轮齿折断。在起动发动机时，起动机与飞轮齿圈产生碰撞或两齿轮啮合不良引起。

2）飞轮工作面的磨损易造成轮齿的磨损和轮齿折断。这种损伤经常集中在压缩行程终了前对应的一段齿圈上。

飞轮工作面即离合器摩擦片接合面。工作时，由于离合器在分离和接合时与飞轮平面存在转速差，产生相对滑动摩擦，使飞轮工作面正常磨损。由于操作不当，有时飞轮平面还会因高速摩擦所产生的高温而产生烧灼印痕，甚至在飞轮表面形成裂纹使动力传递能力下降。

飞轮和离合器

272. 如何检修飞轮?

1）更换齿圈。飞轮齿圈有断齿或齿端冲击耗损，与起动机齿轮啮合状况发生变化时，应更换齿圈或飞轮组件。齿圈与飞轮配合过盈量为 0.30 ~ 0.60mm。更换时，应先将齿圈加热至 623 ~ 673K，再进行热压配合。

2）修整飞轮工作面。飞轮工作面磨损形成波浪形槽，应用油石磨平，深度超过 0.5mm 时或平面度误差大于 0.15mm 时，应车削或磨削加工。飞轮加工后，其总厚度一般不得减少 1.2mm。工作面允许有 1 ~ 2 道环形沟槽。

273. 如何检测飞轮端面圆跳动误差?

飞轮端面圆跳动误差的检查方法是将百分表架装在飞轮壳上，表头触在飞轮的光滑端面上，旋转表盘，使“0”对正指针，转动飞轮一圈，百分表的读数差即为端面圆跳动误差。修整后，飞轮与曲轴装配的飞轮端面圆跳动误差不得大于 0.15mm，飞轮厚度极限减薄量为 1.2mm。

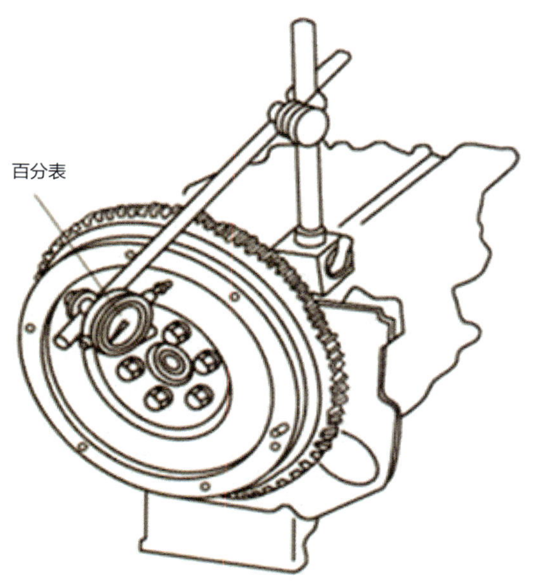

飞轮端面圆跳动误差检测

274. 什么是双质量飞轮?

双质量飞轮的英文全称为 Double Mass Flywheel，英文缩写为 DMFW，是 20 世纪 80 年代末在汽车上出现的新配置。

所谓双质量飞轮，就是将原来的一个飞轮分成两个部分，一部分保留在原来发动机一侧的位置上，起到原来飞轮的作用，用于起动和传递发动机的转矩，这一部分称为初级质量。另一部分则放置在变速器一侧，用于提高变速器的转动惯量，这一部分称为次级质量。两部分飞轮之间有一个环型的油腔，在腔内装有弹簧减振器，由弹簧减振器将两部分飞轮连接为一个整体。双质量飞轮中的弹簧减振器将初级质量与次级质量分开，这样，发动机产生的扭力振动就不会传递到变速器，减轻了变速器的负荷。

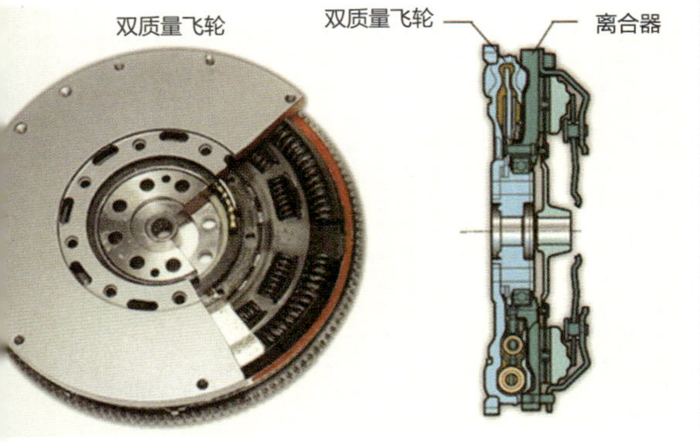

双质量飞轮与离合器的连接

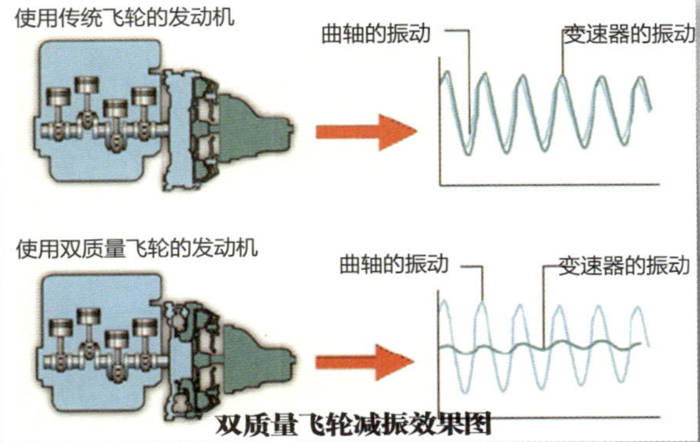

双质量飞轮减振效果图

275. 曲柄连杆机构有哪些常见异响?

发动机主要部件的配合副在使用过程中，常常由于磨损而导致配合间隙增大，或是由于装配不当、紧固件松动，使发动机在工作中产生金属敲击声。发动机在运转过程中产生的超过技术文件规定的不正常响声，称为发动机的异响。

曲柄连杆机构常见的异响故障有曲轴主轴承响、连杆轴承响、活塞销响、活塞敲缸响和活塞环响等。其诊断的方法有两种：人工直观试探法和异响诊断仪诊断法。

主轴承盖

276. 如何诊断与排除曲轴主轴承响故障?

（1）故障现象

1）发动机一般稳定运转不响，转速突然变化时，发出低沉、钝重、连续的“噹噹”的金属敲击声，严重时发动机发生振动。

2）发动机转速越高，响声越大。

3）发动机有负荷时，响声明显。

（2）故障原因

1）主轴承盖螺栓松动或螺栓拧紧力矩没有达到规定值。

2）轴承或轴颈磨损导致径向间隙过大。

3）润滑不良致使轴承合金烧毁或脱落。

4）轴颈失圆、轴承质量不佳、装配不当而造成的早期损坏。

5）机油压力太低或机油变质。

（3）故障诊断与排除

1）在机油加注口处听察，反复变换发动机转速，当突然加速或减速时，如有明显的沉重响声则为主轴承响。

2）在正常工作温度下，发动机由低速加速到中速时，有“噹、噹、噹”的有节奏而钝重的响声。发动机温度越高（机油黏度越低）响声越明显，到高速时响声变为杂乱，则有可能曲轴弯曲。

3）如果在高速时机体有较大的振动，汽车载重爬坡时，驾驶室里会有振动感，机油压力显著下降，则说明轴承间隙过大，合金脱落，应及时修复。

4）单缸断火时，响声无变化，而相邻两缸断火时，响声明显减弱，则是主轴承响。

5）若怀疑曲轴轴向窜动发响时，可以踩下离合器踏板，观察曲轴带轮是否向前窜动和声响有无变化。如曲轴带轮向前窜动且响声减轻或消失，即可表明曲轴轴向窜动发响。

6）若怀疑飞轮固定不良发响时，可利用点火开关试验。即发现响声时，关闭点火开关，而当发动机即将熄火时再立即接通，此时若能听到一声撞击声，而且每次关闭点火开关时，均发出一声撞击声，即可证实飞轮撞击发响。

277. 如何诊断与排除连杆轴承响故障？

（1）故障现象

当发动机突然加速时，有“铛、铛、铛”连续明显的敲击声，这是连杆轴承异响的主要特征。

（2）故障原因

1）连杆轴承盖的固定螺栓松动或折断。

2）轴承合金烧毁或脱落。

3）连杆轴承与轴颈磨损过甚，而使径向间隙过大。

4）轴颈失圆，使轴与轴承间接触不良而造成的早期损坏。

5）轴承接触面积太小，单位面积上压力过大。

6）机油压力太低或机油变质。

7）发动机长时间在高温、高负荷下工作。

（3）故障诊断与排除

1）变换转速试验。使发动机怠速运转，然后由怠速向低速，由低速向中速，再由中速向高速加大节气门进行试验，同时结合逐缸断火试验和在加油口处听诊等方法反复进行。响声随着转速的升高而增大，抖动节气门，在加油的瞬间异响突出。响声严重时，在任何转速下均可听到，甚至在怠速时也听到清晰、明显的敲击声。

2）断火试验。在怠速、中速和高速情况下，逐缸反复进行断火试验。如某缸断火后响声明显减弱或消失，在复火的瞬间又能立即出现，则可断定该缸连杆轴承响。

3）听诊。如用听诊器或简易听诊杆触在机体上听诊，往往不易听清楚。但在加油口处倾听，可清楚地听到连杆轴承敲击声。

4）检查机油压力。诊断中要注意检查机油压力。如果响声严重又伴随有机油压力低，说明轴承与轴颈间隙过大。这往往成为区别连杆轴承响与活塞销、活塞敲缸响的重要依据。

5）柴油机连杆轴承响的诊断。与汽油机相比，柴油机连杆轴承的响声比较钝重，诊断时只有避开着火敲击声的干扰才能听清楚。如果随着供油拉杆行程的加大，响声逐渐增强，并在迅速收回供油拉杆发动机降速之际，能明显听到坚实的“哐、哐、哐”的敲击声，即可初步断定为连杆轴承响。此外，也可在中、高速运转时做抖动供油拉杆试验，如这时出现坚实有力的敲击声，说明有连杆轴承响。诊断时可结合从加机油口处听诊、检查机油压力和做单缸断油试验等方法进行。如某缸断油后响声明显减弱或消失，复油后响声又重新出现，则可断定该缸连杆轴承响。

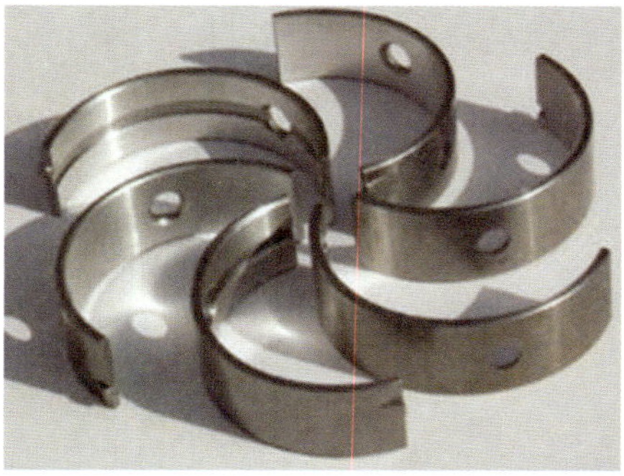

连杆轴承

278. 如何诊断与排除活塞销响故障？

（1）故障现象

发动机在怠速、低速和从怠速向低速抖动节气门时，可听到明显而又清脆的“嗒、嗒、嗒”声，好像两个钢球相碰的声音。

（2）故障原因

1）活塞销与连杆铜套磨损过甚而松旷。

2）机油压力过低，机油飞溅不足，润滑变差。

3）活塞销卡环脱落，使活塞销自由窜动。

4）活塞销与活塞销座孔配合松旷。

（3）故障诊断与排除

1）抖动节气门试验。发动机怠速运转，然后由怠速向低速急抖节气门，响声能随转速的变化而变化。每抖一次节气门，如能听到清脆而连贯的“嗒、嗒、嗒”响声，则有可能是活塞销响。

2）断火试验。将发动机稳定在响声较强的转速上，逐缸进行断火试验。当某缸断火后响声明显减弱或消失，在复火的瞬间又能立即出现或连续出现两个响声，则可断定为此缸活塞销响。如果响声严重，并且转速越高响声越大，此时在较大的转速下进行断火试验，往往响声不消失且变得杂乱，这一般是由于配合间隙增大的缘故。

以上两种方法如能配合使用，即在抖动节气门的同时，反复进行断火试验，响声会听得更清楚。

3）听诊。在微抖节气门使发动机转速不断变化的情况下，用听诊器或简易听诊杆触在发响气缸的上部，可听到清脆的响声。打开加机油口也能清楚地听到这一响声。

279. 如何诊断与排除活塞敲缸响故障?

（1）故障现象

活塞敲缸响的具体原因是多方面的。而且由于原因不同，使敲缸响的现象也有所不同。所以，活塞敲缸的故障一般分 3 种：

1）发动机冷时敲缸。

2）温度升高后敲缸。

3）冷热时均敲缸。

（2）故障原因

1）发动机冷时敲缸

①活塞与气缸壁磨损间隙过大。

②主轴承润滑油槽深度和宽度失准或机油压力不足，致使气缸壁润滑不良。

2）温度升高后敲缸

①连杆轴颈与主轴颈不平行。

②连杆衬套轴向偏斜。

③连杆弯曲。

④活塞反椭圆。

⑤活塞圆度过小。

⑥活塞因活塞销装配过紧而变形。

⑦活塞环背隙、侧隙过小。

⑧活塞与气缸壁间润滑不良。

3）冷热时均敲缸

①活塞销与连杆小头装配过紧。

②连杆轴承装配过紧。

③活塞裙部圆度过大。

（3）故障诊断与排除

1）在不同发动机温度下诊断。敲缸响的特点是发动机冷时明显，热时减弱或消失，因此，应先在发动机冷时诊断。若发动机冷时有敲击声，热时响声消失，说明是活塞敲缸响且故障尚轻，车辆可继续使用；若发动机热时响声虽有减弱但仍较明显，特别是大负荷低速时听得非常清楚，说明响声严重，应停驶检修。如果发动机温度升高后仍有敲缸声并且声响严重，应立即检修，否则会引起拉缸现象。

2）断火试验。把发动机置于敲击声最明显的转速下运转，逐缸进行断火试验。

3）加机油确诊。为进一步确诊是否活塞敲缸响，可将发动机熄火，卸下怀疑有响声气缸的火花塞或喷油器往气缸内注入少量的机油并摇转曲轴数圈，装上火花塞或喷油器，然后起动发动机，若响声短时间内减弱或消失，过一会又重新出现，则可确诊为活塞敲缸响。

4）听诊。将听诊器或简易听诊杆触在机体上部的两侧进行听诊。一般在发响气缸的上部，往往响声较弱并稍有振动，再结合断火试验，即可确定出发响的气缸。

发动机

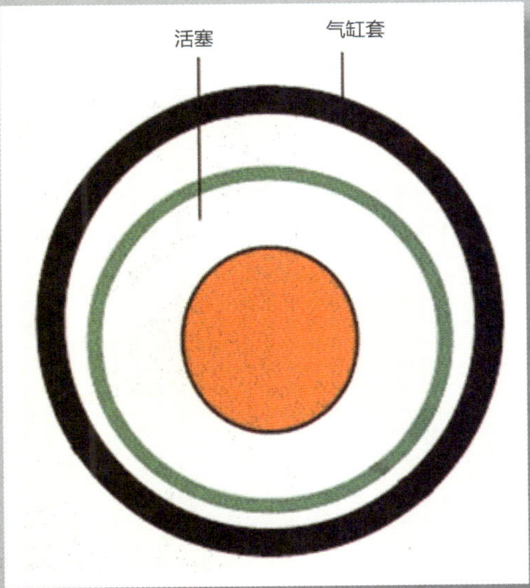

偏缸示意图

280. 如何诊断与排除活塞环响故障?

（1）故障现象

1）活塞环敲击响，发出钝哑的“啪、啪”声，随发动机转速的升高响声也随之加大，并且还变成较杂碎的声音。

2）活塞环漏气响，类似敲缸响，在机油加注口听察明显。

（2）故障原因

1）活塞环敲击响

①活塞环折断。

②活塞环磨损，在环槽内松旷。

③由于气缸壁磨损顶部出现凸肩，重新调整连杆轴承后，使活塞环与缸壁凸肩相碰。

2）活塞环漏气响

①活塞环与缸壁漏光度太大。

②活塞环端隙过大或各环的端口重合。

③活塞环弹性过弱。

④气缸壁上刮出沟槽。

⑤活塞环粘咬在活塞环槽内。

⑥活塞环质量不好或活塞失圆。

（3）故障诊断与排除

1）活塞环敲击响的诊断。单缸断火试验，响声减小但不消失。把通杆螺钉旋具放在火花塞上细听，如果活塞环折断会发出“唰、唰、唰”响声；如果活塞环碰撞气缸凸肩响，用通杆螺钉旋具抵触气缸盖，会有明显的振动。

2）活塞环漏气响的诊断

①发动机温度低时，发出“嘣、嘣、嘣”响声，在加油口处脉动地冒蓝烟、频率与响声吻合。变换转速时，其响声随之增减，发动机温度逐渐升高后，其响声逐渐减小或消失；做断火试验响声消失，复火时响声恢复，即可断定漏气响。主要是新活塞环与缸壁漏光度太大，活塞环在环槽内卡死和有拉缸现象所致，应及时修复。

②发动机温度高时，有明显的窜气响，做断火试验时，窜气减弱，加机油口处有明显窜气现象。主要是活塞环端隙显著增大，弹力消失过多所致，应予以修复。

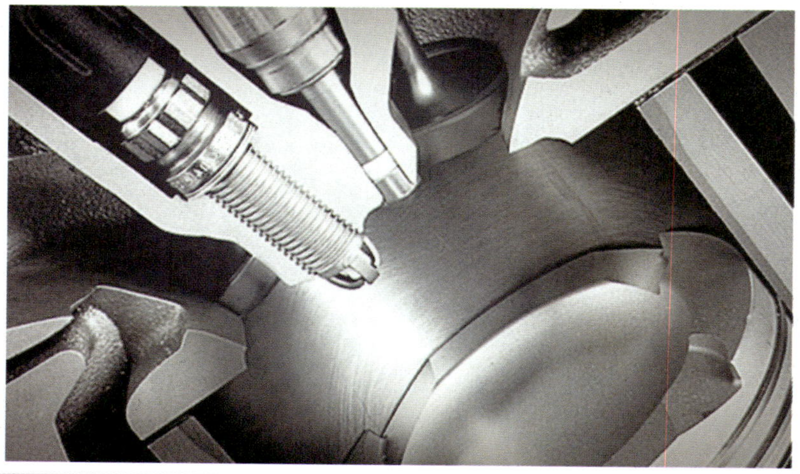

气缸

第三章 配气机构

281. 配气机构有什么作用？

配气机构是发动机的进气和排气控制机构，其作用是按照发动机各缸工作循环和工作顺序的要求，定时开启和关闭各缸的进、排气门，使可燃混合气（汽油机）或新鲜空气（柴油机）得以及时充分地进入气缸，做功后产生的废气得以及时彻底地排出气缸。另外，当进、排气门关闭时，能保证气缸的密封。

282. 配气机构由几部分组成？

配气机构由气门组和气门传动组组成。

1）气门组用来封闭进、排气道，主要零件包括气门、气门座、气门导管、气门弹簧、气门弹簧座、气门油封和气门锁片等。

2）气门传动组是指从正时齿轮开始至推动气门动作的所有零件。其作用是使气门定时开启和关闭。它的组成根据配气机构形式的不同而异，主要零件包括正时齿轮（链轮）、凸轮轴、挺柱、推杆、摇臂和摇臂轴等。

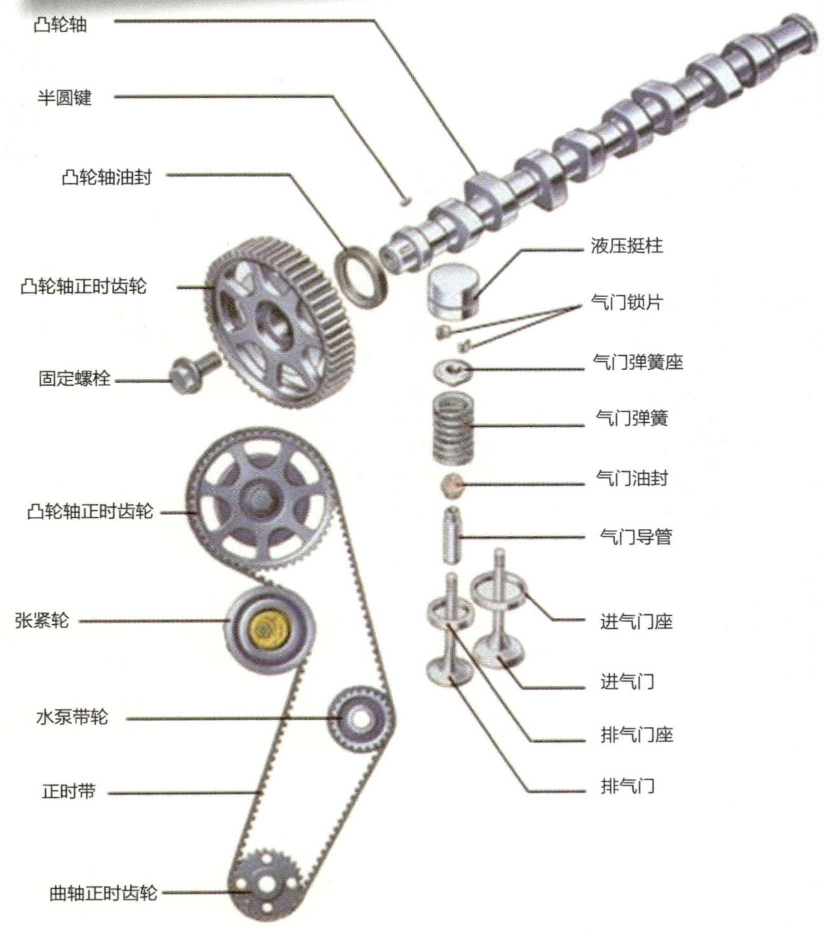

配气机构构成图

283. 对气门组有哪些要求？

1）气门头部与气门座贴合严密。

2）气门导管对气门杆的上下运动有良好的导向。

3）气门弹簧的两端面与气门杆的中心线相垂直，以保证气门头部在气门座上不偏斜。

4）气门弹簧的弹力足以克服气门及其传动件的运动惯性力，使气门能迅速开闭，并保证气门紧压在气门座上。

284. 配气机构如何分类？

1）按气门的布置形式分，主要有顶置式气门和侧置式气门。

2）按凸轮轴的布置形式分，主要有下置式凸轮轴、中置式凸轮轴和上置式凸轮轴。

3）按凸轮轴的传动方式分，主要有齿带传动式、链条传动式和齿轮传动式。

4）按每缸气门数目分，主要有2气门式、3气门式、4气门式和5气门式。

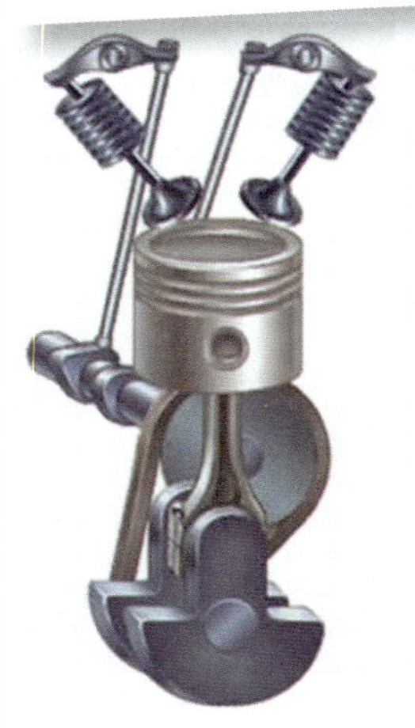

顶置式气门

侧置式气门

285. 中置式凸轮轴有什么特点？

中置式凸轮轴配气机构中的凸轮轴位于气缸体的上部，曲轴和凸轮轴采用齿轮传动。这种结构中，当发动机转速较高时，可减少气门传动机构的往复运动质量，由凸轮轴经过挺柱直接驱动摇臂，而省去推杆。当凸轮轴的中心线距离曲轴中心线较远时，若仍用一对齿轮来传动，齿轮的直径就必然会太大，这不但会影响发动机的外形尺寸（主要是宽度），也会使齿轮的圆周速度过大。在这种情况下，一般要在中间加入一个中间齿轮（惰轮）。

286. 上置式凸轮轴有什么特点？

上置式凸轮轴（也称为顶置凸轮轴）配气机构中的凸轮轴布置在气缸盖上，按其数目不同，顶置凸轮轴可分为单顶置凸轮轴和双顶置凸轮轴。这种结构中，凸轮轴直接通过摇臂来驱动气门或通过液压挺柱来驱动气门，配气机构的往复运动质量最小，对凸轮轴和气门弹簧设计的要求也最低，因此，这种型式特别适用于高速强化发动机。

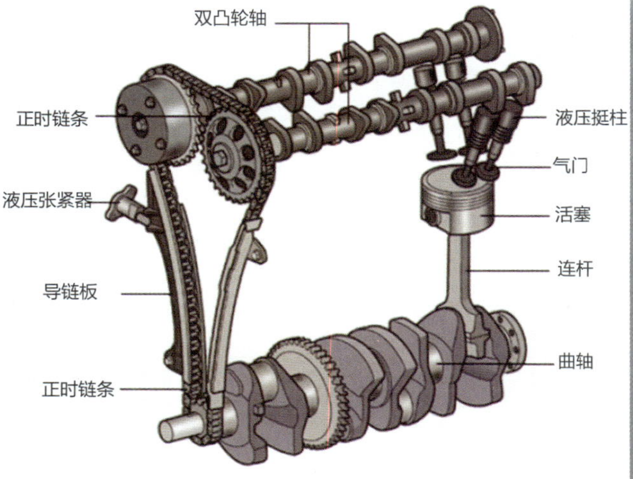

双顶置凸轮轴结构原理图

287. 带传动有哪些类型？

带传动是利用张紧在带轮上的柔性带进行动力传递的一种机械传动。根据传动原理的不同，有靠带与带轮间的摩擦力传动的摩擦型带传动，如汽车上的发电动机、空调压缩机、动力转向油泵等的传动；也有靠带与带轮上的齿相互啮合传动的同步型带传动，如水泵、凸轮轴等的传动。

288. 带传动有哪些优点？

带传动具有结构简单、传动平稳、能缓冲吸振、可以在大的轴间距和多轴间传递动力，且其造价低廉、无需润滑、维护容易等优点，在发动机传动中应用十分广泛。摩擦型带传动能过载打滑、运转噪声低，但传动比不准确；同步型带传动可保证传动同步，但对载荷变动的吸收能力稍差。

289. 什么是正时带传动?

现在汽车用的正时传动主要有正时带传动和正时链条传动。无论是正时带传动还是正时链条传动，其主要作用都是使发动机的凸轮轴与曲轴同步运动。凸轮轴与曲轴间的任何相位误差都会导致燃油消耗增加和排放恶化。

正时带已在发动机中应用很长时间，具有技术成熟、成本较低、噪声较小等优点。正时带是由耐热尼龙帆布、耐热合成橡胶和高拉伸模量的玻纤线绳组成的。这些材料组合所形成的产品特性，能够承受很大的动态冲击载荷而不造成永久性的延伸和磨损，但需要定期检查和维护，一般 5 万 ~ 10 万 km 就需要更换。

采用正时带传动，能减少噪声和减轻质量，也可以降低成本。

正时带传动发动机

290. 什么是正时链传动?

正时链条是发动机的重要零部件。它的主要作用是用来驱动发动机的配气机构，使发动机的进、排气门在适当的时候开启或关闭，来保证发动机的气缸能够正常地吸气和排气。

正时链条传动是近年来汽车发动机采用较多的传动方式，因其具有结构紧凑、传递功率高、可靠性与耐磨性高、设计型式多样、终身免维护等显著优点，但相对传统的正时带来说，其噪声一般稍大一些。什么事情都不是绝对的，随着技术的进步，目前，有些汽车上采用了齿形静音链条，其噪声甚至低于正时带。相信这种正时链条的广泛使用将为广大汽车用户带来更多便利。

291. 气门由哪几部分组成?

气门是燃烧室的组成部分，是气体进、出燃烧室通道的“开关”。气门由头部和杆部两部分组成，头部用来封闭气缸的进、排气通道，杆部则主要为气门的运动导向。气门的头部工作条件十分恶劣，不仅气门头部的温度很高，进气门的温度可高达 600 ~ 700K，排气门则更高，可达 1000 ~ 1200K，而且还要承受气体压力、气门弹簧力以及传动组零件惯性力的作用，其冷却和润滑条件又较差。因此，要求气门必须具有足够的刚度、强度、耐热和耐磨能力。

292. 气门采用何种材料?

进气门的材料通常采用中碳合金钢，如铬钢、镍铬钢、铬钼钢等，热负荷较大的进气门也采用耐热合金钢，如硅铬钢。排气门由于热负荷大，一般采用耐热合金钢，如硅铬钢、硅铬钼钢、硅铬锰钢等。为了节省耐热合金钢，有的发动机的排气门头部由耐热合金钢制造，而杆部则用铬钢制造，然后将二者焊在一起，尾部再加装一个耐热合金钢帽。

正时链传动发动机

293. 气门头顶面有哪些形状?

气门头顶面的形状有平顶、球面顶和喇叭形顶。

1）平顶气门头结构简单、制造方便、吸热面积小、质量也较小，进、排气门均可采用，目前，使用最多。

2）球面顶气门头因其强度高，排气阻力小，废气的清除效果好，适用于排气门，但球形受热面积大，质量和惯性力大，加工较复杂。

3）喇叭形顶头部与杆部的过渡部分具有一定的流线形，可以减少进气阻力，但其顶部受热面积大，因此适用于进气门。

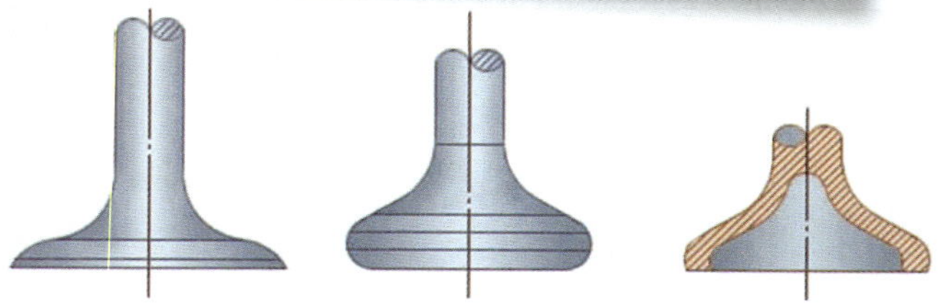

气门头顶面形状

294. 进气门为什么大?

要想气缸内不断地发生“爆炸”，必须不断地输入新的燃料和及时排出废气，进、排气门在这个过程中就扮演了重要角色。进、排气门是由凸轮轴控制的，适时的执行“开门”和“关门”这两个动作。

由于进气是靠真空吸进去的，而排气是靠活塞上行推出去的，因此，进气比排气困难，而且进气越多，燃烧得越好。为了获得更多的新鲜空气参与燃烧，进气门需要做大些以获得更多的进气。所以，我们在 2 气门或 4 气门发动机上，见到的进气门比排气门直径大。而有的发动机干脆多设计了一个进气门，这才有了每缸 3 气门（2 进 1 排）或 5 气门（3 进 2 排）发动机。

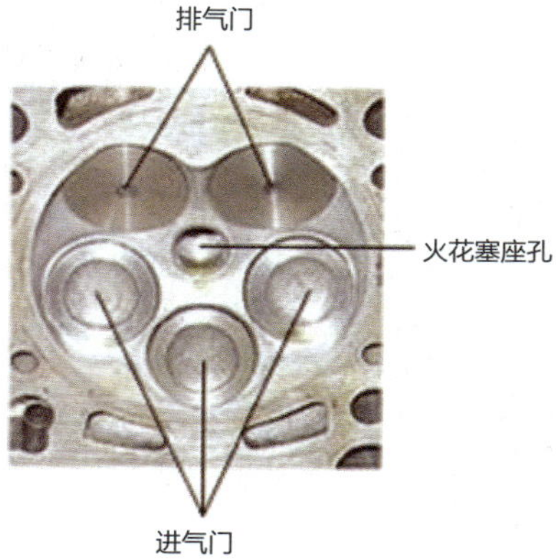

进气门和排气门

295. 为什么普遍采用每缸 4 气门?

如果发动机有多个气门的话，高转速时进气量大、排气干净，发动机的性能也比较好。但是多气门设计较复杂，尤其是气门的驱动方式、燃烧室构造和火花塞位置都需要进行精密的布置，这样，生产工艺要求先进，制造成本自然也高，后期的维修也困难，其带来的优势并不是很明显，或者说有点不划算。所以，气门数不宜过多，每缸 4 气门在发动机上普遍采用。

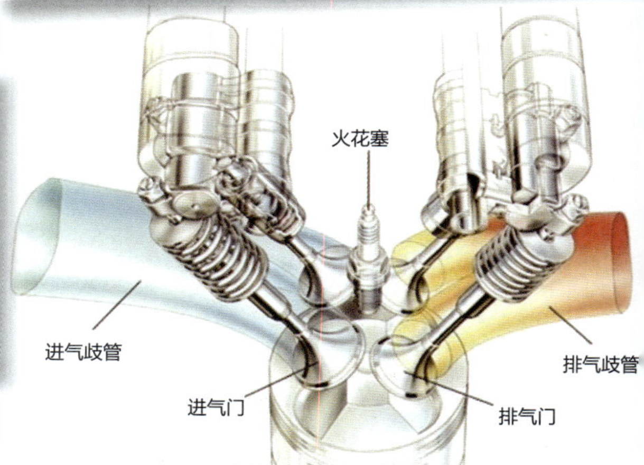

每缸 4 气门示意图

296. 每缸采用 4 气门时有几种排列方案?

1）同名气门排成两列，由一个凸轮通过 T 形驱动杆同时驱动，并且所有气门都可以由一根凸轮轴驱动。这种布置中，两同名气门在气道中的位置不同，可能会使二者的工作条件和工作效果不一致。

2）同名气门排成同一列则弥补了上述缺点，但一般要用两根凸轮轴。

当每缸采用 5 气门时，气门排列的方案通常是同名气门排成一列，分别用进气凸轮轴和排气凸轮轴驱动。

每缸 4 气门发动机

297. 气门关闭不严对发动机有何影响？

气门关闭不严将降低气缸的压缩压力，影响发动机的动力性和经济性。当气缸压缩压力低于 400kPa 时，发动机将无法工作。进气门关闭不严，燃烧着的高温气体有可能窜入进气歧管，点燃进气管中的可燃混合气，引起进气管回火。

298. 气门关闭不严由哪些原因引起？

1）气门间隙过小。由于气门杆的伸长，会引起气门关闭不严或烧蚀气门。

2）气门杆部弯曲和磨损。

3）气门与气门座接触不良。当气门或气门座的工作面因加工不良或磨损使工作面起槽、变宽，甚至烧蚀后出现斑点和凹陷，均会造成气门关闭不严。

4）气门弹簧的弹力减弱。气门弹簧自由长度缩短、弹力减退或弯曲变形，使气门落座时产生回弹，气门与气门座配合的密封性降低，不但造成漏气，也容易引起气门密封带的烧蚀。

299. 什么是气门间隙？

发动机工作时，气门将因温度升高而膨胀。如果气门及其传动件之间在冷态时无间隙或间隙过小，则在热态下，气门及其传动件的受热膨胀将会引起气门关闭不严，造成发动机在压缩和做功行程中漏气，而使功率下降，严重时发动机甚至不易起动。为了消除上述现象，通常在发动机冷态装配时，在气门与其传动机构中，留有适当的间隙，以补偿气门受热后的膨胀量，这一预留间隙通常称为气门间隙。采用液力挺柱的发动机，挺柱的长度能自动变化，随时补偿气门的热膨胀量，因此，不需要预留气门间隙。

测量气门间隙

300. 气门间隙为多大？

气门间隙的大小一般由发动机制造厂根据试验确定，通常在冷态时，进气门的间隙为 0.25 ~ 0.30mm，排气门的间隙为 0.30 ~ 0.35mm。如果间隙过小，发动机在热态下可能发生漏气，导致功率下降，严重时，将使气门烧坏。如果间隙过大，则使传动零件之间以及气门和气门座之间将产生撞击、响声，而加速磨损，同时也会使气门升程减小，气门开启的持续时间减少，进气不充分，排气不干净。

301. 气门间隙对发动机有何影响？

气门间隙通常会因配气机构零件的磨损、变形而发生变化。间隙过大，会使气门升程不足，引起进气不充分、排气不彻底，并出现异响。间隙过小会使气门关闭不严，造成漏气，易使气门与气门座的工作面烧蚀。因此，在汽车的使用过程和维护中，应按原厂规定的气门间隙值认真细致地检查和调整气门间隙，以保证发动机的正常工作。

302. 什么是两次调整法？

气门间隙的检查与调整应在气门完全关闭时进行。调整时，一般都是采用简单快捷的两次调整法。首先找到第一缸活塞压缩行程上止点时，调整其中的一半气门，然后将曲轴转动一圈，再调整其余半数气门的间隙。因此，如何确定可调气门的顺序就成了问题的关键。由于发动机结构复杂多变，仅靠记忆难度很大。有人采用逐缸调整法，即将该缸活塞位于压缩行程上止点时，检查调整该缸进、排气门间隙。但采用这种方法调整时，摇转曲轴次数多，工作效率降低。

调整气门间隙

303. 什么是双排不进法?

所谓“双排不进法”中的“双”是所指气缸的进排气门间隙均可调；“排”是所指气缸仅排气门间隙可调；“不”是所指气缸的进排气门间隙均不可调；“进”是所指气缸仅进气门间隙可调。

“双排不进法”的操作程序如下：

1）先将发动机的气缸按工作顺序等分为两组。

2）第一遍。将一缸活塞转到压缩行程上止点，按双、排、不、进调整其一半气门的间隙。

3）第二遍。曲轴转动一圈，将末缸达到压缩行程上止点，仍按双、排、不、进调整余下一半气门的间隙。

下面是几种工作顺序不同的发动机可调气门的排列表：

1）4 缸发动机

工作顺序	1	3	4	2
	1	2	4	3
第一遍（一缸在压缩上止点）	双	排	不	进
第二遍（一缸在排气上止点）	不	进	双	排

2）6 缸发动机

工作顺序	1	5	3	6	2	4
	1	4	2	6	3	5
第一遍（一缸在压缩上止点）	双	排		不	进	
第二遍（一缸在排气上止点）	不	进		双	排	

3）8 缸发动机

工作顺序	1	5	4	2	6	3	7	8
第一遍（一缸在压缩上止点）	双	排			不	进		
第二遍（一缸在排气上止点）	不	进			双	排		

304. 什么是气门锥角?

气门头部与气门座接触的工作面与气门顶平面的夹角称为气门锥角，一般做成 45°。有的发动机进气门的锥角做成 30°，是考虑到在气门升程相同的情况下，气门锥角较小时，气流通过断面较大，进气阻力较小。但锥角较小的气门头部边缘较薄，刚度较小，致使气门头部与气门座的密封性及导热性均较差。排气门因热负荷较大而用较大的锥角。

充钠排气门构造图

305. 气门头部边缘为何留有一定厚度?

气门头部的边缘应保持一定的厚度，一般为 1 ~ 3mm，以防止工作中由于气门与气门座之间的冲击而损坏或被高温气体烧蚀。为了减少进气阻力，提高气缸的充气效率，每缸气门数为偶数的发动机进气门的头部直径比排气门的大。

306. 什么是充钠排气门?

由于排气门热负荷特别高，为了改善其导热性能，有些发动机采用了充钠排气门。其原理是：在排气门封闭内腔充注钠，钠在约为 1243K 时变为液态，具有良好的热传导能力，通过液态钠的来回流动，热量很快从气门头部传到尾部，从而可使温度降低约 100℃。排气门的这种内部冷却方式同时也降低了混合气自燃的危险，从而提高了气门的使用寿命。

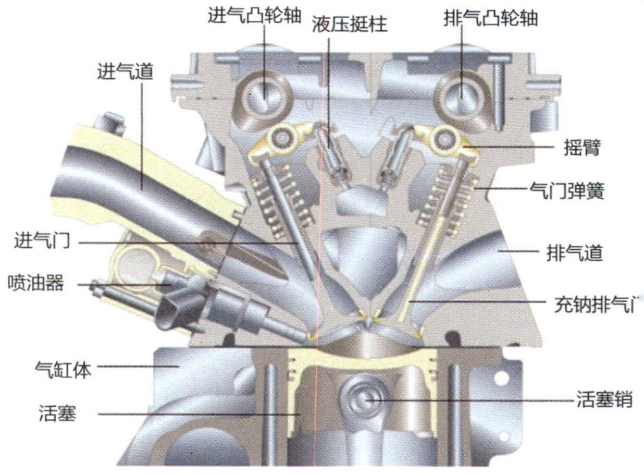

采用充钠排气门的发动机构造图

307. 如何处理充钠排气门?

为了保护环境，不允许将充钠排气门直接作为废品扔掉，必须在排气门中部用铁锯锯开一个缺口，操作过程中不能用水接触气门。将这样处理过的排气门扔入一个充满水的桶中，排气门一旦与水接触，就会立即发生化学反应，充注在其内部的钠发生燃烧，经过上述处理后的排气门才能作为普通废品处理。

308. 为什么进气门早开晚关？

进气门早开晚关的目的：为了保证进气行程开始时，进气门已有一定开度，在进气行程中获得较大进气通道截面，使新鲜气体能顺利地充入气缸。当活塞到达下止点时，气缸内压力仍低于大气压力，在压缩行程开始阶段，活塞上移速度较慢的情况下，仍可以利用气流较大的惯性和压力差继续进气，因此，进气门晚关一点也是利于进气的。

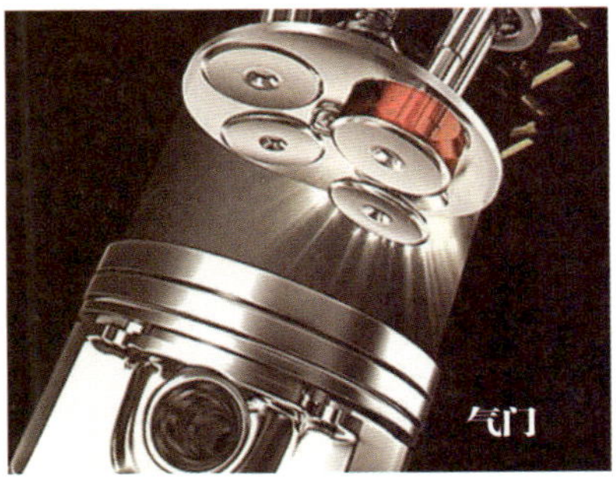

309. 为什么排气门早开晚关？

排气门早开晚关的目的：当做功行程接近上止点时，气缸内的气体虽有 300 ~ 500kPa 的压力，但就活塞做功而言，作用不大，这时若稍开启排气门，大部分废气在此压力作用下可迅速从缸内排出；当活塞到下止点时，气缸内压力大大下降，此时约为 110 ~ 120kPa，这时，排气门的开度进一步增加，从而减少了活塞上行时的排气阻力。高温废气的迅速排出还可以防止发动机过热。当活塞到达上止点时，燃烧室内的废气压力仍高于大气压力，加之排气时气流有一定惯性，所以，排气门迟一点关闭可以使废气排放得较干净。

311. 如何拆装气门？

拆装气门时，必须先使用专用气门弹簧压缩器压缩气门弹簧，然后拆下或装上气门锁片或锁销，并慢慢放松气门弹簧即可。

拆下的气门，必须做好标记并按顺序摆放，以免破坏气门与气门座及气门导管的配合。气门锁片或锁销很小，注意不要丢失。

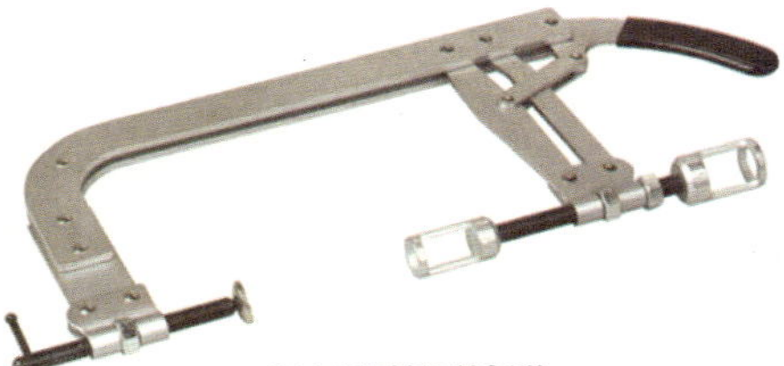
气门弹簧压缩器

310. 如何检修气门？

气门的常见损耗是气门杆部及尾端的磨损、气门工作锥面磨损与烧蚀和气门杆的弯曲变形等。气门出现下列损耗之一时，应予以更换。

1）轿车气门杆的磨损大于 0.05mm，载货汽车的气门杆磨损大于 0.10mm，或出现明显的台阶形磨损。

2）气门头圆柱面的厚度小于 1.0mm。因为气门头圆柱部分厚度过小会增加燃烧室容积，影响发动机工作的平稳性，同时使气门头的强度降低；此外，在气门落入气门座的瞬间，尤其是重型柴油机的气门，在高冲击波的作用下可能会出现回弹振抖，容易引起密封带的烧蚀。

3）气门尾端的磨损大于 0.5mm。

4）当气门杆的直线度误差大于 0.05mm 时，应予以更换或校直，校直后的直线度误差不得大于 0.02mm。

312. 如何光磨气门？

气门工作锥面的修理是在气门光磨机上进行的，其方法如下。

1）光磨前应先将气门进行校直。校直后，气门杆和工作锥面的径向圆跳动公差分别为 0.03mm 和 0.05mm。

2）将校直的气门杆紧固在夹架上，气门头部伸出长度约 40mm，并按气门规定的工作锥面角度调整夹架。

3）查看砂轮工作面是否平整。

4）试磨。开动车头和磨头电动机，先观察气门夹持有无偏斜现象，然后进行试磨。试磨时，先使砂轮轻轻接触气门，查看砂轮与气门锥面的接触情况。若磨削痕迹与工作锥面在素线上全长接触或略偏向内端，说明夹架的角度符合要求。

5）光磨。光磨进刀时，要慢慢移动夹架先作横向进给，再作纵向进给。进刀量要小，冷却液要充足，以达到工作锥面的加工精度和降低表面粗糙度，直至磨损痕迹磨光为止。光磨后气门头部圆柱面的厚度应不低于 1mm。若边缘过薄，工作时易变形或烧蚀。

光磨后，气门工作锥面的径向圆跳动误差应不大于 0.01mm，表面粗糙度小于 1.25um，对气门杆部的同轴度误差应不大于 0.05mm。

313. 如何进行手工研磨气门?

研磨前应先用汽油清洗气门、气门座和气门导管，将气门按顺序排列或在气门头部打上记号，以免错乱。然后在气门工作锥面上涂薄薄一层粗研磨砂，同时在气门杆上涂以机油，插入气门导管内，然后利用螺钉旋具或橡皮捻子将气门做往复和旋转运动与气门座进行研磨，注意旋转角度不宜过大，并不时地提起和转动气门，变换气门与气门座相对位置，以保证研磨均匀。手工研磨中，不应过分用力，也不要提起气门在气门座上用力拍击，否则会将气门工作面磨宽或磨成凹槽。

当气门工作面与气门座工作面磨出一条较完整且无斑痕的接触环带时，可以将粗研磨砂洗去，换用细研磨砂继续研磨。当工作面出现一条整齐的灰色环带时，再洗去细研磨砂，涂上机油继续研磨几分钟即可。

314. 如何进行研磨机研磨气门?

将气缸盖清洗干净，置于气门研磨机工作台上，在已配好的气门工作面涂上一层研磨膏，将气门杆部涂以机油并装入气门导管内，调整各转轴，对正气门座孔，连接好研磨装置，调整气门升程，进行研磨。一般研磨 10 ~ 15min 即可。研磨后的工作面应成为一条光泽很好的圆环。

研磨后的气门

315. 气门有哪些密封性检验方法?

气门和气门座经过修理后，通常要进行气门的密封性检验，常用的方法如下：

（1）划线法。检验前，将气门与气门座清洗干净，在气门锥面上用软铅笔沿径向均匀地划上若干条线，每线相隔 4mm，然后与相配气门座接触，略压紧并转动气门 45° ~ 90° ，取出气门，察看铅笔线条，如铅笔线条均被切断，则表示密封良好，否则，应重新研磨。

（2）拍击法。将气门与相配气门座轻轻敲击几次，察看接触带，如有明亮的连续光环即为合格。

（3）涂红丹。在气门工作面上涂抹一层轴承蓝或红丹，然后用橡皮捻子吸住气门在气门座上旋转 1/4 圈，再将气门提起，若轴承蓝或红丹布满气门座工作面一周而无间断，又十分整齐，即表示密封良好。

（4）渗油法。可用煤油或汽油浇在气门顶面上，观察 5min，视气门与气门座接触处是否有渗漏现象，如无渗漏即为合格。

316. 气门座有什么作用?

气门座的作用是靠其内锥面与气门头部锥面的紧密贴合实现对气缸的密封，并接受气门传来的热量。气门座可在气缸盖上直接镗出。气门座的温度很高，又承受频率极高的冲击载荷，磨损严重，因此，有不少发动机的气门座用较好的材料（合金铸铁、奥氏体钢等）单独制作，然后镶嵌到气缸盖上。

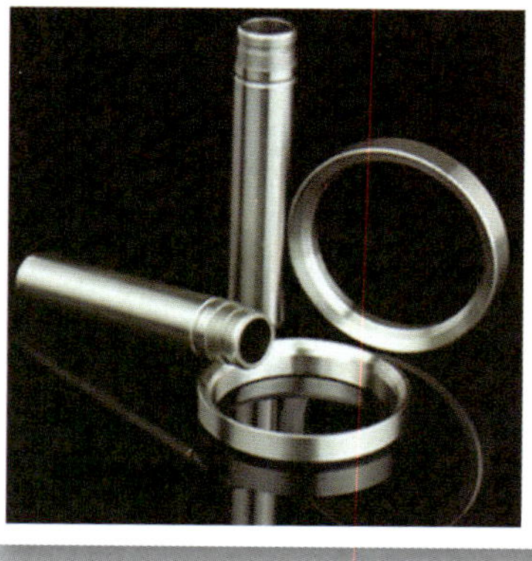

气门座

317. 汽油机采用何种气门座？

汽油机的进气门座工作温度稍低，可以靠从气门导管中漏下的机油润滑，磨损较慢，故可以在气缸盖上直接镗出。但排气门温度高，机油在导管内即可能烧掉，因而排气门座实际上得不到润滑，极易磨损，故多用镶嵌式结构。采用铝合金气缸盖的发动机，由于铝合金材质较软，进、排气门座均用镶嵌式。

318. 柴油机采用何种气门座？

有的柴油机进、排气门座均用镶嵌式，有的只镶进气门座，这是因为柴油机的排气门与气门座常能得到由于燃烧不完全而夹杂在废气中的柴油、机油以及烟粒等的润滑而不致被强烈磨损。但是柴油机的进气门面临的情况则完全不同，从导管漏入的机油少，而且柴油机有较高的气体压力，加上进气门的直径大，易于变形，这些因素都导致进气门座的磨损加剧。

319. 镶嵌式气门座有何缺点？

镶嵌式气门座的缺点是导热性差，加工精度要求也较高。如果气门座的公差配合不当，则工作时镶座易脱落，导致重大事故。因此，当在气缸盖上直接加工出来的气门座能满足工作性能的要求时，最好不用镶嵌气门座。

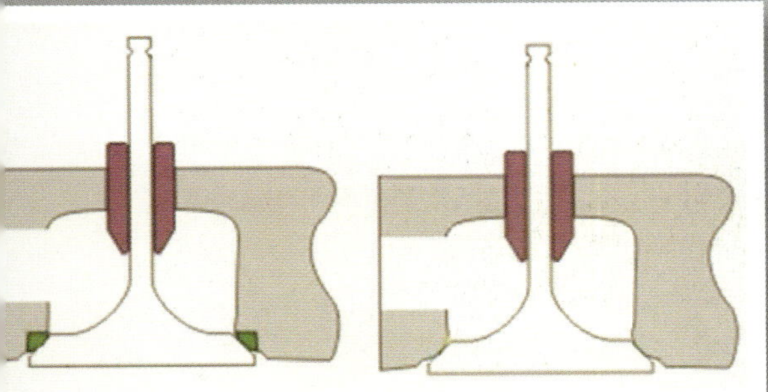

气门座形式

320. 如何镶换气门座？

当气门座有裂纹、松动、烧蚀或磨损严重；或经多次加工修理，使新气门装入后，气门头顶部平面仍低于气缸盖燃烧室平面 2mm 以上，应镶换新的气门座，其方法如下：

1）拉出旧气门座。拆卸旧气门座，根据具体情况可用多种方法进行，但应注意，不得损伤气门座承孔。

2）选择新气门座。用外径千分尺测量气门座外径，用内径量表测量气门座承孔内径，根据气门座和气缸盖承孔的材质选择合适的过盈量，一般在 0.07 ~ 0.17mm 之间。

3）气门座的镶换。将检验合格的新气门座用干冰或液氮冷却，时间不少于 10min。同时将气缸盖上的气门座承孔用汽油喷灯或箱式炉加热至 373 ~ 423K，在冷缩的气门座外涂一层密封胶，将气门座压入承孔中。

321. 如何确定进气门和排气门？

1）根据气门与所对应的气道确定。

2）通过转动曲轴观察确定。当第一缸活塞处于压缩上止点时，转动曲轴，观察一缸的两个气门，先动为排气门，后动为进气门，并在一种气门上做记号。然后按点火顺序依次检查各缸，再与一缸的同名气门上做记号。

气门

322. 如何确定一缸压缩行程上止点？

1）分火头判断法：记下一缸分缸高压线的位置，打开分电器盖，转动曲轴，当分火头与一缸分缸高压线位置相对时，表示一缸在压缩行程上止点。

2）逆推法：转动曲轴，观察与一缸曲轴连杆轴颈同在一个方位的六（四）缸的排气门打开又逐渐关闭到进气门开始动作瞬间，六（四）缸在排气行程上止点，即一缸在压缩行程上止点。

323. 气门与气门座有哪些配合要求？

气门与气门座配合良好与否是决定配气机构正常工作的重要环节，它直接影响到气缸的密封性，对发动机的动力性和经济性关系极大。对气门与气门座的配合要求是：

1）气门与气门座的工作锥面角度应一致。

2）气门与气门座的密封带位置在中部靠里。过于靠外使气门的强度降低，过于靠里，会造成与气门座接触不良。

3）气门与气门座的密封带宽度应符合原设计规定，一般为 1.2 ~ 2.5mm。排气门大于进气门的宽度；柴油机大于汽油机的宽度。密封带宽度过小，将使气门磨损加剧，形成凹陷；密封带宽度过大，影响密封性并易引起气门烧蚀。

4）气门工作锥面与杆部的同轴度和气门座与气门导管的同轴度应不大于 0.05mm。

5）气门杆与导管的配合间隙应符合原厂规定。

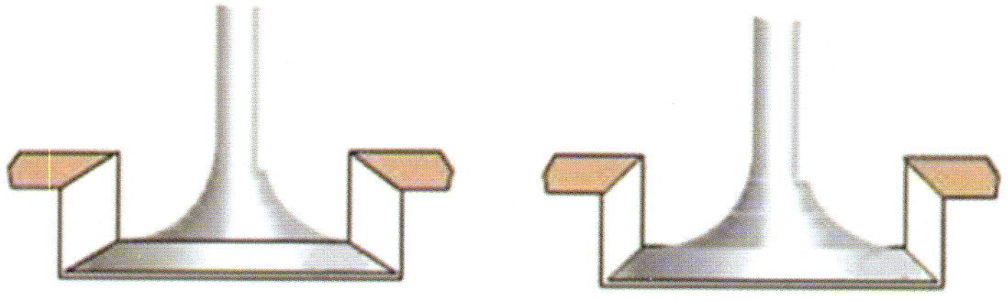

工作锥面角度

324. 如何选择气门座铰刀？

铰削气门座时，应根据气门头部直径及斜面角度选用不同规格的铰刀。常用的气门座铰刀一般有 4 种规格：15°、30°、45° 和 75°，每种规格有直径不同的铰刀数只，以适应不同直径尺寸的气门头部需要，且有粗铰刀、精铰刀之分，粗铰刀在刃口上有锯齿状缺口。

75° 铰刀用于铰削气门座上平面角，以使气门头部下沉量符合要求（0.50 ~ 1.0mm），并使气门座工作斜面下移，铰后的切削面与上平面夹角为 15°；30° 或 45° 铰刀为气门座工作面铰刀，根据气门工作角度选用一种；15° 铰刀用于扩大气门座孔内径，使气门座工作斜面上移，其切削面与气门座轴线夹角为 15°，与水平面的夹角为 75°。

325. 如何铰削气门座？

气门座的铰削通常是用手工进行，铰削的方法如下：

1）根据气门导管内径选择铰刀导杆，导杆以轻易插入气门导管内无旷动量为宜。为此导杆插入气门导管内部分有的加工成约 0.25mm 的锥形，以保证气门座工作锥面轴线与导管轴线重合。

2）把砂布垫在铰刀下，磨除座口硬化层，以防止铰刀打滑和延长铰刀使用寿命。

3）用与气门锥角相同的粗铰刀铰削工作锥面，直到凹陷、斑点全部去除并形成 2.5mm 以上的完整锥面为止。铰削时两手用力要均衡并保持顺时针方向转动。

4）气门座和气门的选配，一般是新气门座用旧气门，旧气门座配新气门。用相配的气门进行涂色试配，察看印迹。接触环带应在气门和斜面的中部靠里位置，若偏上或偏下，可用 15° 或 75° 锥角的铰刀铰削。接触面宽度：进气门约为 1.0 ~ 2.0mm，排气门约为 1.5 ~ 2.5mm。

5）最后用与工作面角度相同的细刃铰刀进行精铰，并在铰刀下垫细砂布磨修，以降低气门座口表面粗糙度。如铰削后的密封带精度和质量较高，一般可省去研磨工艺，让气门、气门座在高温冲击条件下自然形成一种认为是组织平衡的密封带，可明显地延长密封带的耐久性。

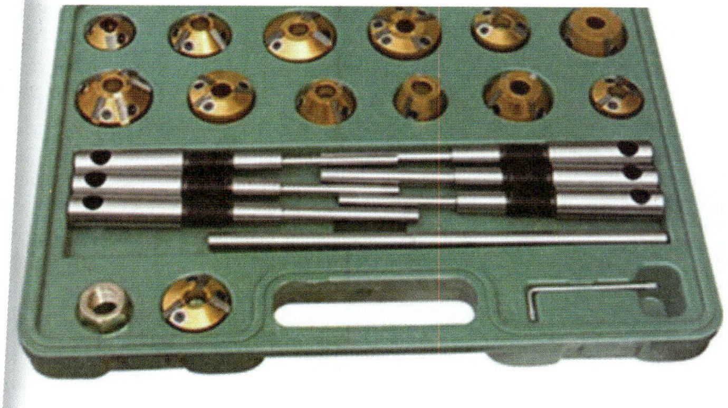

气门座铰刀

326. 气门座有哪些磨削要点?

有些气门座材质十分坚硬，不易铰削，可用气门座光磨机进行磨削，其要点如下：

1）根据气门工作面锥度和尺寸选用砂轮，一般砂轮直径比气门头部直径长 3 ~ 5mm。

2）修磨砂轮工作面达到平整并与轴孔同轴度公差在 0.025mm 之内。

3）选择合适的定心导杆卡紧在气门导管内，磨削时，导杆应不转动。

4）光磨时应保证光磨机正直，并轻轻施加压力，光磨时间不宜太长，要边磨边检查。

327. 气门导管有什么作用?

气门导管的作用主要是导向，保证气门作直线往复运动，使气门与气门座能正确贴合。此外，气门导管还在气门杆与气缸盖之间起导热作用。

气门导管

328. 气门导管采用何种材料?

为了保证导向，气门导管应有一定的长度。气门导管的工作温度也较高，约 500K。气门杆在导管中运动时，仅靠配气机构飞溅出来的机油进行润滑易磨损，因此，为了改善润滑性能，气门导管大多用灰铸铁、球墨铸铁或铁基粉末冶金制造。气门杆与气门导管之间一般留有 0.05 ~ 0.12mm 的间隙，使气门杆能在导管中自由运动。

329. 如何检查气门导管与气门杆间的间隙?

将气缸盖倒置在工作台上，将气门顶升至高出座口约 10mm 左右，安装磁性百分表座，使百分表的触头接触气门头边缘，侧向推动气门头，同时观察百分表指针的摆动，其摆动量即为实测的近似间隙。如换上新气门，其间隙值超过允许值，则应更换气门导管。气门杆与气门导管的配合间隙超过极限，应予以更换。

也可按经验法检查气门导管与气门杆之间的配合间隙。方法如下：将气门杆和气门导管擦净，在气门杆上涂一层薄机油，将气门放入气门导管中，上下拉动数次后，气门在重力作用下能徐徐下落，表示气门导管与气门杆的配合间隙适当。

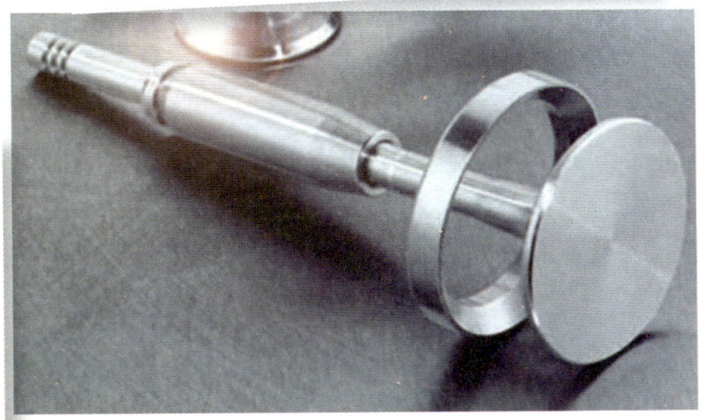

气门导管与气门杆

330. 如何更换气门导管?

当气门导管磨损严重使气门杆与气门导管的配合间隙超过限度时，应予以更换，其方法如下：

1）用外径略小于气门导管内孔的阶梯轴铳出气门导管。

2）选择外径尺寸符合要求的新气门导管。

3）安装气门导管。用细砂布打磨气门导管承孔口，在承孔内壁与导管外表面上涂少许机油并放正气门导管，垫上铜质的阶梯轴用压力机或锤子将气门导管装入承孔内。

4）气门导管的铰削。采用成形专用气门导管铰刀铰削，进刀量不易过大，铰刀保持垂直，边铰边试，直至间隙合适。

331. 为什么安装气门油封?

适量的机油进入气门导管与气门杆之间的间隙，对于气门杆的润滑是有利的。但如果进入的机油过多，将会在气缸盖内形成积炭和在气门上产生沉积物。因此，发动机在气门杆上装有气门油封。

气门油封是配气机构气门组的重要零件之一，在高温下与汽油和机油相接触，因此，需要采用耐热性和耐油性优良的材料，一般为氟橡胶制作。

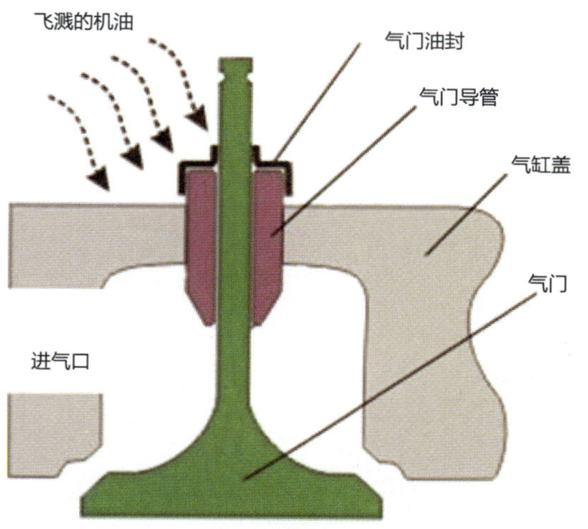

气门油封安装位置示意图

332. 气门油封损坏会引起什么后果?

气门油封损坏会使机油由气门杆与气门导管之间的间隙进入燃烧室燃烧，出现排气冒蓝烟，机油消耗异常等现象。气门油封多为一次性产品，拆卸后应更换新件。

气门油封

333. 气门弹簧有什么作用?

气门弹簧的作用是克服在气门关闭过程中气门及传动件的惯性力，防止各传动件之间因惯性力的作用而产生间隙，保证气门及时落座并紧紧贴合，防止气门在发动机振动时发生跳动，破坏其密封性。因此，气门弹簧应具有足够的刚度和安装预紧力。

334. 气门弹簧采用何种材料?

气门弹簧多为圆柱形螺旋弹簧，其材料为高碳锰钢、铬钒钢等冷拔钢丝。加工后要进行热处理。钢丝表面要磨光、抛光或喷丸处理，以提高其疲劳强度，增强弹簧的工作可靠性。此外，为了避免弹簧的锈蚀，弹簧的表面应进行镀锌、镀铜、磷化或发蓝处理。

气门弹簧

335. 如何防止气门弹簧发生共振?

气门弹簧的一端支承在气缸盖上，而另一端则压靠在气门杆端的弹簧座上，弹簧座用锁片固定在气门杆的尾端。气门弹簧在工作时，当其工作频率与自然振动频率相等或成某一倍数时，将会发生共振，为了防止这一现象的发生，可采取如下措施：

1）提高气门弹簧的自然振动频率，即提高气门弹簧的自身刚度。

2）采用不等螺距的圆柱弹簧，这种弹簧在工作时，螺距小的一端逐渐叠合，有效圈数逐渐减小，自然频率逐渐提高，使共振成为不可能。

3）采用双气门弹簧，在一些高速发动机上，通常在一个气门上同心安装两根直径不同、旋向相反的内外弹簧，这样能提高气门弹簧工作可靠性，即可以防止共振。当装用两根气门弹簧时，弹簧圈的旋转方向应相反。

336. 气门弹簧座有几种连接方式？

气门弹簧的一端支承在气缸盖上，而另一端则压靠在气门杆端的弹簧座上，气门杆端的形状决定于气门弹簧座的连接方式。气门弹簧座的连接方式有两种：锁片式和锁销式。无论是哪种连接方式，其作用都是连接气门弹簧座和气门。

（1）锁片式。锁片式是将一完整的空心圆锥剖分成两半而成的，内孔有环形凸起，弹簧座的中心孔为圆锥形，与锁片的外圆锥面形成密切配合。锁片式连接方式分为夹紧式和非夹紧式两种，采用非夹紧式连接时，处于安装状态下的两部分锁片相互支承，这样可使锁片与气门杆端留有允许气门旋转的间隙，这种旋转有助于气门运动和气门座清洁。

（2）锁销式。锁销式的固定方法比较简单，将弹簧座连同弹簧一起压下后，把锁销插入气门杆尾端的径向孔内，放松弹簧座后，锁销正好位于弹簧座外侧面的凹穴内，防止了弹簧座的脱出。

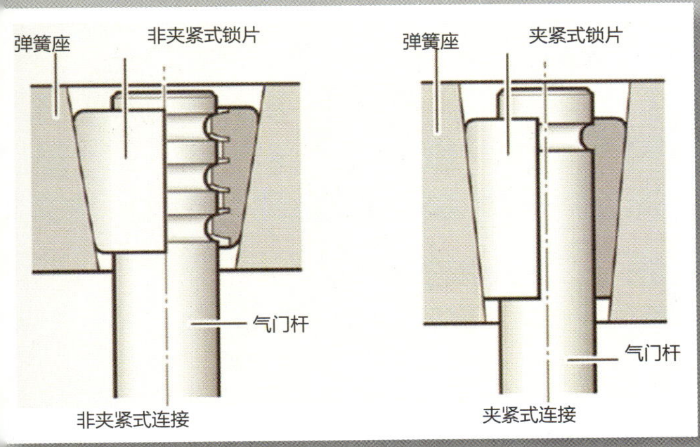

气门弹簧座连接方式

337. 如何安装气门锁片？

安装锥形锁片时，需用气门弹簧压缩器将气门弹簧座连同气门弹簧压下，将两片锁片套于气门杆尾部，使锁片内孔的环状凸起正好位于气门杆尾端的环形槽内。放松弹簧座，在气门弹簧的弹力作用下，弹簧座的圆锥孔与锁片的圆锥面紧紧地贴合在一起，不会脱落。

338. 气门弹簧有哪些耗损形式？

气门弹簧经长期使用后会出现下列耗损：断裂、歪斜、弹力减弱。气门弹簧的歪斜将影响气门关闭时的对中性，使气门关闭不严，容易烧蚀密封带，并破坏气门旋转机构的正常工作。

339. 如何检修气门弹簧？

（1）检视法

观察洗净后的气门弹簧外表有无变形、裂纹等缺陷，如有则应更换。

（2）气门弹簧自由长度检查

1）新旧对比法。将一标准弹簧与被测弹簧置于同一平板上，比较其长度是否一致，如不一致，则应更换。

2）游标卡尺测量法

利用游标卡尺测量气门弹簧的自由长度，如不符合规定尺寸，应予以更换。

3）弹簧弹力检测

用检测仪测量弹力，将弹簧压至规定长度，台秤上所示弹力大小即为所测弹簧弹力。

4）弯曲和扭曲变形检测

将气门弹簧放至平板上，用直角尺检查其弯曲和扭曲变形。当直尺与气门弹簧间隙不超过 1.5mm 时，弹簧轴线偏移小于 2° 时为合格，否则应更换。

气门弹簧

340. 凸轮轴有什么作用？

凸轮轴是往复活塞式发动机里的一个部件，它的作用是驱动和控制发动机各缸气门的开启和关闭，使其符合发动机的工作顺序、配气相位及气门开度的变化规律等要求。虽然在四行程发动机中凸轮轴的转速是曲轴的一半（在二行程发动机中凸轮轴的转速与曲轴相同），但它的转速依然很高，而且需要承受很大的转矩。因此，设计中对凸轮轴在强度和支承方面的要求很高。在发动机的设计过程中凸轮轴设计占据着十分重要的地位。

341. 凸轮轴由几部分组成？

凸轮轴主要由凸轮和轴颈组成。凸轮轴上的凸轮分为进气凸轮和排气凸轮两种，用以使气门按一定的工作次序和配气相位及时开闭，并保证气门有足够的升程。轴颈起支承作用，安装在气缸盖上的凸轮轴轴承座孔内，用凸轮轴承盖固定，轴承座孔中有轴承瓦。

凸轮轴

342. 凸轮轴采用何种材料？

凸轮轴一般用优质钢模锻而成，也可采用合金铸铁或球墨铸铁铸造。凸轮和轴颈的工作表面一般经热处理后精磨，以改善其耐磨性。为减轻系统质量，有些发动机采用了空心凸轮轴。

343. 安装凸轮轴时有何注意事项？

凸轮轴的前端安装有正时齿轮或正时链轮，在装配曲轴与凸轮轴时，应将曲轴正时齿轮与凸轮轴正时齿轮的正时标记对正，否则，轻者影响发动机的正常工作，严重时将导致发动机无法起动。

344. 凸轮轴有哪些耗损形式？

凸轮轴的主要耗损是凸轮轴的弯曲变形、凸轮轮廓磨损、支承轴颈表面和正时齿轮轴颈键槽的磨损等。这些耗损将使气门的最大开度和发动机的充气系数降低，配气相位失准，改变气门上下运动的速度特性，从而影响发动机的动力性、经济性，增大发动机的噪声。

顶置凸轮轴式发动机

345. 如何检修凸轮磨损？

凸轮磨损使气门的升程规律改变和最大升程减小，因此，凸轮的最大升程减小值是凸轮检验分类的主要依据。当凸轮最大升程减小值大于 0.40mm 或凸轮表面累积磨损量超过 0.80mm 时，则应更换凸轮轴；当凸轮表面累积磨损量不大于 0.80mm 时，可在凸轮轴磨床上修磨凸轮。但是，现代发动机凸轮轴的凸轮均为组合线型，由于加工精度极高，修理数据不易收集到，制造合格的磨削靠模困难多、成本高。目前，在汽车维修企业中对凸轮极少修复，一般更换凸轮轴。

346. 如何检修正时齿轮轴轴颈键槽？

正时齿轮轴颈键槽的对称平面，一般应与第一缸进、排气凸轮最大升程的对称平面重合，其磨损将使配气正时改变。该键槽磨损后，可堆焊再重开键槽或在新的位置上另开键槽。

347. 如何磨削凸轮轴轴颈？

凸轮轴轴颈的圆度误差大于 0.015mm，各轴颈的同轴度误差超过 0.05mm 时，应按修理尺寸法进行校正并修磨。修磨后轴颈的圆柱度公差为 0.005mm，以两端轴颈的公共轴线为基准，中间任一轴颈的径向圆跳动公差为 0.025mm，正时齿轮轴颈与推力端面的圆跳动公差为 0.03mm。

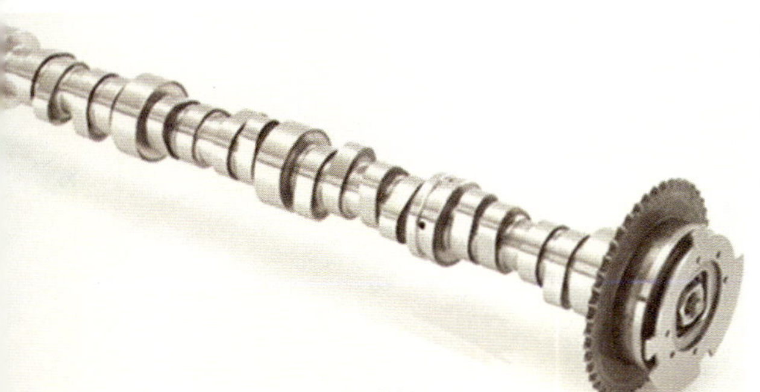

凸轮轴

348. 如何调整凸轮轴轴向间隙？

凸轮轴轴向间隙的调整有两种方法：

1）一是用增减固定在气缸体前端面上位于凸轮轴第一道轴颈端面与正时齿轮或链轮之间的推力凸缘的厚度来调整。检查时，用塞尺塞入推力凸缘与正时齿轮端面之间，测得的间隙应为 0.10mm 左右。

2）另一种是有轴承定位，如桑塔纳轿车发动机的凸轮轴轴向限位由第一道和第五道轴承台肩完成，如轴向间隙大于使用限度 0.15mm，则更换台肩的凸轮轴轴承。

349. 挺柱有什么作用？

挺柱的作用是将凸轮的推力传给推杆或气门杆，并承受凸轮轴旋转时所施加的侧向力。它安装在气缸体或气缸盖上相应位置镗出的导向孔中，常用镍铬合金铸铁或冷激合金铸铁制造。常用的挺柱有机械挺柱和液压挺柱两种形式。

机械挺柱

350. 挺柱有哪些耗损形式？

挺柱的主要耗损是挺柱底部出现剥落、裂纹、擦伤划痕和挺柱与导孔配合松旷等。挺柱较多采用冷激铸铁材料制成的筒式挺柱。其缺点是底面的冷激层易产生疲劳磨损。此外，挺柱运动的特殊性，加之润滑条件较差或其他原因使挺柱运动阻滞，造成底部的不均匀磨损，导致挺柱底部对凸轮的反磨效应加剧，在较短的行驶里程内使凸轮因早期磨损而报废。

351. 如何检修挺柱？

1）挺柱底部出现疲劳剥落时，应更换新件。

2）底部出现环形光环，该光环说明磨损不均匀，此时应尽早更换新件。

3）底部出现擦伤划痕时，应更换新件。

4）挺柱圆柱部分与导孔的配合间隙一般为 0.03 ~ 0.10mm。如超过 0.12mm 时应视情况更换挺柱或导孔支架。装有衬套的结构可更换衬套。

5）在检查调整气门间隙时，也应检查挺柱的转动阻力。检查时，食指与拇指捏住挺柱转动应自如无阻滞，摆动挺柱无晃动感。必要时，可取出挺柱检查底部的磨损状况。

352. 液压挺柱构造如何?

液压挺柱主要由球阀、补偿弹簧、带内置油道的柱塞及壳体组成。壳体由圆桶和上端盖焊接而成，下端封闭的油缸外圆柱面与气缸盖上的挺柱导向孔配合，内圆柱面与柱塞配合。球阀被补偿弹簧压靠在柱塞下端面的阀座上。

挺柱壳体内部的低压油腔通过挺柱顶背面的键形槽与柱塞上方的低压油腔相通。当挺柱在运动过程中，挺柱壳体上的环形槽与气缸盖上的斜油孔对齐时，气缸盖油道内的机油便进入低压油腔。柱塞下端油缸内部的空腔称为高压油腔，当球阀打开时，高压油腔与低压油腔相通。高、低压油腔都充满了机油，补偿弹簧还可以使油缸与柱塞相对运动，保持挺柱顶面与凸轮紧密接触。油缸下端面与气门杆紧密接触。

液压挺柱的工作主要依靠机油压力、挺柱壳体与座孔间隙、气门杆与挺柱间隙及挺柱内止回球阀。液压挺柱刚开始工作时，由于腔内无油压，故柱塞处在最底部，挺柱与气门间隙较大，气门产生短时异响。随着发动机的运转，在机油压力的作用下，挺柱内高压油腔充注机油，柱塞下行，挺柱有效工作长度增加，气门间隙减小。由于挺柱内柱塞所产生的力较小，不能产生压缩气门弹簧的力量，所以，当柱塞与气门杆尾端接触时，挺柱不再运动。同时,又因挺柱内止回球阀的作用，高压油腔内的机油不能迅速排出，使柱塞保持在原位不动并维持原有长度形成刚性，从而推动气门打开，实现无间隙传动。

353. 液压挺柱如何工作?

在气门打开的过程中，凸轮推动挺柱壳体和柱塞下移，油缸受到气门弹簧的阻力而不能马上下移，导致高压油腔油压升高，球阀将阀门关闭，挺柱成为刚性整体向下移动，将气门打开。

在气门关闭的过程中，挺柱上移，由于受到凸轮和气门弹簧两方面的顶压，球阀仍处于关闭状态，高压油腔仍保持高压，液压挺柱仍是一个整体，直到气门完全关闭为止。

液压挺柱实现了气门无间隙传动，减小了配气机构工作时产生的撞击和噪声。气门及其传动件因温度升高而膨胀，凸轮或挺柱因磨损而缩短，都会由液压挺柱来自行调整或补偿。

354. 检修液压挺柱有哪些注意事项?

1）液压挺柱与承孔的配合间隙一般为 0.01 ~ 0.04mm，使用极限为 0.10mm。逾期后应更换液压挺柱。

2）发动机总成修理，如气门出现开启高度不足时，一般应更换挺柱。

刚起动时，液压挺柱的噪声是正常的。起动发动机使其运转直到冷却液温度达到 85℃左右，将发动机转速提高到 2500r/min，运转 2min，如果液压挺柱产生的噪声还是很大，按照以下步骤检查：

①拆下气门室罩盖。

②按顺时针方向转动曲轴，直至与待检查的液压挺柱的凸轮朝上为止。

③用一个木楔或塑料楔轻轻朝下压住液压挺柱。

④测量凸轮与液压挺柱之间的间隙，如果间隙大于 0.2mm，则应更换液压挺柱。

提示：大修完发动机或安装新的液压挺柱时，一定要将挺柱内的机油放掉，以免起动发动机时造成顶气门。

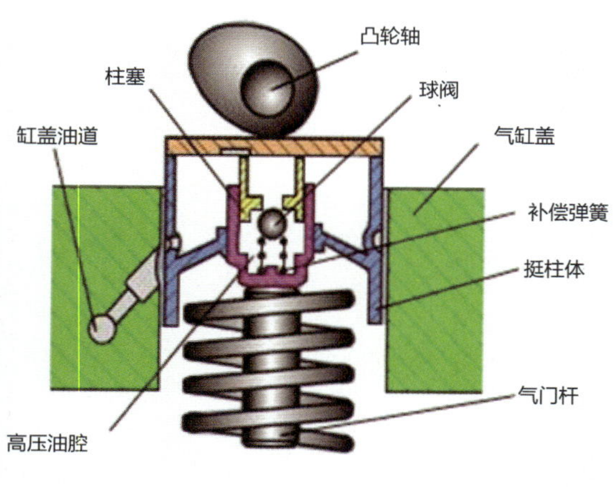

液压挺柱构造原理图

液压挺柱

355. 推杆有什么作用？

在底置凸轮轴 OHV 中，由于凸轮轴在缸体的下部，而气门位于气缸盖上，气门和凸轮轴之间的距离“很远”，这就要求有一个部件能在二者之间实现动力传递，因此，也就有了推杆的发展空间。由于气门推杆细又长，和我们使用的筷子差不多，所以，人们形象地将其称为配气机构中的“筷子”。推杆的作用是将从凸轮轴经过挺柱传来的推力传给摇臂，它是气门组中最易弯曲的零件。要求有很高的刚度，在动载荷大的发动机中，推杆应尽量地做得短些。

底置凸轮轴的发动机一般都是大排量、低转速、追求大转矩输出，因为底置凸轮轴是依靠曲轴带动，然后凸轮与气门摇臂采用一根推杆来连接，是凸轮顶起推杆，推杆推动摇臂来实现发动机气门的开闭，所以，过高的转速会使推杆承压过大以致折断。但是，这种采用推杆的设计，也有它的优点：结构简单，可靠性高、发动机重心低、成本低等。

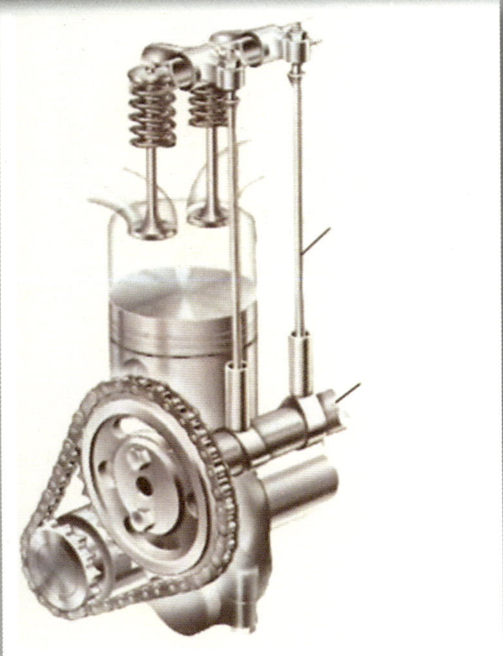

底置凸轮轴式配气机构

356. 如何检修推杆？

气门推杆一般都是空心细长杆，工作时易发生弯曲。要求推杆的直线度误差应不大于 0.30mm，杆身应平直，不得有锈蚀和裂纹。上端凹球端面和下端凸球端面半径磨损应控制在 + 0.03 ~ − 0.01mm 之间。

如气门推杆弯曲，应更换。

357. 摇臂有什么作用？

摇臂的作用是将推杆或凸轮传来的力改变方向，作用到气门杆尾端以推开气门。摇臂实际上是一个双臂杠杆，摇臂两边臂长的比值（称为摇臂比）约为 1.2 ~ 1.8。其中，长臂一端与气门接触，是推动气门的，这样可获得较大的气门升程，而减少推杆或挺柱的移动量，从而也减少了它们往复运动产生的惯性力。

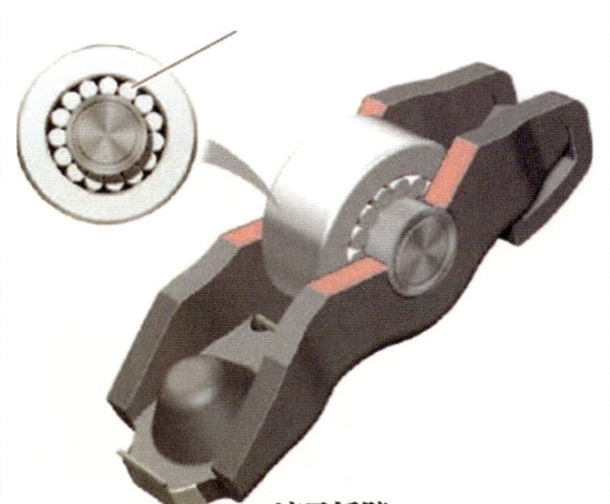

滚子摇臂

358. 如何检修摇臂和摇臂轴？

摇臂的损伤主要是摇臂头的磨损。检查时，摇臂头部应光洁无损。修理后的凹陷应不大于 0.50mm。如超过规定则应修理，其方法可用堆焊修磨。摇臂与摇臂轴的配合间隙如超过规定应更换衬套，并按轴的尺寸进行铰削或镗削修理。镶套时，要使衬套油孔与摇臂上的油孔重合，以免影响润滑。

摇臂上调整螺钉的螺纹孔损坏时，一般应更换。

摇臂轴轴颈的磨损量大于 0.02mm 或摇臂轴与摇臂承孔的配合间隙超过规定时，可刷镀修复或更换。摇臂轴弯曲应冷压校直，使其直线度误差在 100mm 长度上不大于 0.03mm。

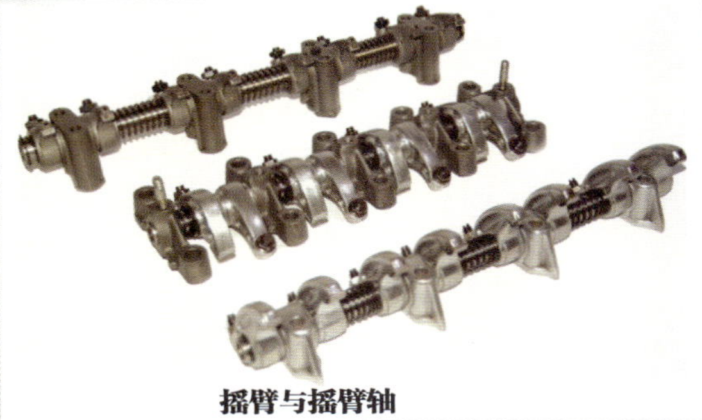

摇臂与摇臂轴

359. 如何检查正时链条？

测量全链长。测量链条长度时，对链条施以一定的拉力拉紧后测量其长度。测量时的拉力可定为 50N，例如丰田 2Y、3Y 发动机的链条长度应不超过 291.4mm，如长度超过此值时，应更换新链条。

360. 如何检查正时链轮？

测量最小的链轮直径。将链条分别包住凸轮轴正时链轮和曲轴正时链轮，用游标卡尺测量其直径。其直径不得小于允许值。例如丰田 2Y、3Y 发动机其允许的最小值：凸轮轴正时链轮为 114mm；曲轴正时链轮为 59mm。若小于此值时，应更换链条和链轮。

采用正时链条的配气机构

361. 为什么需要气门正时？

气门正时是发动机配气机构的重要组成部分，是保障发动机“呼吸”顺畅的重要因素之一。气门正时是指气门开启和关闭的时刻。理论上，四行程发动机在进气行程中，进气门应当在活塞处于上止点时开启，当活塞运动到下止点时关闭；排气门则在活塞处于下止点时开启，在上止点时关闭。进气行程和排气行程各占 180° 曲轴转角。但在实际的发动机工作中，为了增大气缸内的进气量，进气门需要提前开启、延迟关闭；同样地，为了使气缸内的废气排出更干净，排气门也需要提前开启、延迟关闭，这样才能保证发动机有效的运行。

说到这里，相信您一定明白发动机为什么需要气门正时了。

362. 配气相位与气门正时一样吗？

在发动机正常工作时，进气和排气行程的时间极短，往往会使发动机充气不足或排气不干净，造成发动机功率下降。因此，汽车发动机采取延长进、排气时间的方法来改善进排气情况，即气门开启和关闭的时刻并不是正好在活塞处于上止点和下止点的位置，而是分别提前或延迟一定的曲轴转角。

用曲轴转角表示进、排气门开闭的时刻及开启的持续时间，称为配气相位，又称气门正时。用曲轴转角的环形图表示配气相位，称为配气相位图。

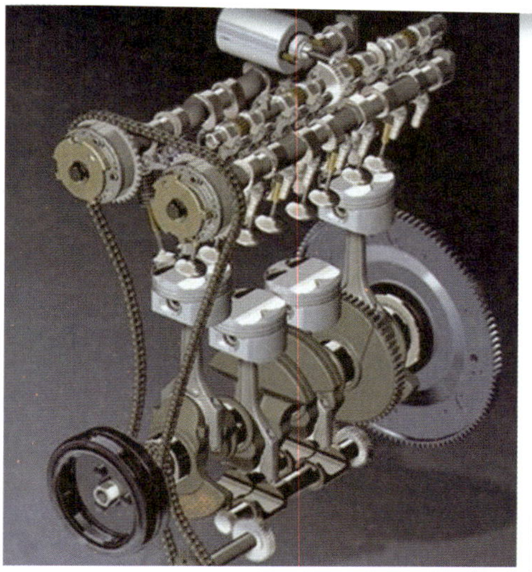

采用正时链条的可变配气相位

363. 引起配气相位失准的原因有哪些？

配气相位失准一般表现为配气相位的改变，这也是发动机的常见故障，其主要原因是：

1）正时齿轮或正时链轮未按规定的记号装配。

2）由于正时齿轮或正时链轮与曲轴或凸轮轴相连接键槽的加工误差或磨损松动而引起的定位偏差，加大了配气正时的误差所致。

364. 如何调整配气相位？

调整配气相位时，应根据不同情况采取不同的措施。如个别气门配气相位偏早或偏迟不大时，可通过调整该气门间隙的方法予以解决；若是进气门的微开量与排气门的微开量相比有大有小，且不符合规定值时，表明各缸迟早不一，通常是由于凸轮磨损严重所致，应修磨或更换凸轮轴；如各缸进气门的微开量比排气门都大，表明进、排气门的配气相位均提前，应将其适当推迟。反之，表明配气相位均延迟，应将各缸进、排气门的配气相位均适当提前。

365. 空气是如何进入发动机的？

前面我们曾说过活塞在气缸内做往复直线运动，进行进气行程、压缩行程、做功行程和排气行程，从而完成一个工作循环。

当发动机处于进气行程时，活塞向下运动，气缸内产生真空（也就是压力变小），与外界空气产生压力差，使空气进入气缸。举个例子，大家都应该打过针，也看到过护士小姐如何将药水吸入针筒内吧！假设针筒就是发动机，那么，当针筒内的活塞向外抽出时，药水就会被吸入针筒内，而发动机就是这样把空气吸到气缸内的。

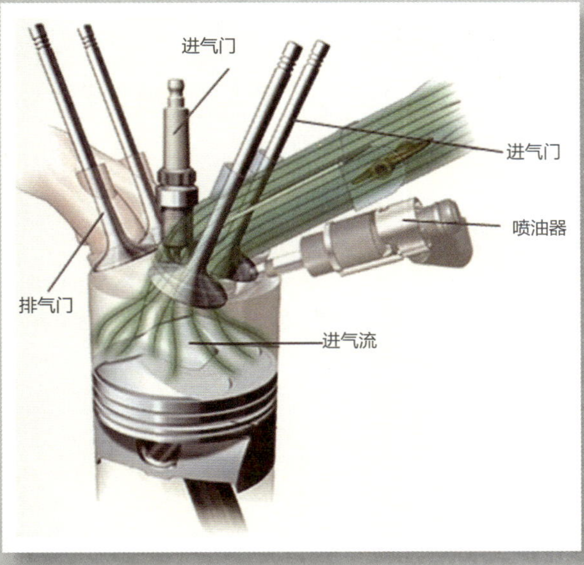

空气进入发动机示意图

366. 配气机构有哪些常见异响？

配气机构是发动机的呼吸系统，如其有故障将影响发动机的正常工作。配气机构常见的异响故障有气门脚响、气门挺柱响、气门座响、气门弹簧响、正时齿轮响、凸轮轴响和液压挺柱响等。

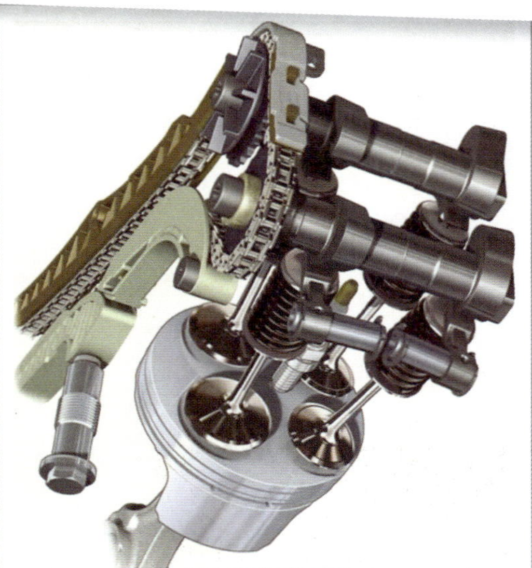

配气机构构造图

367. 如何诊断与排除气门脚响故障？

（1）故障现象

1）发动机怠速时，发出有节奏的“嗒、嗒、嗒”响声。

2）发动机转速越高，响声越大。

3）发动机温度变化或做断火试验，响声不变。

（2）故障原因。机件磨损或调整不当，使其气门间隙过大导致气门杆端与调整螺钉头部撞击。

（3）故障诊断与排除。在气门室一侧察听较清晰，为查明是哪一只气门脚响，可将气门室罩盖拆下，在怠速时用手提起挺柱或用适当厚度的塞尺插入可疑的气门脚与调整螺钉之间，响声消失即为该气门间隙大；若塞尺插入后，响声减轻但没有消除，用螺钉旋具撬气门杆，若响声消失，说明气门杆与导管磨损过甚；如气门在完全关闭的状态下，可以看出气门与挺柱总有一段距离。发生这种响声是允许的。若响声很明显，可结合汽车维护调整气门间隙或在大修时修复凸轮等。

368. 如何诊断与排除气门挺柱响故障？

（1）故障现象

1）有节奏的、清脆的“嗒、嗒、嗒”响声。

2）怠速时响声明显，中速以上减弱或消失。

3）发动机温度变化或做断火试验与响声无关。

（2）故障原因

1）挺柱与导孔配合松旷，当凸轮顶动挺柱时，横向力使挺柱摆动，撞击导孔而产生响声。

2）挺柱端头磨损有沟槽。

3）挺柱不能自由转动。

4）凸轮有线性磨损，顶动挺柱有跳动现象。

（3）故障诊断与排除

判断某一挺柱响，用铁丝径向钩住有异响的挺柱，若响声减弱或消失，即为该挺柱故障。发生这种响声，可以继续使用。

配气机构

369. 如何诊断与排除气门座响故障？

（1）故障现象

1）与气门脚响相似，但比其响声大，且有忽大忽小的“嚓、嚓、嚓”响声。

2）中速时响声清晰，高速杂乱。

3）单缸断火，响声不变，有时更明显。

4）发动机低温时响声易出现。

（2）故障原因

1）选用材料不当，受热后产生变形而松旷。

2）镶配时，选择过盈量不当造成松旷，在工作中冲击振动而松脱，导致与座孔碰撞。

（3）故障诊断与排除

拆下气门室罩盖，经检查不是气门脚和气门弹簧响，可以断定为气门座松脱响声。

370. 如何诊断与排除气门弹簧响故障？

（1）故障现象

1）怠速时有明显的“嚓、嚓、嚓”响声；各种转速均有清脆的响声，拆下气门室罩盖更为明显。

2）数缸不工作，加速困难，机体振抖严重。

（2）故障原因

气门弹簧过软或折断。

（3）故障诊断与排除

将气门室罩盖拆下来检视，找出某缸后，用螺钉旋具撬住气门弹簧，若弹簧折断很明显就可以看出；若过软，响声就消失。

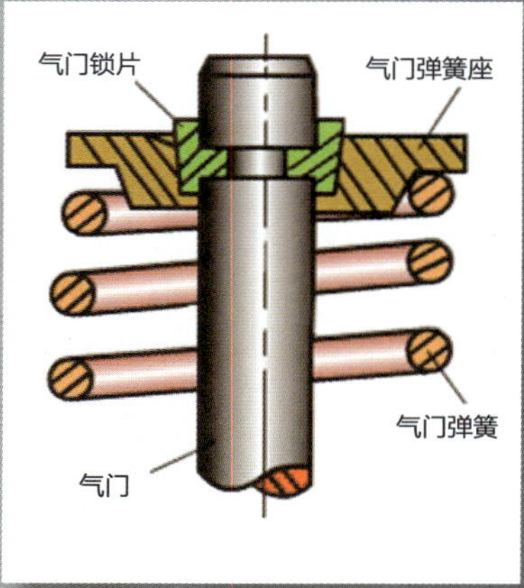

气门弹簧

371. 如何诊断与排除正时齿轮响故障？

（1）故障现象

这种响声比较复杂，有的有节奏，有的无节奏，有的间歇响，有的连续响。

1）怠速或转速变化时，在正时齿轮盖处发出杂乱而轻微的噪声，转速提高噪声消失，急减速时，此噪声尾随出现。

2）此响声不受温度和单缸断火试验的影响。

（2）故障原因

1）正时齿轮啮合间隙过大或过小。

2）曲轴和凸轮轴中心线不平行，造成齿轮啮合失常。

3）更换曲轴和凸轮轴轴承后，改变了齿轮啮合位置。

4）凸轮轴正时齿轮固定螺母松动。

5）凸轮轴正时齿轮轮齿折损。

（3）故障诊断与排除

1）发动机在怠速时，发出有节奏的、轻微的“嘎啦、嘎啦”响声，中速时显得突出，高速时声音变得杂乱，严重时正时齿轮盖有振动，此种情况为齿轮啮合间隙过大。

2）新修、大修或更换正时齿轮后，如果发动机发出一种连续不断的“嗷、嗷”声，发动机转速越高响声越大，此种情况为齿轮啮合间隙过小。

3）齿轮啮合不良引起的响声，类似“呼啸”声，响声的大小随发动机转速的变化而变化。

4）发动机怠速运转时，发出有节奏的“咯、咯”响声，发动机转速提高，响声加大，此种响声为齿轮啮合不均的响声。

5）随发动机运转而产生有节奏的、清晰的撞击声，为正时齿轮个别齿损坏。

372. 如何诊断与排除凸轮轴响故障?

（1）故障现象

1）在缸体侧可听到有节奏而较钝的“嗒、嗒”声。

2）中速明显，高速消失。

3）单缸断火，声响依旧。

（2）故障原因

1）凸轮轴及轴承间配合松旷。

2）凸轮轴弯曲变形。

3）凸轮轴轴向间隙过大。

（3）故障诊断与排除

一旦发现此类故障，确定后应拆检，并相应更换故障件。

凸轮轴

373. 如何诊断与排除液压挺柱响故障?

（1）故障现象

1）发动机中速时，出现有节奏的“嗒、嗒”声。

2）怠速时明显，中速以上减弱或消失。

（2）故障原因

1）发动机机油油面过高或过低，致使有气泡的机油进入液压挺柱中，形成弹性体而产生噪声。

2）机油压力低。

3）由于机油泵、滤清器损坏或破裂，使空气吸到机油中。

4）液压挺柱失效。

（3）故障诊断与排除

1）检查机油油面，视情节添加或排放，使油量正常。

2）检查机油压力是否正常。

3）检查液压挺柱是否正常。

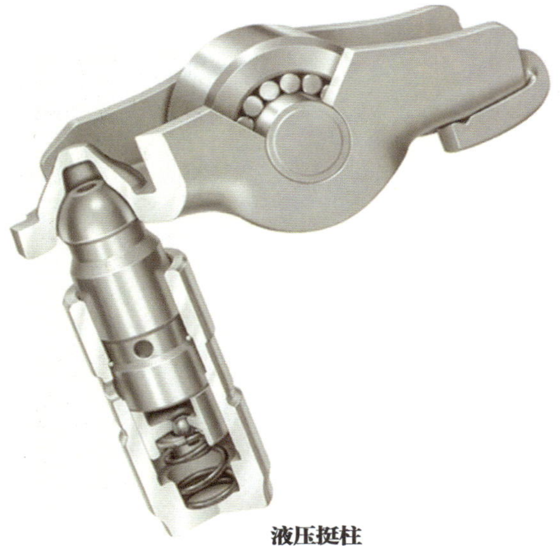

液压挺柱

第四章 润滑系统

374. 为什么要有润滑系统？

发动机工作时，有许多相互配合零件产生相对运动，如曲轴与主轴承，活塞、活塞环与气缸壁，气门与气门导管，挺柱或摇臂与凸轮等。在这些相对运动零件表面之间，必然产生摩擦。而金属表面之间的摩擦不仅会增加发动机的功率消耗，使零件表面迅速磨损，并且因为摩擦产生的大量热量可能导致零件表面的烧损，甚至发动机不能运转。因此，为了减轻磨损，减小摩擦阻力，延长使用寿命，发动机上都必须有润滑系统。

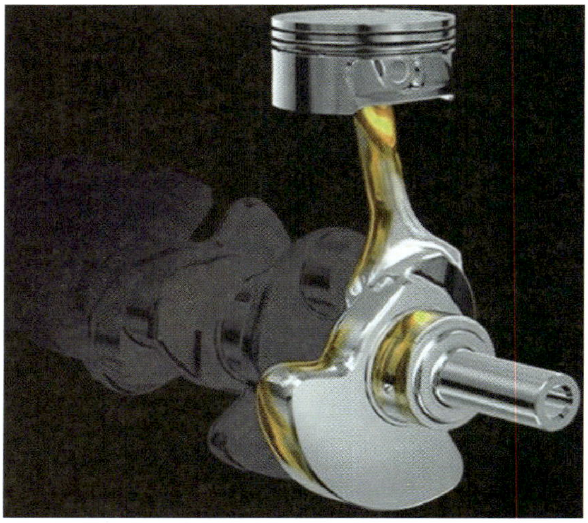

润滑示意图

375. 润滑剂有哪些种类？

汽车发动机润滑系统所用的润滑剂有润滑油和润滑脂两种。

1）润滑油是由石油炼制而成的，一般通过加热蒸馏得到，加热的温度范围为 300 ~ 500℃，此时，石油的馏出物称为润滑油。

2）常用的润滑脂有钠基润滑脂、钙基润滑脂、钙钠基润滑脂、锂基润滑脂、石墨润滑脂、石墨（固体润滑剂）、二硫化钼（固体润滑脂）等。

润滑脂

376. 润滑油有哪些性能指标？

1）黏度。黏度指机油在外力作用下流动时，分子间的内聚力阻碍分子间的相对运动所产生一种内摩擦力而表现出来的性质。它是评价机油品质的主要指标，通常用运动黏度来表示。运动黏度是根据一定量的机油在一定的压力之下，通过黏度计上一定直径与长度的毛细管所需的时间来确定，其单位为 mm^2/s。所需的时间越长，表示机油的运动黏度越大。

2）温度－黏度特性。温度－黏度特性指机油的黏度随温度变化而变化的性质。机油温度高则黏度小，因而夏季可能因机油过稀而不能使发动机得到可靠的润滑；机油温度低则黏度大，因而冬季可能因机油黏度大，运动性差而不能把机油输送到零件摩擦表面的间隙中。

3）低温性。低温性指机油在低温下的流动性。机油的低温性能好，发动机在低温下起动容易，可有效地润滑机件。

4）安定性。安定性指机油一般情况下抵抗氧化变质的性能。机油的安定性好，说明机油不容易氧化变质，存放的时间可以长一些。

5）腐蚀性。机油的腐蚀性指机油对金属及其他物质产生腐蚀作用的性质。通常要求机油的腐蚀性小，这对润滑系统的零部件与发动机的腐蚀就小。

润滑油

377. 润滑脂有哪些性能指标？

1）锥入度。锥入度指润滑脂的软硬、稠密程度和流动性。锥入度越小，则润滑脂越硬、越稠，不易进入和充满摩擦表面，而且摩擦阻力大。润滑脂的锥入度也随温度的升高而增大。当温度过高，润滑脂胶体分解，丧失稠密，润滑脂即失效。

2）滴点。滴点指润滑脂在规定条件下加热熔化，开始滴下第一滴时的温度。它表示润滑脂的耐热能力。

3）耐水性。耐水性指润滑脂与水接触时保持其性能稳定的程度。

另外，润滑脂还有抗蚀性、含水量、化学安定性和胶体安定性等性能指标。

378. 机油如何分类？

任何机油都在执行国际通用的机油标准，目前最权威的是美国石油协会和美国汽车工程师协会制订的车用机油质量等级标准和温度黏度等级标准。

1）质量等级标准分类法。按国家发动机机油的用途和使用性能的高低，分为汽油发动机机油的 S 系列，具体有 SA、SB、SC、SD、SE、SF、SG、SH、SJ 共 9 个等级；柴油发动机机油的 C 系列，具体有 CA、CB、CC、CD、CE、CF4、CG4 共 7 个等级。

2）温度黏度等级分类法。按机油黏度大小，将发动机机油分为 0W、5W、10W、15W、20W、25W、20、30、40、50、60 共 11 个等级。

发动机机油

379. 机油分类标准中的字母和数字说明什么？

1）质量等级标准用英文字母把机油分成 SA、SB……SL、SM 等（S 代表汽油机，柴油机以 C 表示），字母越往后其品质越高，对发动机的保护越好。高品质机油在抗磨性、抗剪切性、抗氧化、抗高温、保持油路清洁和降低废气排放等方面都远优于中低档机油。目前国际上最高等级是 SM 级，我国目前沿用的是美国石油协会的标准。

2）温度黏度等级用数字表示，如“5W30”，“W”表示冬季或多级机油的意思。前面的“5”表示气温在 − 35 ~ 30℃之间可以有效发挥润滑作用，“W”之前数值越小则表明其低温黏性小，低温起动效果好；而“W”后面的数值表示机油的高温黏性指数，是指在高温气候下冷车起动时适应大致的温度范围，在这范围内机油能提供和保证浓度、黏度和良好润滑性能。只要确保以上两个标准，就是可用的机油。

380. 机油为什么要散热？

在大功率的强化发动机上，由于热负荷大，必须装用机油冷却器。发动机运转时，因机油黏度随温度升高而变稀，降低了润滑能力。因此，有些发动机装用了机油冷却器，其作用是降低机油温度，保持机油一定的黏度，使油温在正常工作范围之内。机油冷却器布置在润滑系统循环油路中。

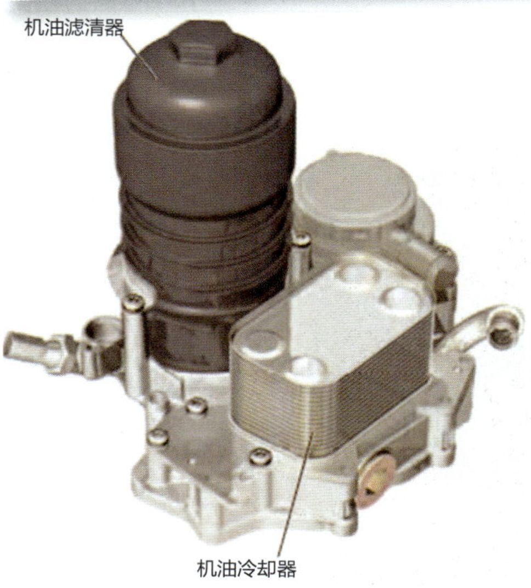

机油滤清器 / 冷却器模块

381. 如何选用发动机机油？

发动机机油的选用，首先根据车辆使用说明书或发动机的工作条件确定发动机机油的质量等级；其次，根据车辆使用地区的气温情况选择合适的发动机机油黏度等级。

（1）质量等级的选用

发动机机油质量等级的选用必须严格按照汽车使用说明书的规定。在无车辆使用说明书的情况下，可根据发动机工作条件的苛刻程度，选用合适质量等级的机油。具体方法如下：

1）汽油发动机机油质量等级的选用。汽油发动机工作条件的苛刻程度与发动机进、排气系统中有无附加装置及其类型有关。由此，可按附加装置选用机油质量等级，如装有 PCV 装置的汽车可选用 SD 级机油；装有 EGR 装置的汽车可选用 SE 级机油；装有三元催化转换器装置的汽车可选用 SF 级机油；采用电控燃油喷射的汽车要求使用 SF 级以上的机油。

2）柴油发动机机油质量等级的选用。柴油发动机工作条件的苛刻程度可用柴油发动机强化系数来表示。强化系数越高，表示机油工作条件越苛刻，要求选用的机油质量等级越高。强化系数小于 50 的柴油发动机应选用 CC 级机油；强化系数大于 50 的柴油发动机应选用 CD 级以上的机油。

（2）黏度等级的选用

黏度等级是根据车辆使用地区和季节气温来选择的，我国发动机机油黏度等级与适用温度范围见下表。单级油不可能同时满足低温及高温的要求。因此，只能根据当地季节气温适当选用。而多级油的优越性是它的黏温性能好、适用温度范围宽，特别是在严寒地区、短途运输、低温起动较多时，其优越性更为明显，故应尽量选用多级油。

发动机机油黏度等级与适用温度范围

SAE黏度级别	适用气温℃
5W/30	−30 ~ 30
10W/30	−25 ~ 30
15W/30	−20 ~ 30
15W/40	−20 ~ 40以上
20/20W	−15 ~ 20
30	−10 ~ 30
40	−5 ~ 40以上

382. 机油只添加不更换可以吗？

有的驾驶人特别是出租车驾驶人只注意检查机油的液面高度，并按标准添加，而不注意检查机油的质量，忽视了对已经变质机油的更换，认为这样更省钱。这种做法导致一些发动机的运动机件总是在较差的润滑环境中运转，从而加速各润滑机件的磨损。因此，通常使用普通机油（矿物油）时，汽车行驶 5000km 就应更换，使用全合成机油则可以行驶 10000km 再更换。

383. 添加机油越多越好吗？

机油对发动机具有润滑、密封、冷却、防锈、减振等功能，因此，任何时候绝不要缺少机油。但过量的添加也不好。机油过多，会增加曲轴的转动阻力，降低发动机的输出功率，并且那些过量的机油会窜入燃烧室参与燃烧，造成发动机烧机油而导致冒蓝烟，以致油耗增加。机油燃烧后的残留物会积聚在燃烧室壁上，减少燃烧室空间，从而降低发动机的压缩比。同时也会加速气缸与活塞的磨损，从而降低车辆的使用寿命。

添加机油

384. 中低档车用好机油是浪费吗？

好机油是指受 API（美国石油学会）认证的达到 SL 级的全合成机油或半合成机油。现在的汽车虽然分不同的价钱和档次，但新技术已经充分应用到所有档次的发动机上，它们对润滑的要求是一致的，使用好的机油能减少发动机磨损，提高动力，延长换油周期，并能节省燃油和改善废气排放效果，延长发动机的使用寿命，其综合经济效益明显好于普通矿物机油。

385. 国产机油的质量一定不如进口机油吗？

进入 21 世纪以来，我国引进了世界先进的炼油设备和技术，不但使机油的各项质量指标与国际最著名品牌机油的差距越来越小，而且还超越了众多的世界名牌机油。如长城、昆仑、南海等 5 个国产品牌机油得到了 API 的认证，还应用到航天科技项目之中，目前在我国的大部分合资品牌汽车都使用国产品牌润滑油来装车，根据进行的发动机台架试验和路试数据表明，国产机油质优价廉，完全值得信赖。

昆仑汽油机油

386. 原厂机油是最好的机油吗？

4S 店规定“车主如果不使用厂家指定的机油，4S 店对车辆的质量不予保障”。问其究竟，答曰：专用机油是专为本品牌发动机设计配用，如果用其他品牌机油，难免对发动机有损害。所以很多车主就认定原厂机油是最好的机油。众所周知，汽车生产厂是不生产机油的，在国外，汽车生产厂商通过国际招标，确定了符合温度与黏度要求的某一品牌的机油为装车机油，这一惯例进入中国后被歪曲成“专用机油”，好像不用 4S 店提供的专用机油，汽车就一定会出问题。稍微有点常识的人都可以看出，这是生产厂家或 4S 店耍的把戏。在信息不对称的情况下，4S 店可以强令消费者使用“专用机油”而堂而皇之冠上“保护发动机”的美名。目的是想掩盖一种真相，用“专用机油”的价钱在市场上足以买到更高品质的机油。

387. 机油有哪些使用注意事项?

1）如果不是通用油，则汽油发动机机油不能用于柴油发动机。同样，柴油发动机机油也不能用于汽油发动机。不同牌号的机油不得混用。

2）质量等级较高的机油可替代质量等级较低的机油；而质量等级较低的机油不能替代质量等级较高的机油。

3）经常检查机油的液面高度。检查时应使发动机处于水平位置，发动机停转几分钟后再进行，机油尺上的油痕应在 min 与 max 之间。

4）注意车辆使用地区的气温变化，及时换用黏度等级适宜的机油。在满足使用要求的前提下，机油的黏度应尽可能选择小些。

5）定期或按质换油。可按车辆使用说明书或该车型规定的换油里程要求换油。

6）严防水分、杂质等污染机油。

机油

388. 为何新车磨合期要选择黏度较低的机油?

因为新车或者发动机大修后，各部件配合间隙不均匀或过紧，需要在磨合期内进行磨合调整，如果选用黏度较大的机油，那么在配合间隙不是很好的摩擦表面就不容易形成润滑油膜而形成干摩擦，这将造成磨损过度，甚至出现烧瓦、抱轴等机械故障。另外，黏度较低的机油由于流动性较好，能起到更好的清洗作用和冷却作用。如果车辆在磨合期内使用黏度较大的机油，对发动机的冷却、润滑、清洗和过滤去除金属磨屑等功能都将受到影响，轻则机油灯闪亮报警，严重时会导致拉缸、抱瓦等事故的发生。

389. 如何鉴别机油是否变质?

1）油流观察法：取两只量杯，其中一个盛有待检查的机油，另一只空放在桌面上，将盛满机油的量杯举高离开桌面 30 ~ 40cm 并倾斜，让机油慢慢流到空杯中，观察其流动情况，质量好的机油流动时应该是细长、均匀、连绵不断，若出现油流忽快忽慢，时而有大块流下，则说明机油已变质。

2）手捻法：将机油捻在大拇指与食指之间反复研磨，较好的机油手感是有润滑性、磨屑少、无摩擦，若感到手指之间有砂粒之类较大摩擦感，则表明机油内杂质多，不能再用，应更换新机油。

3）光照法：在天气晴朗的日子，用螺钉旋具将机油撩起，与水平面呈 45° 角。对照阳光，观察油滴情况，在光照下，可清晰地看到机油中无磨屑为良好，可继续使用，若磨屑过多，应更换机油。

4）油滴痕迹法：取一张干净的白色滤试纸，在滤试纸上滴数滴机油，待机油渗漏后，若表面有黑色粉末，用手触摸有阻涩感，则说明机油里面杂质已很多，好的机油无粉末，用手摸上去干而光滑，且呈黄色痕迹。

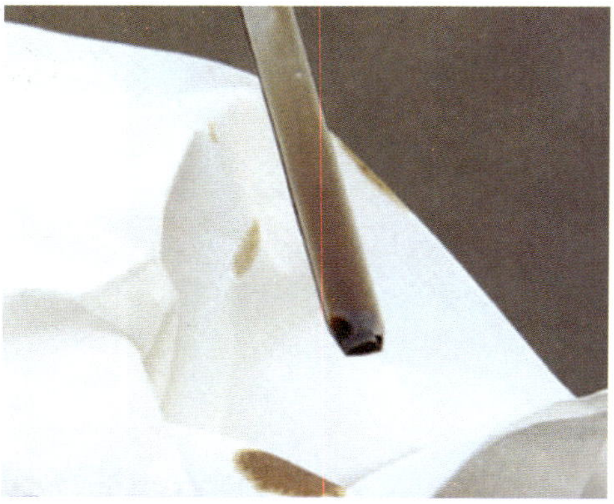
油滴痕迹检测机油是否变质

390. 润滑系统有什么作用?

1）润滑作用。将清洁的、有压力的机油不断地供到各需要部件的摩擦表面，将干摩擦变为液体摩擦，减少零件表面摩擦、磨损和摩擦功率损失。

2）冷却作用。机油与发动机内部重要的运动部件直接接触，可以带走因摩擦而产生的6% ~ 14% 的热量，维持零件正常的工作温度。

3）清洗作用。利用机油冲洗零件表面，带走零件的磨屑，避免积炭和杂质，确保发动机正常运行。

4）密封作用。利用机油的黏性，附在相对运动零件的表面之间，提高间隙密封效果，如活塞环、活塞裙部表面与气缸壁之间的环形间隙，形成的油膜减少了漏气和窜油。

5）防锈作用。减少零件振动，降低噪声，防止零件表面生锈。

391. 发动机有几种润滑方式?

1）压力润滑。压力润滑是利用机油泵将具有一定压力的机油源源不断地输送到零件的摩擦表面上，形成具有一定厚度并能承受一定机械负荷的油膜，尽量将两摩擦零件完全隔开，实现可靠的润滑。如曲轴各轴颈和轴承间、凸轮轴轴颈和轴承间等部位。

2）飞溅润滑。飞溅润滑是利用发动机工作时，运动零件飞溅起来的油滴或油雾润滑摩擦表面的润滑方式。这种方式可润滑裸露在外面的载荷较轻的气缸壁，相对滑动较小的活塞销以及配气机构的凸轮轴表面等。

3）复合润滑。在发动机中，有的部件采用压力润滑，而有的部件采用飞溅润滑，这种即采用压力润滑又采用飞溅润滑的润滑方式称为压力飞溅复合润滑。

4）定期润滑。对一些不太重要、分散的部位，采用定期加入润滑脂的方式进行润滑，如发动机水泵轴承、发电动机等总成的润滑均采用这种润滑方式。

392. 发动机有几种滤清方式?

四行程发动机均设有机油滤清装置，其滤清方式通常有 3 种形式：全流式、分流式与并用式。

1）全流式滤清方式，即滤清器与主油道串联的滤清方式。从机油泵压送出的机油全部经过滤清器供给各个摩擦部位，机油得到较好的清洁，若滤清器被堵塞，就会出现润滑不良的后果，因此，和滤清器并联一个旁通阀，在滤清器被堵塞的情况下，可越过滤清器向各摩擦部位供油。

2）分流式滤清方式，仅将油路中的一部分机油滤清，即滤清器与主油道并联的滤清方式。

3）并用式滤清方式，就是将全流式和分流式合起来使用。

机油滤清器安装位置图

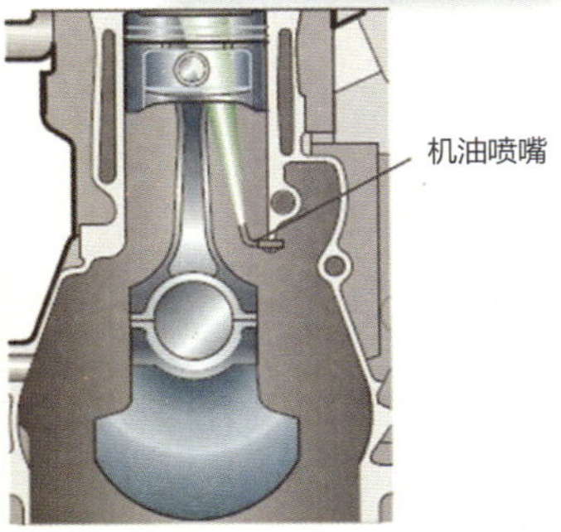

压力润滑活塞

喷嘴及活塞

393. 润滑系统包括哪些部件?

在发动机工作过程中，金属磨屑、灰尘、高温下被氧化的积炭和胶状沉淀物等不断地混入机油中，这样，就会加速润滑表面的磨损，因此，在发动机润滑系统的油路上安装了几个不同滤清能力的滤清器，对机油进行过滤。

润滑系统主要包括集滤器、机油泵、机油滤清器及机油冷却器等。

394. 机油滤清器有什么作用?

现代轿车发动机上普遍只设有一个集滤器和一个全流式机油滤清器。集滤器位于油底壳内，浸在机油中，用于滤除机油中较大的杂质。而机油滤清器一般安装在发动机的缸体上，即串联在润滑系统的主油道上，用于滤除粒径为 0.001mm 以上的细小杂质。

虽然滤清器能对机油进行过滤，但时间长了机油也会变脏，因此，行驶一定里程后必须更换机油及机油滤清器。

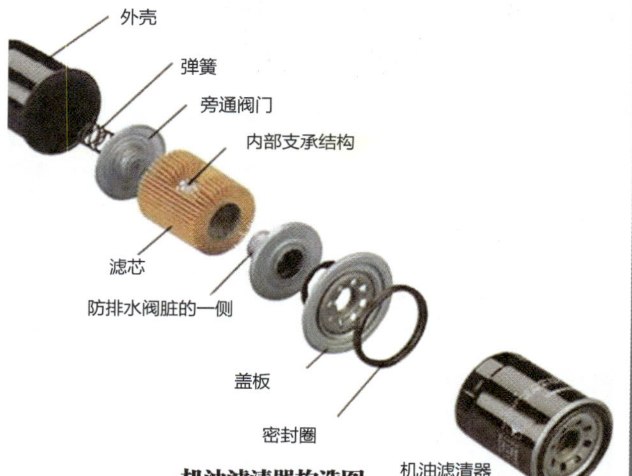

机油滤清器构造图

395. 如何检修机油滤清器?

检查机油滤清器外壳是否有破损，滤清器与支座接合面是否漏油，滤芯是否堵塞或损坏，旁通阀是否失效。如有不良，应更换滤清器。

机油滤清器为一次性使用零件，新车或大修发动机后，车辆行驶 5000km 后应更换新机油滤清器，以后车辆每行驶 10000km 更换一次。

396. 如何检修机油集滤器?

检查机油集滤器的滤网是否堵塞、损坏、脱落。若滤网堵塞，应用柴油或煤油清洗后用压缩空气吹干；若滤网损伤，应予以更换。

检查机油集滤器与机油泵座的密封状况，若 O 形密封圈损坏或接合处漏油，应更换密封圈并紧固连接螺栓。

机油集滤器安装位置图

397. 机油泵有什么作用?

机油泵的作用是把一定量的机油压力升高，强制性地将机油压送到发动机各摩擦表面，以减少各运动部件之间的磨损。

在发动机上使用的机油泵主要有以下几种：齿轮泵、转子泵和叶片泵。

叶片泵

398. 机油泵如何工作?

机油泵是润滑系统的动力源，用来将油底壳内的机油加压并将其输送到发动机的运动部位。发动机上广泛采用齿轮式和转子式机油泵。

当发动机工作时，曲轴上的链轮通过链条带动机油泵的链轮，使固定在主动齿轮轴上的主动齿轮旋转，从而带动从动齿轮做反方向的旋转，将机油从进油腔沿齿隙与泵壁输送至出油腔。这样，进油腔处便形成低压而产生吸力，把油底壳内的机油吸入进油腔。由于主、从动齿轮不断地旋转，机油便不断地被压送到需要润滑的部位。

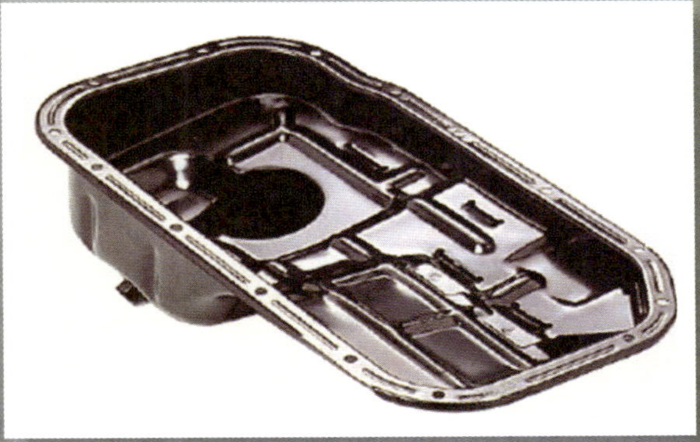
油底壳

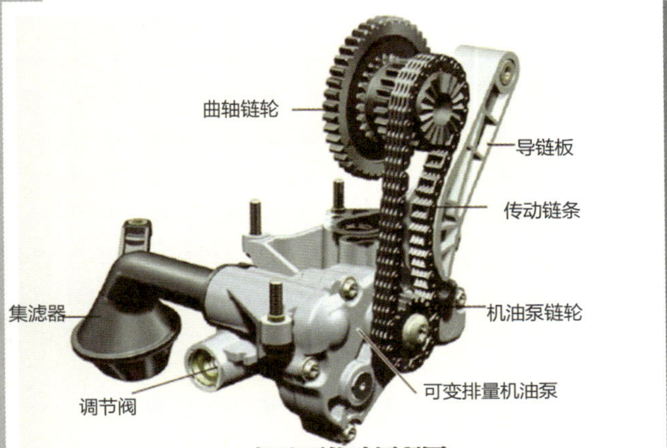

机油泵传动原理图

399. 如何检修机油泵?

只要润滑系统维护良好，机油泵的耗损速率远小于其他总成。因此，在检修之前，可以先运用经验法检查机油泵主动轴与承孔的配合间隙以及轴向间隙。

将集滤器浸入清洁的机油中，按机油泵的工作转向，用手转动机油泵的主动轴，机油应从出油口流出。用手指堵紧出油口，继续转动机油泵，手指应有压力感，同时可感到主动轴的转动阻力明显增大，甚至转不动或机油被压出。

径向和轴向推拉、晃动主动轴时，应感到有间隙但不松旷。通过经验法检查，可判断是否应更换机油泵或拆检修理。

一般机油泵的主动轴与承孔的配合间隙为 0.03 ~ 0.08mm，使用极限为 0.16mm。机油泵主动轴的轴向间隙为 0.03 ~ 0.08mm，使用极限为 0.12mm。机油泵盖平面的平面度误差要求不大于 0.05mm。而转子泵的零件一般配合间隙值如下：转子顶间隙小于 0.15mm，极限值为 0.25mm；转子与泵体间隙为 0.10 ~ 0.16mm，极限值为 0.30mm；端面间隙为 0.03 ~ 0.09mm，极限值为 0.30mm。

400. 油底壳有什么作用?

油底壳的作用是储存、冷却机油并封闭上曲轴箱。一般采用薄钢板冲压而成，有的发动机油底壳则采用铝合金铸造（有散热片）。油底壳的形状决定于发动机的总体布置和机油的容量。油底壳与气缸体结合面安装有衬垫或采用耐热密封胶，防止机油泄漏。

为了保证在发动机纵向倾斜时机油泵能正常吸到机油，油底壳后部一般做得较深。另外，内部还设有挡油板，防止汽车行驶时油面波动过大。油底壳的最低处还设有放油螺塞，以便放出发动机内的机油。通常放油螺塞上装有永久磁铁，以吸附机油中的金属屑，减少发动机的磨损。

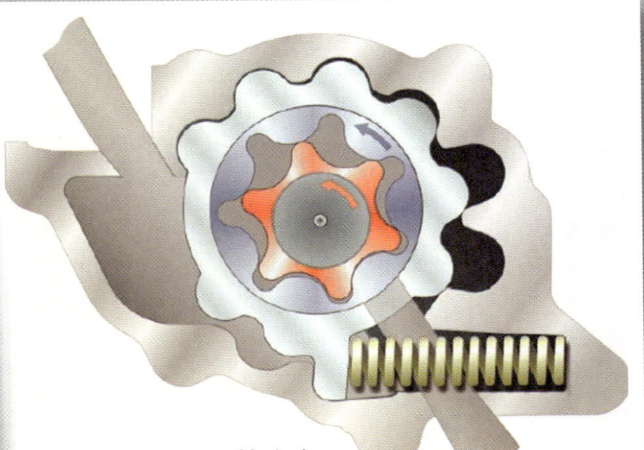
转子泵

401. 如何检查油底壳?

检查油底壳与曲轴箱接合面有无漏油，如有漏油，应更换密封垫。检查油底壳放油螺塞有无漏油、油底壳有无裂纹、机械损坏或锈蚀破损，如有不良，应更换损坏件。

402. 什么是湿式油底壳?

通常我们见到的大多数车都使用湿式油底壳。之所以称为湿式油底壳是由于发动机的曲轴曲拐和连杆大头在曲轴每旋转一圈都会浸入油底壳的机油内一次，起到润滑作用。

在湿式油底壳润滑系统中，所有的机油都保存在油底壳中。单级机油泵将机油从湿式油底壳中经集滤器抽出，在其冷却下来并过滤后立即送入发动机润滑油道。湿式油底壳要保存所有的机油，因而，它的体积较大，会增加发动机的总体高度。

403. 干式油底壳有什么优势?

在介绍一些高性能轿车和跑车的时候，我们经常看到干式油底壳这样的字眼，仿佛干式油底壳逐渐成为高档车的一个重要标志。那么，它到底有何优势呢?

湿式油底壳存在一个较大的问题，就是当车辆在极限行驶状态下时，例如，高速过弯或者极限越野中，发动机内的机油由于离心力或者重力而聚集于油底壳的一个局部，导致部分曲拐不能浸入油内，润滑不良而使发动机损坏。面对如此严重的问题，一些设计者找到了解决办法，那就是干脆取消在发动机底部安装容器，而是在外部独立安装一个机油箱，采用机油泵对曲轴和连杆系统进行压力润滑，这就是所谓的干式油底壳。

在干式油底壳润滑系统中，所有机油都保存在一个附加的外部机油箱中，而不是油底壳中。为此，机油泵设计成三级式。泵的两级在油底壳的不同位置抽取流回发动机的机油，然后泵入机油箱。第三级（泄放级）将机油从机油箱中抽出，然后通过机油冷却器与机油滤清器立即送入发动机润滑油道。由于储油量较小，此种油底壳可以很小很薄，这样发动机的总体高度会较低，也就使发动机重心得到降低，从而将车辆的整体操控性得到一定程度的提升。

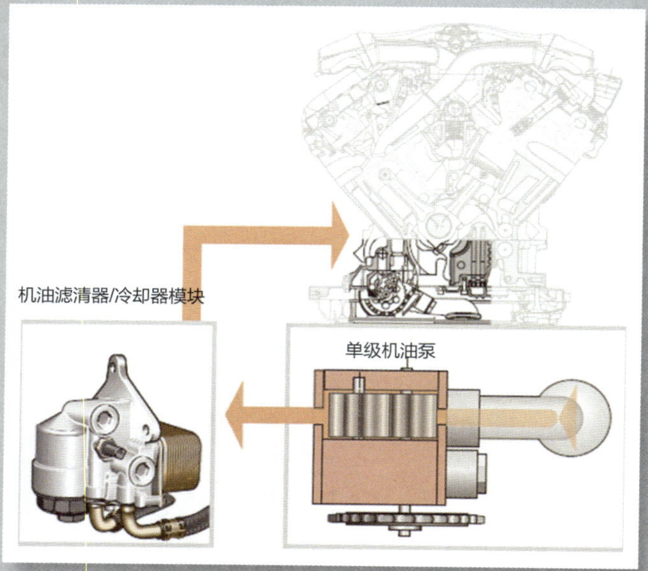

湿式油底壳原理图

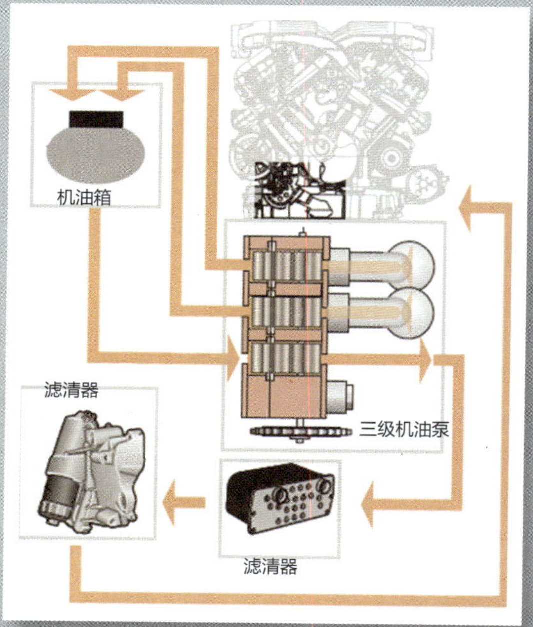

干式油底壳原理图

404. 为什么进行曲轴箱通风？

曲轴箱通风包括自然通风和强制通风，现代汽油发动机常采用强制式曲轴箱通风，又称为 PCV（Positive Crankcase Ventilation）系统。

在发动机正常工作的状态下，总有一部分可燃混合气和废气经活塞环窜到曲轴箱内，窜到曲轴箱内的汽油蒸气凝结后将使机油变稀，性能变差。废气内含有水蒸气和二氧化硫，水蒸气凝结在机油中形成泡沫，破坏机油供给，这种现象在冬季尤为严重。二氧化硫遇水生成亚硫酸，亚硫酸遇到空气中的氧生成硫酸，这些酸性物质的出现不仅使机油变质，而且也会使零件受到腐蚀。由于可燃混合气和废气窜到曲轴箱内，曲轴箱内的压力将增大，机油会从曲轴油封、曲轴箱衬垫等处渗出而流失。

为了解决这些问题，发动机上采用了强制式曲轴箱通风系统。该系统使窜气不会被释放到大气中，而是送回发动机进气系统而进入气缸内参加燃烧，因此可以提高燃油经济性，并且，还可以防止机油变质、曲轴油封和曲轴箱衬垫渗漏和污染大气。

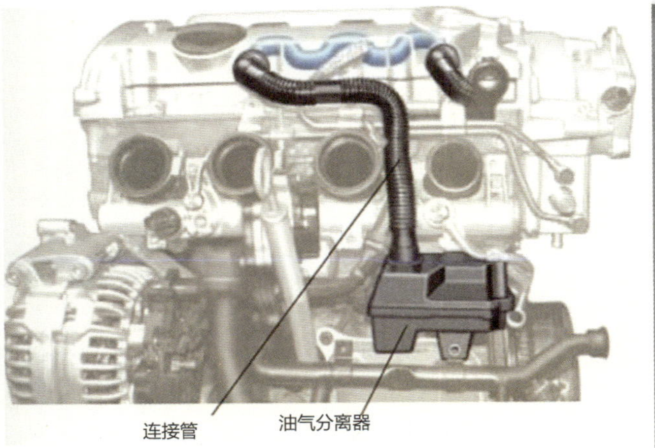

曲轴箱通风原理图

405. 曲轴箱有哪些通风方式？

从减少摩擦零件的磨损与腐蚀、延长机油的使用期限、防止机油渗漏等方面出发，必须对发动机的曲轴箱进行通风，抽出曲轴箱内的混合气和废气。曲轴箱通风的方式有两种：

1）自然通风：把曲轴箱内抽出的气体直接排入大气中去。

2）强制通风：把曲轴箱内抽出的气体导入发动机的进气管内，然后随可燃混合气一起进入气缸参加燃烧。

提示：现代汽车发动机曲轴箱一般都是采用强制通风，这样可以回收使用窜入曲轴箱内的混合气，提高发动机的经济性，减少排放污染。

406. 曲轴箱窜气能引起什么后果？

1）窜入曲轴箱内的汽油蒸气凝结后导致机油变稀，机油性能变差。

2）废气中的水蒸气凝结在机油中形成泡沫，破坏机油的供给。

3）废气中的二氧化硫遇水则生成亚硫酸，亚硫酸再遇到空气中的氧而生成硫酸，会腐蚀、损坏发动机零件。

4）使曲轴箱内的压力增大，破坏发动机的密封，导致机油的渗漏。

407. 发动机如何润滑？

汽车发动机中凡是有相互接触并且有相互运动的部件之间都需要润滑，而润滑的介质就是机油，它储存在发动机最下端的油底壳内。当发动机工作时，通过曲轴带动机油泵将机油从油底壳内抽上来，利用机油泵的压力将机油送往润滑部位，如曲轴主轴颈、连杆轴颈及凸轮轴等，我们称之为压力润滑。

由于曲轴的高速运转，曲拐每次高速浸入油池内都会激起一定的油花和油雾，对曲轴、轴瓦和气缸壁等进行润滑，我们称之为飞溅润滑。

在发动机里压力润滑和飞溅润滑同时存在，以满足不同部位的润滑需要，保证发动机的正常工作。

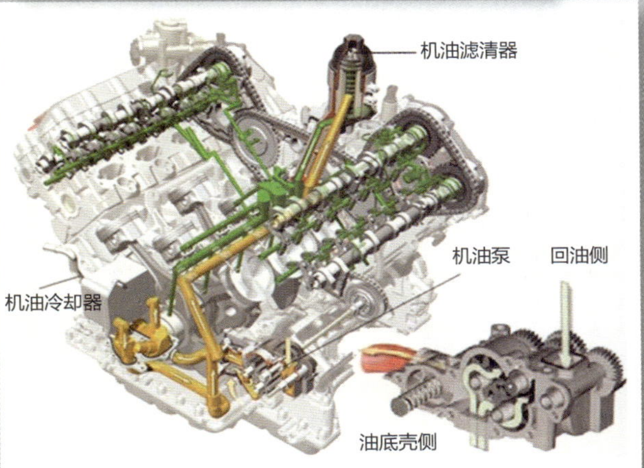

V 型发动机润滑原理示意图

408. 如何进行机油液面检查？

发动机要有机油润滑，但并不是有就行，是既不能多，也不能少。如果机油不足，对发动机零件会造成严重的伤害；如果机油过多，又会造成烧机油和燃烧室积炭，降低发动机动力。每辆车都有机油尺，目的就是让驾驶人检查机油量。

定期检查一次机油尺是很有必要的，能及时发现隐患，并且也不费事。那么，你平时是如何检查机油尺的呢？简简单单的一根长铁条，可不是随便拉出来看看就能正确判断油量的多少。正确的检查方法是要注意检查的条件，不要在汽车起动的时候检查。检查时要把车停在平整的路面上，拉紧驻车制动，起动发动机（或者行驶后），达到正常工作温度时关掉发动机，等几分钟，让机油流回油底壳。这时，再取出机油尺，将其擦干净后插回，重新取出检查机油油位，若在机油尺下端的上线和下线标记之间，则表示油量正常。若低于下线，就要适量添加机油。

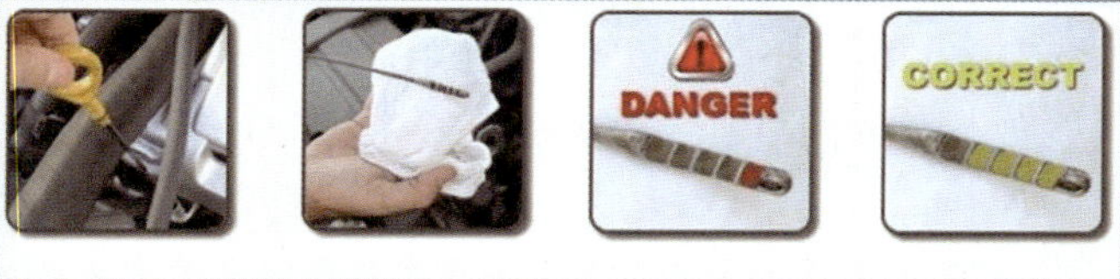

机油液面检查

409. 如何更换机油？

要根据机油品质变化适时地更换机油。更换机油时，应在发动机热态下放油。先用专用的清洗设备清洗机油道，再按原厂规定的容量和牌号加注新的机油。汽车每行驶12000km时应更换滤芯或滤清器总成。机油滤清器在安装前应先注入机油，并在密封圈上抹一层机油，按规定拧紧力矩安装，总成安装应紧固可靠，密封良好，无堵塞。机油细滤器的运转应正常有效。各密封圈如有老化、损坏现象，则应更换。

410. 润滑系统的二级维护有哪些内容？

二级维护时，应在规定转速下检查机油压力是否符合标准；检查机油报警系统是否良好、可靠；装有细滤器的发动机，应拆下细滤器壳体，清洗转子罩内壁的沉积物，并清洗转子，保持机油喷孔畅通，装配后，转子转动应灵活，无渗漏现象；定期拆卸油底壳和集滤器；清洗机油散热器。

411. 机油压力对发动机有何影响？

机油压力是发动机润滑系统的重要诊断参数，其大小取决于机油的温度、黏度、机油泵的供油能力、限压阀的调整、机油通道和机油滤清器的阻力以及曲轴主轴承、连杆轴承和凸轮轴轴承的间隙等。

发动机运转时，必须保持正常机油压力。如果油压过低，各摩擦表面会因得不到足够的润滑而使磨损加剧；如果油压过高，易使油封、机油滤清器损坏，且浪费发动机的动力。

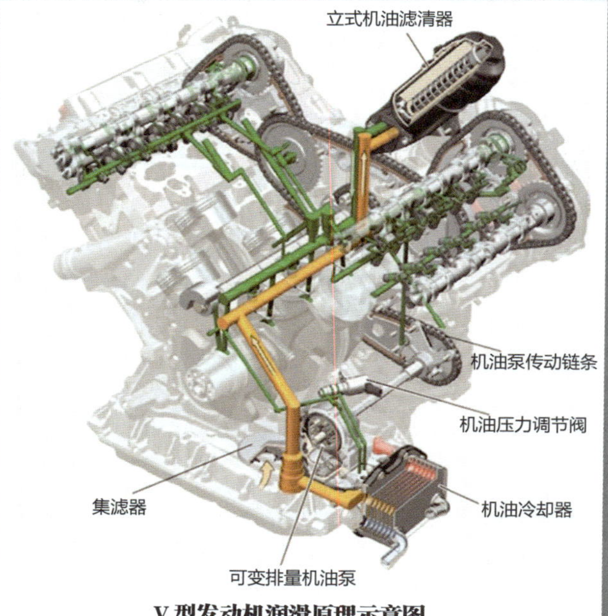

V型发动机润滑原理示意图

412. 机油压力的标准值是多少?

汽车行驶时，发动机在常用转速范围内，汽油机机油压力应保持在 190 ～ 490kPa，柴油机机油压力应保持在 290 ～ 590kPa。机油压力标准值，可参阅各种车型的维修手册，机油压力过高或过低，均属不正常状况，应进一步查明原因，下表所示为几种常见车型的机油压力标准值。

常见车型机油压力标准值

车 型	额定转速下机油压力/kPa（发动机转速/（r/min））	发动机怠速时机油压力/kPa
奥迪A6 1.8L	250～450（2000）	150
奥迪A6 2.4L	200（2000）	120～160
广汽雅阁 2.0L	300（3000）	70
广汽雅阁 3.0L	490（3000）	70
威驰DLX	294～539（3000）	49

413. 如何检测机油压力?

机油压力是发动机润滑系统技术状况的重要指示。正常发动机在常用转速范围内，汽油机机油压力应为 200 ～ 400kPa，柴油机机油压力应为 300 ～ 600kPa。如发动机油压在中等转速下低于 150kPa，在怠速下低于 50kPa，则发动机应停止运转。

机油压力的大小取决于机油的温度、黏度、机油泵的供油能力、限压阀的调整、机油油道和机油滤清器的阻力，以及曲轴主轴承、连杆轴承和凸轮轴轴承的间隙等。

捷达发动机正常的工作压力为 200 ～ 400kPa，机油压力的检测步骤如下：

1）卸下 0.03MPa 的机油压力开关，拧到检测仪 VAG1342 上。

2）将检测仪的压力管拧在 0.03MPa 开关的接口处。

3）起动发动机，当转速大于 2000r/min 且油温为 80℃时，机油压力至少应达到 0.20MPa，继续升高转速，机油压力不得超过 0.7MPa。

414. 如何疏通润滑系统油道?

润滑系统的油道脏污甚至堵塞，会影响润滑油在油道中的正常流动，若发现油道堵塞或发动机大修装复前，应彻底清洗疏通油道。

对曲轴内的油道，可用铁丝缠上干净的布条蘸汽油或煤油清洗，清洗后用压缩空气吹净，不得使纤维物和污物留在油道内。拆下主油道的螺塞，用小圆毛刷或铁丝缠上干净的布条蘸汽油或煤油插入主油道来回拉动清洗，保证主油道清洁畅通。

发动机润滑系统油道

415. 发动机烧机油有什么现象?

发动机烧机油的现象是行车时尾部排出蓝色的尾气。这表示过多的机油进入燃烧室参与燃烧。烧机油一般来源于两个部位，一个是气缸体；一个是气缸盖。

416. 发动机烧机油有哪些原因?

1）气缸体烧机油也分几种情况：一种是气缸磨损过大，一种是活塞磨损过大或活塞环失效。当气缸磨损过大，在活塞上止点形成“台”时，还有当气缸磨损不均，形成锥形或椭圆形时，被活塞环带上来的机油会存积并参与燃烧；当活塞磨损过大或活塞环长期使用后失去弹性时，密封不严，带上来过多的机油进入燃烧室参与燃烧也会形成烧机油。

2）气缸盖烧机油是因为气门导管偏磨形成缝隙，机油漏进燃烧室或气门油封老化，密封度下降导致机油沿气门流入燃烧室。

提示：在轻微烧机油时，可以通过观察排气来大致判断故障部位。如果凉车着车时烧机油，故障部位多半是气门油封；如果热车烧机油故障部位则多半是活塞或活塞环。

缸筒

417. 润滑系统有哪些常见故障?

润滑系统是发动机的血液循环系统，如其有故障将影响发动机的正常工作。润滑系统常见的故障有机油压力过低、机油压力过高、机油变质和机油消耗异常等。

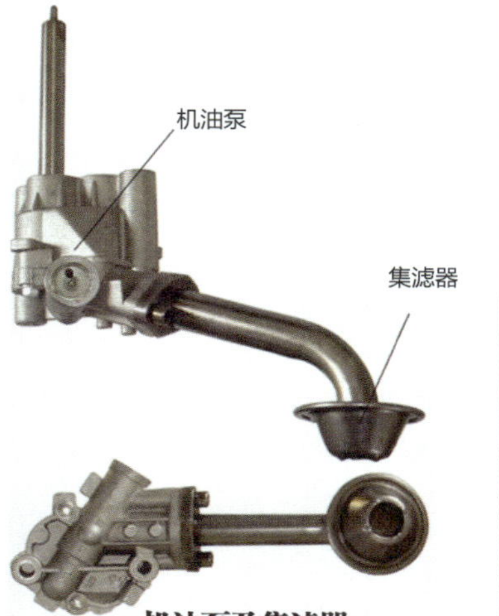

机油泵及集滤器

418. 如何诊断与排除机油压力过低故障?

（1）故障现象

1）发动机怠速运转后，油压警告灯闪烁。

2）发动机转速达到 2150r/min 以上后，油压警告灯闪烁，同时警报蜂鸣器发响警报。

（2）故障原因

1）使用机油型号不当，机油黏度过低。

2）机油变质劣化。

3）机油温度过高。

4）机油量过少。

5）机油泵齿轮磨损、泵盖磨损或泵盖衬垫太厚造成供油能力太低。

6）机油安全阀的弹簧折断或调整不当。

7）机油集滤器滤网堵塞。

8）曲轴主轴承、连杆轴承或凸轮轴轴承磨损或轴承盖松动、减磨合金脱落或烧损。

9）机油压力传感器失效。

（3）故障诊断与排除

1）将车辆停放在平坦路面上，拔出机油尺，检查机油油面高度。若油面过低，应加足机油。

2）观察机油尺上机油颜色，若呈现乳白色，说明机油渗入水分已变质，黏度下降使油压偏低，应予以更换。

3）拆下机油压力传感器，装上机油压力表，若机油压力达到规定值，而机油压力表指示的油压过低或机油警告灯不灭，说明机油压力传感器或机油压力表故障。换上新的机油压力传感器，起动发动机怠速运行，若机油压力表指示正常或机油警告灯熄灭，则机油压力传感器有故障。若故障现象依旧，表明机油压力表有故障。

4）若机油压力表指示的机油压力在怠速、2000r/min 时均低于规定值，应将机油压力表安装在主油道机油压力传感器的位置上，起动发动机，检测机油压力。若压力仍高于规定值，说明滤清器至主油道间有堵塞或安全阀故障。若压力没有多大变化且较低，拆下安全阀清洗，在弹簧后端面加装垫片后再重新进行压力检测。若机油压力明显提高，说明安全阀有故障。

5）加垫后压力仍偏低，应拆下油底壳，检查集滤器是否堵塞、曲轴主轴承和连杆轴承的间隙是否过大。若是，应加以修复。

6）上述检查均正常，说明故障为机油泵磨损过多。

机油滤清器分解图

419. 如何诊断与排除机油压力过高故障?

（1）故障现象

发动机运行中，机油将机油滤清器等密封圈冲裂或发动机起动后机油压力增至 0.50MPa 以上。

（2）故障原因

1）机油滤清器堵塞且旁通阀开启困难。

2）曲轴箱通风阀堵塞。

3）气缸体主油道堵塞。

4）新装配的曲轴主轴承或连杆轴承间隙过小。

5）机油黏度过高。

6）安全阀调整不当。

7）机油压力传感器或压力表失效。

（3）故障诊断与排除

1）拔出机油尺检查机油黏度。若黏度过大，应予以更换。

2）拆下曲轴箱通风管检查 PCV 阀是否堵塞，若堵塞说明机油压力偏高是因为曲轴箱通风不良引起，应更换 PCV 阀。

3）在机油滤清器支架的机油压力传感器位置安装机油压力表。起动发动机，怠速运转，观察机油压力表读数。

①若机油压力达到规定值，说明机油压力传感器或机油压力表有故障。换上新的机油压力传感器，起动发动机怠速运行，若机油压力表指示正常，则机油压力传感器有故障。若故障现象依旧，表明机油压力表有故障。

②若机油压力高于规定值，拆下旁通阀取出旁通阀弹簧，起动发动机怠速运行。若此时机油压力正常，说明机油滤清器堵塞，旁通阀开启困难引起压力过高。若故障现象依旧，将限压阀调整螺栓退出少许，若机油压力降低，说明故障为限压阀调整不当。

4）在缸盖主油道上安装压力表检测机油压力，如果机油压力过低，说明缸体主油道到缸盖间有堵塞，应予以修复。

5）对于刚大修好或新装配的发动机，转动曲轴感觉其旋转灵活性。若转动曲轴时感觉很重，说明曲轴装配过紧引起机油压力偏高。

420. 如何诊断与排除机油变质故障?

（1）故障现象

1）将机油滴在白纸上进行目测，机油呈黑色并有杂质，或者油滴外缘呈黄色而核心为黑色，用手捻搓，机油失去黏性并有杂质感。

2）机油油面高度增加，且呈浑浊乳白色，伴有发动机过热或个别气缸不工作现象。

3）机油变稀，油面高度增加且有汽油味，并伴有混合气过稀或不来油现象。

（2）故障原因

机油变质主要是由于高温氧化或混入冷却液、汽油及其他杂质所致。

1）机油品质差或使用时间过长。

2）活塞连杆组漏气、曲轴箱通风不良，机油受燃烧废气污染而变质。

3）燃烧炭渣、金属屑或其他杂质过多，落入油底壳使机油变质。

4）汽油泵膜片破裂，汽油漏入油底壳稀释机油。

5）气缸垫损坏、气缸体或气缸盖破裂，冷却液漏入油底壳使机油变为乳白色。

6）机油散热器散热不良、发动机过热，使机油温度超过 70 ~ 80℃，加速机油高温氧化。

（3）故障诊断与排除

1）根据机油颜色和症状特征判断机油是否变质，也可利用机油清净性分析仪、机油黏度检测仪测定机油的黏度、颜色，有无汽油、水分和其他杂质等。

2）根据机油变质后的现象确定故障原因和故障部位。如机油呈浑浊乳白色且油面增高，说明气缸内进水。如机油中掺有汽油且油面增高，说明汽油泵膜片破裂漏油。

3）检查机油是否使用时间过长，未定期更换。

4）检查机油滤清器滤清效果是否良好。

5）检查曲轴箱通风阀是否失效。

6）检测缸压，判断活塞连杆组是否漏气窜油。

机油滤清器

421. 如何诊断与排除机油消耗异常故障?

（1）故障现象

1）发动机工作时，排气管冒蓝烟。

2）发动机的机油消耗量超过 0.1L/100km（柴油发动机 0.5L/100km）以上。

3）发动机机体上有机油泄漏痕迹，停车位置地上有油污。

（2）故障原因

1）活塞环弹力不足或活塞环端口重叠。

2）活塞环侧隙、端隙过大。

3）发动机曲轴前、后油封泄漏。

4）气门室罩盖工作面不平或密封垫损伤导致机油泄漏。

5）机油滤清器松动或密封圈损坏使机油泄漏。

6）机油压力传感器密封圈处泄漏。

7）废气涡轮增压器轴磨损过多。

8）发动机气门油封漏油。

9）发动机活塞与气缸壁间隙过大。

10）发动机油底壳衬垫漏油。

（3）故障诊断与排除

1）检查发动机上是否有机油泄漏的痕迹。若有，在清洁好发动机外部油污之后，起动发动机，观察泄漏情况，或往发动机机油中加入荧光检漏剂，起动发动机后用荧光检漏仪检查机油泄漏部位。如有泄漏应予以修复。

2）使发动机中速运转，观察发动机排气颜色。若排气管排出的是蓝烟，则应检测发动机气缸压力。若气缸压力过低，同时出现发动机动力不足，起动困难，急加速敲缸，则说明发动机活塞环磨损过多或活塞与气缸壁间隙过大，应对发动机进行维修。

3）若发动机气缸压力正常，则故障应为气门油封漏油，或废气涡轮增压器轴磨损过多，机油进入气管内。

发动机

第五章 冷却系统

422. 冷却系统有什么作用?

冷却系统的作用是使工作中的发动机得到适度的冷却，从而保持在最适宜的温度范围内工作。如果发动机冷却不足，由于气缸充气量减少和燃烧不正常，发动机功率下降，使转变为有用功的热量减少，而另一方面由于混合气与冷气缸壁接触，使其中原已汽化的燃油又凝结并流到曲轴箱，使磨损加剧。

423. 发动机有几种冷却方式?

发动机的冷却方式有水冷却和风冷却两种。

1）所谓风冷发动机，就是没有冷却系统的发动机，其依靠驾驶时的自然风吹过发动机表面带走热量。为了增加与风接触的散热面积，气缸表面增加了散热片以提高散热能力。摩托车的发动机大都采用风冷发动机。

2）汽车都采用强制水冷式发动机。水冷发动机配置了散热器，用于吸收、散发发动机的热量，并且水冷发动机的气缸盖和气缸体中都铸有相互连通的水套。

风冷发动机

424. 强制水冷系统由哪些部件组成?

汽车发动机的冷却系统为强制循环水冷系统，即利用水泵提高冷却液的压力，强制冷却液在发动机中循环流动。冷却系统主要由水泵、水管、散热器、冷却风扇、膨胀罐、节温器、发动机气缸体和气缸盖中的水套以及附属装置等组成。

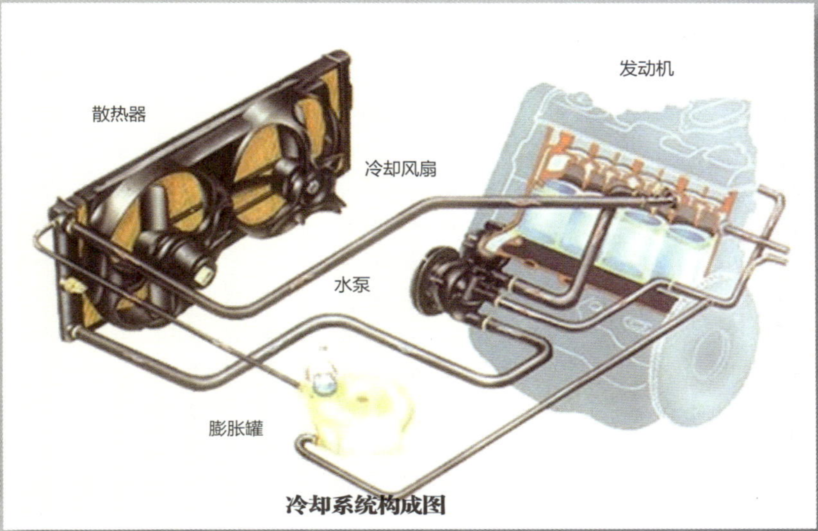

冷却系统构成图

425. 防冻液能防止“开锅”吗？

防冻液的全称为防冻冷却液，从名字上就可以看出它有两项主要的功能：第一就是防冻，第二为冷却。防冻液可以防止车辆在寒冷冬季停车时冷却液结冰而胀裂车辆的冷却系统，而在夏天则可以防止“开锅”。

我们常说的“开锅”是指发动机散热器中的防冻液达到沸点，并产生大量水蒸气，正如家中烧开水一样。由于水温达到了沸点，会产生大量气泡，冷却系统中一部分面积被气泡所占据，就会使气缸壁周围严重缺水，从而使得发动机缺乏冷却，会使活塞、活塞环、连杆等部件的强度降低，甚至变形，承受不了正常的负荷，同时也会破坏各零件间的正常间隙，使零件间不能保持正常的油膜，轻则会使发动机拉缸、拉瓦，重则还会使整个发动机损坏甚至报废。

防冻液除了防冻之外，还有一个特性就是沸点高。我们都知道发动机的正常工作温度在 85 ~ 115℃之间，水的沸点为 100℃，而防冻液的沸点一般都在 110 ~ 120℃，这对保护发动机、防止“开锅”有明显的作用。

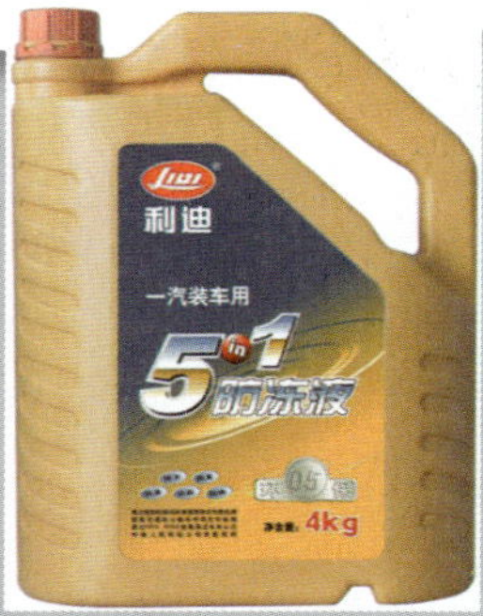

防冻液

426. 防冻液有哪些类型？

1）酒精与水型防冻液

该防冻液中，酒精含量达 40% ~ 50%（质量比）时，蒸发出来的气体就有着火的危险。防冻液最低冰点只能在 − 30℃左右。

2）甘油与水型防冻液

由于甘油的沸点高，挥发损失较小，故不易发生火灾。但甘油降低冰点的效率很低，使用不经济。

3）乙二醇与水型防冻液

乙二醇是一种无色略有甜味的黏性液体，沸点为 197℃。它能与水及有机溶剂以任何比例配合。乙二醇与水混合后，其冰点可显著降低，最低能达 − 68℃。用不同比例的乙二醇与水可以配制各种冰点的防冻液。

427. 防冻液有哪些功能？

1）防冻功能。防冻液的首要功能是防止在寒冷冬季停车时冷却液结冻而胀裂散热器和冻坏发动机气缸体或气缸盖。

2）防腐功能。对冷却系统的部件起防腐蚀的保护作用。腐蚀是金属处在自然环境中由于化学反应、电化学过程及物理作用而遭破坏的过程。防冻液中因添加了缓蚀剂，可以有效防止冷却系统中的电化学反应的发生，同时还可有效防止或减缓橡胶管的老化。

3）防水垢功能。发动机在长期使用过程中，冷却系统结垢是难免的。水垢既影响冷却系统的散热又容易造成循环管道的堵塞，使发动机因散热不良而过热，造成发动机功率下降。防冻液增加了特强去垢分散物质，能够有效阻止水垢形成，保证发动机的正常工作。

4）保持正常的工作温度。防冻液沸点高、热容量大，夏季使用时，可防止冷却液温度过高，保持发动机在正常温度下工作。

428. 防冻液在使用过程中有哪些注意事项？

1）防冻液内只准加入同种防冻液添加剂。

2）防冻液及其添加剂均为有毒物质，应置于安全场所。

3）防冻液的使用浓度（体积比）为 40% ~ 60%。否则，影响防冻能力。

4）防冻液如出现浮游物及颜色变化或发出臭味时，说明有不同程度的变质，必须及时清洗、更换。

5）放出的防冻液不宜再使用，应妥善处理。

6）更换气缸盖、气缸垫、散热器等，就必须更换防冻液。

7）发动机热态时，冷却系统内仍处于高温高压状态。因此，此时切勿打开散热器盖以防烫伤。

8）发现防冻液大量损耗时，则必须待发动机处于冷态时，方可添加防冻液，以免损坏发动机。

9）紧急情况下，若全部加入纯水，则须尽快按规定添加防冻液添加剂，使防冻液浓度恢复正常状态。

10）冬季来临前应检查一下防冻液浓度，并按规定调配浓度，保证防冻液具有足够的防冻能力。

429. 如何选择防冻液?

1）正确选择防冻液的冰点。防冻液是通过降低水的冰点来防止冷却系统结冰或者冷却水胀破管道。防冻液的基本指标是冰点与沸点。在冬季保养中，应当注意选择使用低冰点的防冻液，冰点越低，防冻液的抗冻性能越强。选取防冻液要根据温度条件，防冻液的冰点应低于当地最低气温 10 ~ 15℃，如当地最低气温为 - 25℃，则防冻液的冰点应选择在 - 40℃左右。

2）根据车辆要求选择防冻液。一般情况下进口车辆、高中档车辆应选用永久性防冻液（2 ~ 3 年），普通车辆则可采用直接使用型的防冻液。

3）选择品牌产品。发动机冷却系统使用了多种材料，包括铝、铜、铁、钢、锌、橡胶、塑料等，设计寿命 10 年以上，可不少车会出现渗、漏水等现象，这一切都是伪劣防冻液造成的，好的防冻液中加有防腐剂、缓蚀剂、防垢剂和清洗剂，对车辆所有材料都起到全面的保护作用。因此防冻液不可随便添加，一定要到正规的修理厂选择有质量保证的产品。

430. 冷却液泵有什么作用?

冷却液泵的作用是对冷却液加压，加速冷却液的循环流动，保证冷却可靠。

根据驱动方式的不同，冷却液泵一般分为机械冷却液泵和电动冷却液泵。目前，大多数发动机采用机械冷却液泵，在一些新开发的技术含量较高的发动机上已经使用了电动冷却液泵，如宝马 6 系搭载的发动机。

431. 机械冷却液泵有什么特点?

机械冷却液泵由发动机曲轴通过传动带驱动，它的转速和发动机的转速成正比。机械冷却液泵的工作方式有优点也有缺点。当发动机在高速大负荷工况下工作时，发动机产生的热量多，冷却液泵的高转速使防冻液的循环流量增大，这样正好能够提高发动机的冷却能力；当发动机在低速大负荷下工作时，例如牵引其他车辆或开空调，此时发动机转速低导致冷却液泵的转速也低，这样就降低了发动机的冷却能力。

432. 电动冷却液泵有什么特点?

电动冷却液泵由发动机控制单元通过电流控制，它不受当时发动机转速的影响，可以根据发动机的实际冷却需要灵活工作。电动冷却液泵消耗的发动机功率非常少，因此，采用电动冷却液泵后，发动机的燃油消耗量可以有所降低。

433. 冷却液泵如何工作?

冷却液泵是发动机水冷却系统的动力源，它的作用是泵送冷却液，使冷却液在发动机水套和散热器内快速流动，以带走发动机工作时产生的热量，保持发动机正常的工作温度。那么，冷却液泵是如何工作的呢？发动机通过带轮带动冷却液泵叶轮转动，冷却液泵中的冷却液被叶轮带动一起旋转，在离心力的作用下被甩向冷却液泵壳体的边缘，同时产生一定的压力，然后从出液口流出。叶轮的中心处由于冷却液被甩出而压力降低，散热器内的冷却液在冷却液泵进液口与叶轮中心的压差作用下经水管被吸入叶轮中，实现冷却液的往复循环。

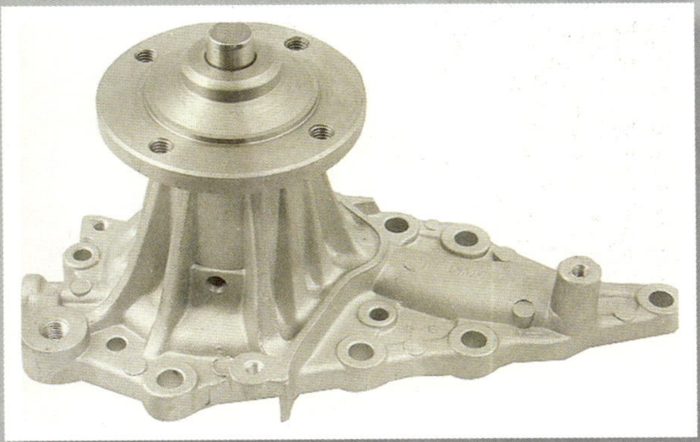

机械冷却液泵

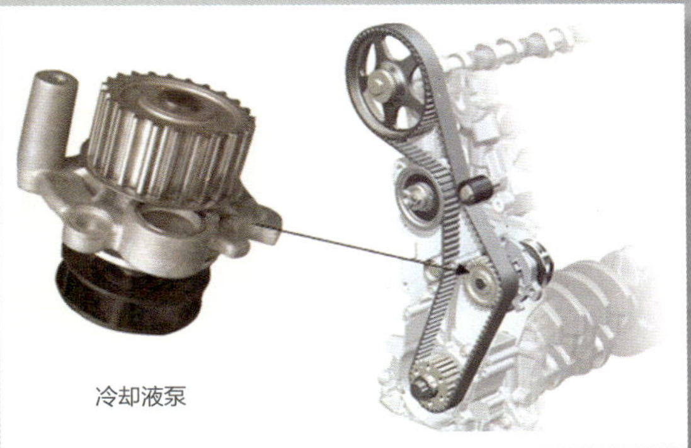

驱动冷却液泵示意图

434. 冷却液泵有哪些常见耗损形式?

冷却液泵损伤以后，将出现吸水不佳、压力不足、循环不良、漏水、高温等故障，影响发动机的正常运转。冷却液泵常见的耗损形式有冷却液泵壳体、冷却液泵轴磨损或弯曲；带轮凸缘配合孔松动；橡胶密封变形、老化及损坏；轴承磨损等。

435. 如何检修冷却液泵?

1）检查泵壳和带轮有无损伤。泵壳裂纹可进行焊接或更换；壳与盖接合面变形大于 0.05mm，应予以修平。

2）检查泵轴有无弯曲和轴颈的磨损程度，轴端螺纹有无损坏。泵轴弯曲大于 0.05mm，应校直或更换。

3）轴承轴向间隙大于 0.50mm，径向间隙大于 0.15mm，应予以更换。

4）检查冷却液泵叶轮的叶片有无破损，叶轮上的轴孔是否磨损过甚。叶片破损，应予以焊修或更换；轴孔磨损过甚可进行镶套修复。

5）检查密封、胶木垫、弹簧等零件的磨损及损伤程度，如有损伤应予以更换。

6）检查带轮毂与泵轴的配合情况。装泵轴的孔磨损过甚，可镶套修复或更换。

冷却液泵

436. 如何维护冷却液泵?

1）与冷却液泵采用同一根传动带来驱动的部件越来越多，其中某个部件出现问题时都会影响到其他部件。通过传动带驱动的各部件在工作时会产生不同频率的振动，振动通过传动带传递到泵轴上，长期的不正常振动可以破坏冷却液泵的密封。因此，当检修冷却液泵等部件时，应该顺便检查传动带上的其他部件，发现问题应及时排除。在安装传统的冷却液泵传动带时会涉及到胶带张紧力的问题，如果传动带的张紧度调整不当，会造成泵的过早损坏。目前，大多数发动机上已经采用了传动带张紧力自动调节装置，这样就减少了类似问题的发生。

2）冷却液泵的密封有一定的润滑作用，如果冷却液因为温度过高或含有杂质等原因失去了润滑作用，就会缩短冷却液泵的使用寿命。质量差的冷却液可能具有较强的腐蚀性，它对冷却系统各密封部位的腐蚀作用不容低估，能够造成冷却系统的严重泄漏或温度过高等问题。

3）拆装时不得猛打硬敲冷却液泵，拆卸带轮和泵内轴承等主要部件应用专用工具。安装时，若猛打硬敲易造成泵轴弯曲变形、泵轴轴端螺纹滑扣或损伤。另因叶轮和泵轴配合过紧，除非必要，一般不拆卸。

4）及时清除冷却液泵内的水垢，如水垢积聚过多，会使冷却液泵泵水能力减弱，同时水垢还会腐蚀泵内各部件，易使冷却液泵过早损坏。

437. 散热器有什么作用?

散热器俗称水箱，其作用是储存冷却液，增大散热面积，加速冷却液的冷却。为了将散热器传出的热量尽快带走，在散热器上装有风扇，它和散热器配合工作。

散热器安装位置图

438. 什么是管片式散热器？

管片式散热器芯由许多冷却管和散热片组成。冷却管是焊接在上、下储水室之间的直管，是冷却液的通道。当空气吹过冷却管的外表面时，可以使管内流动的冷却液得到冷却。冷却管大多采用扁圆形断面，因为扁管与圆管相比，在容积相同的情况下具有较大的散热面积；当管内的冷却液冻结膨胀时，扁管可以借其横断面变形而免于破裂。为了进一步提高散热效果，在冷却管外面横向套装了很多金属薄片（散热片）来增加散热面积，同时增加了整个散热器的刚度和强度。这种散热器芯强度和刚度都较好，耐高压，但制造工艺较复杂，成本高。

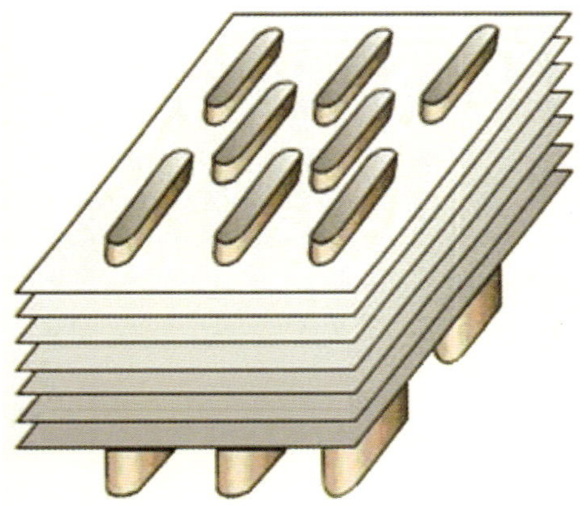

管片式散热器芯

439. 什么是管带式散热器？

管带式散热器芯采用冷却管和散热带沿纵向间隔排列。散热带呈波纹状，为了提高散热能力，在散热带上一般开有形似百叶窗的缝孔，用来破坏空气流在散热带表面上的附面层，从而提高散热能力。这种散热器芯与管片式相比，具有散热能力较强，制造工艺简单，质量小，成本低等优点，但结构刚度不如管片式好，一般在使用条件较好的轿车上得到广泛应用。

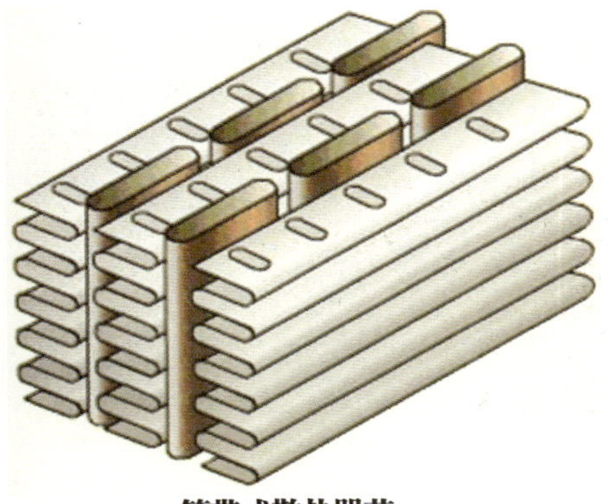

管带式散热器芯

440. 散热器有哪些常见耗损形式？

散热器常见的耗损形式：散热器积聚水垢、铁锈等杂质，形成管道淤塞，阻碍水流；芯部冷却管与上、下水室焊接部位松脱漏水或冷却管破裂漏水；上下水室出现腐蚀斑点、小孔或裂缝；因外伤损坏而漏水。

441. 如何检修散热器？

1）散热器渗漏的检验。散热器渗漏可用气压表来检验，先向散热器内注满水，盖上散热器盖，将试验器水管接至放水开关并打开放水开关，捏动橡皮球，向散热器内的水加压，当散热器泄气管放出空气时，压力表上的读数应在 27 ~ 37kPa 的范围内变动。然后关闭放水开关，将试验器皮管接在泄气管上，加压至 50kPa，检查散热器有无渗漏现象。如压力表读数不能稳定地保持在 50kPa 的压力不下降时，则应查明散热器的漏水部位，而后进行修补。

2）用压缩空气法检查散热器。对于清除水垢后散热器的漏水检验，可以将散热器的进水管用膨胀式橡皮堵塞，然后放入清水池内，再向散热器注入压缩空气。如散热器各处冒气，形成气泡，则说明散热器已严重腐蚀。如冒气点不多，说明不严重，应在冒气点找出渗漏位置，做好记号准备修复。

3）检查水容量。检查散热器中水的容量，可以分析水管是否淤塞或堵住。

442. 风扇有什么作用？

风扇的作用是提高通过散热器芯的空气流速，增加散热效果，加速冷却液的冷却。汽车发动机所用的风扇按其结构原理分为轴流式风扇和离心式风扇；按其驱动方式分为机械驱动式和电动驱动式。现代汽车发动机广泛采用的是电动离心式风扇。

发动机电动风扇

443. 电动风扇如何工作?

电动风扇的控制方式有两种形式：温控热敏电阻开关控制和发动机 ECU 控制。

现代发动机电控系统中，越来越多地采用发动机 ECU 控制电动风扇工作。具体原理：冷却液温度传感器向 ECU 传输与冷却液温度相关的信号。当冷却液温度达到低速目标值时，ECU 使风扇继电器低速触点搭铁，继电器触点闭合并向风扇电动机供电，电动风扇进入低速工作；当冷却液温度达到高速目标值时，ECU 使风扇继电器高速触点接触闭合，电动风扇进入高速工作。

444. 风扇会抽风吗?

在日常生活中，经常会有人问，散热器的冷却风扇是对着散热器吹还是对着发动机吹? 其实，冷却风扇既不是对着散热器吹，也不是对着发动机吹，而是对着散热器抽风，这就和汽车行驶产生的风向相同。

往回抽风是不是热风就吹到发动机上啦? 散热器的冷却风扇流量很大，大量的空气在经过散热器时每立方米空气带走不到 10kcal（1kcal=4.186kJ）的热量，虽然散热器冷却了，但流过的空气却没升温多少，而此风还可以吹到发动机上进行二次降温。此时，较热的空气从空隙流到车底而实现散热。

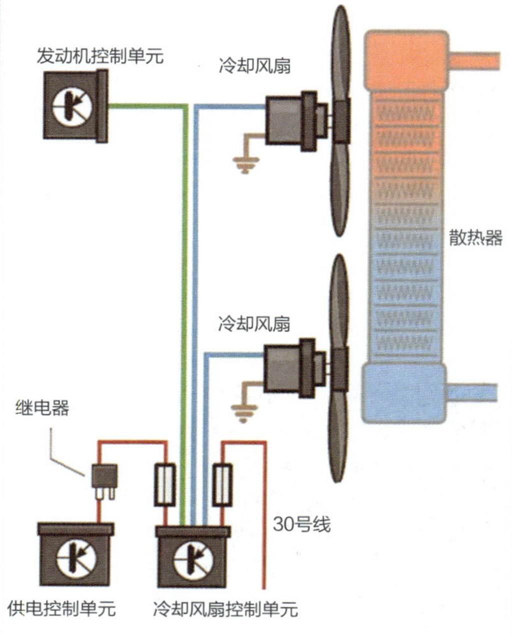

风扇控制原理图

445. 散热器风扇与冷凝器风扇一样吗?

轿车冷却系统的散热器与空调制冷系统的冷凝器采用同一个电动风扇冷却。当空调制冷系统开始工作时，无论发动机防冻液温度高低，电动风扇都运转；当空调制冷系统压力高过一定值时，电动风扇高速运转。

446. 如何检修风扇?

风扇叶片出现变形、弯曲、破损后，应及时更换。由于风扇连接板强度不足或其他原因，使风扇叶片向前弯曲或扭转变形，破坏了风扇叶片原设计的角度，使其丧失平衡性能，不但影响通过散热器的空气流速和流量，降低了散热器的冷却能力，甚至会打坏散热器，加速冷却液泵轴承、密封的损坏，还会大幅度增大风扇的噪声。

447. 膨胀罐有什么作用?

膨胀罐是发动机冷却系统的部件，就是加冷却液的那个小壶，一般是圆形的，也有别的形状，具体要看车型，它一般安装在发动机舱靠近防火墙的角上，通过一根细管与散热器相连。

膨胀罐的作用是把冷却系统变成永久性封闭系统，以减少冷却液的损失；避免空气不断进入引起机件氧化腐蚀，减少穴蚀，使冷却系统中水、气分离，保持系统内压力稳定、提高了冷却液泵的泵水量。

膨胀罐安装位置图

448. 膨胀罐如何工作？

膨胀罐的作用是补充冷却液和缓冲“热胀冷缩”的变化，所以，不要加液过满。当冷却液温度升高时，压力升高、体积膨胀，散热器里盛不下的冷却液会通过细管进入膨胀罐，防止散热器压力过高；当冷却液温度降低时，膨胀罐内的冷却液再流回散热器，因此，可将其看作是一个缓冲器。另外，还可用于冷却液液位检查，它上面标有刻度。

449. 节温器有什么作用？

节温器的作用是根据冷却液温度的高低自动调节进入散热器的水量，改变水的循环范围，以调节冷却系统的散热能力，保证发动机在合适的温度范围内工作。目前，在汽车发动机上常用的节温器为蜡式节温器。

节温器

450. 什么是小循环？

冷车起动后，发动机在渐渐升温，冷却液的温度还无法打开系统中的节温器，此时的冷却液不经过散热器，只在冷却液泵与发动机水套之间循环流动，冷却液的这种流动方式称为小循环。其目的是使发动机尽快地达到正常工作温度。

451. 什么是大循环？

随着发动机温度地升高，冷却液温度升到了节温器的开启温度（通常温度在 80℃后），冷却液便开始了大循环，这时候的冷却液从发动机出来，经过车前端的散热器散热后，再经泵进入发动机，从而增大散热面积，以达到迅速冷却的目的。

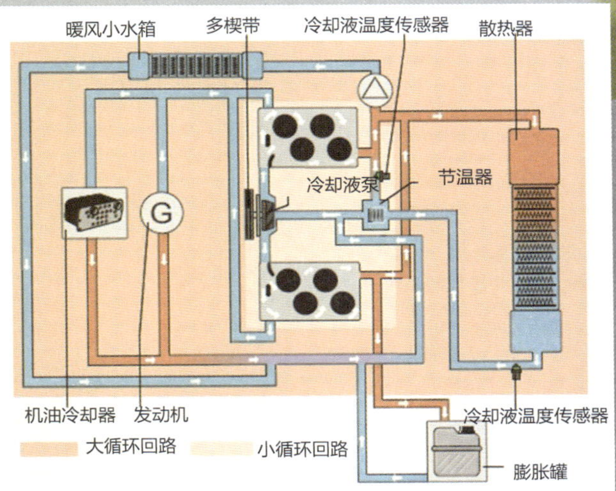

节温器控制原理示意图

452. 如何检测节温器？

1）将节温器放在一个充满水的容器内加热，用温度表监测温度。

2）水温约 87℃时，节温器阀门必须开启。

3）水温约 120℃时，应完全打开，阀门最低行程为 7mm。

蜡式节温器安全寿命一般为 50000km。因其安全寿命较短，而且失效后无法修复，因此，要求按照其安全寿命定期更换。

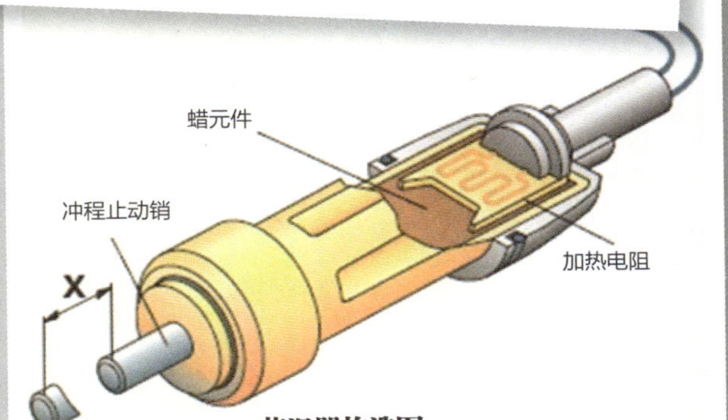

节温器构造图

454. 如何清洗冷却系统?

为了保证发动机能在正常温度下工作，应定期地清除冷却系统中的水垢，否则，发动机会出现“开锅”现象。

水套和散热器的清洗可在汽车使用中或在维护修理时进行。维护修理过程进行水套水垢的清洗时，应先拆去节温器，将水从正常循环相反的方向压入，即从出水管处压入，到流出的水清洁时为止。当水垢严重积聚、沉淀或有固着在金属表面上的硫酸钙、碳酸钙等物质时，可加入水垢清洗液使其溶解，而后用清水洗净。

就车清洗水套和散热器水垢的方法简单，先将冷却系统的冷却液放完，然后加入配有水垢清洗液的溶液，让发动机工作一段时间后放出清洗液，再换用清水让发动机运行一段时间后放出，至清洁无浑浊即可。

453. 什么是电控冷却系统?

发动机的性能要依靠适当的冷却。若在部分负荷时，冷却液温度较高一些，则能降低燃油消耗及有害物质的排放；若在全负荷时，冷却液温度较低一些，则进气加热作用较小，能提高发动机的性能，增加动力输出。若能依据发动机的负荷使发动机在该状态下有一个适宜的温度，即按照存储在发动机控制单元内的特性曲线，通过电加热的节温器和散热器风扇调速档将工作温度调节到最佳。这样，冷却系统就能适应所有发动机功率和负荷状态，并能较大地改善发动机的性能与有害物质的排放，于是，电控冷却系统应运而生。

电控冷却系统主要包括发动机控制单元、冷却液温度传感器、冷却风扇、节温器、冷却液分配单元、冷却液控制单元等。

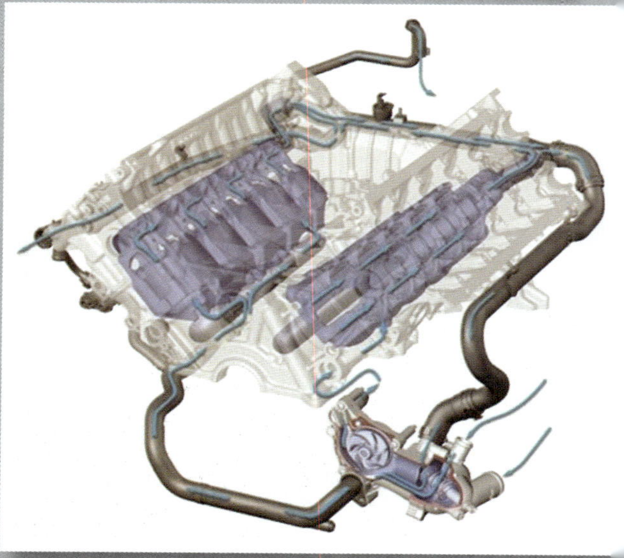

冷却系统循环图

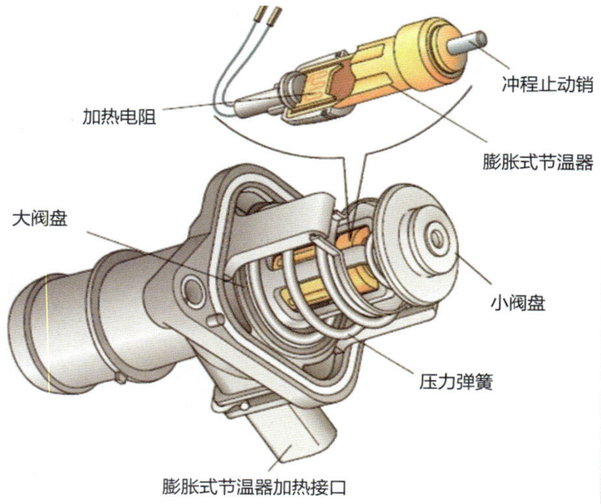

冷却液控制单元构造图

455. 冷却系统有哪些常见故障?

要维持发动机在最适宜的工作温度下工作，冷却系统的技术状况必须保持良好。经长期使用后，冷却系统的技术状况将发生变化，再加上使用不慎、操作不当和机件损坏等，发动机会出现漏水、过热、过冷等常见故障。

456. 如何诊断与排除冷却系统温度过高故障？

（1）故障现象

1）汽车在行驶中冷却液温度超过 90℃，冷却液温度表针指向红线，直到沸腾。

2）运行中冷却液温度在 90℃以上，如一停车冷却液立即沸腾。

3）发动机在加速时伴随有明显的金属敲击声，同时动力不足，水温警告灯闪亮，难以熄火。

（2）故障原因

1）冷却系统堵塞或水道中有水垢。

2）冷却液泵损坏。

3）节温器失灵。

4）风扇电动机损坏。

5）风扇传动带打滑或断裂。

6）气缸垫损坏或缸体、缸盖出现裂缝，高温气体进入冷却系统。

7）点火时间过迟或配气相位不对。

8）发动机燃烧室积炭过多。

9）长时间大负荷、低速运行。

10）冷却液严重泄漏。

11）机油油量不足或黏度过大。

（3）故障诊断与排除

1）检查百叶窗是否关闭。

2）装用电动风扇的发动机，发动机冷却液温度高于规定值时风扇不转，应检查熔丝是否良好。若熔丝正常，拔下热敏开关插头，将两插片直接接通，若风扇仍不转，表明电扇损坏或电扇到温控开关的电路有故障。若电扇转动，表明温控开关有故障。

3）若发动机冷却液温度过高，应打开散热器盖检查冷却液量。若不足，往冷却系统中加入少许水溶性荧光检漏剂。起动发动机怠速运行几分钟，用荧光检漏仪检查冷却系统有无泄漏或渗漏现象，若有泄漏应进行维修。拔出机油尺观察机油颜色，若机油呈乳白色，说明发动机机体内有冷却液渗漏。

4）检查机油油量及黏度。若油量过少，应及时添加；若机油黏度过大，应更换机油。

5）由怠速开始加速，同时用手握住水管，感觉水管中水的流动速度是否能随转速的提高而迅速加快。若不是，说明冷却系统有堵塞或水垢过多影响流速，应对冷却水道进行除垢。

6）分别在怠速、中、高速条件下观察排气烟色。若排出的是黑烟，说明混合气过浓，应进行调整或维修。怠速时急加速，如果发动机转速有短时失速或回火现象，说明发动机混合气过稀。

7）拆下节温器，将节温器浸入水中加热，检查节温器阀门开启温度。当水温达到规定数值时，节温器阀门应开始打开，水沸腾时节温器阀门升程应达到要求的高度，若不正常，应更换新件。

8）拆下散热器盖并加满冷却液。等发动机运行几分钟后，观察散热器盖处是否有很多水泡冒出甚至喷水。若有，说明发动机气缸垫已被冲坏。

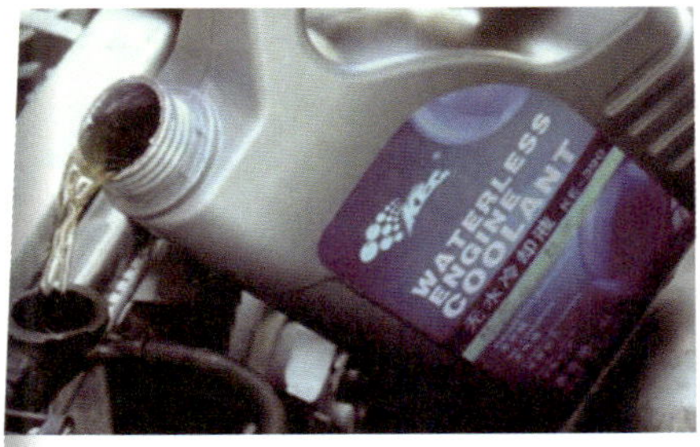

加注冷却液

457. 如何诊断与排除冷却系统温度过低故障？

（1）故障现象

1）发动机运转一定时间后温度仍低于正常工作温度。

2）冷却液温度表指示值低于发动机正常工作温度。

3）发动机乏力，排气管有时有放炮声。

（2）故障原因

1）节温器阀门常开。

2）百叶窗不能关闭。

3）温控开关、风扇电动机线路故障。

4）冷却液温度表及其线路故障。

5）冷却液温度传感器损坏。

（3）故障诊断与排除

1）检查百叶窗是否关闭自如或未装保温罩。

2）冷车起动后打开散热器盖，使发动机加速，观察水流速度及流量。若水流速度很快、流量大，说明节温器常开或未装节温器，应更换或加装节温器。

3）若冷却液温度表指示温度偏低，而用手触试散热器时感觉很烫，用温度计测量冷却液温度却正常，说明冷却液温度传感器或冷却液温度表有故障。

4）冷车起动发动机，此时电动风扇不应运转。若此时电动风扇运转，说明温控开关失灵，应予以更换。

冷却液温度表

458. 如何诊断与排除冷却液消耗异常故障？

（1）故障现象

冷却液消耗过快。

（2）故障原因

1）水管破裂。

2）冷却液泵密封磨损过甚或损坏。

3）气缸垫渗漏。

4）气缸体或气缸盖有裂纹。

5）散热器泄漏。

6）散热器盖进、排气阀失灵使冷却液泄漏。

7）膨胀罐盖泄漏。

（3）故障诊断与排除

1）直观检查机体、冷却液泵、散热器及各水管连接处有无冷却液渗出，必要时可对冷却系统进行加压检查，或用荧光检漏仪检测，若有渗漏，应进行维修。

2）拔出机油尺，观察是否有冷却液泄漏到机油中。若有，应对发动机进行检修。

3）如果发动机行驶无力，且排气管排白烟，则应检查发动机气缸垫是否已被冲坏。若是，应检修发动机。

膨胀罐

459. 如何诊断与排除散热器口向外喷水故障？

（1）故障现象

发动机工作时，散热器内有响声，打开散热器加液口盖则向外喷水。

（2）故障原因

1）缸盖螺栓松动或未按规定顺序拧紧。

2）气缸垫烧蚀损坏。

3）燃烧室壁或湿式气缸套有裂纹。

（3）故障诊断与排除

1）用扭力扳手检查缸盖螺栓是否松动。如果松动，则故障为缸盖螺栓松动造成。

2）如果缸盖螺栓未松动，应拧松所有缸盖螺栓，然后按规定顺序分次、均匀地用扭力扳手重新拧至规定转矩，看是否还喷水。如果不喷水，则故障为缸盖螺栓未按规定要求拧紧造成。

3）如果还喷水，故障为气缸垫烧蚀损坏或燃烧室壁、湿式气缸套裂纹所致。需拆下气缸盖后才能确诊。

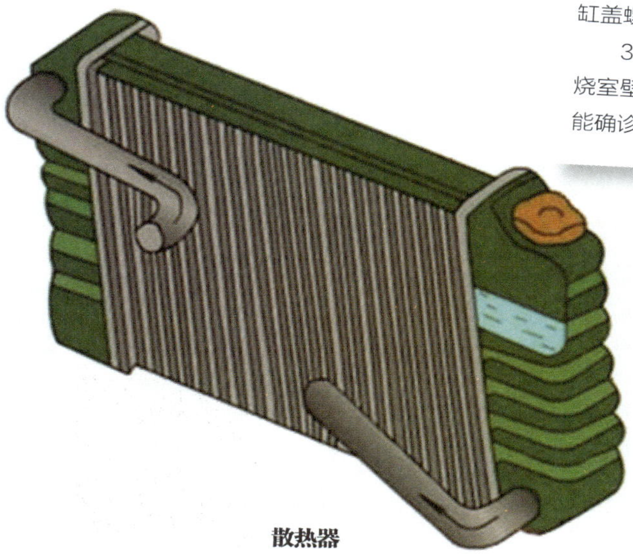

散热器

第六章 供给系统

460. 供给系统有什么作用?

供给系统的作用是不断地输送滤清的燃油和清洁的新鲜空气，根据发动机各种不同工况的要求，配制出一定数量的可燃混合气供入气缸，使之在临近压缩终了时被点火燃烧而膨胀做功。最后，将燃烧后的废气排入大气中。

461. 供给系统由哪几部分组成?

供给系统由燃油供给装置、空气供给装置、可燃混合气供给和废气排出装置等组成。

燃油供给装置：包括汽油箱、汽油滤清器、汽油泵、油管和喷油器等组成，用以完成汽油的储存、输送及清洁任务。

空气供给装置：空气滤清器，用以清洁吸入气缸的空气。

可燃混合气供给和废气排出装置：包括进气总管、进气歧管、排气总管、排气歧管和排气消声器。

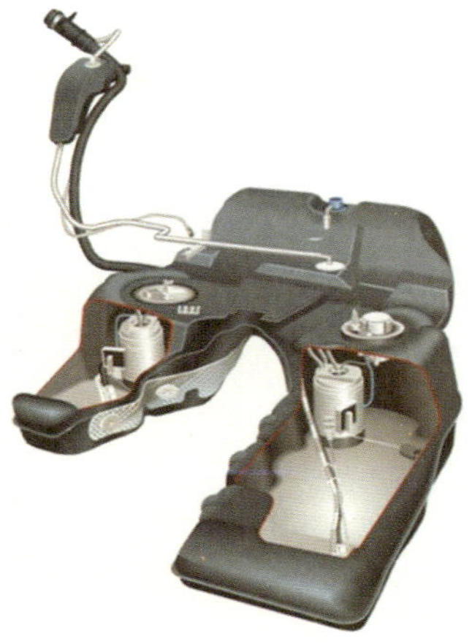

油箱及汽油泵

462. 油箱有什么作用?

油箱由箱体和油箱盖组成，用来储存汽油，它的数量及容量随车型而异，普通汽车只有一个汽油箱，越野车则常有两个汽油箱，以适应特殊要求。一般汽车油箱的储备里程（一次性加满汽油可连续行驶的里程）为 200 ~ 400km。

油箱通常是密闭的，这样可防止汽油因激荡而溅出及油箱内汽油蒸气的逸出。为防止密闭的汽油箱内真空度或压力过大，油箱盖上常带有空气阀和蒸气阀。

油箱中的沉淀物过多，大量杂质进入油管内，会加速滤清器脏污、堵塞和精密偶件的磨损，影响发动机的正常使用。因此，定期清除油箱中的沉淀物，保持油箱内的清洁是十分必要的。

油箱安装位置示意图

463. 如何清洗油箱？

油箱经过一段时间的使用后，其底部沉积的水和杂质需要排除。

1）清洗前，打开油箱盖，拧下油箱底部的放油螺栓，放尽燃油和沉积物，然后将螺栓拧上，加入少量干净燃油刷洗油箱，如此几次即可。

2）也可将油箱拆下放在工作台上，用压缩空气吹洗油箱底部的油污，并放净，洗净后油箱应自然晾干，然后再次使用。

464. 及时加油能延长汽油泵的使用寿命吗？

现在电控发动机采用的都是电动汽油泵，装在油箱内，浸在汽油中，它的主要任务是供给燃油系统足够的且有一定压力的汽油，是供给系统的动力源。

电动汽油泵的结构由泵体、永磁电动机和外壳 3 部分组成。永磁电动机通电即带动泵体旋转，将汽油从进油口吸入，流经电动汽油泵内部，再从出油口压出，供给燃油系统。汽油流经电动汽油泵内部，对永磁电动机的电枢起到冷却作用，这种汽油泵又称湿式汽油泵。因此，及时加油是延长汽油泵使用寿命的有效方法。

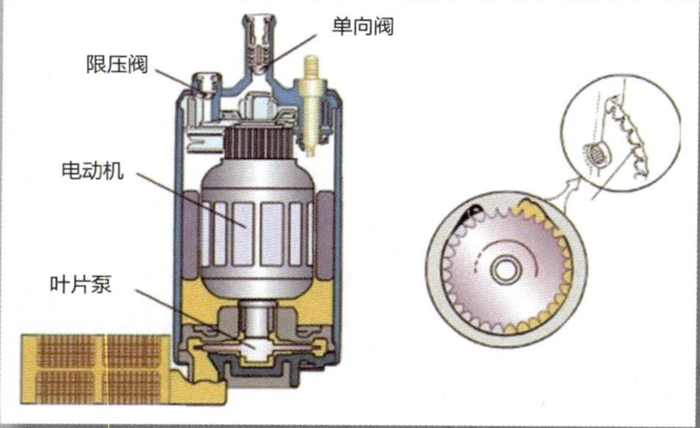

叶片式电动汽油泵构造图

465. 汽油滤清器有什么作用？

汽油滤清器又名汽油格。一般汽油中都存在各种杂质，油箱长时间使用也会沉淀一定的污垢，以上原因都会影响汽油质量。汽油滤清器的作用是过滤上述杂质，油箱内的汽油经过汽油滤清器的过滤到达发动机的燃烧室，其清洁度可以得到有效保障。

466. 什么是内置式汽油滤清器？

根据材料不同，汽油滤清器可分为铁质和塑料两种。大多数车采用外置式汽油滤清器，即安装在汽车底盘下部。而汽油滤清器内置是目前最环保、最科学、最安全、最节油的一种发展方向。内置式的汽油滤清器安装在油箱内，和汽油泵组装在一起组成汽油泵总成，当然更换起来相对麻烦些。

467. 汽油滤清器多长时间更换？

目前，多数发动机上装的都是一次性不可拆洗式纸质滤芯汽油滤清器。发动机工作时，汽油在汽油泵的泵吸作用下，经进油口进入滤清器内，杂质随油流流向滤芯，被粘附在滤芯上，而清洁的汽油通过滤芯从出油口流出。

汽油滤清器更换周期一般为 10000km，如果你加的汽油杂质少，15000 ~ 20000km 更换一个也问题不大。汽油滤清器有进、出油口箭头标记，更换时切勿装反。

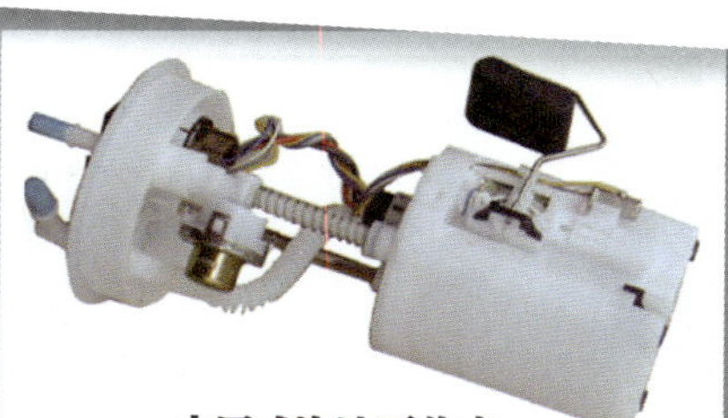

内置式汽油泵总成

468. 空气滤清器有什么作用？

空气滤清器的作用是清除流向进气管的空气中所含的尘土和砂粒，以减少气缸、活塞和活塞环的磨损，并可以消除发动机进气行程中所产生的一定程度的噪声。

空气滤清器由盖、衬垫、纸质滤芯、壳体底座、支架等组成。

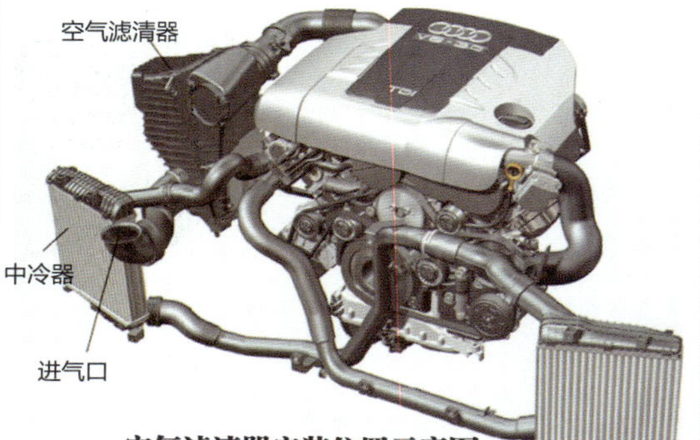

空气滤清器安装位置示意图

469. 如何维护空气滤清器？

一般国产中型载货汽车每行驶 20000km，对空气滤清器进行一次清洁，并更换滤芯。轿车发动机的空气滤清器按随车说明书进行维护，如上海桑塔纳轿车以及奥迪轿车空气滤清器的维护周期为 15000km；而北京切诺基汽车空气滤清器的清洁与滤芯的更换周期为 60000km 和 240000km。

当发动机运转时，空气由进气口进入空气滤清器内，经过纸质滤芯滤清后，纯净的空气进入进气管。维护时，将滤芯从壳体中取出，放在平板上轻轻拍打或用压缩空气从里往外吹，不可将纸质滤芯放在溶剂里浸泡。发现滤芯有破损的必须更换，并将外壳清洗干净然后装复。

470. 进、排气管有什么作用？

进气管的作用是将可燃混合气送至发动机的各个气缸，并使可燃混合气和油膜得到进一步的汽化。排气管的作用是汇集各气缸燃烧后的废气，经排气管、消声器排出。

进、排气管一般用铸铁制成，进气管也有用铝合金铸造的。二者可铸成一体，也可分别铸出，用双头螺栓固定在气缸盖上。为防止漏气，其接合面装有石棉衬垫。进、排气管的各歧管则分别与进、排气门的通道相连。

进排气管

471. 为什么称为歧管？

首先说进气歧管，其位于节气门与发动机进气门之间，之所以称为歧管，是因为空气进入节气门后，经过歧管缓冲，空气流道就在此“分歧”了，对应发动机气缸的数量，如 4 缸发动机就有 4 道，6 缸发动机就有 6 道，将空气分别导入各气缸中。同样道理，大家也就明白为什么称为排气歧管了。

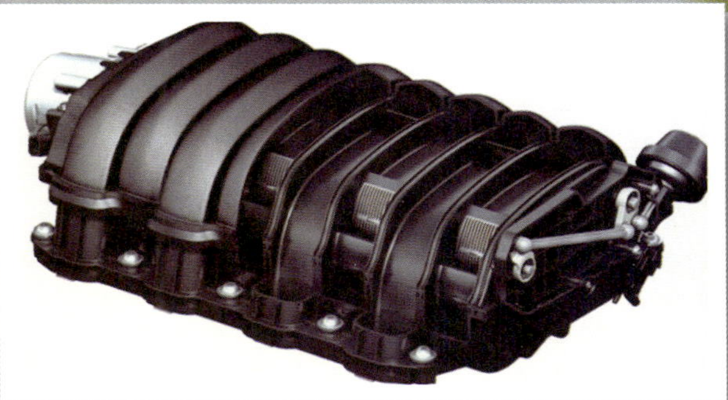

塑料进气歧管

472. 塑料进气歧管有何优势？

进气歧管是发动机最关键的部件之一，其核心功能是为发动机各缸提供充足而均匀的混合气，因此，它是影响发动机动力性和经济性的关键因素。一直以来，进气歧管都是采用铝合金产品，由于塑料进气歧管以其重量轻、成本低、性能好等特点迅速取代了铝合金进气歧管，成为新型发动机的首选。具体而言，塑料进气歧管具有以下 4 个优势：

1）在重量方面，与铝合金进气歧管相比，塑料进气歧管的重量仅为铝合金进气歧管的一半。

2）在动力性方面，由于塑料进气歧管的内壁比较光滑，有利于提高进气充量。与铝合金进气歧管相比，发动机的动力性可提高 3% ~ 5%。

3）在经济性方面，塑料进气歧管能带来良好的气流，从而有助于汽油在气缸内充分燃烧，使发动机的经济性和排放都能得到明显的改善。

4）在成本方面，塑料进气歧管的生产成本通常比铝合金进气歧管低 20% ~ 35%。

473. 进气歧管也可变吗?

汽车发动机的工作转速高达数千转。各工况所需的进气不尽相同，这对普通的进气歧管是个极大的考验。于是，工程师们通过设计让进气歧管“变”起来。进气歧管可变是通过改变进气歧管的长度或截面积，提高燃烧效率，使发动机在低转速时更平稳、转矩更充足，高转速时更顺畅、功率更强大。

进气歧管长度可变的设计，其原理是当发动机在低转速运转时，黑色控制阀关闭，气流被迫从长歧管流入气缸，以适应低转速时的进气情况。当发动机转速上升到一定程度时控制阀开启，气流绕开下部导管直接注入气缸，这更利于高速进气。

进气歧管截面积可变的设计，其原理和小时候我们都玩过的自来水管一样，将水管前端捏扁，自来水的压力会变得非常大。当发动机在高转速时使用较大的进气歧管截面积，以提高进气流量。在发动机低转速时使用较小的进气歧管截面积，提高气缸的进气负压，也能在气缸内充分形成涡流，让空气与汽油更好的混合。

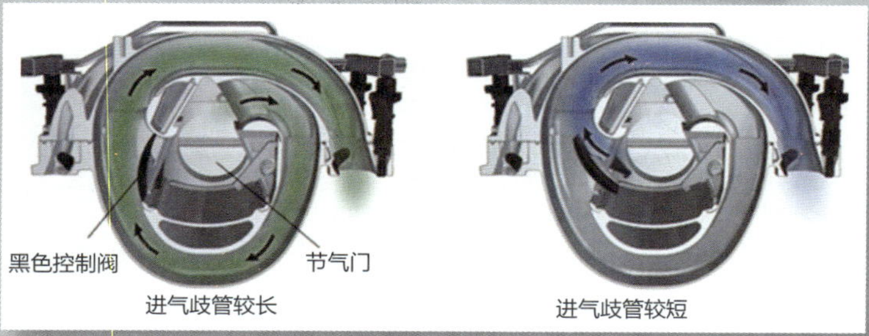

进气歧管长度可变示意图

进气歧管截面积可变示意图

474. 为什么安装排气消声器?

由于受排气门的开闭与活塞往复运动的影响，废气在排气管中流动呈脉动形式，若直接把它排入大气，会产生强烈的排气噪声，故在排气管口处装有排气消声器。其基本原理是消耗废气流的能量，并平衡气流的压力波动。

475. 排气消声有哪几种方法?

排气消声采用的方法有以下几种：

1）多次改变气流方向。

2）重复使气流通过收缩而又扩大的断面。

3）将气流分割为很多小的支流并沿着不平滑的平面流动。

4）将气流冷却。

476. 排气歧管为何奇形怪状?

新鲜空气与汽油混合进入发动机燃烧后，产生高温高压的气体推动活塞做功，当气体能量释放后，它对发动机就不再有价值，这些气体就成为废气被排出气缸。废气自气缸排出后，最先碰到的就是排气歧管，排气歧管在设计上最重要的是避免各气缸间的排气相互干扰，使废气尽可能地完全排出缸外。做成奇形怪状的原因是使废气在管道内产生涡流，不但强制性地驱出了废气，提高了排气速度，也进一步提高了消音效果。虽然排气歧管奇形怪状，但各缸的排气歧管长度及弯度也要设计成尽量相同，使各缸的排气都能一样的顺畅。

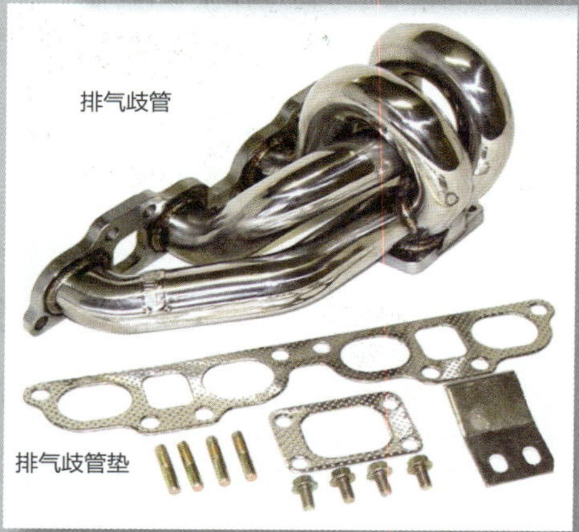

形状各异的排气歧管

477. 什么是直排排气?

直排排气，即从排气歧管出来，去掉三元催化转换器段和尾排，直接把废气排到空气中，这样排气排放效果好，能提升高转速动力，但中低转速动力不尽人意，会损失一定的转矩，比较适合长时间跑高速或赛车道，声音一般在 100dB 以上，车行驶振动感也比较明显，同时没有经过处理的废气会造成严重的空气污染。改装后的直排排气管一般噪音增大，尾气排放超标。

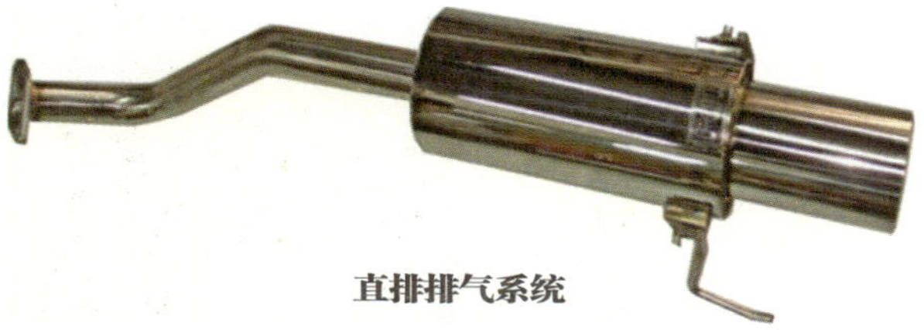

直排排气系统

478. 排气管为什么喷火?

在转弯或减速等松油门的情况下，发动机电脑会控制喷油器向气缸内喷入大量的汽油，但是不会点火，这些未经燃烧的雾状汽油直接进入温度极高（大约 800 ~ 900℃）的排气系统。当雾状的汽油进入之后会因为碰到高温而自动引爆，利用产生的压力推动涡轮叶片持续加速，使汽车即使在减速的情况下也能维持涡轮叶片的转速（大约 14000 ~ 20000r/min），从而消除涡轮迟滞的现象，此时汽车既拥有涡轮增压的马力又拥有自然吸气的顺畅。而且，强大的爆炸火焰也会顺着排气管一路冲向尾管，因此，我们会看到排气管内有火花喷出。

排气管喷火

第七章 起动系统

479. 发动机有哪几种起动方式?

发动机借助外力由静止状态过渡到能自行运转的过程，称为发动机的起动。发动机的起动方式有人力起动、辅助汽油机起动和电力起动 3 种方式。

1）人力起动最简单，但不方便，劳动强度大，只适用于一些小功率的发动机，在一些汽车上仅作为后备方式保留着。

2）辅助汽油机起动主要用在大功率的柴油机上。

3）电力起动方式操作简单，起动迅速，具有重复起动能力，并且可以远距离控制，因此被现代汽车广泛采用。

人力起动柴油机

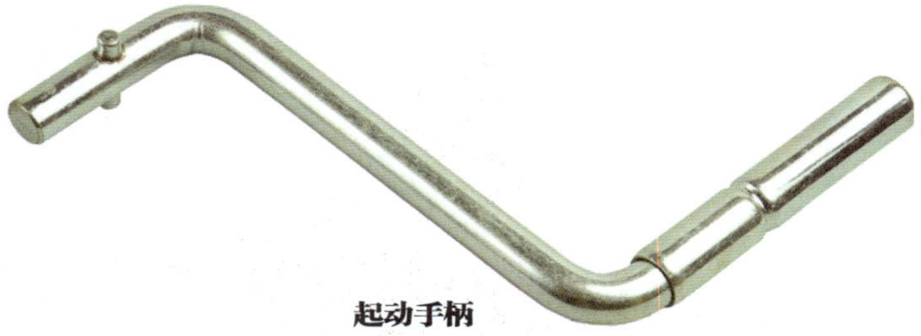

起动手柄

480. 对起动系统有哪些要求?

1）起动机的小齿轮与发动机飞轮齿圈啮合要容易，尽量不发生冲击现象。

2）发动机起动后，起动机的小齿轮应能自动打滑或脱离啮合，以免发动机起动后，飞轮带动起动机高速旋转，造成起动机的损坏。

3）起动系统应结构简单、工作可靠。

4）发动机在工作中，起动机的小齿轮不能再进入啮合，防止发生冲击。

481. 起动系统包括哪些部件？

要使发动机由静止状态过渡到工作状态，必须先用外力转动发动机的曲轴，使活塞作往复直线运动，气缸内的可燃混合气燃烧膨胀做功，推动活塞向下运动使曲轴旋转，发动机才能自行运转，工作循环才能自动进行。因此，曲轴在外力作用下开始转动到发动机开始自动地怠速运转的全过程，称为发动机的起动。完成起动过程所需的装置，称为发动机的起动系统。

目前几乎所有的汽车发动机都采用电力起动系统。它由蓄电池、点火开关、起动继电器、起动机等组成。

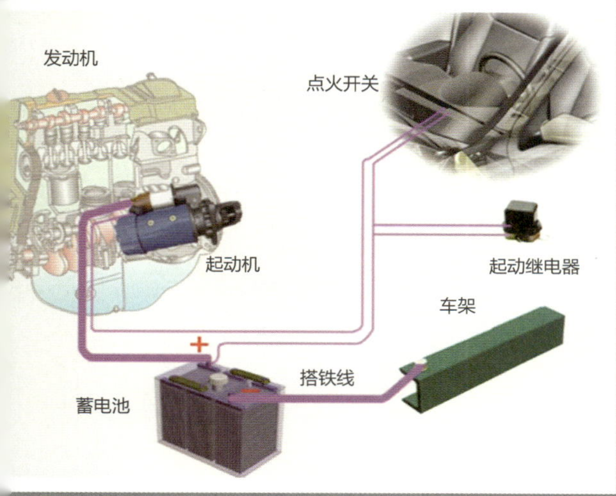

起动系统构成图

482. 起动机按总体结构可分为哪些类型？

1）普通起动机。无特殊结构和装置，现代汽车大都采用普通起动机。

2）永磁起动机。电动机的磁极用永磁材料（如铁氧体或铁硼等）制成，由于取消了磁场线圈，因此，结构简化、体积小、质量小。

3）减速起动机。电动机的传动机构设有减速装置的起动机。电动机可采用高速、小型、低力矩电动机，其质量和体积比普通起动机可减小 30% ~ 35%。

483. 起动机按控制方式可分为哪些类型？

1）机械控制式，也称为直接操纵式，由手拉杠杆或脚踏联动机构直接控制起动机的主电路开关来接通或切断主电路。由于机械控制式要求起动机、蓄电池靠近驾驶室而受到安装和布局的限制，且操作不方便，因此，已很少采用。

2）电磁控制式，也称为电磁操纵式，借助点火开关或按钮控制电磁铁，再由电磁铁控制主电路开关来接通或切断主电路。由于电磁铁可进行远距离控制，且操作方便省力，因此，现代汽车广泛采用。

484. 起动机按传动机构啮入方式可分为哪些类型？

1）强制啮合式。依靠电磁力或人力拉动杠杆机构，拨动驱动齿轮强制啮入飞轮齿圈。工作可靠性高，现代汽车广泛采用。

2）惯性啮合式。驱动齿轮借旋转时的惯性力啮入飞轮齿圈，工作可靠性较差，已很少采用。

3）电枢移动式。依靠磁极磁通的电磁力使电枢产生轴向移动，从而将驱动齿轮啮入飞轮齿圈，结构比较复杂，东欧国家采用较多。

4）齿轮移动式。依靠电磁开关推动电枢轴孔内的啮合杆，从而使驱动齿轮啮入飞轮齿圈。

起动机

485. 起动机由哪些部件组成？

起动机（starter）由直流串励式电动机产生动力，经驱动齿轮传递动力给飞轮齿圈，带动飞轮、曲轴转动而起动发动机。现代汽车均采用电力起动机，它一般由直流串励式电动机、传动机构及电磁开关 3 部分组成。

1）直流串励式电动机。电枢绕组与磁场绕组串联的直流电动机称为直流串励式电动机。电动机是起动的动力源，它将蓄电池的电能转化为电磁转矩，用来带动曲轴旋转。

2）传动机构。传动机构使起动机实现单向动力传递，在起动时将电动机的电磁转矩传递给发动机飞轮；而当发动机起动后则自动断开发动机向起动机的逆向动力传递。

3）电磁开关。电磁开关是起动的控制机构，用于控制起动机驱动小齿轮与发动机飞轮齿圈的啮合与分离以及电动机电路的通断。

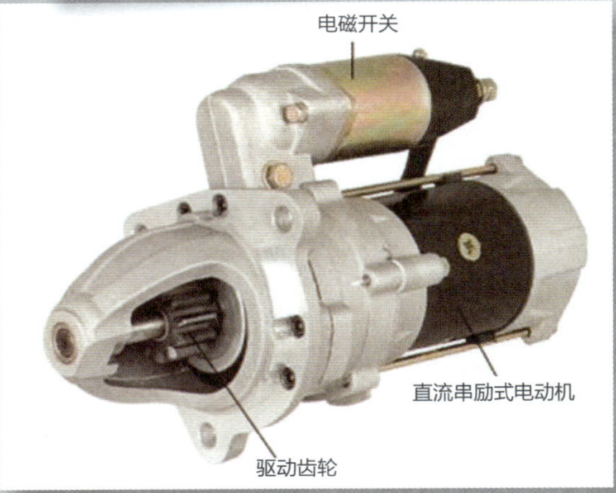

起动机构造图

486. 直流串励式电动机有何优点？

1）磁场绕组和电枢绕组都是用大截面扁铜线绕制，在静态起动时可通过近似短路的巨大电流。电枢电流达到最大值，转矩也相应地达到最大值。转矩与电枢电流的平方成正比，所以制动电流所产生的转矩很大，足以克服发动机的起动阻力矩，使发动机起动变得很容易。

2）串励式电动机在输出转矩较大时，电枢电流较大，电动机转速随电流的增加而急剧下降；反之，在输出转矩较小时，电动机转速又随电枢电流的减小而很快上升。串励式电动机具有轻载转速高，重载转速低的特性，对保证起动安全可靠是非常有利的。

487. 直流串励式电动机包括哪些部件？

起动机的直流串励式电动机的作用是将电能转换为机械能而产生电磁转矩，它主要由磁极、电枢、换向器、电刷和外壳等组成。

1）磁极。磁极由固定在外壳上的磁极铁心和磁场绕组组成，一般采用 4 个磁极，磁场绕组一端接在外壳的绝缘接线柱上，另一端与两个非搭铁电刷相连。其作用是产生电枢转动时所需要的磁场。

2）电枢。电枢由外圆带槽的硅钢片叠成的铁心和电枢绕组组成。起动机工作时，通过电枢绕组和磁场绕组的电流达几百安或更大，因此，其磁场绕组和电枢绕组一般采用矩形断面的裸铜线绕制。

3）换向器。换向器装在电枢轴上，它由许多换向片组成。换向片嵌装在轴套上，各换向片之间均用云母绝缘。

4）电刷。电刷装在端盖上的电刷架中，电刷弹簧使电刷与换向片之间具有适当的压力以保持配合。电刷和换向器配合使用，用来连接磁场绕组和电枢绕组的电路，并使电枢轴上的电磁力矩保持固定方向。4 个磁极的电动机装有 4 个电刷，其中两个与外壳绝缘，接磁场绕组的尾端，电流通过这两个电刷进入电枢绕组，另外两个为搭铁电刷，通过电枢绕组的电流通过这两个电刷搭铁。

5）外壳。外壳是磁极和电枢的安装机体，同时起动机的电磁开关也安装在外壳上，其上有一绝缘接线端，是电动机电流的引入线。

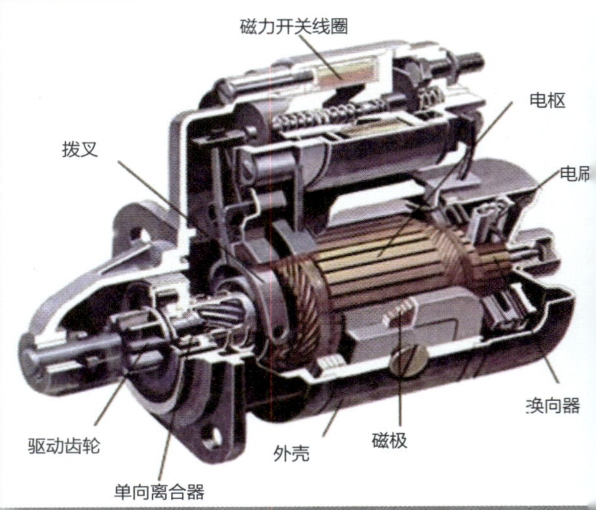

起动机构造剖面图

488. 直流串励式电动机如何工作?

两片换向片分别与环状线圈的两端连接，电刷一端与两换向器片相接触，另一端分别接蓄电池的正极和负极。在环状线圈中电流的方向交替变化，用左手定则判断可知，环状线圈在电磁力矩作用下按顺时针方向连续转动。这样在电源连续对电动机供电时，其线圈就不停地按同一方向转动。

为了增大输出力矩并使运转均匀，实际的电动机中电枢采用多匝线圈，随线圈匝数的增多换向片的数量也要增多。

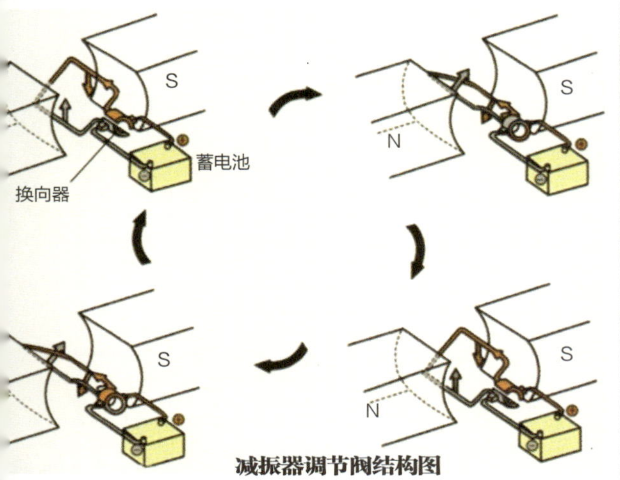

减振器调节阀结构图

489. 什么是电动机的特性?

直流串励式电动机的力矩、转速和功率随电枢电流变化的规律，称为直流串励式电动机的特性，主要包括力矩特性、转速特性和功率特性。

490. 电动机的力矩特性是什么?

在起动机起动的瞬间，因发动机的阻力矩很大，起动机处于完全制动状态。此时，电枢转速为零，电枢电流达到最大值，力矩也相应达到最大值。力矩与电枢电流的平方成正比，所以制动电流所产生的力矩很大，足以克服发动机阻力矩，使发动机的起动变得很容易。这就是汽车起动机采用串励式电动机的主要原因。

491. 电动机的转速特性是什么?

串励式电动机输出力矩大时，电枢电流也大，电动机转速随电流的增加而急剧下降；反之，在输出力矩较小时，电动机转速又随电枢电流的减小而快速上升。

串励式电动机具有轻载转速高，重载转速低的特性，对保证起动安全可靠是非常有利的，这是汽车上采用串励式电动机的又一重要原因。但是，轻载或空载时的高转速，容易使串励电动机发生“飞车”事故。所以，串励式电动机不可在轻载或空载情况下使用。

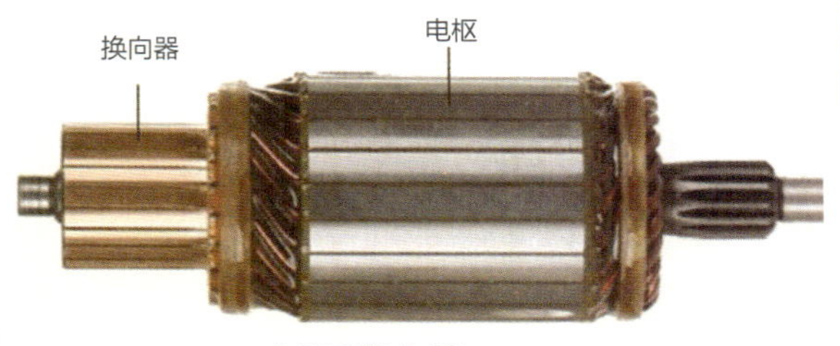

电枢及换向器

492. 电动机的功率特性是什么?

电动机完全制动时，转速和输出功率为零，力矩达到最大值。空载时电流最小，转速最大，输出功率也为零。当电枢电流接近制动电流一半时，电动机输出功率最大。

493. 影响起动机功率的因素有哪些?

1）蓄电池的容量。蓄电池的容量越小，供给起动机的电流越小，于是产生的力矩就越小，导致功率减小。

2）温度。环境温度主要是通过影响蓄电池的内阻而影响起动机功率。温度降低，蓄电池的内阻增加，容量减小，起动机的功率明显下降。故冬天对蓄电池适当保温，就可以提高起动机功率，改善起动性能。

3）接触电阻和导线电阻。接触电阻大、导线过长及截面积过小，都会造成较大的电压降，使起动机的功率减小。

蓄电池

494. 减速起动机有哪些结构特点?

与传统起动机相比，减速起动机的主要结构特点如下：

1）在传动系统中增加了减速装置，增大了起动机电枢轴和飞轮之间的传动比。

2）采用小型高速低转矩的电动机，减小了起动机的体积和质量。

3）电枢轴的长度缩短，不易弯曲。

4）部分减速起动机没有拨叉。

495. 减速起动机有哪些优点?

1）起动机单位质量的输出功率（比功率）增加，这样在同样输出功率条件下减速起动机的质量比传统起动机减小 20% ~ 35%，既减轻了重量、节省了材料，又减小了体积，便于安装和维护。

2）提高了起动机的输出转矩，有利于发动机起动。

3）降低了起动机主电路电流，从而使蓄电池的容量可以适当减小。

4）减轻了蓄电池的负荷，有利于提高蓄电池的使用寿命。

减速起动机

496. 减速起动机分为哪些类型?

减速式起动机根据其齿轮减速器的结构不同，可分为外啮合式减速起动机、内啮合式减速起动机和行星齿轮式减速起动机 3 种类型。

1）外啮合式减速起动机。外啮合式减速起动机的减速机构是利用惰轮作中间传动，且电磁开关铁心与驱动齿轮同轴心，直接推动驱动齿轮进入啮合，无需拨叉。因此，起动机的外形与普通起动机有较大的差别。通常分为有惰轮外啮合式和无惰轮外啮合式。外啮合式减速机构的传动中心距较大，因此受起动机构的限制，其减速比不能太大，一般不大于 5，多用在小功率的起动机上。

2）内啮合式减速起动机。内啮合式减速起动机的减速机构传动中心距小，可有较大的减速比，故适用于较大功率的起动机。但内啮合式减速机构噪声较大，驱动齿轮仍需拨叉拨动进入啮合，因此，起动机的外形与普通起动机相似。

3）行星齿轮式减速起动机。行星齿轮式减速起动机的减速机构结构紧凑、传动比大、效率高。由于输出轴与电枢轴同轴线、同旋向，电枢轴无径向载荷，振动轻，整机尺寸减小。另外，行星齿轮式减速起动机还具有如下优点：

① 负载平均分配在 3 个行星轮上，可以采用塑料内齿圈和粉末冶金的行星轮，使质量减轻、噪声降低。

② 尽管增加行星齿轮减速机构，但是起动机的轴向其他结构与普通起动机相同，故配件可以通用。

减速起动机采用的驱动齿轮

497. 传动机构包括哪些部件?

传动机构由驱动齿轮、单向离合器、拨叉、啮合弹簧等组成，安装在起动机轴的花键部分。起动时，传动机构使驱动齿轮沿起动机轴移出与飞轮齿圈啮合，将电动机产生的力矩通过飞轮传递给发动机的曲轴，使发动机起动；起动后，飞轮转速提高，将通过驱动齿轮带动电动机轴高速旋转，引起电动机超速。因此，在发动机起动后，传动机构应使驱动齿轮与电动机轴自动脱开，防止电动机超速。

498. 单向离合器有什么作用?

传动机构中，结构和工作情况比较复杂的是单向离合器。它的作用是传递电动机力矩，起动发动机，而在发动机起动后自动打滑，保护起动机电枢不致飞散。

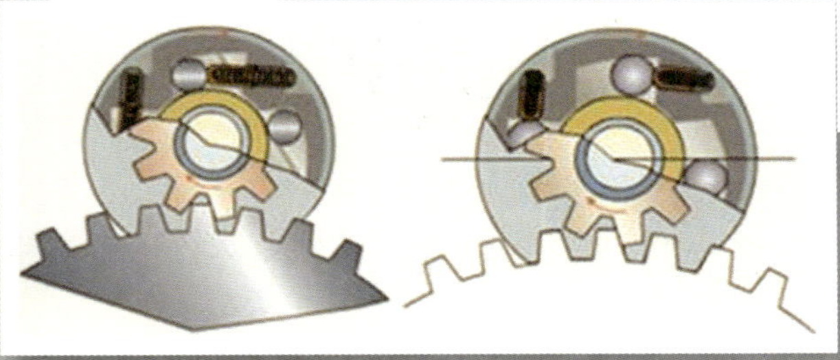

滚柱式单向离合器

499. 单向离合器如何工作?

起动机的单向离合器原理是单向接合，反向脱开。起动时，拨叉动作将离合器推出，使驱动齿轮啮入飞轮齿圈后，电动机通电，再通过单向离合器带动曲轴旋转，由于这时电动机的转速高于发动机（发动机相对静止或在起动前转速很低）的转速，从而起动发动机。当发动机起动后，由于发动机的转速高于电动机的转速，则飞轮齿圈带动驱动齿轮高速旋转，驱动齿轮通过单向离合器相对于飞轮齿圈就是反向转动，所以就把起动电动机与发动机的转动脱开，各自自由转动，起飞速保护作用，避免损坏电动机。

飞速保护装置

500. 电磁开关包括哪些部件?

电磁开关主要由固定铁心、活动铁心、吸引线圈和保持线圈等组成。固定铁心固定不动，活动铁心可以在铜套里做轴向移动。活动铁心前端固定有推杆，推杆前端安装有开关接触盘，活动铁心后段用调节螺钉和连接销与拨叉连接。铜套外面安装有复位弹簧，复位弹簧的作用是使活动铁心等可移动部件复位。

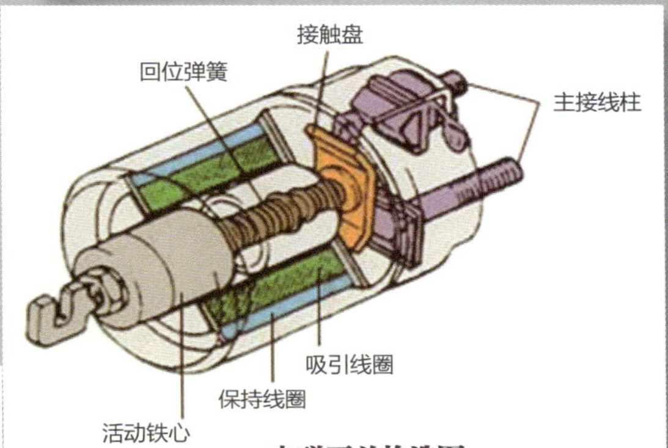

电磁开关构造图

501. 电磁开关是怎样工作的?

1）吸引。当点火开关置于 STA 位置时，蓄电池电流同时流到吸引线圈和保持线圈。然后电流从吸引线圈经磁场线圈到电枢线圈，以低速旋转电枢。这样，电磁开关的动铁心被吸向磁极。通过这一吸入操作，驱动小齿轮被推出，并与飞轮齿圈啮合，接触盘将主接触点闭合。

2）保持。当接触盘的主接触点闭合时，无电流流经吸引线圈，磁场线圈和电枢线圈直接从蓄电池得到电流。随后电枢便开始高速旋转，发动机进行起动。因为无电流流过吸引线圈，动铁心只是由保持线圈所施加的磁力保持在固定位置。

3）返回。当点火开关从 STA 返回 ON 位置时，电流从主接触侧经吸引线圈流到保持线圈。此时，由于吸引线圈与保持线圈形成的磁力相互抵消，它们失去了保持住动铁心的力。因此，动铁心由复位弹簧的力拉回，并且接触盘的主接触点断开，起动机停止旋转。

502. 起动机是怎样工作的？

当起动电路接通后，吸引、保持线圈同时通电，保持线圈的电流经起动机接线柱进入，经线圈后直接搭铁，吸引线圈的电流也经起动机接线柱进入，但通过线圈后未直接搭铁，而是进入电动机，经电动机后再搭铁。两线圈通电后产生较强的电磁力，克服弹簧弹力使活动铁心移动，一方面通过拨叉带动驱动齿轮移向飞轮齿圈并与之啮合，另一方面推动接触盘移向两个主接线柱触点，在驱动齿轮与飞轮齿圈进入啮合后，接触盘将两个主触点接通，使电动机通电运转。在驱动齿轮进入啮合之前，由于经过吸引线圈的电流经过了电动机，所以电动机在这个电流的作用下会产生缓慢旋转，以便于驱动齿轮与飞轮齿圈进入啮合。在两个主接线柱触点接通之后，蓄电池的电流直接通过主触点和接触盘进入电动机，使电动机进入正常运转，此时通过吸引线圈的电路被短路，因此，吸引线圈中无电流通过，主触点接通的位置靠保持线圈来保持。发动机起动后，切断起动电路，保持线圈断电，在弹簧的作用下，活动铁心回位，切断了电动机的电路，同时也使驱动齿轮退出与飞轮齿圈啮合。

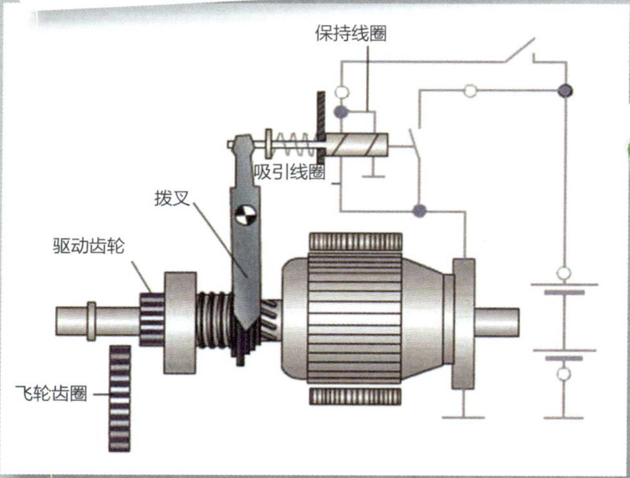

起动机工作原理图

503. 起动时间为何不要超过 5s？

起动机是汽车上大的用电设备，其起动电流一般为 200 ~ 600A，如果长时间起动，线路会过热，并且对蓄电池的损害也非常大，因此，起动时间最好不要超过 5s。如果到 5s 了没有起动，可以停 15s 以上再起动一次，如果试了 3 次以上都没有起动，那就有故障了。

另外，为了顺利起动，可先将点火开关打到 ON 位置，不起动发动机，稍等片刻，待汽油泵运转一会再起动，这会使燃油系统建立油压，便于顺利起动。

504. 什么是远程起动？

所谓远程起动，顾名思义就是通过遥控钥匙来远程起动发动机。其原理也很简单，车辆通过遥控钥匙发来的信号来起动发动机。

整套过程省去了人为进入车内操作的不便，发动机在运转时，中控锁还处于闭锁状态，有效提供了安全保障。通常来说，远程起动发动机后，车辆会连续工作 10min，之后若无收到其他指示则会自动熄火。此种方式同样可以达到提升驾驶室温度的作用。

该功能在国外非常常见，在寒冷地区的使用率也颇高，但由于国内大多地区并不处于寒带，为节约成本，此功能没有被广泛采用。

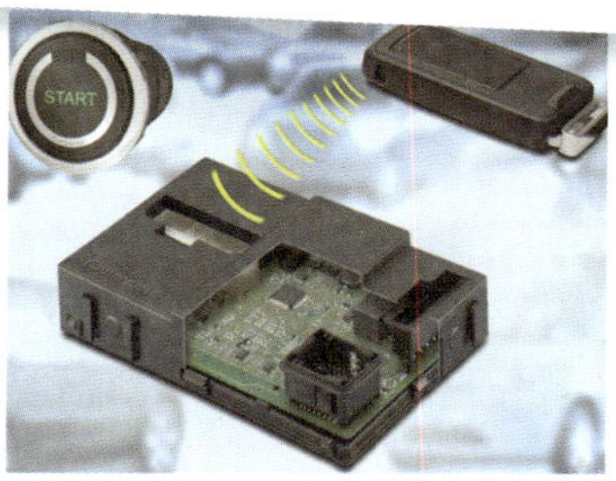

远程起动原理图

505. 无钥匙起动如何工作？

无钥匙起动的方式可分为两类：一类是按钮式，点火按钮位于中控台伸手可及之处，因此也称“一键起动”，例如宝马、奔驰等；另一类是旋钮式，一般就位于原始的钥匙插口处，但是无需插车钥匙，直接拧动旋钮即可起动，例如日产、马自达等。但无论是按钮式还是旋钮式，都必须在接受到智能钥匙的存在时才能起动，这种感应距离一般在 50cm 左右。

无钥匙起动采用无线射频识别技术，通过车主随身携带的智能钥匙里的芯片感应自动开关门锁，也就是说当您走近车辆一定距离时，门锁会自动打开并解除防盗；当您离开车辆时，门锁会自动锁上并进入防盗状态。一般装备有无钥匙进入系统的车辆，其车门把手上有感应按钮，同时也有钥匙孔，是以防智能钥匙损坏或没电时，车主仍可用普通方式开启车门。

按钮式无钥匙起动

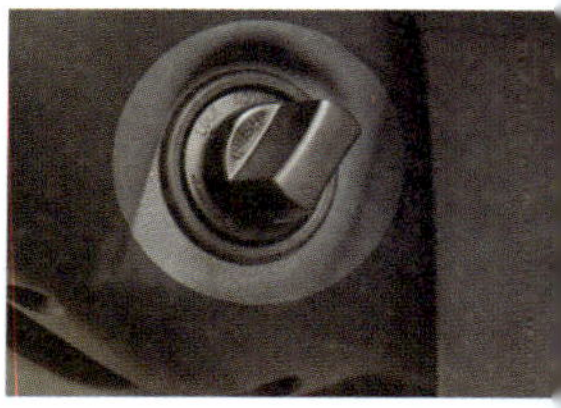

旋钮式无钥匙起动

506. 什么是无钥匙进入系统?

汽车无钥匙进入系统英文表示为 PASSIVE KEYLESS ENTER，简称 PKE。但汽车厂商对于自己的产品叫法不一。该产品采用了世界最先进的 RFID 无线射频技术和最先进的车辆身份编码识别系统，率先应用小型化、小功率射频天线的开发方案，并成功的融合了遥控系统和无钥匙系统，沿用了传统的整车电路保护，真正地实现双重射频系统，双重防盗保护，为车主最大限度地提供便利和安全。

无钥匙进入系统不是传统的钥匙，而是一个带有智能电子芯片的钥匙。当你踏进指定范围时，该系统即可识别出你就是授权的驾驶人并自动开门。如今的智能钥匙还能“锁定”钥匙本身，防止你将自己锁在外面。

需要注意的是，具备无钥匙进入功能的车辆，不一定具备无钥匙起动功能。

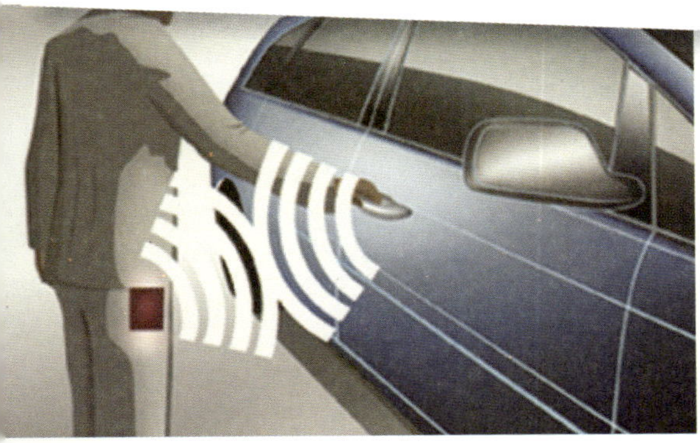

无钥匙进入系统

507. 发动机自动起停是怎么回事?

发动机自动起停就是在车辆行驶过程中临时停车（例如等红灯）的时候，自动熄火。当需要继续前进的时候，系统自动重起发动机的一套系统。起停技术就是致力于最大限度减少发动机怠速时燃油的损耗，避免这部分能源的浪费，同时对节省能源与降低排放有着重要的意义。

对于手动变速器的车辆来说，当遇到红灯或塞车时，驾驶人制动使车辆停下来后，将变速杆换入空档并完全释放离合器踏板，这时控制系统会自动将发动机熄火。当绿灯放行后，驾驶人踩下离合器踏板，发动机则自动重新起动，挂入档位后即可前行。而自动变速器车型操作更为简单，当变速杆处于 D 位时，驾驶人只要施加制动使车辆停止大概 2s 后发动机就会自动熄火。在释放制动后或者转动方向盘，发动机将自动起动，立即又可以踩加速踏板起步。

508. 怎样正确使用起动机?

1）经常检查各部连接状态及导线的松紧情况。

2）清除导线、接线柱的氧化物以及起动机外部灰尘和油污，使之保持干净。

3）冷天起动应使发动机预热 10 ~ 15s，再使用起动机。

4）起动机只能短时间工作，每次起动时间不能超过 5s。若一次起动不成功，应间隔 1 ~ 2min 后再起动。

5）发动机起动后，应立即松开起动开关，避免不必要的空转，减少单向离合器的磨损。

509. 使用起动机时应注意哪些问题?

1）起动前应将变速器挂上空档（自动变速器的汽车应将变速杆置于 P 位或 N 位），起动同时踩下离合器踏板。

2）每次接通起动机的时间不应超过 5s，重复起动时应停歇 15s 以上，否则，会严重影响蓄电池和起动机的使用寿命。

3）冬季和低温地区冷车起动时，应先预热发动机，然后再起动发动机。

4）发动机起动后，应立即松开点火开关，使起动机停止工作，以减小单向离合器不必要的磨损。

5）发动机工作时，严禁拧点火开关至起动档。

6）当发动机连续几次不能起动时，应对起动机电路及发动机有关系统进行检查，如蓄电池的容量、极柱的连接、油电路等，否则蓄电池的容量将严重下降，使起动发动机变得更加困难。

7）发动机起动后，如起动机不能停转，应立即拆除蓄电池搭铁线，查找故障。

发动机自动起停示意图

510. 如何维护起动机？

1）经常检查起动电路各导线连接是否牢固，绝缘是否良好。

2）经常保持起动机和各部件的清洁干燥。

3）汽车每行驶 5000 ~ 6000km 后，应检查电刷的磨损及电刷弹簧的压力。

4）经常检查传动机构和控制装置的活动部件，并按规定加以润滑。

5）起动机一般每年应进行一次维护性检修，可视实际情况适当地缩短或延长。

起动机

511. 维修起动机时应注意哪些问题？

1）在车上进行起动检测之前，一定要将变速器挂上空档，并实施驻车制动。

2）在拆卸起动机之前，应先拆下蓄电池的搭铁电缆线。

3）有些起动机在起动机与法兰盘之间使用了多块薄垫片，在装配时应按原样装回。

512. 怎样检查起动机继电器？

1）从熔丝盒内拆下起动机继电器。

2）使用万用表检查起动机继电器各端子的导通性，端子 30 和端子 87 应不导通；端子 85 和端子 86 应导通。

3）在端子 85 上提供 12V 电压，端子 86 搭铁，检查端子 30 和端子 87 之间是否导通，如果没有导通，则起动机继电器损坏，应更换。

513. 如何分解起动机？

起动机解体前应清洁外部的油污和灰尘，然后按下列步骤进行解体：

1）从电磁开关接线柱上拆开直流电动机与电磁开关的连接导线。

2）松开电磁开关总成的两个固定螺母，取下磁力开关总成。

3）拆下两个紧固穿心螺栓，取下后端盖。

4）拆下电刷架及定子总成。

5）将起动机电枢总成及移动拨叉一起从起动机机壳上拉出来。

6）从电枢轴上拆下电枢止推挡圈的右半环、卡环、电枢止推挡圈左半环，拆下单向离合器总成。

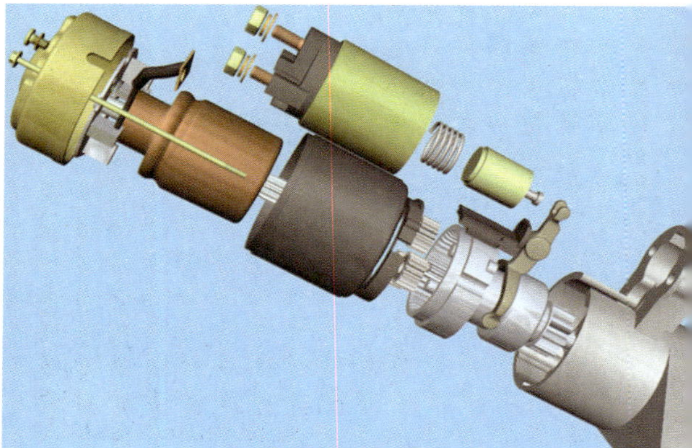

起动机分解图

起动继电器

514. 装复起动机时应注意哪些问题？

起动机的形式不同，具体装复的步骤不可能完全相同，但基本原则是按分解时的相反步骤进行。装复起动机时应注意以下问题：

1）注意检查各轴承的同心度。电枢轴有3个轴承支承，往往不易同心，若不同心度过大，就会增加电枢轴运转的阻力。检查的方法是，各轴颈与每个铜套配合时，既能转动自如又感觉不出有明显的间隙（中间轴承间隙可稍大一点）。在中间轴承支承与后端盖结合好后，应将电枢轴装入试转，此时应转动自如，无卡滞现象。装上前端盖后，再次转动电枢，也应转动灵活，否则为轴承不同心。发现轴承不同心时，轻者可以修刮轴承，严重时应更换个别铜套。

2）各铜套、电枢轴颈、键槽垫圈等摩擦部位，都应使用机油予以润滑。固定中间轴承支承板的螺钉，一定要带有弹簧垫圈。否则，工作中支承板振动，使螺钉松动，便会造成起动机不能正常工作，甚至损坏起动机。

3）驱动小齿轮端面的止推垫圈和换向器端面的胶木垫圈及中间轴承支承板靠离合器一面的胶木垫圈，装复时不要遗漏。

4）磁极与电枢铁心间应有0.82～1.80mm的间隙，最大不应超过2mm，不可有相互碰刮的现象。

5）电枢轴轴向间隙不宜过大，一般应为0.2～0.7mm，不合适时，可在轴的前端或后端改变垫圈的厚度进行调整。

515. 如何检查磁场绕组？

磁场绕组的常见故障有接头脱焊、绕组短路、断路或搭铁等。接头脱焊故障在解体后可直接看到。绕组搭铁故障诊断可用万用表的电阻档测量绕组端子与外壳间的电阻，如果电阻很大，则无搭铁故障。将绕组放在电枢检验仪上可检查绕组匝间是否短路。检验仪通电5min后，若绕组发热，则说明绕组有匝间短路。若绕组连接脱焊，应重新焊接；若绕组绝缘不良，应拆除旧绝缘层重新包扎并浸漆、烘干。

516. 如何检查电枢绕组？

电枢绕组常见的故障是匝间短路、断路或搭铁、绕组接头与换向器铜片脱焊等。检查绕组是否搭铁，可用万用表电阻档检测换向器铜片和电枢轴之间的电阻，电阻应足够大。检查匝间短路时，接通检验仪的电源，并将钢片放在电枢铁心上方的线槽上，若电枢中有短路，则在电枢绕组中将产生感应电流，钢片在交变磁场的作用下，在槽上振动，由此可判断电枢绕组中的短路故障。

电枢

517. 如何检查换向器？

换向器故障多为表面烧蚀、云母片突出等。轻微烧蚀用00号砂纸打磨即可。严重烧蚀或失圆应精加工，但加工后换向器铜片厚度不得少于2mm。云母片如果高于铜片也应车削修整，云母片是否过低要看具体的起动机。有的起动机换向器的云母片要低于铜片，在检修时若换向器铜片间槽的深度小于0.2mm，就需用锯片将云母片割低至规定高度。

换向器

518. 如何检查电枢轴？

电枢轴的常见故障是弯曲变形，检查时，利用百分表测量电枢轴的径向圆跳动。电枢轴的径向跳动应不大于 0.15mm，否则应校直。

519. 如何检查电刷和电刷架？

1）电刷在电刷架中应活动自如，不应有卡滞现象，且电刷与换向器的接触面积不应低于 75%，否则应调整或更换。

2）电刷长度应不低于新电刷高度的 2/3，最小一般不应小于 6 ~ 10mm，否则应更换。

3）电刷弹簧张力可用弹簧秤测量，测量结果应符合标准值，张力过弱应更换。

4）电刷架无歪斜、松旷现象，否则应更换。

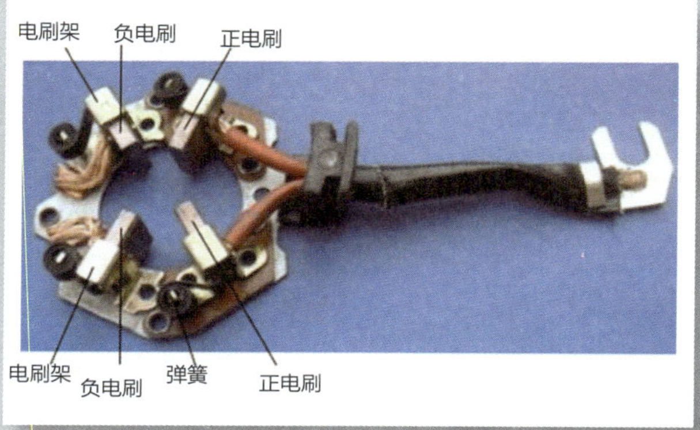

电刷和电刷架

520. 如何检查单向离合器？

1）用游标卡尺或齿轮量具测量驱动齿轮的齿厚度和齿长应符合规定值，如果不符或有缺损、裂痕，应更换。

2）一只手握住单向离合器花键套筒，另一只手转动驱动齿轮，齿轮应在一个方向可以自由转动，另一个方向不能转动，如果两个方向都能转动，表明单向离合器损坏，应更换。

521. 如何检查电磁开关？

1）主接线柱和接触盘接触面应清洁，无烧损。若接触面脏污或轻微烧损可用细砂纸打磨，严重时接触盘可换面使用，主接线柱可锉修。修理后主接线柱端部厚度应相等，保证接触盘与主接线柱有足够大的接触面积。

2）吸拉线圈和保持线圈的常见故障是短路、断路及搭铁。断路故障可通过测量线圈电阻进行判断。搭铁故障可通过测量线圈与外壳之间的绝缘电阻进行判断。吸拉线圈和保持线圈也可以通过检查电磁力是否足够进行判断。吸拉线圈和保持线圈发生短路故障或内部发生断路或搭铁故障时，一般应予更换。

3）电磁开关回位弹簧应能保证驱动齿轮及时迅速退回，否则应予更换。

电磁开关

522. 如何检查轴承？

测量电枢轴轴颈外径与衬套内径之间的配合间隙，标准值为 0.04 ~ 0.08mm，允许最大间隙为 0.15 ~ 0.20mm。如果衬套磨损严重，间隙超过规定值，应更换衬套，并重新铰配。

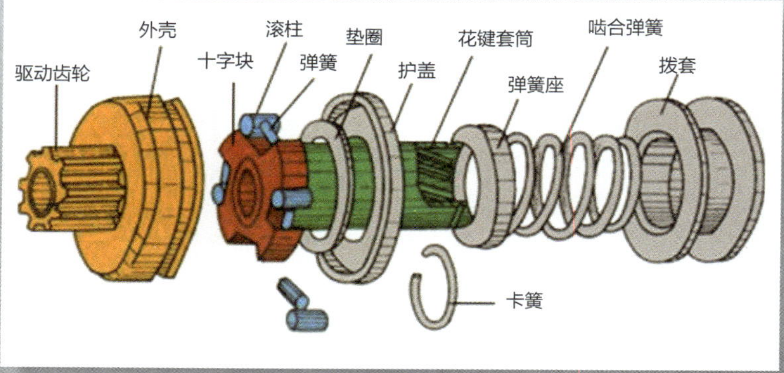

单向离合器构造图

523. 什么是起动机空载试验?

起动机的空载试验就是测量起动机的空载电流和空载转速，并与标准值比较，以判断起动机内部有无电路和机械故障。

524. 如何进行起动机空载试验?

将起动机夹紧在试验台上，并接好试验线路。接通起动电路（每次试验不要超过 1min，以免起动机过热），起动机转动应均匀、无抖振现象，电刷与换向器之间应无火花，同时记录电流表和电压表的示数，并测量转速值。然后，将记录数值与技术标准比较。

若电流大于标准值而转速低于标准值，则表明存在装配过紧方面的机械故障，或电枢、磁场绕组搭铁、短路。

若电流和转速都小于标准值，则说明电路中有接触不良之处。如电刷和换向器接触不良、弹簧压力太弱、磁场绕组连接端接触不良等。

起动机

525. 什么是起动机全制动试验?

全制动试验应在空载试验的基础上进行，空载试验不合格的起动机不应进行全制动试验。全制动试验的目的是测量起动机在完全制动时所消耗的电流（制动电流）和制动力矩，以判断起动机主电路是否正常，并检查单向离合器是否打滑。

526. 如何进行起动机全制动试验?

将起动机夹紧在专用试验架上，并夹住起动机驱动齿轮使其不动，装好扭力杠杆和弹簧秤，接好试验线路。接通起动电路，在 5s 内观察单向离合器是否打滑，并立即记录电流表及电压表和弹簧秤的示数，然后与技术标准对照。

若制动力矩小于标准值而电流大于标准值，则表明电枢绕组或磁场绕组中有搭铁和短路故障。若力矩和电流都小于标准值，说明电路有接触不良之处。若驱动齿轮锁止而电枢轴有缓慢转动，则说明单向离合器有打滑现象。

全制动试验每次接通电流的时间不应超过 5s，以免损坏起动机及蓄电池。

527. 如何进行跨接起动?

1）将两辆车靠近，直到跨接电缆足够连接两车蓄电池的正、负极。

2）确定两车蓄电池的正极和负极，使用电缆将两车蓄电池的正极与正极、负极与负极分别连起来，而且要保证电缆的可靠连接。

3）关闭被起动车辆上的所有附属用电设备，起动提供电源的车辆，使发动机运转几分钟，以保证电量充足。

4）按正常方式起动无电车辆。发动机起动后，应轻踩加速踏板，使发动机以 2000r/min 运转几分钟。

5）小心拆除电缆，注意避免正、负极电缆接头相碰。

跨接线和蓄电池

528. 如何进行推车起动？

1）判断车辆停放位置的路况是否适合推车起动。最好借助下坡路，以提高起动车速。

2）尽量不要在车辆和行人多的路段推车起动，以免车辆起动后因驾驶人应变不当而出现意外事故。

3）车辆推动前，将点火开关置于 ON 位，踩下离合器踏板，将变速器挂入 1 档或 2 档，然后推动车辆。

4）当达到适当车速后，迅速松开离合器踏板。发动机一旦起动，应迅速踩下离合器踏板，同时控制节气门，不让发动机熄火，然后慢慢停车，并注意车辆有无异常现象。

5）采用推车的方法起动发动机是一种迫不得已的手段，不能经常使用，因为这样做对发动机和离合器有一定的损伤。

推车起动发动机

推车起动发动机

529. 如何进行牵引起动？

这种起动方法的原理与推车起动的方法大同小异，不同的是采用的驱动力由人力换成了车辆牵引力。具体操作方法和注意事项如下：

1）使用长度适当的牵引绳，并将两头捆扎结实。

2）在牵引前，前、后车驾驶人应先确定好联络信号。

3）前车驾驶人除应注意后车的起动情况外，还应随时注意路面上的交通状况，慢速起步；在发动机起动后，后车驾驶人应及时向前车驾驶人示意，然后两车应缓慢靠路边停车。

530. 如何诊断与排除起动机不转故障？

（1）故障现象。接通点火开关起动档，起动机不转。

（2）判断步骤与方法

1）检查蓄电池的状况和电源导线连接情况

①按喇叭或开前照灯，若喇叭响声变小或前照灯灯光暗淡，说明蓄电池容量过低或电源导线接触不良。

②蓄电池良好，应对蓄电池的正极线、搭铁线及各接线柱和总电源开关进行检查，若有脏污或松脱，应清洁或紧固。

2）用金属条短接起动机磁力开关上的两个主接线柱，若起动机不转且无火花，说明电动机有故障，应解体检修；若起动机运转，说明电动机正常。

3）用导线连接磁力开关上的蓄电池主接线柱和起动机接线柱（即吸拉及保持线圈流入端），若起动机不工作，说明磁力开关有故障，应进一步检查磁力开关；若起动机工作，说明起动机磁力开关良好。通过上述检查，可以认定起动机无故障，故障应出在控制电路中。

4）用导线短接起动继电器的点火开关与蓄电池接线柱，若起动机工作，说明点火开关及其连线有故障；若起动机不工作，说明继电器及其连线有故障。

电路的故障可用试灯沿起动控制电路逐点查找，直至找到故障部位。

汽车牵引绳

开启前照灯

531. 如何诊断与排除起动机转动无力故障?

（1）故障现象

1）起动机转动缓慢无力，带动发动机困难。

2)接通点火开关起动档,起动机只有“咔嗒”一声并不转动。

（2）判断步骤与方法

1）检查蓄电池容量和电源导线的连接情况。

2）在确认蓄电池容量足够，线路连接良好的情况下，用金属条短接起动机磁力开关的两个主接线柱，如果短接后起动有力了，说明起动机磁力开关内的主触点和接触盘接触不良；如果短接后起动仍然无力，则可认为电动机有故障或其搭铁不良，需进一步拆检。

3）在接通点火开关起动档后,起动机有连续的“咔嗒”声，如果短接起动机磁力开关的两个主接线柱，起动机转动正常，说明磁力开关保持线圈断路或短路。

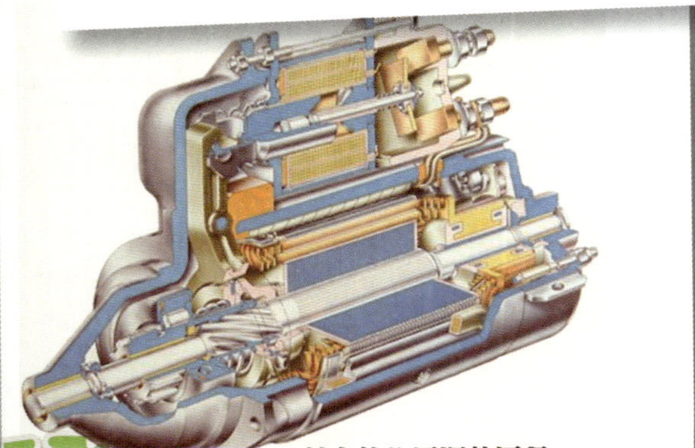

转向柱位置调整原理

532. 如何诊断与排除起动机空转故障?

（1）故障现象

接通点火开关起动档，起动机只是空转，不能带动发动机运转。

（2）判断步骤与方法

1）起动机空转时，有较轻的摩擦声音，起动机驱动小齿轮不能与飞轮齿圈啮合而产生空转，即驱动小齿轮还没有啮合到飞轮齿圈中，磁力开关就提前接通，说明主回路的接触盘行程过短，应拆下起动机，进行起动机接通时刻的调整；或为飞轮上的齿圈在飞轮上滑转。

2）起动机空转时，有严重的碰擦轮齿声音，说明飞轮齿圈或起动机驱动小齿轮严重磨损，应拆下起动机进一步检查，根据实际情况更换驱动小齿轮或飞轮齿圈。

3）起动机空转时，速度较快但无碰齿声音，说明起动机单向离合器打滑，即驱动小齿轮已经啮入飞轮齿圈中，但不能带动飞轮旋转，只是起动机电枢轴在空转，应更换单向离合器总成。

533. 如何诊断与排除起动时有打齿故障?

（1）故障现象

接通点火开关起动档，起动机在飞轮齿圈处发出强烈的打齿声，且不能带动发动机运转。

（2）故障原因

1）起动机安装螺栓松动。

2）驱动齿轮与飞轮齿圈正常啮合的位置调整不当，即当主电路已接通，驱动齿轮还未与飞轮齿圈完全啮合，从而引起打齿现象。

3）起动机电枢轴与轴承径向间隙过大。

4）驱动齿轮与飞轮齿圈的齿损坏严重。

飞轮安装位置图

534. 如何诊断与排除电磁开关吸合不牢故障?

1）故障现象。当接通点火开关起动档时，听见电磁开关吸合的“哒、哒”声，但发动机不能被起动。

2）故障原因。蓄电池存电不足、内部短路或连接导线接触不良，致使蓄电池输出电压降低。当点火开关接通时，蓄电池小电流向起动继电器与电磁开关吸引线圈及保持线圈供电，蓄电池内部压降不大，端电压较高，能够带动起动继电器与电磁开关工作。但是，当起动机主回路通电后，大电流放电使蓄电池端电压立即下降，当其低于起动继电器与电磁开关的工作电压时，起动继电器的触点和电磁开关将自动断开，驱动齿轮退回原位。当主电路断电后，蓄电池内部压降减小，端电压又回升到高于起动继电器与电磁开关的工作电压时，起动继电器触点和电磁开关也随之闭合，驱动齿轮又被拨向啮合位置。如此周而复始，导致电磁开关、驱动齿轮往返运动撞击，发出“哒、哒”声。

第八章 点火系统

535. 点火系统有什么作用?

点火系统的作用是按照汽油机工作的要求，产生电火花，点燃气缸内的混合气。无论汽车上采用何种点火系统，都必须满足发动机对点火系统的基本要求：

1）点火系统应能够产生足以击穿火花塞间隙的高压电。

2）火花塞产生的电火花应具有足够的能量。

3）点火的时间应能适应发动机的工作情况。

4）工作可靠。

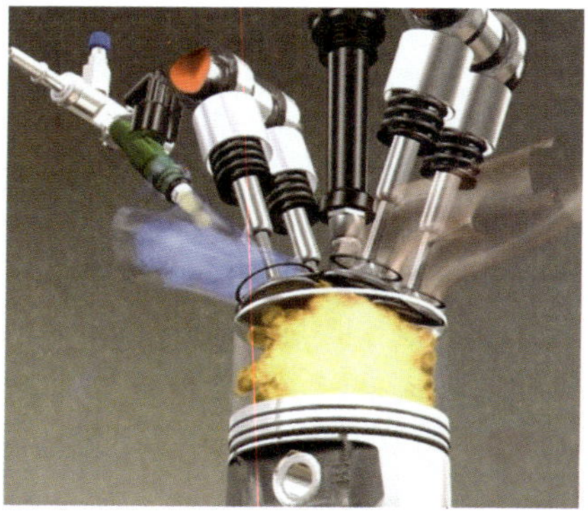

点火燃烧做功

536. 点火系统包括哪些部件?

汽车点火系统的作用是按照各缸点火次序，定时地供给火花塞以足够高能量的高压电（大约 15000 ~ 30000V），使火花塞产生足够强的火花，点燃气缸内的可燃混合气。

传统点火系统主要由点火线圈、火花塞、高压线、分电器、点火开关及控制电路等组成。现代轿车大多采用无分电器式电子点火系统。

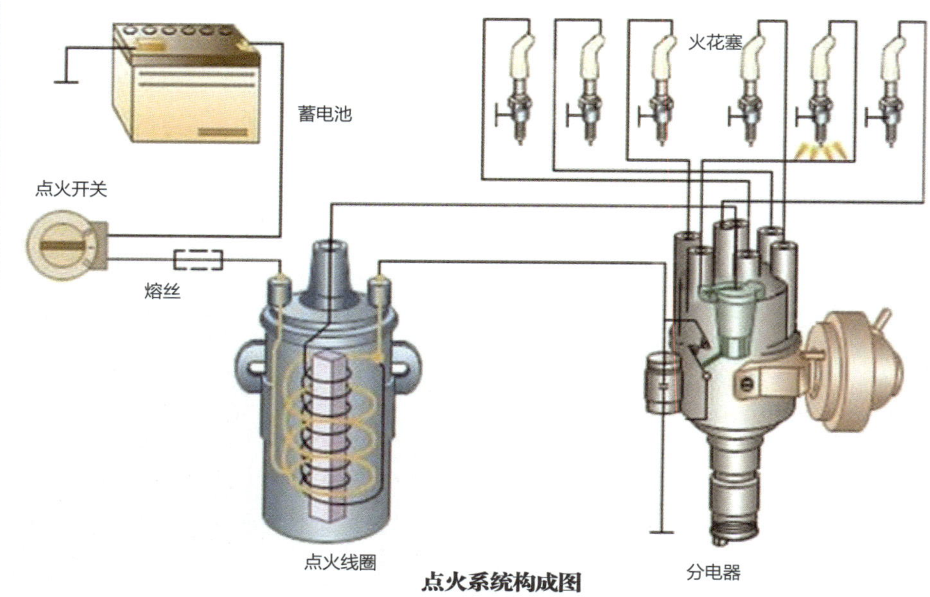

点火系统构成图

537. 点火线圈是什么原理？

点火线圈之所以能将车上的低压电变成高压电，是由于它有与普通变压器相同的结构形式，即点火线圈里面有两组绕组：初级线圈和次级线圈。次级线圈通常用 0.1mm 左右的漆包线绕 15000 ~ 25000 匝左右；初级线圈通常用 0.5 ~ 1mm 左右的漆包线在次级线圈外绕 200 ~ 500 匝左右。初级线圈一端与车上低压电源连接，另一端与点火器连接；次级线圈一端与初级线圈连接，另一端与高压线输出端连接并输出高压电。

点火线圈的工作原理就是变压器（升压器）的原理。初级线圈匝数少，次级线圈匝数多，在给初级线圈接通低压电后断开，由于互感原理，在匝数较多的次级线圈中会感应出几万伏的高压电。

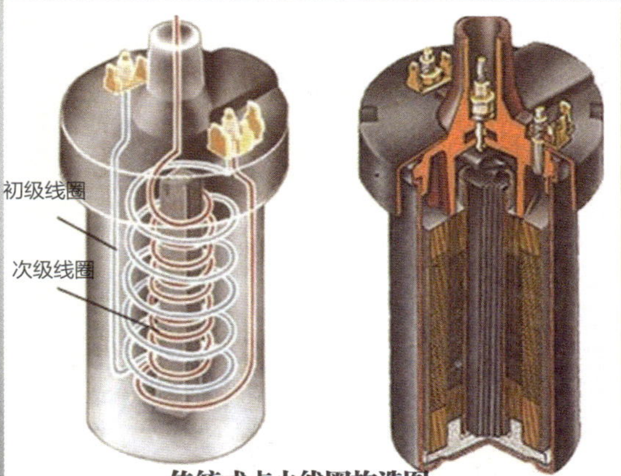

传统式点火线圈构造图

538. 影响次级电压的因素有哪些？

1）发动机气缸数的影响。发动机的气缸数越多，初级线圈闭合的时间越短，造成初级线圈断开时的电流下降，使次级电压下降。

2）火花塞积炭的影响。发动机在工作中，若混合气的浓度不合适、发动机窜机油或火花塞的热值不对，会在火花塞的裙部形成积炭。积炭是具有一定导电性能的导体，相当于在火花塞的电极间并联了一个电阻，电阻的阻值随积炭增加而减小，这个电阻将次级电路变成了闭合电路。当电阻减小到一定程度时，次级电压还未上升到击穿电压时，就通过积炭产生漏电，造成火花塞不能点火。积炭较少所形成的电阻较大时，由于电阻的作用，也会使次级电压有不同程度的下降。

3）电容器的影响。电容器的容量大小对次级电压的影响，从理论上分析，电容器的容量为零，次级电压最大，但实际上没有电容器，就会使触点的火花增大，造成初级电路断开不彻底，降低了磁通的变化率，使次级电压下降。而电容器过大，虽然对减小触点的火花很有好处，但其充电和放电的周期延长，同样会影响磁通的变化率，使次级电压下降。

4）断电器触点间隙的影响。断电器触点间隙的大小会影响触点的闭合角，进而影响触点断开时的初级电流，造成对次级电压的影响。一般情况下触点间隙过大，将造成触点的闭合角减小，使触点的闭合时间缩短，减小初级电流，使次级电压下降；触点间隙过小，将会造成触点分离不彻底，降低点火绕组中的磁通变化率，导致次级电压下降。

5）点火线圈温度的影响。点火线圈的温度过高，会使初级线圈的电阻增大，致使初级电流减小，引起次级电压下降。在正常使用中，点火线圈的温度不应超过 80℃。

539. 什么是开磁路点火线圈？

开磁路点火线圈的中心部分是一个软铁心，由硅钢片叠成，包在硬纸板套内。在纸板套外先绕制次级线圈，用直径为 0.06 ~ 0.10mm 的漆包线绕 11000 ~ 26000 匝；再在次级线圈外面用 0.5 ~ 1.0mm 的漆包线绕制初级线圈，匝数为 230 ~ 370 匝。在绕组与外壳之间装有导磁钢套，用来加强磁通。外壳的底部有绝缘瓷杯，用来防止高压电击穿次级线圈的绝缘而向铁心和外壳放电。点火线圈的上部是胶木盖，中央突出的部分是高压线插口，高压线插口两侧的接线柱是低压接线柱。

540. 什么是闭磁路点火线圈？

闭磁路点火线圈的铁心加工成日字形，铁心的内部先绕初级线圈，初级线圈的外面绕次级线圈。采用热固性树脂作为绝缘充填物，外壳以热熔性塑料注塑成形，其绝缘性、密封性均优于开磁路点火线圈。闭磁路点火线圈的磁力线可由铁芯构成闭合磁路，因而漏磁少，能量损失小，能量变换效率高。另外，闭磁路点火线圈还具有结构紧凑，体积小的优点。

笔式点火线圈

541. 点火模块有什么作用?

点火模块的作用是按照点火信号发生器发出的点火信号接通和断开点火系统的初级电路，使点火线圈的次级产生高压。现代汽车的电子点火模块中除了最基本的电路外，还增加了闭合角控制电路、初级电路、电阻可变电路、停车断电保护电路、点火能量恒定控制电路等，使点火系统的性能更加完善。

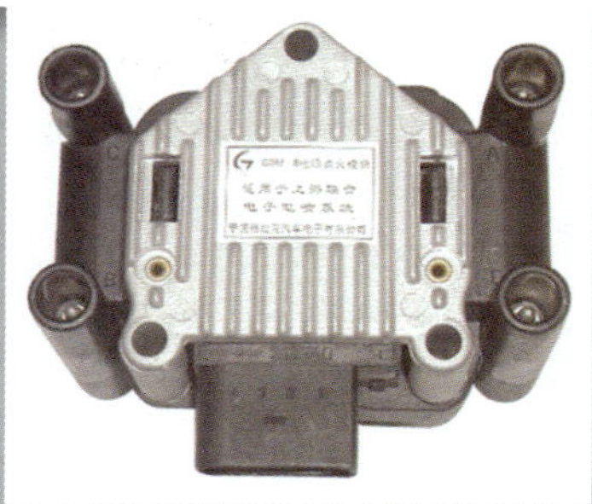

点火模块

542. 火花塞有什么作用?

火花塞的作用是将点火线圈产生的高压电引入发动机的燃烧室内，通过本身的间隙产生火花放电，点燃可燃混合气。对火花塞提出了较高的要求，具体如下：

1）火花塞应能承受冲击性高压电的作用，其绝缘体应在 30000V 高压的作用下保证良好的绝缘性能。

2）发动机气缸内燃烧气体的温度与进入气缸的新鲜混合气的温度相差很大，火花塞要能承受这种温度的剧烈变化，并保持一定的温度，不得产生局部过热或过冷。

3）火花塞要能承受住混合气燃烧所产生的巨大冲击力，因此，火花塞要有足够的机械强度。

4）火花塞在工作中要受到燃烧产物中多种活性气体的腐蚀作用。因此，要求火花塞的电极采用难熔、耐蚀的材料制成。

火花塞

543. 火花塞有哪些类型?

1）断电触头尖型火花塞。断电触头尖型火花塞的中心电极和侧电极都覆盖一层很薄的断电触头薄膜。断电触头薄膜非常耐蚀，大大延长了火花塞的使用寿命。另外，为了改善火花塞的放电性能，这种火花塞的中心电极的直径减小，电极间隙增大，在使用过程中也不必调整火花塞间隙。为了区别普通火花塞和断电触头尖型火花塞，断电触头尖型火花塞的陶瓷绝缘体的上部有 5 条深蓝色的条纹。

2）多极火花塞。多极火花塞的侧电极一般为两个以上，其优点是点火可靠，电极间隙不需经常调整，故在电极容易烧蚀和火花塞间隙不能经常调整的汽油机上采用，特别是一些对点火要求较高的发动机已广泛采用多极火花塞。

3）突出型火花塞。突出型火花塞的绝缘体裙部较长，突出于壳体端面之外，具有吸收热量大，抗污能力好的优点，能直接受到进气的冷却，不易产生炽热点火，热适应范围宽，是应用范围最广的火花塞之一。

4）细电极型火花塞。细电极火花塞的电极很细，特点是火花强烈，点火能力好，在寒冷条件下也能保证发动机迅速可靠起动，热范围较宽，能满足多种用途。

5）铜芯电阻型火花塞。铜芯电阻型火花塞在高速发动机上普遍采用，其内部的电极导热性能良好，热值较普通火花塞提高 10% ~ 40%，高速时能限制炽热点火，而火花塞裙部的加长，使热值的下限拓宽，同时也提高了电极的耐油污、抗烧蚀的能力。

6）沿面跳火型火花塞。沿面跳火型火花塞又称沿面间隙型火花塞，是一种最冷型的火花塞，其中心电极与壳体端面之间的间隙是同心的。它必须与点火能量大、电压上升率快的电容放电型点火系统配合使用，可完全避免火花塞的炽热点火，即使在油污的情况下也能正常点火。其缺点是可燃混合气不易接近电极，故在稀混合气的情况下，不能充分发挥汽油机的功能。另外，由于点火能量增大，中心电极很容易烧蚀。

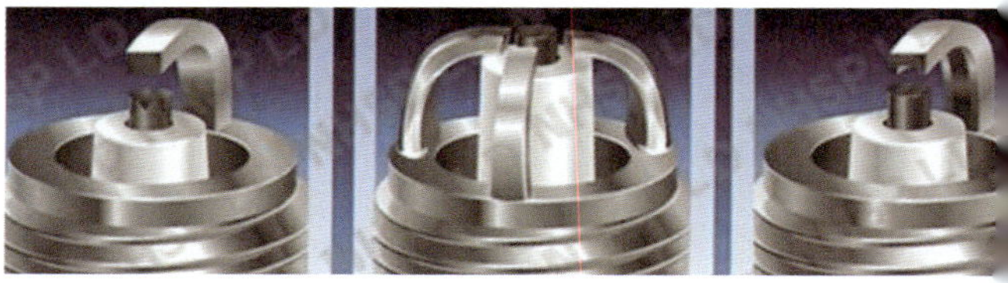

火花塞类型

544. 火花塞的构造如何?

火花塞的主要部件是绝缘体、接线柱和电极，而火花塞电极包括中央电极和侧电极，两者之间的间隙为火花塞间隙，一般不到 1mm。火花塞的放电部分是中央电极和侧电极，两者之间用高氧化铝陶瓷绝缘体隔开。绝缘体内部的中心导电部分分为 3 段，最下面一段为中央电极；中间是膨胀系数与陶瓷绝缘体相差不大的导电玻璃，确保火花塞在各种温度下的密封性；最上面是金属杆，金属杆的上部制有螺纹，中央电极接线柱拧在其上，高压导线接在中央电极接线柱上。绝缘体的外面是钢制壳体，壳体与陶瓷绝缘体之间有两个铜质的内垫圈，起密封和导热作用。壳体上部加工有供拆装火花塞用的六方壳体，其下部制有螺纹，拧入气缸盖相应的火花塞座孔,壳体的下端固定有侧电极。为保证火花塞在装入气缸盖后气缸的密封性，固定螺纹的上端还有金属密封圈。

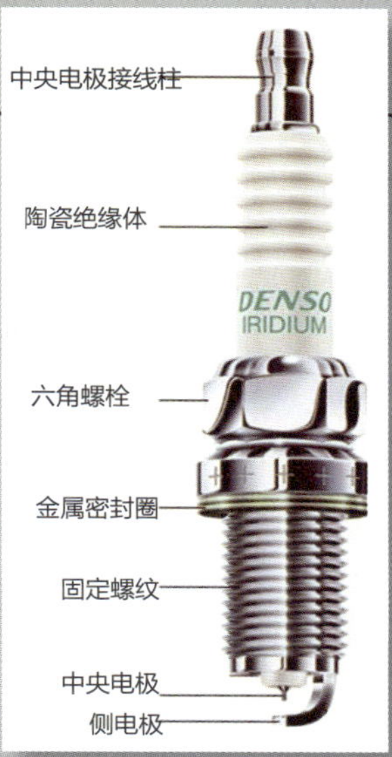

火花塞构造

545. 火花塞点火是什么原理?

火花塞点火的原理有点类似雷电，火花塞头部有中央电极和侧电极（相当于两朵带相反极性离子的云），两个电极之间有个很小的间隙，当通电时能产生高达 10 ~ 30kv 的电火花，可以瞬间“引爆”气缸内被压缩后温度非常高的可燃混合气。

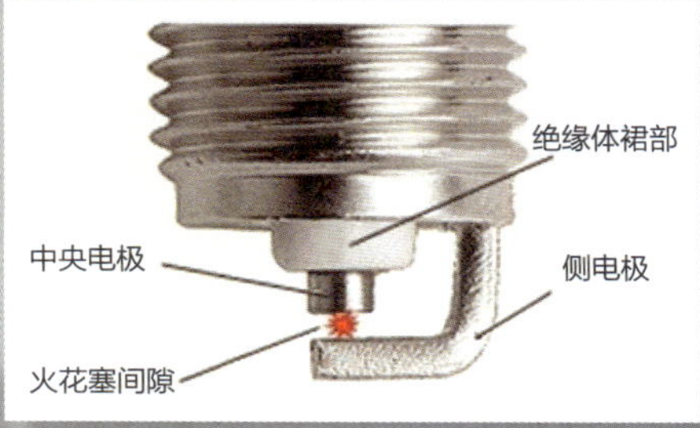

火花塞点火原理

546. 影响火花塞跳火性能的因素有哪些?

1）火花塞电极形状的影响。火花塞电极的形状对放电性能有很大影响，一般电极有比较尖锐的棱角，比较容易放电，如果电极是球面的形状，则放电最困难。

2）火花塞电极间隙的影响。一般火花塞的电极间隙越大，所需要的放电电压越高。为保证发动机在任何情况下可靠点火，火花塞的间隙为 0.6 ~ 0.8mm。

3）气缸压缩压力的影响。气缸的压缩压力越大,火花放电就越困难，所需的电压也就越高。

4）电极温度的影响。火花塞电极的温度越高，所需的电压越低。

547. 火花塞间隙对发动机有何影响?

火花塞间隙越大，跳火的火花越强，火花越强气缸内的燃料越容易燃烧，并且能燃烧得更好，发动机起动越容易，用油也能节省。但是间隙越大，越需要高电压才能跳火，此外，气缸的压缩比越大，也需要越高的电压才能跳火，因此，必须按照点火系统能供给的电压以及气缸的压力状况来设定最适当的火花塞间隙。

如果间隙太大，就要求有更高的点火电压，以使火花塞能跳过这一间隙，如果不依照原厂的规定而将间隙调得太高，可能会使火花塞因跳火、点火不易而造成发动机不易起动，加速无力,不能跑快、耗油太多。如果间隙太小，可能造成不点火、点火过早、爆燃、运行有噪声和排气较差。

548. 火花塞的自洁温度是多少?

要使火花塞工作良好，必须使火花塞保持在适当的温度范围以内，此适当温度范围的下限称为火花塞的自洁温度，大约为 450℃。如果火花塞在工作中低于此温度，燃油不完全燃烧所产生的积炭就会沉积在火花塞的陶瓷绝缘体表面，导致火花塞漏电。积炭严重时，将造成火花塞不能点火；高于此温度，沉积的积炭会被烧掉，因此，称此温度为自洁温度。温度范围的上限称为早燃温度，大约为 950℃。如果火花塞中央电极的温度超过此温度，火花塞不跳火就能将混合气点燃，这种情况称为早燃。发生早燃，会造成发动机的输出功率下降，甚至造成活塞顶烧熔。因此，火花塞的温度必须在 950℃以下。火花塞的正常工作温度范围为 450 ~ 950℃。

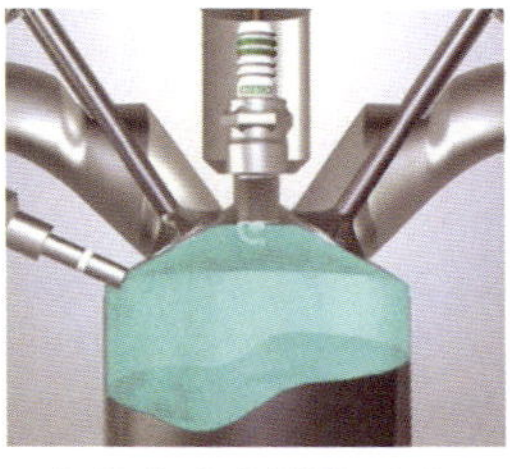
火花塞点火燃烧示意

549. 火花塞分为哪两种类型?

火花塞的关键部分是绝缘体，如果绝缘体不起作用，高压电就会“抄小路”而不经两极搭铁，造成无火花现象。火花塞的绝缘体必须要有良好的机械性能和耐高电压、耐高温冲击、耐化学腐蚀的能力，普通火花塞多采用以氧化铝为基础的陶瓷做成。火花塞的尺寸是全世界统一的，任何汽车上都可以通用，但由于汽油发动机类型有区别，因此，火花塞也会分为两种基本类型：冷型火花塞和热型火花塞。

550. 什么是冷型火花塞与热型火花塞?

冷型火花塞与热型火花塞是相对而言，它反映了火花塞的热特性性能。火花塞要有适当的温度才能工作良好，没有积炭才能工作正常。实践证明火花塞绝缘体温度保持在 500 ~ 600℃时，落在绝缘体上的油滴能立即烧去不会形成积炭，高于这个温度会早燃，低于这个温度有积炭。在不同发动机上的温度会不一样，设计者就利用绝缘体裙部的长度来解决这个矛盾。在相同的工作条件下，裙部短的火花塞，受热面积小，传热路径短，散热容易，因而工作温度低些，我们把这样的火花塞称为冷型火花塞；反之，裙部长的火花塞，受热面积大，传热路径长，散热困难，因而工作温度高些，我们把这样的火花塞称为热型火花塞。

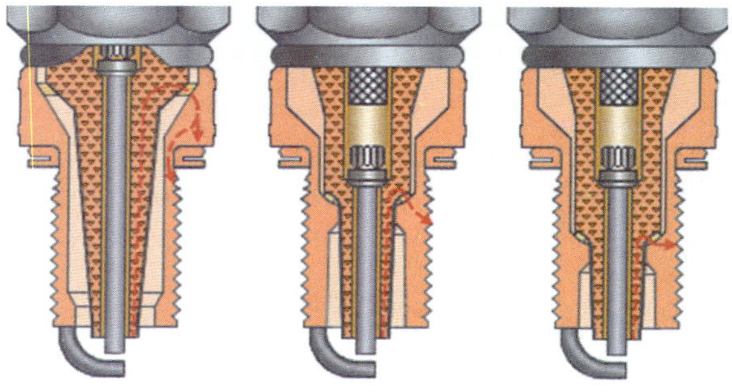

火花塞形式

551. 冷型火花塞与热型火花塞分别适用于哪些发动机?

发动机的技术性能不同，气缸内的工作温度也不相同，对火花塞的要求也有所不同。对于高速、大功率、高压缩比的发动机，气缸内的工作温度高，应采用冷型火花塞；对低速、小功率、低压缩比的发动机，气缸内的工作温度低，应选用热型火花塞。介于两者之间的发动机，应采用热值中等的火花塞。对于具体型号的发动机，制造厂已为其匹配相应热值的火花塞。在使用中如果需要更换火花塞，应选用厂家规定型号的火花塞，保证热值匹配。

552. 火花塞热值对发动机有何影响?

热值较高的火花塞反应迅速，较适合市区走走停停的路况，但气温较高时使用容易使发动机出现过热的现象。反之，热值较低的火花塞在走停间不如热值高的火花塞反应迅速，不过当汽车长时间以高速行驶时，热值低的火花塞就会有较佳的表现。只求稳妥的车主，还是换用与出厂所备火花塞完全相同的品牌、型号较为保险。

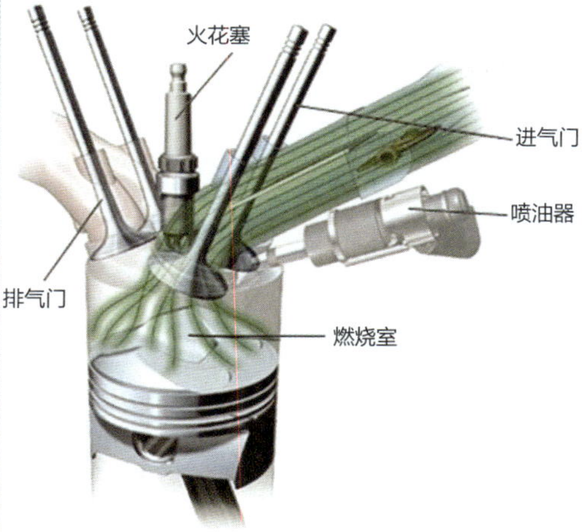

火花塞在发动机中的安装位置

553. 火花塞的使用寿命有多长?

火花塞的使用寿命往往用电极的消耗来衡量，火花塞的使用寿命定义为“直到电极不能跳正常的火花为止”，可见电极的消耗对火花塞使用寿命的影响之大。电极的消耗是由烧蚀和腐蚀而引起的，又同电极材料和电极工作温度有关。实际测试表明，温度到 580℃以上电极就开始发生腐蚀，而且随温度上升腐蚀相应地增加，到 890 ~ 1000℃附近就开始氧化。如果产生侵（烧）蚀，电极的棱角就变成弧状，电极间隙将变大，这样就会提高电极间跳火所必须的放电电压。一般随着发动机的运行或汽车行驶距离的增加，电极间隙所必须的放电电压也在不断地上升，会越来越接近点火系统所提供的电压极限，于是点火越来越困难，并最终发生了断火，火花塞的使用寿命也就终结于此。普通火花塞的使用寿命为 15000km，长效火花塞的使用寿命为 30000km。

554. 火花塞烧蚀的现象及原因有哪些?

1）电极熔化且绝缘体呈白色。此现象表明燃烧室内温度过高，其原因可能是燃烧室内积炭过多，也可能是火花塞未按规定力矩拧紧等。

2）电极变圆且绝缘体有疤痕。此现象表明发动机早燃，其原因可能是点火时间过早或者汽油辛烷值低，火花塞热值过高等。

3）绝缘体顶端碎裂。爆燃是绝缘体破裂的主要原因，而点火时间过早、汽油辛烷值低、燃烧室内温度过高，都可能导致发动机爆燃。

4）绝缘体顶端有灰黑色条纹。这种条纹标志火花塞已经漏气，应更换新件。

电极烧蚀

555. 火花塞有沉积物的现象及原因有哪些?

1）油性沉积物。火花塞上有油性沉积物，表明机油已经进入燃烧室内。如果只是个别火花塞上有油性沉积物，则可能是气门油封损坏。如果各缸火花塞都粘有油性沉积物，表明气缸窜油，应检查空气滤清器和通风装置是否堵塞等。

2）黑色沉积物。火花塞电极和内部有黑色沉积物，表明混合气过浓，可以提高发动机运转速度，并持续几分钟，就可烧掉留在电极上的一层黑色煤烟层。

火花塞上的油性沉积物

556. 柴油机没有火花塞吗?

柴油机在进气行程中吸入的是纯空气，在压缩行程接近终了时，柴油经喷油泵将油压提高到100bar（$1bar=10^5Pa$）以上，通过喷油器喷入气缸，在很短的时间内与压缩后的高温空气混合，形成可燃混合气。由于柴油机压缩比高（一般为16～22），所以，压缩终了时气缸内的空气压力可达35～45bar，同时温度高达500～800℃，大大超过了柴油的自燃温度。因此，柴油在喷入气缸后，在很短时间内与空气混合后便立即自行燃烧。气缸内的气压急速上升到60～90bar，温度也升到1800～2300℃。燃烧所产生的高温高压燃气在气缸内膨胀，推动活塞向下运动并带动曲轴旋转而做功。因此，柴油机没有点火线圈、火花塞等，也就没有点火系统。

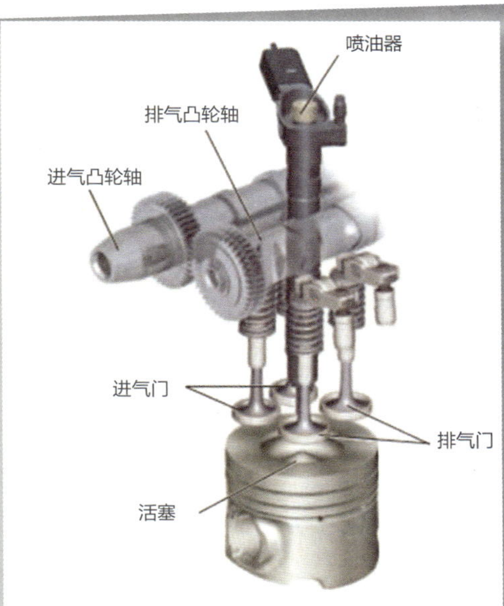

喷油器在发动机中的安装位置

557. 什么是普通火花塞?

经常听说普通火花塞、铂金火花塞和铱金火花塞，其实这是根据火花塞电极材料的不同而区分出来的特殊称谓。一般汽车的原厂火花塞，其电极材料由镍锰合金制成，即普通火花塞，它们一般在行驶 1 万 km 或 1 年后都要进行检查或更换。

铂金火花塞可实现 10 万 km 内免检查更换，而近来才出现的铱金火花塞同样能达到这样的水平。这给车主带来极大的方便，不过在修发动机时若没有特别声明，修配厂是不会给换上铂金火花塞的，因为一只普通火花塞仅几十元，而原厂的铂金火花塞则需上百元（一般只有奔驰、宝马一类高档轿车和部分丰田轿车才原厂配用铂金火花塞），所以必须谨记普通火花塞的保养时限，并应经常检查。

558. 铱金火花塞有什么优势?

由于银、金的熔点太低，所以不能用作电极材料，而镍则有接近 1500℃的熔点且价格便宜，所以就制成了普通火花塞。铂金则接近 2000℃才被熔掉，其稳定性和抗烧蚀性自然比镍要好，而铱金材料则比铂金有更高的熔点，所以更加适合高性能发动机长时间、高转速情况下使用。另外，化学特性比较稳定是衡量金属的本质。铂金、铱金在极高转速的高温、高压下，依然能提供准时、强劲的火花。而在这种极限情况下，普通火花塞极有可能发出不稳定、不准时的火花，甚至有可能“失火”，使发动机的工作因此大打折扣。

559. 铂金火花塞有什么优势?

火花塞寿命往往用电极的消耗来衡量，火花塞的寿命定义为“直到电极不能跳正常的火花为止”，可见电极的消耗对火花塞寿命的影响之大。

铂金火花塞的电极采用的就是铂金，其寿命是普通火花塞寿命的 5 倍，铂金火花塞的平均寿命能达到 16 万 km。铂金电极火花塞的优越性主要有以下几个方面：

1）提高了发火性能。

2）提高了跳火性能。

3）容易稳定在燃烧的最佳工作温度内。

4）扩大了热范围。

5）优良的耐久性。

560. 火花塞有哪些规格?

国外以螺纹直径 M14 和 M12 为主，M10 次之；我国仅以 M14 为主，M12 和 M10 的火花塞在特殊情况下生产。火花塞型号各国的表示方法有所不同，比如表示为 T8126J 型的火花塞，其中“T”表示结构类型，“8”表示螺纹尺寸和六角对边，“12”表示螺纹旋合长度，“6”表示热值，“J”表示特征，常见的结构类型有标准型（用 B 表示）、突出型（用 T 表示）。螺纹尺寸规格有 1、4、8 三种，1 表示 M10×1，S = 16；4 表示 M14×1.25，S = 19；8 表示 M18×1.5，S = 22。螺纹旋合长度有 11、12、19 三种。热值包括 1 ~ 9 九个数字，其中 1 ~ 3 为低热值，4 ~ 6 为中热值，7 ~ 9 为高热值。热值越高，散热越快，为冷型火花塞；热值越低，散热越慢，为热型火花塞。

561. 如何清理火花塞?

1）将火花塞从气缸上取下之前，切记要将吸附在火花塞周围的尘土和油污擦拭干净。防止取下火花塞时，这些尘土和油污进入到气缸内。在取下火花塞后，也要将火花塞安装孔盖好，以免异物掉入气缸。

2）取下火花塞后，先用小刀或废旧钢锯条刮掉火花塞上的污物和积炭（如果污物和积炭不易刮掉，可先将火花塞用火烧一下。注意不要使用强火，以免烧坏火花塞的绝缘材料）。当污物和积炭清理完毕后，用汽油清洗干净、烘干。

3）在重新安装火花塞之前，还要检查火花塞的电极间隙，应符合相应车型火花塞间隙规定值。火花塞电极间隙如果不符合要求，可用木制器具调整火花塞的侧电极，一般不要动火花塞的中央电极，以免损坏火花塞的绝缘体。

铂金火花塞

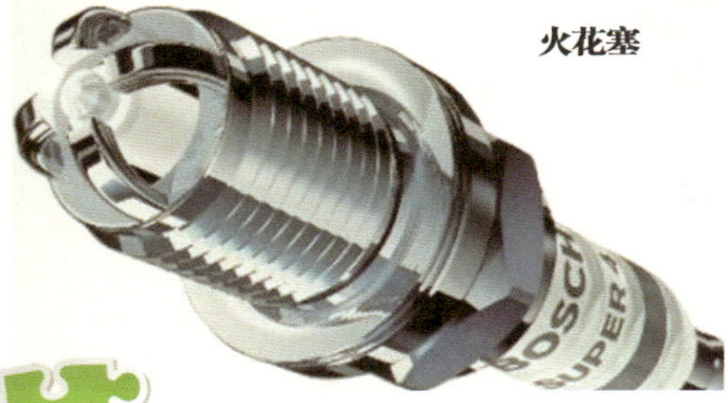

火花塞

562. 如何检查火花塞状况?

火花塞的技术状况除用专用仪器进行密封发火试验以外，还可采取下述方法检查：

（1）就车检查法

1）触摸法：起动发动机，使其怠速运转，用手触摸火花塞绝缘陶瓷部位，如温度上升得很高很快，表明火花塞正常，反之为不正常。

2）短路法：起动发动机，使其怠速运转，然后用螺钉旋具逐缸对火花塞短路，听发动机转速和响声变化，转速和响声变化明显，表明火花塞正常，反之为不正常。

3）跳火法：旋下火花塞，放在气缸体上，用高压线试火，若无火花或火花较弱，表明火花塞漏电或不工作。

（2）观色法

拆下火花塞观察，如为赤褐色或铁锈色，表明火花塞正常；如为渍油状，表明火花塞间隙失调或供油过多，高压线短路或断路；如为烟熏之黑色，表明火花塞冷热型选错或混合气浓，机油上窜；如顶端与电极间有沉积物，当为油性沉积物时，说明气缸窜机油与火花塞无关，当为黑色沉积物时，说明火花塞积炭而旁路，当为灰色沉积物时，则是汽油中添加剂覆盖电极导致缺火；若严重烧蚀，如顶端起疤、有黑色花纹破裂、电极熔化，表明火花塞损坏。

火花塞

563. 什么情况下需要更换火花塞?

如果发现火花塞顶端起疤、破裂或电极熔化、烧蚀，就说明这火花塞已经烧坏，应该更换。另外，若绝缘体顶端有灰黑色条纹，也要更换火花塞，因为这表示该火花塞已经漏气。如果火花塞电极头被油泥附着，或是看起来颜色不太正常，最好找时间到修理厂做个检查，因为这说明发动机工作状况可能有问题了。

564. 自己如何更换火花塞?

首先选择规格合适的火花塞套筒。将火花塞上的高压线轻轻拔下，如果抓着高压线本身用力拉，可能会拉伤高压线，此时，可抓住高压线根部（靠近火花塞侧）用力拉。用抹布或刷子清理火花塞周围的污垢，再将火花塞套筒正确套上。为避免弄乱高压线与火花塞的搭配顺序，应该一缸一缸操作，或在高压线头标明它是属于哪个缸的线，以免复原时装错。

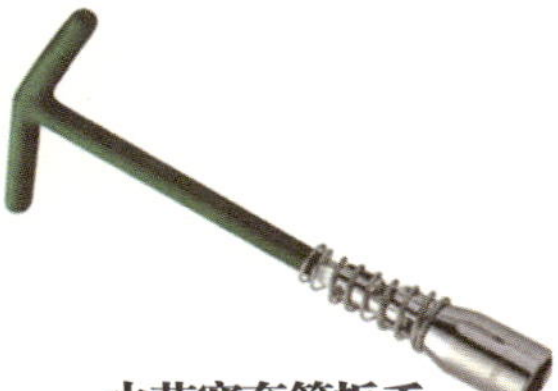

火花塞套筒扳手

拆装火花塞

565. 拆装火花塞有哪些注意事项?

1）拔下高压线接头时应轻柔，操作时不可用力摇晃火花塞绝缘体，否则会破坏火花塞密封性能。

2）发动机冷却后方可拆卸，当旋松所要拆卸的火花塞后，用一根细软管逐一吹净火花塞周围的污物，以防火花塞旋出后污物落入燃烧室内。

3）螺纹周围、火花塞电极和密封垫必须保持清洁，干燥无油污，否则会引发漏电、漏气、火花减弱等故障。

4）安装时，先用套筒将火花塞对准螺孔，用手轻轻拧入，拧到约螺纹全长的 1/2 后，再用加力杠杆紧固。若拧紧时手感不畅，应退出检查是否对正螺口或螺纹中有无夹带杂质，切不可盲目加力紧固，以免损伤螺孔，殃及气缸盖，特别是铝合金气缸盖。

5）应按要求力矩拧紧，过松会造成漏气，过紧使密封垫失去弹性，同样会造成漏气。锥座型火花塞由于不用密封垫，遵守拧紧力矩尤显重要。

566. 点火提前角受哪些因素影响？

影响点火提前角的因素主要是发动机转速和发动机负荷。

1）当发动机转速高时，应增大点火提前角。这是由于在发动机转速升高时，在相同的时间内活塞的移动距离变大，曲轴转过的角度变大，如果燃烧速率不变，点火提前角应增大。

2）当发动机负荷大时，应减小点火提前角。这是由于在发动机负荷增大时，吸入气缸的混合气增多，压缩终了时的压力和温度增高，残余废气相对减少，混合气燃烧速度加快，点火提前角应减小。

567. 分电器如何分配高压电？

分电器是按气缸点火次序定时地将高压电分配给各缸火花塞，那它是如何分配的呢？我们来看一下分电器的结构。分电器通常是由配电器（分电器盖）、断电器、电容器和点火提前调节装置组成。这里面的分电器盖就起到分配高压电的作用。

分电器盖的中心插孔通过高压线与点火线圈相连接，则点火线圈的高压电通过分电器盖上的中心电极传给分火头，分火头转动将高压电通过旁电极和分缸高压线传递给各缸火花塞，从而点燃各缸的可燃混合气。

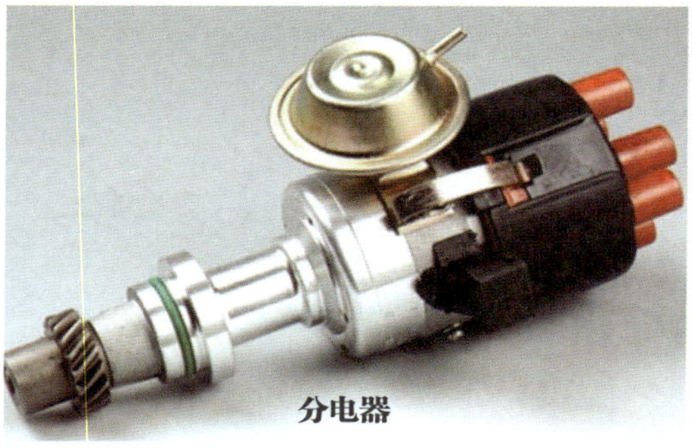

分电器

568. 高压线有什么作用？

高压线用来将点火线圈的高压电送至分电器盖的中心插孔，再从分电器盖的旁电极插孔传至火花塞。现在使用的高压线，大多采用电阻型的高压线，以抑制点火系统所产生的无线电干扰。

高压线两端的金属接头分别与火花塞和分电器盖的旁电极插孔相连，两端的胶皮套要套住火花塞和分电器，以保证密封和绝缘。

569. 什么是爆燃？

汽油机在燃烧过程中，燃烧室内有明显的火焰前锋在推进。在火焰前方的未燃混合气受到已燃混合气强烈的压缩和热辐射作用，其压力和温度都急剧增高。如果火焰前锋到达以前，未燃混合气已达到它的自燃温度而自行着火，形成新的火焰中心，产生新的火焰传播，这种现象称为爆燃。发生爆燃时，气缸内的局部压力和温度猛增，压力波在气缸内高频震荡，火焰传播速度在强烈爆燃时高达 1000m/s。

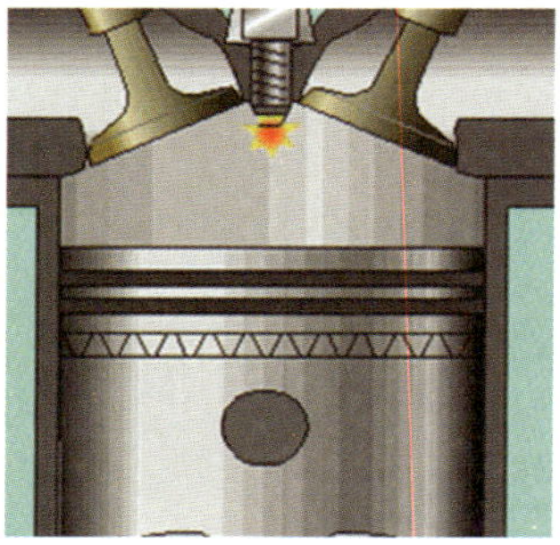

正常燃烧

570. 爆燃对发动机有何影响？

现在，许多车厂为了使发动机发出最大的性能及降低油耗，通常会把常用转速范围的点火角设定的比较提前，所以，有些发动机在 2000 ~ 3000r/min 间负荷较大时，难免会有轻微的爆燃，然而轻微的爆燃对发动机不会有太大的影响，车主也不用过于担心。但是若因为发动机出问题所产生的爆燃，如严重积炭或散热不良等，这种爆燃通常很严重，如果是在高转速高负荷发生连续且严重的爆燃，不出 1min，轻则火花塞、活塞及气门等熔损，严重的甚至连气缸及发动机本体都会被炸穿。

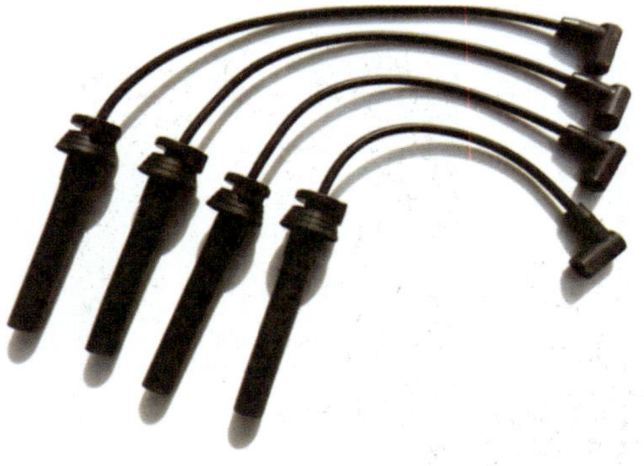

高压线

571. 爆燃有什么危害?

1）机件过载。强烈爆燃时的冲击波会造成缸壁、缸盖、活塞、连杆、曲轴等机件过载，机件变形甚至机件损坏。

2）机件烧损。爆燃时，汽油机燃烧终了的温度可达 2000 ~ 2500℃，而活塞顶、燃烧室壁及气缸壁的温度仅为 200 ~ 300℃。除了冷却液的作用外，能够维持这样低温度的原因是在这些壁面上形成了气体的附面层，它起了隔热作用。强烈爆燃的冲击波会破坏这一附面层，使机件直接与高温燃气接触，而严重爆燃时局部燃气温度可达到 4000℃以上，使活塞头部和气门等机件烧损。

3）性能指标下降。严重爆燃时的局部高温产生严重的热分解现象，燃烧产物分解为 CO、H_2、O_2、NO 及游离碳的现象增多。游离碳已不能再燃烧，形成排气冒烟。CO、H_2、O_2 等在膨胀过程中重新燃烧，使补燃增加，排气温度增高，附面层破坏，向缸壁散出的热量增加，发动机过热，有效功率降低，有效耗油率增加。

严重爆燃时，即使机件没有损坏，其寿命也会降低。试验表明，严重爆燃时气缸的磨损量比正常燃烧时高 27 倍左右。

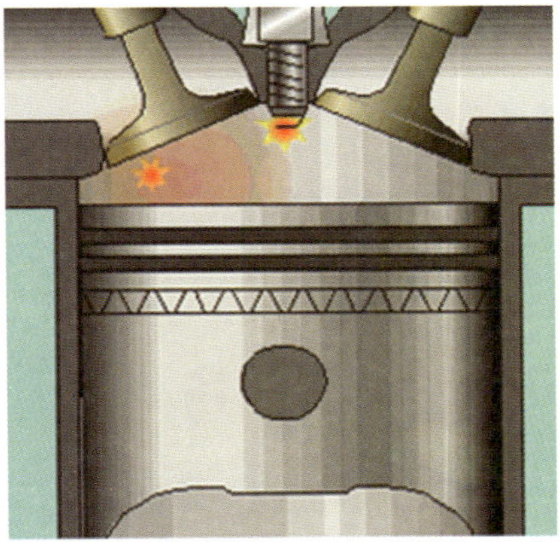

爆燃

爆燃传感器

572. 如何预防爆燃?

预防发动机产生爆燃的措施主要有以下几个方面：

1）使用抗爆性强的汽油。

2）在汽油中加入少量抗爆添加剂，可提高汽油的辛烷值，使其抗爆性增强，但现在已严格控制加铅汽油的使用。

3）应根据发动机的压缩比选用相应标号的汽油。

另外，也可以通过改变结构因素，如减小压缩比、采用双火花塞等以及改变运行因素，如负荷、转速等措施预防爆燃的产生。

573. 爆燃传感器能精确控制点火吗?

发动机工作时因点火时间提前太多（点火提前角）、发动机的负荷、温度及燃料的质量等影响，会引起发动机爆燃。发生爆燃时，由于气体燃烧在活塞运动到上止点之前，轻者产生噪声及降低发动机的功率，重者会损坏发动机的机械部件。为了防止爆燃的产生，爆燃传感器是不可缺少的重要部件，以便通过电子控制系统去调整点火提前时间。

发动机发生爆燃时，爆燃传感器把发动机的机械振动转变为信号电压送至 ECU。ECU 根据其内部事先储存的点火及其他数据，及时计算修正点火提前角，去调整点火时间，防止爆燃的发生。

爆燃传感器安装位置示意图

574. 如何检修爆燃传感器？

1）在使用中，拆开爆燃传感器线束插接器，用万用表在传感器侧检查传感器端子与传感器壳体之间电阻，应不导通（电阻为无穷大），否则说明内部短路，应更换传感器。

2）爆燃传感器工作情况的检查，可在怠速运转时进行。拆开爆燃传感器线束插接器，用示波器检查传感器端子与搭铁之间的信号电压，应有脉冲信号输出，否则说明传感器不良，应更换新件。

575. 什么是表面点火？

表面点火指的是在发动机工作时，气缸内混合气不是被火花塞点燃，而是被燃烧室内局部机件炽热表面及炽热的高温点（其温度在850℃以上）所点燃，它是一种不正常的燃烧现象。在正常火花塞点火前的表面点火称为“早火”；在正常火花塞点火后的表面点火称为“后火”。表面点火的外部特征与爆燃相似，有强烈而沉闷的敲击声，而且工作不正常，负荷增加，加剧了零部件的磨损，对发动机有严重的破坏作用。

576. 如何预防表面点火？

引起表面点火的原因：燃烧室内炽热物，如过热的排气门、过热的火花塞电极、燃烧室内积炭等。那么，如何预防表面点火的发生呢？主要从以下4点进行预防：

1）清除燃烧室表面凸起物。

2）清除燃烧室表面的积炭。

3）保证冷却系统正常工作。

4）使用抗爆性好的汽油燃料。

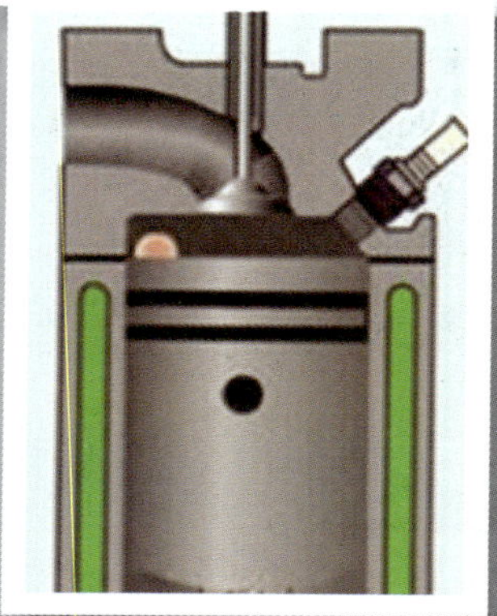

表面点火示意图

577. 表面点火和爆燃有何关系？

表面点火与爆燃是两种完全不同的不正常燃烧现象。爆燃是燃烧室内末端混合气的自燃现象，而表面点火是由炽热物（如积炭）点燃混合气所致。表面点火时火焰传播速度比较正常，没有压力冲击波，但二者之间存在着相互促进的内在关系，强烈的爆燃必然增加向气缸壁的传热，促成燃烧室炽热点的形成，导致表面点火；表面点火又使气缸压力升高率和最高燃烧压力增大，使未燃混合气受到较大的压缩和传热，促使爆燃产生。

表面点火与爆燃的区别在于：表面点火是混合气为炽热表面所点燃的结果，而爆燃是未然混合气因受已燃混合气的加热压缩而引起自燃的结果，它发生在火花点火之后，并有压力波产生。表面点火的加剧可以引起爆燃，而爆燃又将形成更多的炽热表面，使表面点火更为剧烈。

578. 什么是积炭？

发动机的气缸盖、气缸上沿、活塞顶、活塞环、气门头部及火花塞（或喷油器的喷口处）等机件表面，在发动机工作中会粘有一层积炭。积炭是一层粗糙、坚硬且粘结力很强的物质，它可以减少燃烧室的容积，改变压缩比，并在燃烧过程中形成许多炽热点，易引起表面点火，破坏发动机的正常工作。此外，积炭可以粘结活塞环，形成新的磨料，影响润滑作用。因此，在汽车使用过程中应定期清除积炭。清除积炭通常用机械法或化学法，或两者并用。

清除积炭前后对比图

579. 机械法如何清除积炭?

根据机件的形状和部位，利用装在电动工具上的专用钢丝刷进行刷洗或用刮刀直接刮除。发动机燃烧室、气门等处的积炭，在拆下气缸盖后，可先用煤油浸泡，使其软化，然后用木质刮刀将其刮除。活塞环槽的积炭可用专用工具，将其手柄夹紧，予以旋转而清除积炭。就车清除气缸表面和活塞顶部积炭，可将活塞处于上止点位置，在活塞与气缸壁缝隙四周涂抹一层润滑脂，以防刮下来的积炭掉入，然后细心地进行刮除。刮除完毕后，均应将其清洗干净。

580. 化学法如何清除积炭?

化学法清除积炭是利用化学溶剂对积炭浸泡 2 ~ 3h，靠物理或化学作用使积炭软化，然后用刷洗或擦洗法去除。所用化学溶剂可分为有机溶剂和无机溶剂两类。无机溶剂的毒性小，成本低，但退炭效果较差，而且使用时需要加热至 85 ~ 95℃，使用不当还会对某些有色金属造成腐蚀。有机溶剂具有退炭能力强，常温下使用对有色金属无腐蚀等优点，但成本高，毒性大，在使用中应加强保护。

581. 如何预防发动机积炭?

1）加注高质量的汽油。汽油中的蜡和胶质等不纯物是形成积炭的主要成分，所以清洁度高的汽油形成积炭的趋势就弱一些。

2）不要长时间怠速行驶。怠速时间长，发动机达到正常温度的时间也就变长，汽油被喷到气门背面后蒸发的速度就慢，积炭也由此产生。同时经常怠速行驶，进入发动机的空气流量也就小，这样对积炭的冲刷作用变得也很弱，会促进积炭的沉积。

3）多跑高速，尽量提高手动变速器车的换档转速。多跑高速的目的就是要利用气流对进气道的冲刷作用来预防产生积炭。另外，提高换档的转速也与多跑高速有着异曲同工之妙，转速从原来 2000r/min 变成 2500r/min 时换档，不但可以有效预防积炭生成，还可以提高汽车的动力性，也避免了换档转速过低带来的爆燃，起到保护发动机的作用。

（4）注意熄火时机。对于装有涡轮增压器发动机的汽车，在高速行驶或是爬坡后不要马上熄火，最好在怠速运转 10min 后再熄火，因为装有涡轮增压器的汽车其形成积炭的速度比一般自然吸气式的汽车要快数倍。

（5）发动机有烧机油现象必须及时维修。机油进入燃烧室燃烧容易生成积炭，并且对氧传感器和三元催化器产生不良影响，出现故障不能图省事只采取添加机油的方式来对付，应当及时到维修站修复故障。

582. 点火开关各档位有何作用?

点火开关（Ignition Switch）主要用来接通和切断点火电路，同时还控制起动电路、发电动机励磁电路、仪表电路及其他辅助电器设备的电路，是汽车电路中的一个重要的控制开关。

点火开关通常有 LOCK、ACC、ON、START 4 个档位。

1）LOCK 档。一般的点火钥匙放到这个档位就等于锁死了方向盘，方向盘不能有太大的活动。

2）ACC 档。ACC 档是可以使用部分用电设备的，如收音机、车灯等，但不可以使用空调等大的用电设备。

3）ON 档。正常行车时点火钥匙处于 ON 状态，这时全车所有电路都处于工作状态。

4）START 档。START 档是发动机起动档，起动后会自动恢复到 ON 档。

点火开关

点火钥匙

第九章 电控系统

583. 什么是 EFI？

EFI 是英语 Electronic Fuel Injection System 的简称，中文意思为电控汽油喷射系统。它利用各种传感器检测发动机的各种状态，经微处理器的判断、计算，使发动机在不同工况下均能获得合适空燃比的混合气。

584. 电控汽油机有何优点?

1）改善了各缸混合气的均匀性。

2）提高了发动机的动力性和经济性。

3）减少了排放污染。

4）工况过度圆滑。

5）改善了汽油机对地理及气候环境的适应性。

6）提高了汽油机高低温起动性能和暖机性能。

电控发动机

585. 电控汽油机由哪几部分组成?

随着 2001 年化油器发动机退出历史的舞台，现在汽车采用的都是电控汽油机，它具有控制精度高，动态响应迅速，很大程度上提高了发动机的动力性和经济性并降低了排放。那么，电控汽油机是如何工作的呢?

电控汽油机是由传感器、电脑 ECU 和执行器 3 部分组成。如果把电控汽油机看作是人体，那么其传感器相当于人的眼睛、耳朵和鼻子等，负责采集发动机运行的各种信息；执行器相当于人的胳膊和腿等，负责执行电脑 ECU 发出的控制指令；电脑 ECU 相当于人体的大脑。其基本工作原理为大脑 ECU 通过接收各种传感器的信号并对其进行分析、运算、处理等，然后向执行器发出控制指令，使发动机能正常工作。

586. 电控汽油机有哪些传感器?

电控汽油机的传感器主要有：空气流量传感器、节气门位置传感器、曲轴位置传感器、凸轮轴位置传感器、机油温度 / 液位传感器、冷却液温度传感器、爆燃传感器、氧传感器等。

空气流量传感器英文简称为 MAF，用于测量发动机吸入空气量的多少。

节气门位置传感器英文简称为 TPS，用于监测节气门的开度大小和开闭的速率。

曲轴位置传感器英文简称为 CKP，也称为发动机转速传感器，用于监测曲轴的转速（发动机转速）和转角。

凸轮轴位置传感器英文简称为 CMP，用于监测凸轮轴位置，与曲轴位置传感器配合确定发动机的喷油时刻和点火时刻。

冷却液温度传感器英文简称为 THW 或 ECT，用于测量发动机冷却液的温度。

爆燃传感器英文简称为 KS 或 KNK，用于监测发动机的振动频率，以确认发动机是否发生爆燃，如发生爆燃则电脑控制减小点火提前角。

氧传感器英文简称为 O2S，用于监测发动机废气中的氧含量，从而改变混合气的浓度。

机油温度 / 液位传感器用于监测发动机的机油温度和机油液面的高低。

587. 电控汽油机有哪些执行器?

执行器受电脑控制，是电控汽油机的“手脚”，负责执行电脑 ECU 发出的控制指令，一般是由电脑 ECU 控制执行器电磁线圈的搭铁回路，也有的是由电脑 ECU 控制某些电子控制回路。常见的执行器有燃油泵、喷油器、点火线圈、炭罐电磁阀、二次空气泵等。

燃油泵负责将燃油加压，并输送到喷油器。

喷油器负责将燃油喷入进气歧管或气缸内。

点火线圈负责将 12V 低压电转换成几万伏的高压电，并通过火花塞点燃气缸内被压缩的可燃混合气。

炭罐电磁阀控制燃油箱内的燃油蒸气是否进入发动机参加燃烧。

二次空气泵负责将新鲜的空气泵入排气管内，以使废气继续燃烧，降低有害物质的生成。

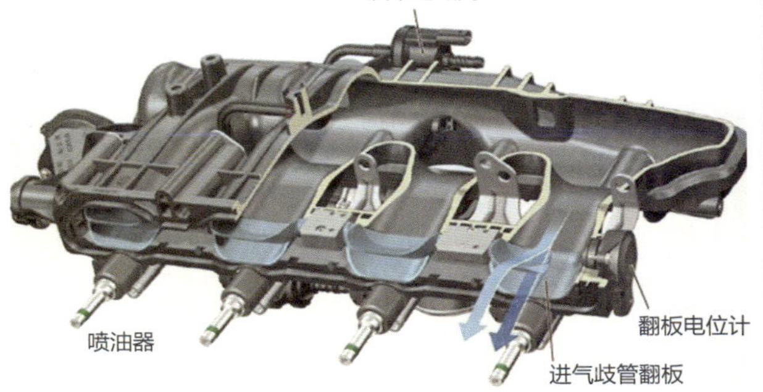

炭罐电磁阀安装位置示意图

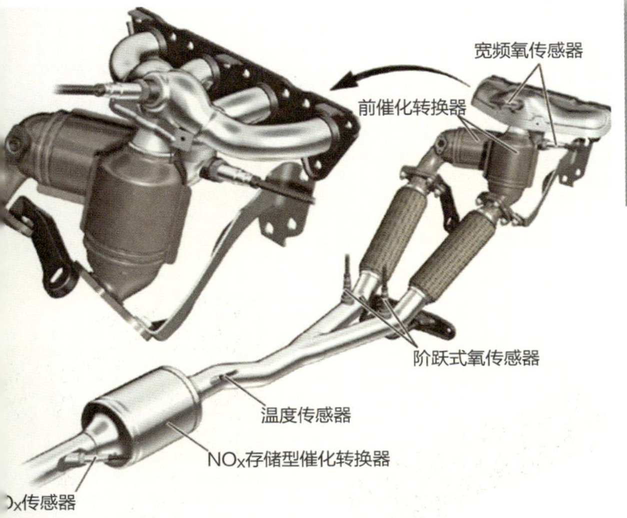

氧传感器安装位置示意图

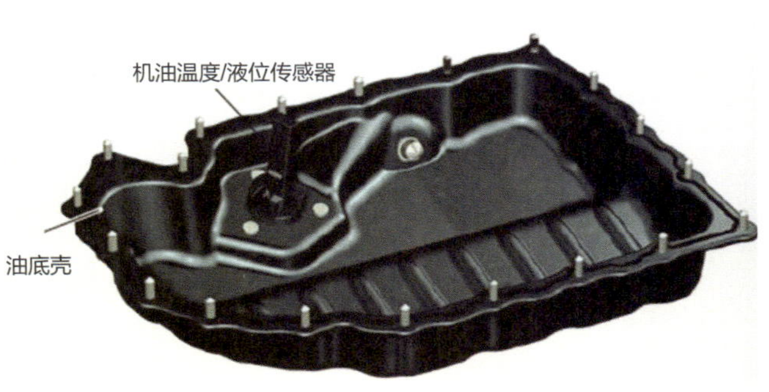

机油温度 / 液位传感器安装位置示意图

588. 电控汽油机有哪些开关信号?

1）起动信号。发动机起动时，由起动系向 ECU 提供一个起动信号，作为喷油量、点火提前角的修正信号。

2）发动机负荷信号。当发动机负荷因开启用电量较大的电器设备而增大时，向 ECU 输入此信号，作为喷油量与点火提前角的修正信号。

3）空调作用信号。当空调开关打开，空调压缩机进入工作，发动机负荷加大时，由空调开关向 ECU 输入空调作用信号，作为对喷油量及点火提前角控制的修正信号。

4）档位开关信号和空档位置开关信号。自动变速器由 P 位／N 位挂入其他档位时，发动机负荷将有所增加，档位开关向 ECU 输入信号，作为对喷油量及点火提前角控制的修正信号。

5）蓄电池电压信号。当 ECU 检测到蓄电池和电源系的电压过低时，将对供油量进行修正，以补偿由于电压过低，造成喷油压力过低所带来的影响。

6）离合器开关信号。在离合器接合和分离的过程中，由离合器开关向 ECU 输入离合器工作状态信号，作为喷油量及点火提前角控制的修正信号。

7）制动开关信号。在制动时，由制动开关向 ECU 提供制动信号，作为对喷油量、点火提前角、自动变速器等的控制信号。

8）动力转向开关信号。采用动力转向装置的汽车，当方向盘由中间位置向左右转动时，由于动力转向油泵工作而使发动机负荷加大，此时动力转向开关向 ECU 输入修正信号，调整喷油量及点火提前角。

9）巡航控制开关信号。当进入巡航控制状态时，由巡航控制开关向 ECU 输入巡航控制状态信号，由 ECU 对车速进行自动控制。

589. 电脑有哪些功能?

1）接受传感器或其他装置输入的信息，给传感器提供参考基准电压：2V、5V、9V、12V；将输入的信息转变为电脑所能接受的信号。

2）存储、计算、分析处理信息；计算出输出值所用的程序；存储该车型的特点参数；存储运算中的数据（随存随取）、存储故障信息。

3）运算分析。根据信息参数求出执行命令数值；将输出的信息与标准值对比，查出故障。

4）输出执行命令。把弱信号变为强的执行命令；输出故障信息。

5）自我修正功能（自适应功能）。

590. 电脑有哪些形式?

1）ECU：Engine Control Unit 发动机控制单元。

2）ECM：Engine Control Module 发动机控制模块。

3）TCM：Transmission Control Module 变速器控制模块。

4）ECT：Electronic Control Transmission 电控自动变速器。

5）PCM：Powertrain Control Module 动力控制模块。

PCM ＝ ECM ＋ TCM

ECM：控制与发动机有关的点火、喷油及排放物。

TCM：控制与变速器有关的升降档、锁止离合器锁止、油压调节。

591. RAM 与 ROM 有何区别?

1）RAM：Random Access Memory 随机存储器。电脑将接收到的各种传感器数据存储在 RAM 中，其 RAM 分为两部分供电：一部分从点火开关获得电源，用于存储车辆的运行参数；另一部分直接从蓄电池获得电源，用于存储故障码。

2）ROM：Read Only Memory 只读存储器。用于存储编程人员写入电脑的程序，不能更改，电脑只能读取 ROM 中的信息，但不能写入数据，且 ROM 中的信息在断电后也不会丢失。

发动机电脑

592. 控制程序和数据有何区别?

1）控制程序是厂家根据汽车的性能要求编制的指令集，存储在 ROM 中，此程序根据各种传感器提供的信号计算出最佳值，使汽车的点火系统、喷油系统都以最佳工况进行工作。

2）数据是厂家经过大量的实验获得的标定参数，包括发动机的喷油和点火特性曲线、变速器换档点等，数据与程序的特定部分相联系，并在控制系统自检时保持不变。

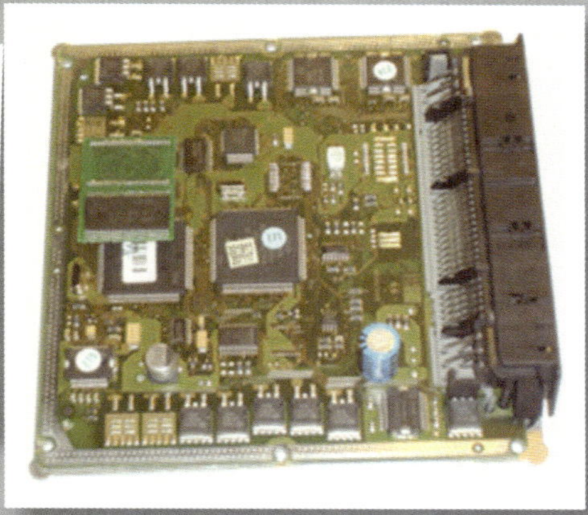

发动机电脑板

593. 检修 ECU 应注意哪些问题?

1）在检测之前，应先检查 ECU 控制系统及其他电气系统各熔断器、熔丝及有关的线束插头（连接器）是否良好。

2）在点火开关处于 ON 位置时，蓄电池电压应不低于 11V，过低的蓄电池电压会影响测量结果。

3）不能将无线电扬声器等磁性物体靠近 ECU，否则会损坏 ECU 的电路和元件。

4）若在汽车上进行焊接作业时，事先应切断 ECU 系统电源。

5）必须使用高阻抗的万用表（阻抗应大于 10 兆欧），低阻抗的万用表会损坏 ECU。最好使用汽车专用万用表进行检测。

6）必须在 ECU 和线束连接器处于连接的状态下测量其各端子的电压，并将万用表的表笔从线束插头的导线一侧插入测量 ECU 各端子的电压。

7）不可在拔下 ECU 线束与连接器的状态下，直接测量 ECU 各端子的电阻，否则会损坏 ECU。

8）若要拔下 ECU 的线束连接器测量各控制线路，则应先拆下蓄电池负极搭铁线。不可在蓄电池连接完好的状态下拔下 ECU 的线束连接器，否则可能损坏 ECU。

9）在检测时，应先将 ECU 连同线束一同拆下，在线束连接器处于连接的状态下，按检测数据表中的顺序，分别在点火开关位于 OFF、ON 及发动机运转状态下测量 ECU 各端子与搭铁端子之间的电压，也可以拔下 ECU 线束连接器，测量各控制线路的电阻，从而确定控制线路是否正常。

594. 如何用万用表测量 ECU 端子间电压?

1）用万用表检测蓄电池的电压，应大于或等于 11V，否则，充电后再测量。

2）从汽车上拆下 ECU，但保持线束连接器与 ECU 处于连接状态。

3）将点火开关置于 ON 位置。

4）将万用表置于电压档。

5）依次将万用表表笔从线束插头的导线一侧插入，测量 ECU 各端子与搭铁端子之间的电压。

6）记录各端子与搭铁端子间的电压值，并与标准检测数据相比较。如测得的电压与标准值不符，则说明 ECU 或控制线路有故障。

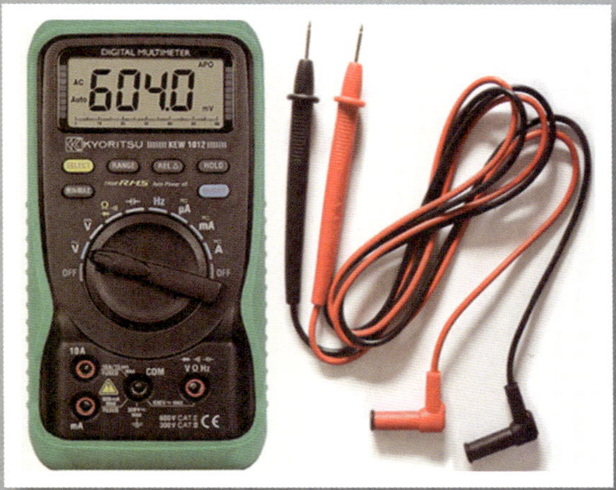

万用表

595. 如何用万用表测量 ECU 端子间电阻？

1）从汽车上拆下 ECU。

2）拔下导线连接器。

3）用万用表电阻档，测量导线连接器各端子间电阻值（不要触碰 ECU 的接线端子，应将表笔从导线侧插入导线连接器中）。

4）记录所测电阻值，并与标准检测数据相比较，从而确定 ECU 控制线路是否正常。

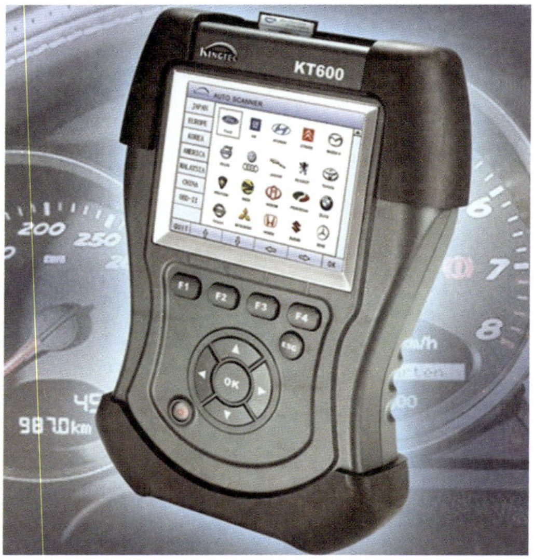

故障检测仪

596. 如何用故障检测仪检测 ECU？

利用故障检测仪，通过 OBD Ⅱ或 OBD Ⅱ诊断系统的检查连接器（ALDL），对发动机 ECU 的传感器数据流、执行器状态和动作进行测试来判断发动机 ECU 好坏。

597. 如何用专用仪器检测 ECU？

1）发动机 ECU 的专业制造商或维修商通常用专用仪器对发动机 ECU 进行检测，这种检测仪必须配备与 ECU 针脚数目相同的诊断插头，通过数据的检测和程序的读写确定 ECU 的好坏。

2）若通过上述检查确认 ECU 有故障，也不可轻易废弃 ECU，应再通过总成互换的方法再次进行确定是否真的是 ECU 损坏。

598. 汽油喷射如何分类？

1）按喷射位置分类

采用汽油喷射技术的汽油机按喷射位置的不同可分为缸内喷射和缸外喷射两种。其中，缸外喷射又可分为单点喷射和多点喷射。

2）按喷射方式分类。根据汽油喷射方式的不同，可分为连续喷射和间歇喷射两种，其中，间歇喷射又可分为同时喷射、分组喷射和顺序喷射 3 种方式。

3）按控制方式分类。汽油喷射系统按其控制方式的不同可分为机械式汽油喷射系统、机电混合式汽油喷射系统和电控汽油喷射系统，其中，电控汽油喷射系统又可分为单一电控汽油喷射系统和发动机集中管理系统两种形式。

4）按空气量测量方式分类。按空气量测量方式的不同，汽油喷射系统可分为间接测量方式和直接测量方式两种。其中，间接测量方式又可分为节流－速度方式和速度－密度方式；直接测量方式又可分为体积流量方式和质量流量方式。

599. 什么是缸内喷射？

缸内喷射又称直接喷射，是将喷油器安装在气缸盖上，即燃烧室的上方，汽油直接喷入气缸内与空气混合形成可燃混合气。采用缸内喷射方式，通过合理组织缸内的气体流动，可以实现分层燃烧和稀薄燃烧，有利于进一步降低发动机有害物排放，降低燃油消耗量。但是，缸内喷射需要能耐高温和高压的喷油器。气缸盖的结构设计上需要有安装喷油器的空间，对发动机的改动较大，使制造成本增加。缸内喷射技术最显著的优点是在提供更大的输出功率和转矩的同时，提高了燃油经济性并且减少了排放，采用缸内喷射技术的主要有 FSI 发动机和 TSI 发动机。

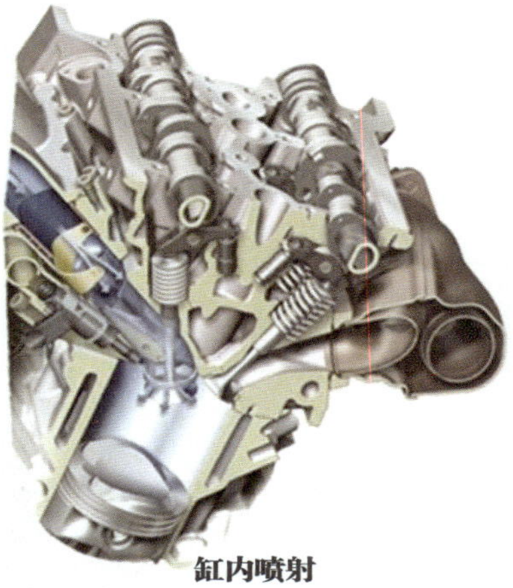

缸内喷射

600. 什么是缸外喷射?

缸外喷射又称进气管喷射，是将喷油器安装在进气总管或进气歧管上，汽油由喷油器喷入进气总管或者进气歧管的进气门前，喷入的汽油在进气管中与空气混合形成可燃混合气，在进气行程被吸入气缸。

采用进气管喷射对发动机改动很小，而且喷油器不与高温高压的燃气接触。进气管喷射按喷油器的安装部位不同，又可分为单点喷射和多点喷射。

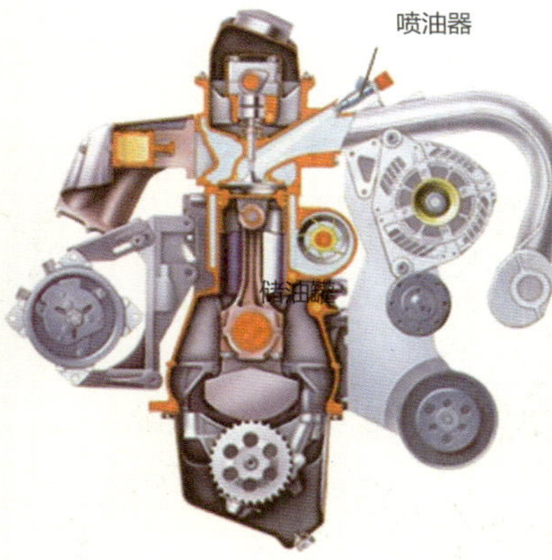

缸外喷射

601. 什么是单点喷射?

单点喷射又称节气门体喷射或集中喷射，它采用 1 ～ 2 个喷油器，喷油器安装在化油器所在的节气门段处，形象化油器。喷油器将燃油喷入进气流形成混合气，进入进气歧管分配给各缸，但结构简单，故障源少，在化油器车上做很少改动就可以形成单点喷射。单点喷射批量生产后，大大降低了生产成本，该系统用节气门的开启角度和发动机转速来控制空燃比，省去了空气流量传感器，结构和控制方式简单，又兼顾了发动机性能和成本，对发动机的影响也较小。

602. 什么是多点喷射?

所谓多点喷射就是在每个缸的进气门处都设有一个喷油器，由电控单元控制顺序地进行分缸或分组喷射。多点喷射避免了进气重叠，燃油分配均匀性较好，提高了发动机的综合性能，同时由于控制精确，其过渡响应及燃油的经济性是最佳的。

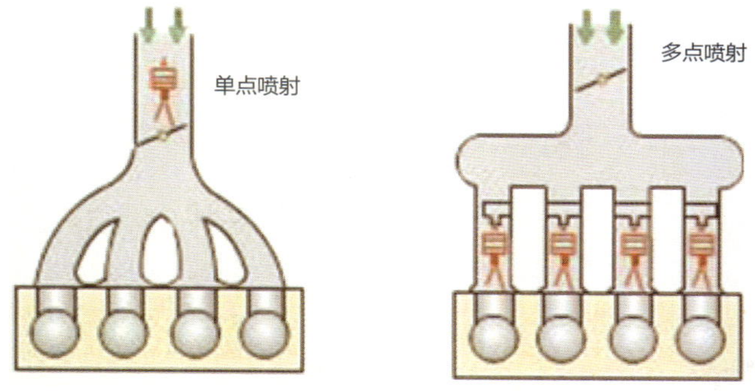

喷射方式示意图

603. 什么是连续喷射?

连续喷射又称稳定喷射，仅限于进气管喷射。喷油器稳定连续地喷油，其流量正比于气缸的空气量。在发动机运行期间，喷油器不间断地把汽油连续地喷入进气管。这种喷射方式不需要考虑各缸的工作顺序和喷油定时，因此控制非常简单；但混合气的均匀性、空燃比控制精度及过渡工况的响应特性都较差。

由于其结构简单易于实现，主要用于博世公司的 K-Jetronic 系统和 KE-Jetronic 系统。

604. 间歇喷射分为几种方式?

间歇喷射又称脉冲喷射，汽油的喷射以脉冲方式在某一时间段内喷入进气管。间歇喷射按各缸喷油器工作顺序又分为同时喷射、分组喷射和顺序喷射 3 种方式。

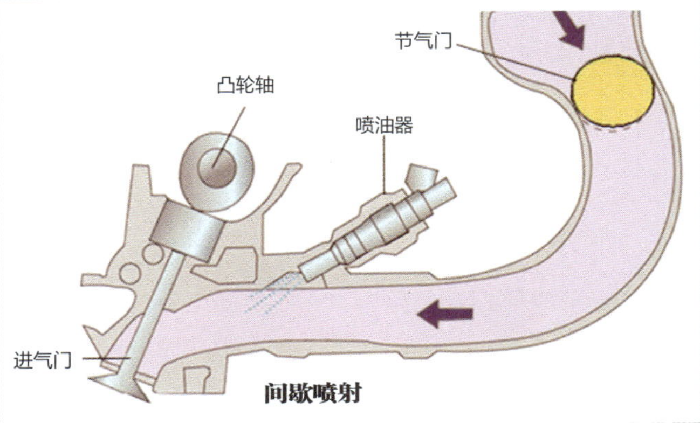

间歇喷射

605. 什么是同时喷射?

同时喷射用于进气管喷射。采用同时喷射方式时，一般发动机曲轴每转一转，各缸喷油器同时喷油一次，发动机一个工作循环所需的油量，分二次喷入进气管，因此这种喷射方式也称同时双次喷射。

对于同时喷射方式，由于所有气缸的喷油是同时进行的，喷油正时与发动机工作过程没有联系，因此各缸对应的喷射时间不可能都达到最佳，从而造成各缸混合气形成的时间长短不一致，混合质量不一致。但是，同时喷射方式具有不需要气缸判别信号，用一路控制电路就能控制所有的喷油器，电路与控制软件简单等优点，故早期生产的电控汽油喷射发动机大多采用这种喷射方式。

606. 什么是分组喷射?

分组喷射用于进气管喷射。分组喷射方式把发动机所有的气缸分为 2 组或 3 组，电控单元用 2 路或 3 路控制电路控制各组喷油器。在发动机工作期间，各组喷油器依次交替喷射，每个工作循环各组喷油器均喷射一次或两次。分组喷射对空燃比的控制精度较同时喷射有了较大的提高，但控制电路相对比较复杂。

607. 什么是顺序喷射?

顺序喷射又称独立喷射，此喷射方式在缸内或进气管喷射都可以采用。喷射汽油量可以设定一个最佳的喷射时刻，降低燃油消耗，由于各缸顺序喷射，因此需要一个判缸信号。在发动机运行期间，喷油器按各缸的工作顺序，依次把汽油喷入各缸的进气歧管，曲轴每转两转，各缸喷油轮流进行一次。

由于顺序喷射是按各缸的工作顺序进行的，因此电控单元必须通过传感器获得基准气缸的有关信息，即所谓的判缸信号。对于顺序喷射控制，一般需要正时和缸序两个输入信号，电控单元才能对喷射过程进行准确的控制。喷射正时大多在排气行程上止点前 60° ~ 70° 。

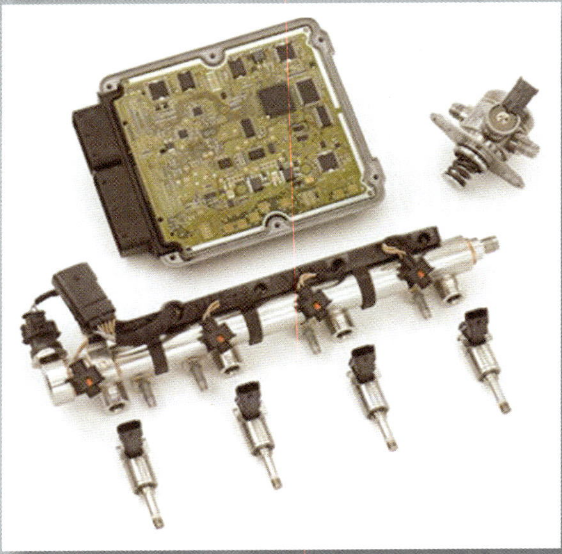
喷油器

608. 什么是机械式汽油喷射系统?

机械式汽油喷射系统又称 K-Jetronic 系统，1972 年有德国博世公司推出。该系统的汽油喷射控制系统和空气计量装置以机械方式相互连接。空气流量传感器根据空气流量的大小，通过械杆机构控制燃油计量分配器柱塞的位移方向和位移量，改变燃油计量槽孔开启的截面积大小，实现对混合气空燃比的控制。这种系统应用于早期的汽油喷射发动机中，现在已为电控汽油喷射系统所代替。

609. 什么是机电混合式汽油喷射系统？

机电混合式汽油喷射系统又称 KE-Jetronic 系统，它是 K-Jetronic 系统的改进型，德国博世公司于 1982 年推向市场。两者的基本结构相同，差异在于后者在燃油计量分配器中增加了一个电液式压差调节器。该系统对空燃比的控制，发动机过渡工况特性的改善，比 K-Jetronic 系统有较大的提高，但与电控汽油喷射系统相比仍有不小的差距。

610. 什么是单一电控汽油喷射系统？

20 世纪 70 年代中期到 90 年代初期，单一电控汽油喷射系统在高级汽油机轿车中有较广泛的应用，现在已被发动机集中管理系统所代替。

在单一电控汽油喷射系统中，电控单元仅仅具有控制汽油喷射的单一功能。单一电控汽油喷射系统典型的代表是博世公司的 D-Jetronic 系统、L-Jetronic 系统和 LH-Jetronic 系统。

611. 什么是发动机集中管理系统？

发动机集中管理系统是在单一电控汽油喷射系统基础上发展起来的，是一种集汽油喷射控制、点火控制等多项控制功能于一体的电子控制系统。发动机集中管理系统由博世公司于 1979 年首先提出，称为 Motronic 系统，该系统具有汽油喷射控制和点火控制两项功能。经过多年的发展完善和提高，现在的发动机集中管理系统除了以上的两项基本控制功能外，还具有了排气净化控制、怠速控制、进气控制、增压控制、故障自诊断和故障安全保护等多项功能。

另外，随着网络技术在汽车上的成功应用，在很多汽车上，如奔驰、宝马、奥迪、帕萨特等，发动机管理系统已不再是一个独立的控制系统，它还通过 CAN 技术与其他控制系统（如空调系统、巡航控制系统、防盗系统、音响和舒适系统、ABS 和牵引力控制系统等）实现了网络互联，实时进行数据共享和网络通讯。这不仅提高了车辆的整体控制性能和控制精度，而且大大减少了传感器、信号线和电脑管脚的数量，控制系统的升级和配置更容易、更灵活。

612. 什么是间接测量方式？

间接测量方式中，电脑通过对节气门开度或进气歧管压力、发动机转速的测量，计算出发动机吸入的空气量。在电控汽油喷射系统中采用的间接测量方式有节流－速度方式和速度－密度方式。

节气门位置传感器

613. 什么是节流－速度方式？

对于节流－速度方式，电脑根据节气门开度和发动机转速计算出每一循环的进气量，并由此计算出循环基本喷油量。

这种方式由于直接检测节气门的开度，因此发动机的过渡工况响应特性较好，被用在一些赛车上。但是空气量与节气门开度和发动机转速之间的函数关系相当复杂，因此要精确测量空气量存在一定的难度。

614. 什么是速度－密度方式？

速度－密度方式又称为 D 型或压力型，此方式由电脑根据进气歧管压力和发动机转速，计算出每一循环的进气量，并由此计算出循环基本喷油量，代表为 D-Jetronic 系统。

这种方式测量方法简单，喷油量调整精度容易控制。但是由于进气歧管压力和进气量之间函数关系比较复杂，在过渡工况和采用废气再循环时，由于进气歧管内压力波动较大，会造成空气量测量的精度较低，对这些工况混合气空燃比精确控制造成不利影响，需进行流量修正。

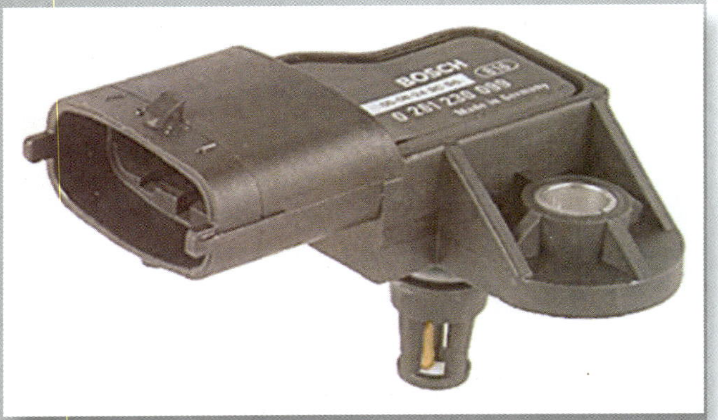

进气歧管绝对压力传感器

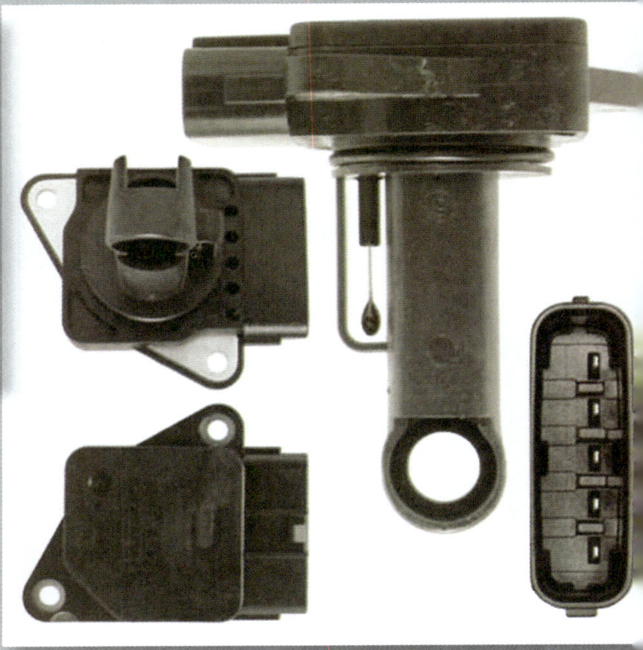
热线式空气流量传感器

615. 什么是直接测量方式?

直接测量方式采用空气流量传感器直接测量单位时间发动机吸入的空气量，然后，电脑根据发动机转速计算出每一循环的空气量，并由此计算出循环基本喷油量。直接测量方式包括体积流量方式和质量流量方式两种。

616. 什么是体积流量方式?

此方式利用翼板式空气流量传感器或卡门旋涡式空气流量传感器，直接测量单位时间发动机吸入的空气体积流量。电脑根据已测出的空气体积和发动机转速，计算出每一循环的进气空气体积流量并进行大气压力和温度修正，再计算出循环基本喷油量。这种测量方式与间接测量方式相比，测量精度较高，有利于提高混合气空燃比的控制精度。但存在需要进行大气压力和温度修正等缺点。采用这种空气测量方式的典型代表是博世公司的 L–Jetronic 系统。

617. 什么是质量流量方式?

此方式利用热线式或热膜式空气流量传感器，直接测量单位时间发动机吸入的空气质量流量，电脑根据已测出的空气质量和发动机转速，计算出每一循环的进气空气体积流量，再计算出循环基本喷油量。这种测量方式除测量精度高、响应速度快、结构紧凑外，由于其测出的是空气质量，因此不需要进行大气压力和温度修正。其典型代表为博世公司的 LH–Jetronic 系统。

618. 开环控制与闭环控制有何区别?

开环控制是指电脑根据传感器信号控制执行器工作，但电脑不去检测控制结果，所以不能根据执行结果对原先的控制进行修正，也不能用执行结果纠正自身控制产生的相对误差。

闭环控制是指通过对输出信号的检测并利用反馈信号对输入信号进行调整，使输出满足要求。它可以消除产品差异和磨损等形式的性能变化，可达到较高的控制精度。

619.TDI、SDI、FSI、TSI 是什么意思？

TDI 是 Turbo Diesel Injection 的英文缩写，直接翻译就是涡轮增压柴油喷射发动机，也就是我们平时所说的增压柴油发动机。

SDI 是 Suction Diesel Injection 的英文缩写，直接翻译就是自然吸气柴油喷射发动机，也就是我们平时所说的自然吸气柴油发动机。

TDI 和 SDI 都是指柴油发动机。

为了实现汽油直接喷射，喷油器的位置由原来的进气歧管处改为直接安装在了气缸盖上，即燃烧室的上方，喷油器将汽油喷射时间控制在几千分之一秒内。汽油直喷技术最显著的优点是在提供更大的输出功率和转矩的同时，提高了燃油经济性并且减少了排放，这种形式的发动机主要有 FSI 发动机和 TSI 发动机。

FSI 是 Fuel Stratified Injection 的英文缩写，直接翻译就是燃油分层喷射，也就是自然吸气缸内直喷汽油发动机。

TSI 是 Turbo Stratified Injection 的英文缩写，直接翻译就是增压分层喷射，也就是增压缸内直喷汽油发动机。

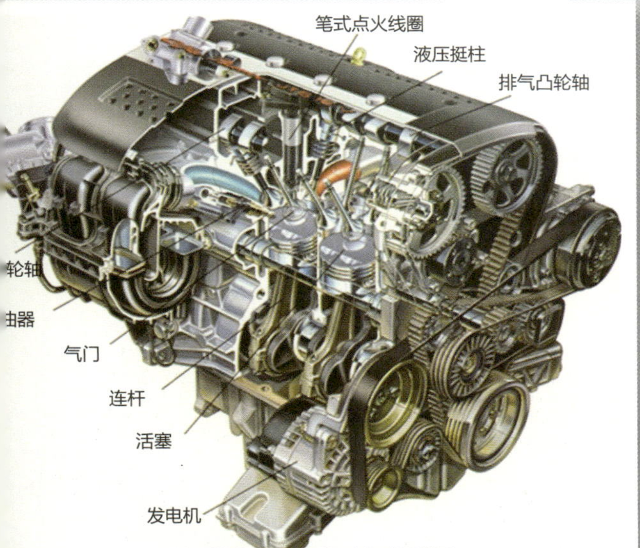

缸内直喷汽油发动机构造图

汽车尾部标识

620.DOHC-16V 代表什么意思？

一般发动机的凸轮轴安装位置有顶置、中置和下置 3 种形式。其中，顶置凸轮轴的英文全称为 Overhead Camshaft，简称 OHC。顶置凸轮轴是将凸轮轴放置在气缸盖上，直接推动摇臂或挺柱，不必通过较长的推杆。

按照配气机构内包含的凸轮轴数目，顶置凸轮轴可分为以下两种形式：

SOHC-Single Overhead Camshaft，单顶置凸轮轴，即气缸盖内只有一根凸轮轴同时负责进、排气门的开、关。

DOHC-Double Overhead Camshaft，双顶置凸轮轴，即气缸盖内有两根凸轮轴，分别负责进、排气门的开、关。

气门的英文为 Valve，简称 V，如果一个气缸包含 4 个气门，就可表示为 4V，则 4 缸发动机一共就是 16 个气门，在汽车资料或发动机舱气门室罩盖上经常看到的“16V”就表示发动机共有 16 个气门。

621.ECOTEC 代表什么意思？

通用家族虽然是美国车血统，但是从君越开始，使用的却是德国血统欧宝设计的 ECOTEC 发动机。ECOTEC 是由 Ecology（生态）和 Technology（技术）两个词合成而得，昭示着基于技术、环保和经济性的发动机革命性研发理念。ECOTEC 发动机的前身由欧宝及其下属机构研发生产。到 2000 年，通用汽车集合全球优秀工程技术力量，完成了 4 缸“全球引擎”系列的大规模研发，并将其命名为 ECOTEC 发动机，由通用汽车全球各大动力总成厂进行生产。

现在，已有数百万台 ECOTEC 发动机被广泛应用于通用汽车旗下包括萨博、欧宝、雪佛兰、土星等各个子品牌的 20 多款车型上，成为全球普及率最高的 4 缸发动机系列之一。

ECOTEC 发动机

622.HYBRID SYNERGY DRIVE 代表什么意思？

HYBRID SYNERGY DRIVE 的含义为混合动力协同驱动，简称 HSD。HSD 是通过汽油发动机和电动机的协同工作模式，将车辆在制动时产生的能量转化为电能，并积蓄起来成为新的驱动力量，从而革命性地减少了汽油的消耗，降低了尾气排放对环境的危害。

HYBRID SYNERGY DRIVE 标志图

丰田 HYBRID SYNERGY DRIVE 发动机

623.DVVT + VIS 代表什么意思？

发动机是汽车的“心脏”，在强调节能环保的今天，我们对汽车发动机的要求，简单地说即是用最少的油，达到输出最大的功率和转矩的效果，并且稳定、持续、可靠，同时带有低排放的附加值。DVVT 与 VIS 的最佳组合可实现该效果。

DVVT 为进、排气门双连续可变气门正时技术，根据发动机的不同工作状态，通过调节气门开闭的时机，从而提高发动机的动力性能，降低燃油消耗。

VIS 是可变进气歧管的技术名称，根据发动机的不同工作状态，通过调节进气歧管转换阀，在发动机低转速时，空气流经长的进气歧管；高转速时，流经短的进气歧管。

通过 DVVT + VIS 的组合，可提高发动机的动力性能，降低燃油消耗。

624. 发动机有哪些特有技术？

现在发动机技术突飞猛进，很多厂商都拥有自己的独特技术，例如，可变气门正时、可变发动机排量、可变进气歧管、燃油缸内直喷、燃油分层燃烧等，这些技术均可实现对发动机性能提升的目的。

可变气门正时发动机构造图

奇瑞 DVVT VIS 发动机

625. 发动机有几种供油方式？

发动机的工作需要燃烧混合气做功，而将燃油与进入发动机的空气混合的方式就是供油方式。

汽车发动机燃油供给方式主要分为 4 种：化油器、单点电喷、多点电喷和缸内直喷。

626. 发动机有几种工作方式？

发动机的工作方式有自然吸气、涡轮增压、机械增压和双增压。

1）自然吸气就是利用出活塞下行产生的负压来自主把空气吸入发动机。

2）涡轮增压是利用排出的废气推动涡轮，强制性地把空气压入气缸。

3）机械增压是发动机直接输出一个传动轴连通增压器，强制性地把空气压入气缸。

4）双增压就是含有两种增压形式的发动机。

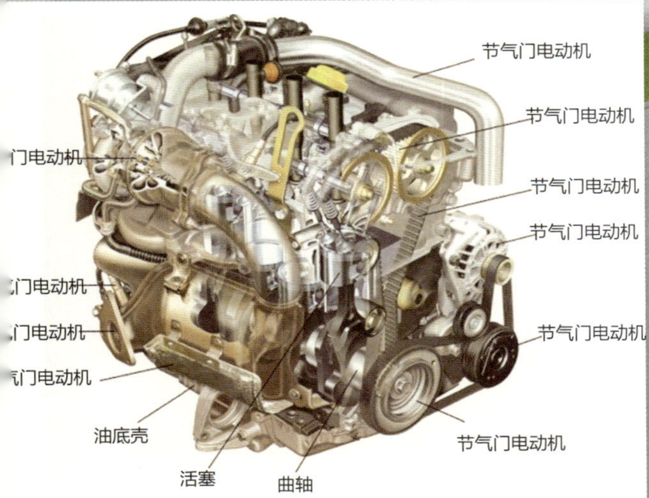

涡轮增压发动机构造图

627. 电控发动机的控制原则是什么？

电控发动机尽管种类繁多，形式各异，但都遵循一个相同的控制原则：以电控单元 ECU 为控制核心，以空气流量和发动机转速为控制基础，以喷油器为控制对象，保证发动机在各种工况下都能获得与所处工况相匹配的最佳空燃比。

628. 节气门体有几种类型？

节气门体位于空气流量传感器和发动机进气总管之间的进气管上，一般由加速踏板控制节气门开度，以便对发动机输出功率进行控制。节气门体分为旁通式节气门体和直动式节气门体。

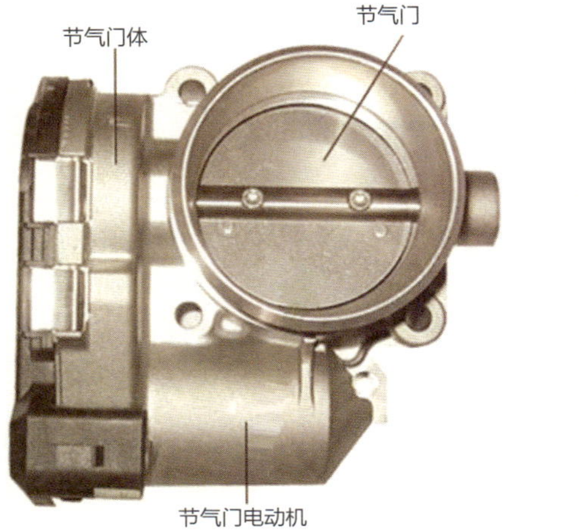

节气门构造图

629. 节气门有几种类型？

节气门是控制空气进入发动机的一道可控阀门，气体进入进气歧管后会和汽油混合形成可燃混合气，从而燃烧做功。它上接空气滤清器，下接进气歧管，被称为发动机的咽喉。

节气门有传统拉线式和电子式两种。传统发动机节气门操纵机构是通过拉索（软钢丝）或者拉杆，一端连接加速踏板，另一端连接节气门连动板而工作。电子节气门是发动机电脑根据加速踏板位置传感器的信号，控制节气门的开启角度，从而调节进气量。

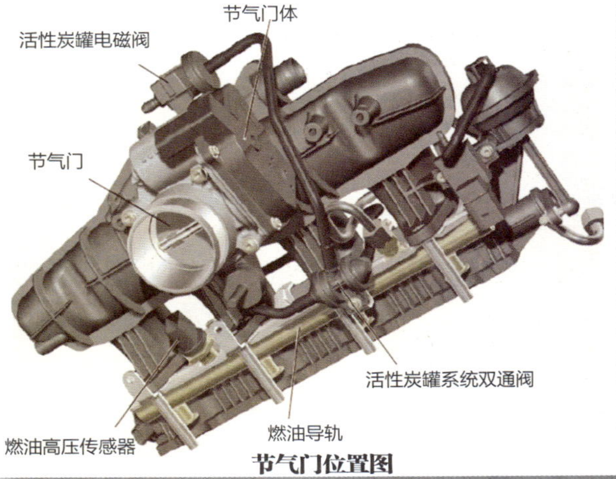

节气门位置图

630. 什么是怠速?

发动机在无负荷情况下以最低稳定转速运转，叫做发动机的怠速。在怠速工况下工作时，只需克服其内部的摩擦阻力，而对外无输出功率。发动机怠速的高低，不但对油耗有严重的影响，对发动机的排放污染、暖机时间和使用寿命等都有一定程度的影响。

怠速控制的方式随车型的不同有所不同，对电控汽油喷射系统来说，目前可分为两种类型：一种是控制节气门旁通管路中的空气旁通量称为旁通空气式；另一种是没有怠速空气旁通道，直接控制节气门全关时的最小开度，称为节气门直动式。

631. 什么情况下需要提高发动机怠速?

1）发动机起动后，冷却液没有达到正常温度之前，应自动提高发动机的怠速，以免发动机运转发抖、不稳或停转，同时缩短暖机时间。

2）在发动机怠速运转而使用空调时，由于发动机负荷增大，需要自动提高发动机怠速，以免发动机停转。

3）对动力转向机构来说，在发动机低速转向行驶时，需要自动提高发动机怠速，以免发动机转速下降造成熄火，同时使转向轻便、可靠。

4）当发动机转速急剧降低到怠速时，需要不同程度地自动提高发动机怠速，以免急抬加速踏板时发动机停转，同时减少排放污染。

632. 怠速控制的实质是什么?

怠速控制实际上是对怠速空气量的控制。怠速控制执行机构通过对怠速空气量的控制来控制发动机的怠速转速。怠速时对于空燃比与点火的控制，仍可按各自原来的方式进行。当然，会针对怠速运行特点制定专门的控制策略。

在大多数情况下，怠速空气量取自空气流量传感器的后方。这部分空气已被计量并已在计算喷油量时予以考虑。对于采用进气歧管绝对压力传感器来测定空气流量的机型，怠速空气量的影响也已包括在 MAP 的信息之中，所以也无需再对喷油量做出校正。对于极少数机型，怠速空气量直接取自空气滤清器，而未经空气流量传感器进行计量，此时 ECU 必须对喷油量做出补偿。

633. 怠速控制阀有什么作用?

怠速控制阀集中了怠速调整螺钉、暖机阀控制旁通道的功能，而且还能在发动机电脑的控制下根据发动机的实际工况来改变怠速时流入发动机的空气量。常见的怠速控制阀有步进电动机式和旋转滑阀式两种。

634. 步进电动机由哪些部件组成?

不同汽车公司所采用的步进电动机式怠速控制装置，在结构型式上略有差异，但其基本结构相同，一般由转子、定子线圈、轴承、进给丝杆、阀芯等组成。步进电动机的转子由永久磁铁构成，N 极和 S 极在圆周上相间排列，共有 8 对磁极。定子由 A、B 两个定子构成，其内绕有 A、B 两组线圈，线圈由导磁材料制成的爪极包围。每个定子各有 8 对爪极，每对爪极之间的间距为一个爪的宽度，A、B 两定子爪极相差一个爪的位差，组成一体安装在外壳上。

汽车行驶

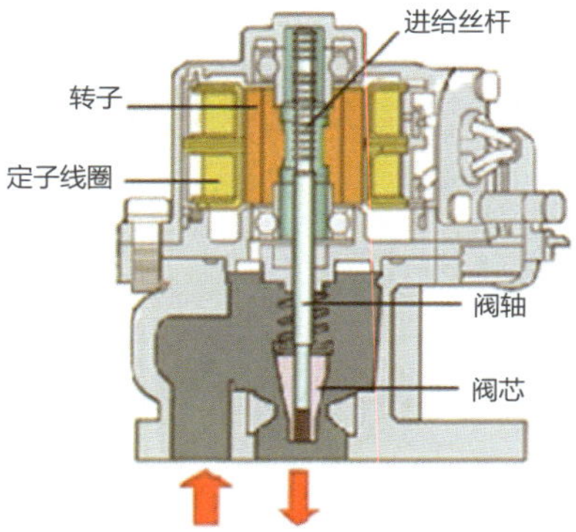

步进电动机构造图

635. 步进电动机如何工作？

发动机电脑根据各传感器的信号，通过控制步进电动机各线圈的通电顺序来使电动机顺转或反转，改变阀芯与阀座的间隙，从而调整空气旁通道的截面积，控制发动机的转速。当发动机的转速需要提高时，电脑按 S4、S3、S2、S1 的顺序控制 4 个线圈轮流通电，电动机正转，阀口开度变大，进气量变大，发动机转速升高；反之，发动机转速下降。电脑给每个线圈通一次电，电动机动作一步，控制阀从完全关闭到完全打开，日本车总共需要 125 步，美国车总共需要 255 步。电脑通过计算电动机的步数来检测阀口的开度，并将这些程序数据存储在 RAM 内。

636. 如何检测步进电动机？

1）拆开步进电动机线束连接器，将点火开关置于“ON”但不起动发动机，在线束侧分别测量 B1 和 B2 端子与搭铁之间的电压，均应为蓄电池电压（9 ~ 14V），否则说明步进电动机电源电路有故障。

2）发动机起动后再熄火时，2 ~ 3s 内在步进电动机附近应能听到内部发出的“嗡嗡”响声，否则应进一步检查步进电动机控制电路及 ECU。

3）拆开步进电动机线束连接器，在控制阀侧分别测量端子 B1 与 S1 和 S3、B2 与 S2 和 S4 之间的电阻，阻值均应为 10 ~ 30Ω，如果电阻不对，应更换步进电动机。

4）步进电动机从节气门体上拆下后，将蓄电池正极接在 B1 和 B2 端子，负极按顺序依次接通 S1 → S2 → S3 → S4 端子时，随步进电动机的旋转，控制阀应向外伸出；蓄电池负极按相反顺序依次接通 S4 → S3 → S2 → S1 端子时，控制阀应向内缩回。若工作情况不符合上述要求，应更换步进电动机。

步进电动机实物图

637. 检测步进电动机有哪些注意事项？

1）在检测步进电动机时，不要用手推动或拉动阀芯，否则可能损坏进给丝杆的螺纹。

2）因为步进电动机是一个微型电动机，所以不要将其浸没在任何清洗液中，否则可能使其损坏。

3）安装步进电动机时，要在 O 形密封圈上抹一点机油。

638. 旋转滑阀由哪些部件组成？

旋转滑阀一般由永久磁铁、电枢、壳体、接线插座、旁通空气道和滑阀组成。其中，单绕组式的电枢只能做单向驱动，复位要由复位弹簧进行；而双绕组式的电枢可以做双向驱动，复位弹簧只在其中起平衡作用。当电枢旋转时，带动下部的滑阀就可以调节流经旁通空气道的空气量大小。

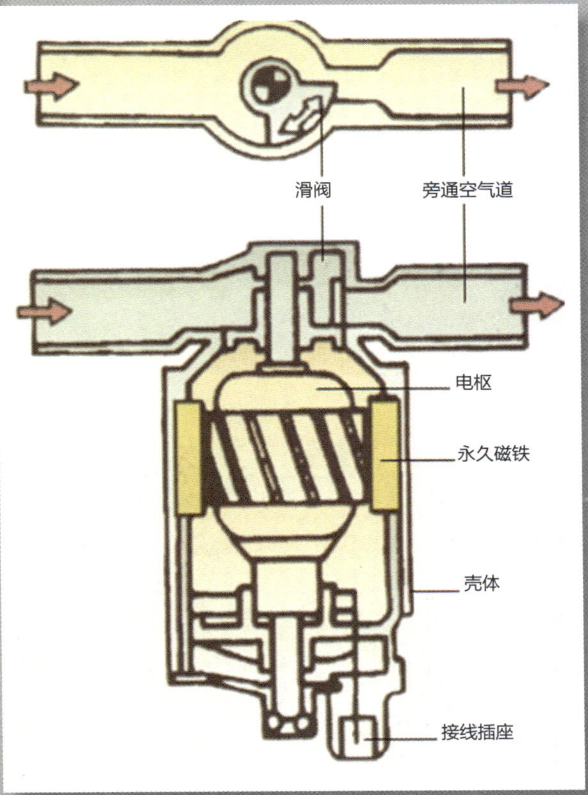

旋转滑阀构造图

639. 如何检测旋转滑阀？

1）拆开怠速控制阀线束连接器，将点火开关置于 ON 但不起动发动机，在线束侧测量电源端子（+B）与搭铁之间的电压，应为蓄电池电压（9～14V），否则说明怠速控制阀电源电路有故障。

2）发动机达到正常工作温度、变速器处于空档位置时，使发动机维持怠速运转，用专用短接线短接故障诊断座上的 TE1 与 E1 端子，发动机转速应保持在 1000～1200r/min，5s 后转速下降约 200rpm。若不符合上述要求，应进一步检查怠速控制阀电路、ECU 和怠速控制阀。

3）拆开怠速控制阀上的三端子线束连接器，在控制阀侧分别测量中间端子（B）与两侧端子（ISC1 和 ISC2）之间的电阻，正常应为 18～22Ω，否则应更换怠速控制阀。

640. 节气门直动式怠速控制系统如何工作？

节气门直动式怠速控制系统由节气门位置传感器、怠速节气门位置传感器、怠速直流可逆电动机、怠速开关、一套齿轮驱动机构等组成。

1）怠速直流电动机不通电时，节气门保持 5% 的开度。

2）在 5% 的开度以内，怠速开关一直闭合，刚起动时，节气门内电动机由电脑根据冷却液温度把节气门先快速关闭一个角度，关闭的大小取决于冷却液温度，随着冷却液温度升高，逐渐把节气门关闭，等到 80℃时，输入转速反馈控制，即转速高于 880r/min 时向关闭方向微调，转速低于 800r/min 时向节气门增大方向微调，若此时有外加负荷介入，电脑先将点火提前角增大，同时粗调开大节气门，然后再根据发动机转速进行反馈控制。

3）若电子节气门汽车在巡航时，5% 的开度是必须留出来的，在收油门时，节气门先返回 5% 的位置，怠速开关闭合，电脑根据转速进行反馈控制。

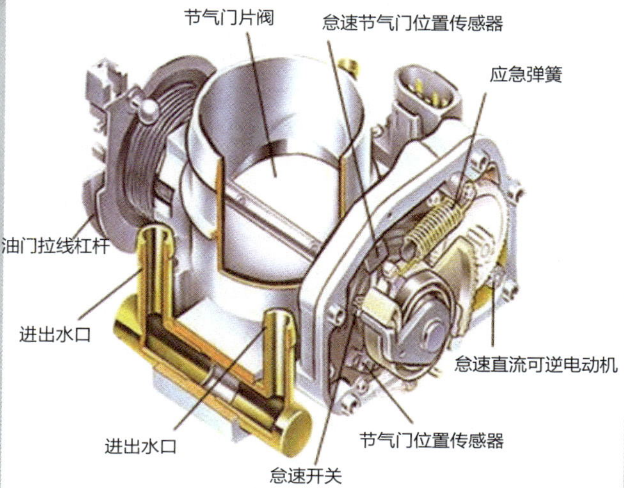

节气门直动式怠速控制系统构造图

641. 如何检测节气门直动式怠速控制系统？

（1）机械检查

1）由于长期使用会在进气通道与节气门体之间形成积炭，造成节气门体卡滞及怠速不稳现象。

2）由于长期剧烈振动会造成电动机轴承磨损、塑料齿轮断齿、阀门驱动机构卡滞、驱动机构盖板破裂等。

（2）部件测试

1）节气门体有 8 个端子位，其中 6 为空位，其车身线束侧 1、2、3、4、5、7、8 与发动机电脑侧 30、25、18、41、40、35、28 相通。

2）节气门体供电检测

①1 号、2 号为直流电动机，1 号为怠速提高，2 号为怠速降低控制。

②3 号端子为怠速开关。

③4 号端子为 5V 电源。

④5 号、8 号端子为节气门位置传感器和怠速节气门位置传感器。

⑤7 号端子为搭铁线。

3）怠速开关控制。用万用表检测端子 3、端子 7，当节气门全关时，其阻值应小于 1Ω，缓慢踩下加速踏板，端子 3、端子 7 之间的阻值无穷大。

4）怠速控制装置的检测。

①怠速节气门位置传感器性能检测。用万用表 DCV 档测量节气门体 8 号端子的电压，起动发动机且工作温度达 80℃以上时在怠速运行期间，8 号端子的电压值应为 2.8～3.6V。

②直流电动机的检测。用万用表电阻档测量节气门体 1 号、2 号端子，其阻值应为 3～200Ω 之间。

5）节气门位置传感器的检测。节气门的开度与节气门体 5 号端子电压输出成反比。

642. 什么时候做基本设定？

在点火开关关闭时，电脑能记录节气门所在的位置，以便于下次以此位置来控制，所以，当我们在以下情况下必须重新做基本设定才能保证发动机的正常工作，即所谓的匹配节气门。在下列情况下需要对节气门进行基本设定：

1）清洗节气门体后或更换节气门体后。

2）更换发动机电脑后，因新电脑未存储TPS特性，需匹配。

3）更换自动变速器电脑后。

4）各别车在蓄电池断开后，需匹配。

5）点火开关位于ON时，拔下了节气门总成插头，电脑失去记忆。

清洗节气门体

643. 基本设定应满足哪些条件？

1）蓄电池的电压应不低于11V。

2）发动机电脑内无故障存储。

3）发动机达到正常工作温度。

4）点火开关置于ON档，但发动机不起动。

5）关闭所有的用电设备，包括散热器风扇。

6）节气门体清洁无污物、无卡滞现象。

7）怠速触点闭合。

8）基本设定期间，不允许踩下加速踏板、开启用电附属设备、断开发动机用电设备元件插头。

644. 如何做基本设定（以红旗488为例）？

1）连接好仪器，打开点火开关到ON档，发动机不起动，用1551或1552输入地址码01，并按Q键确认。

2）输入08功能，读取数据流，进入007组，观察第4项状态，标志如为“00000000”，表示系统正常，可进行基本设定。

3）如果状态标志任何一位为“1”时，查相关资料，查出原因并予以排除，然后再做基本设定。

4）返回到功能选择，选择04功能，进入基本设定，输入001通道号，按Q键确认。

5）基本设定时间需要15s以上，设定期间不能拆装任何的电控零件及其接线，更不能踩加速踏板。

6）设定结束后退出发动机系统，关闭点火开关，然后打开点火开关重新进入08功能的007组，观察第4项状态。

7）发动机完成基本设定后，007组第4项若任何一位不为“0”，应查找原因，重新做基本设定。

645. 如何做基本设定（以捷达2V、5V为例）？

1）连接好仪器，打开点火开关到ON档，发动机不起动，用1551或1552输入地址码01，并按Q键确认。

2）选择02功能读取故障码，确保发动机无故障存储。

3）如有故障须先排除故障，然后再做基本设定。

4）选择05功能清除故障码，无论发动机有无故障都应进行。

5）退出05功能，选择04基本设定功能，按Q键确认，然后输入通道号2V060，5V098。

6）观察其显示组第4项，从RUN状态转至OK状态，表示基本设定完成，若显示ERROR，表示设定未完成或未执行设定，需要查找原因并排除。

点火开关

646. 大众车型基本设定有哪些通道号？

1）红旗 488、帕萨特 B4、奥迪 100、200 车型的通道号为 001。

2）桑塔纳 GSI、帕萨特 B5 18、捷达 5V、奥迪 A6 V6 发动机车型的通道号为 098。

3）捷达 2V、奥迪 A6 18 24 28、宝来、波罗、帕萨特 B5 18T 车型的通道号为 060。

647. 实践中如何对直动式节气门体控制进行应急处理？

1）捷达在清洗节气门体做过基本设定后，怠速转速仍无法达到正常值的车辆，应对其自适应值先清除后再做基本设定。

2）红旗 488 发动机在节气门体清洗或更换后，做过基本设定，怠速转速仍无法达到正常值的车辆应做如下处理：

①对于早期生产的没有氧传感器开环控制的车辆，可将 CO 电位计电压调高，使排放值变稀，反复轻踩加速踏板，使怠速转速降至 860r/min，然后再将 CO 电位计调至正常值。

②对于闭环控制的车辆，可将电脑单元的编码从 00000 改为 00001。

③将连接空气流量传感器与节气门体的软管拔开，造成漏气，控制其怠速转速在 800r/min，并在此状态下，发动机运行 1h 左右，然后再装回软管。

④拉紧手制动，挂入一档，缓慢抬起离合器，并踩下制动，使其转速降至 800r/min 左右，在此状态下发动机运行 2 ~ 3h。

⑤更换发动机电脑。

⑥往节气门体内打半圈或一圈密封胶，限制进气量，使转速下降，底半圈应离轴远些。

⑦往扇形齿的两个孔与固定销垫绑铁丝。

⑧连接 K60，发动机怠速运转，关闭所有用电设备，进入发动机系统，选择读取数据流，输入组号 006 后，按 F1 键，观察第 2 项数据，该值是怠速自适应调节值，在正常情况下为 1.00，随着发动机工况变化，例如当车辆长期行驶及节气门体变脏，会使空气流经节气门的截面积变小，这时为了稳定怠速，节气门开度就会适当开大，这样怠速的自适应调节值就会增加一点，如 1.05。但最大只能调到 1.15，如果节气门体继续脏，就会使怠速时的进气量不够，造成怠速不稳，甚至熄火，应清洗节气门。

648. 电控燃油喷射包括哪些控制内容？

（1）喷油持续时间（即喷油量）控制

电脑将发动机转速和空气流量作为主控信号，确定基本喷油量（喷油电磁阀开启的时间长短），并根据其他有关输入信号加以修正，最后确定总喷油量。

（2）喷油正时控制

在电控间歇喷射系统中，当采用与发动机转动同步的顺序独立喷射方式时，电脑不仅要控制喷油量，还要根据发动机各缸的点火顺序，将喷射时间控制在一个最佳的时刻。

（3）减速断油及超速断油控制

1）减速断油控制。汽车行驶中，驾驶人快速加速踏板时，电脑将切断燃油喷射控制电路，停止喷油，以降低减速时 HC 及 CO 的排放量。当发动机转速降至一特定转速时，又恢复供油。

2）超速断油控制。发动机加速时，发动机转速超过安全转速或汽车车速超过设定的最高车速，电脑将会在临界转速时切断燃油喷射控制电路，停止喷油，防止超速。

（4）汽油泵控制

当点火开关打开后，电脑将控制汽油泵工作 2 ~ 3s，以建立必须的油压。此时若不起动发动机，电脑将切断汽油泵控制电路，汽油泵停止工作。在发动机起动过程中和运转过程中，电脑控制汽油泵保持正常运转。

清洗节气门体

649. 什么是喷油正时?

所谓喷油正时控制就是喷油器开始喷油时刻的控制。多点间歇喷射汽油机的喷油正时控制可分为同步喷射方式和异步喷射方式两种。

650. 同步喷射与异步喷射有何区别?

所谓同步喷射方式，即汽油的喷射与发动机运转同步，ECU 根据曲轴的转角位置控制开始喷射的时刻。发动机处于稳定工况的大部分运转时间，喷射控制系统以同步喷射方式工作。

所谓异步喷射方式，即 ECU 只是根据相关传感器输入的信号，控制开始喷油时刻，而与曲轴的转角位置无关。异步喷射方式是一种临时的补偿喷射，发动机处于起动、加速等非稳定工况时，喷射控制系统以异步喷射方式工作或增加异步喷射，对同步喷射的喷油量进行补偿。

651. 喷油持续时间控制分为哪两种?

电控汽油喷射系统对喷油量控制的核心是精确地确定和控制喷油的持续时间。根据发动机的运行特点，喷油持续时间控制分为起动时喷油持续时间的控制和起动后喷油持续时间的控制。

652. 起动时喷油持续时间控制分为哪几种?

发动机起动时，由于转速很低且波动很大，无论是由进气歧管绝对压力传感器或空气流量传感器都不能准确地测出实际的进气量。因此，发动机起动时，ECU 不能用进气量来计算喷油量，而是采用其他的方式。起动时喷油持续时间的控制方式，根据发动机的热状态不同可分为冷起动时喷油持续时间控制和高温起动时喷油持续时间控制。

热膜式空气流量传感器

653. 冷起动时喷油持续时间如何控制?

起动发动机时，ECU 根据当时发动机的水温，从预存在温度–喷油时间数据表中找出相应的基本喷油持续时间。然后，ECU 再根据进气温度和蓄电池电压对基本喷油时间进行修正，得到起动过程实际的喷油持续时间，作为起动工况的主喷油量，其喷油量与发动机曲轴转角有固定关系，这部分喷油为同步喷射。

在起动过程中，有些电控汽油机中的 ECU 还能根据发动机水温，同时进行一定量的异步喷射。

正在喷油的喷油器

发动机电脑

654. 高温起动时喷油持续时间如何控制?

汽车高速行驶后停车，再次热起动时，由于发动机对燃油的加热作用，会使汽油温度上升至 80 ~ 100℃。在这种情况下，喷油器内的汽油中含有汽油蒸气，导致混合气变稀，为此必须进行高温起动时喷油持续时间的修正。

一般在发动机冷却液温度高于设定值（如 100℃）情况下起动发动机时，ECU 即对喷油量进行高温起动喷油量修正。在有些电控汽油机中，ECU 根据汽油温度传感器的汽油温度信号，来确定是否进行高温起动喷油量修正。

655. 起动后喷油持续时间如何控制?

起动后喷油持续时间由根据循环空气质量确定的基本喷油持续时间和由发动机运行状态参数决定的修正喷油持续时间构成。

656. 基本喷油持续时间如何确定?

基本喷油持续时间是 ECU 为了达到目标空燃比，由计算求得的喷油持续时间。目标空燃比一般取 14.7。在目标空燃比已确定的情况下，ECU 首先根据空气流量传感器、曲轴位置传感器等输入信号，求出一个工作循环进入发动机气缸的空气质量，具体计算方法因空气流量传感器形式而异。然后，由目标空燃比和循环空气质量，算出达到目标空燃比所需的喷油量。最后，ECU 在供油压力与进气歧管压力差值一定的情况下，根据喷油持续时间与每次的喷油量成正比，计算出达到目标空燃比所需的基本喷油持续时间。

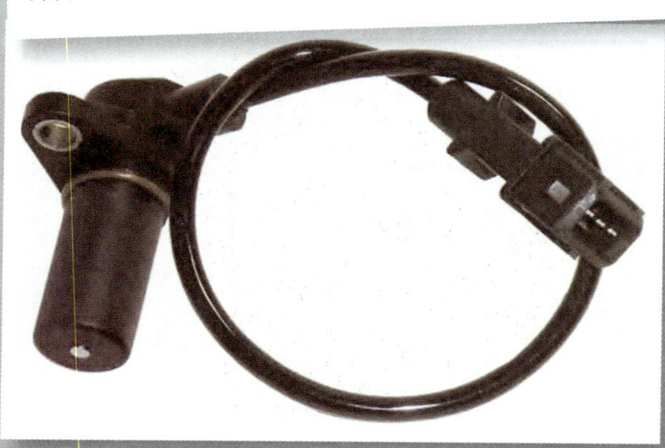

曲轴位置传感器

657. 基本喷油持续时间有哪些修正系数?

基本喷油持续时间综合修正系数包括暖机过程的喷油量修正、怠速稳定性修正、大负荷工况时的喷油量修正、加速工况时的喷油量修正、目标空燃比反馈修正系数、学习空燃比控制产生的修正系数。

658. 起动后暖机过程的喷油量如何修正?

发动机起动后，转速逐渐升高并趋于稳定，ECU 便可进入正常控制喷油量，但由于发动机温度还比较低，仍存在汽油汽化不良等情况，因此，需继续提供较浓的混合气。这种油量的增加，在电子控制燃油喷射系统中，由 ECU 根据发动机温度进行喷油持续时间暖机修正。当冷却液温度上升至正常温度后，暖机修正趋于零。

发动机转速表

659. 怠速稳定性如何修正?

在采用 D-Jetronic 系统的汽油机中，决定基本喷油持续时间的进气歧管压力，在怠速工况时相对发动机的转速有一个滞后，节气门后进气歧管的体积越大，怠速转速越低，滞后时间越长，导致怠速转速周期性的波动。为了提高发动机怠速运转的稳定性，ECU 根据进气歧管压力和发动机转速的变化，采取与转矩变动相反的反向修正，以提高发动机的怠速稳定性。

660. 大负荷工况的喷油量如何修正？

发动机在中小负荷工况下运行时，ECU 对混合气浓度调整的原则是，在保持一定排放性能的前提下，尽量提供经济混合气成分，以使油耗达到最低。但发动机在大负荷工况下工作时，要求提供较浓的混合气以获得最大功率。此时，ECU 首先根据节气门位置传感器的信号或进气量的大小，判断发动机是否处于大负荷工况。若发动机处于大负荷工况，则 ECU 修正喷油持续时间，使空燃比保持在 12.5 ： 1（喷油量约增加 10% ~ 30%）。发动机在高速工况运行时的喷油量修正与大负荷修正相同。

在有些电控汽油机中，大负荷工况喷油量的修正还包括发动机冷却液温度变化修正。

661. 加速工况喷油量如何修正？

为保证发动机具有良好的加速性能，在加速时需要额外地增加喷油量，以增大发动机的输出功率。对加速工况，ECU 根据一定时间内节气门开度的变化，或者空气流量的变化来进行判断。当 ECU 确认汽车正处于加速工况，则 ECU 除了根据空气流量增加同步喷射的喷油量之外，还立即进行异步喷射，以满足加速工况对喷油量的特殊要求。

662. 什么是空燃比反馈修正？

在装有三元催化转换器的电控汽油机中，用氧传感器对排气中氧含量进行检测，ECU 根据检测结果对空燃比进行修正，将空燃比控制在理论空燃比附近。

663. 什么是学习空燃比修正？

学习空燃比控制通常称为学习控制，其目的是为了进一步提高空燃比控制精度。发动机在使用过程中，电子控制燃油喷射系统各部件性能会有所变化，从而使空燃比控制发生偏差，且这种偏差随着使用时间的推移，会不断加大。在电控汽油喷射控制系统中虽然设有空燃比反馈修正，但它有一定修正范围，一旦修正值超过修正范围，就会造成控制上的困难。在实际运行中，当修正值大于设定值时，为进一步提高空燃比的控制精度，ECU 根据计算出的实际空燃比与理论空燃比的偏差，对喷油时间进行总修正，并把学习修正系数储存在 EPROM 或 RAM 中作为以后的预置值。

664. 电源电压修正如何控制？

在电控汽油喷射系统中，ECU 发出喷油信号，喷油器电磁线圈通电，但喷油器针阀实际的开启时刻（开始喷油）相对喷油信号有一个动作滞后。同样，喷油器电磁线圈断电，针阀实际的关闭时刻（喷油停止）也有一个动作滞后，且针阀开启的滞后时间比关闭的滞后时间长。通常把开启滞后与关闭滞后的差值称为无效喷射时间。由于在无效喷射时间内，事实上没有进行喷射，因此，需要进行补偿修正。

在实际运行条件下，针阀开启滞后时间受蓄电池电压影响较大，针阀关闭滞后时间受蓄电池电压的影响较小，ECU 根据蓄电池电压对喷油持续时间进行修正，蓄电池电压低，修正时间长；蓄电池电压高，修正时间短。

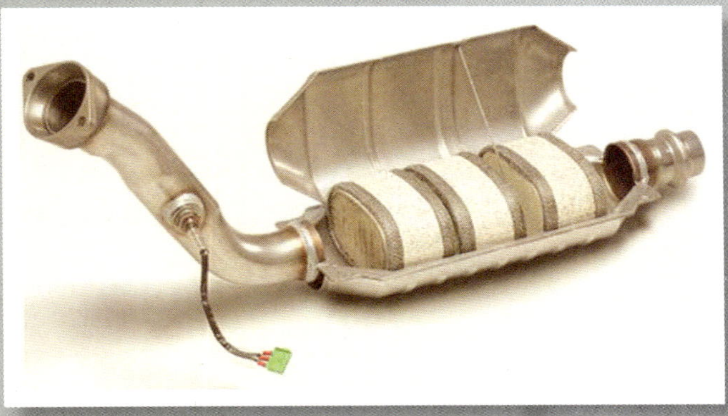

三元催化转换器

665. 什么是断油控制?

断油控制是指 ECU 停止向喷油器驱动电路发送喷射信号,喷油器暂停工作。电控汽油机中,ECU 断油控制基于两种情况：

1）以降低燃油消耗，改善排气污染为目的的减速断油控制。

2）以防止发动机超速损坏为目的的超速断油控制。

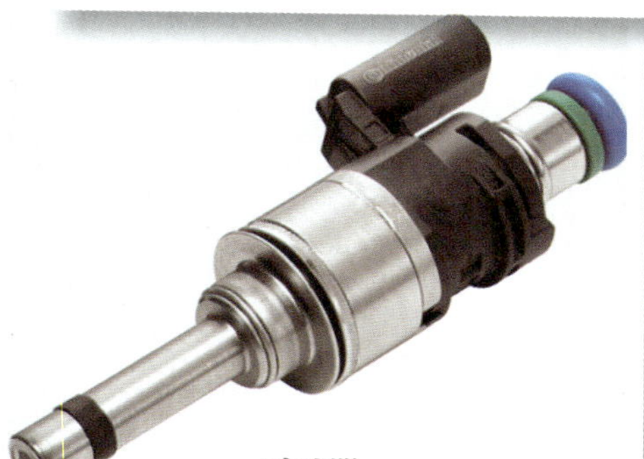

喷油器

666. 减速断油如何控制?

当发动机高转速运行、节气门突然关闭时，发动机处于强制怠速工况。这种工况一般为汽车减速运行工况，发动机不再需要供应燃油，为避免混合气过浓、燃油经济性和排放变坏，ECU 执行减速断油控制，喷油器停止喷油。当发动机转速降至预设转速，或节气门重新打开时，ECU 才使喷油器恢复喷油。

断油转速和恢复喷油转速与冷却液温度、空调是否工作、用电器用电情况等因素有关。发动机冷却液温度越低，断油转速越高。

667. 超速断油如何控制?

当发动机转速过高可能引起本身损坏时，ECU 执行发动机超速断油控制，对发动机的最高转速进行限制。过去为了防止发动机超速，常采用停止点火或延迟点火的方法，这些方法对排放和燃油经济性都是十分不利的。

现在都采用切断燃油供给的电子限速装置。发动机运行时，ECU 将发动机的实际转速与储存在 ROM 中的最高转速进行比较，当转速超过设定转速时，ECU 停止输出喷油信号，转速下降至设定转速时再恢复喷油，如此反复循环，防止发动机转速继续上升。

668. 燃油供给系统包括哪些部件?

电控汽油机的燃油供给系统由油箱、电动汽油泵、燃油管、燃油滤清器、燃油导轨、喷油器和燃油压力调节器等组成。对于不同类型的电控汽油机，燃油供给系统的组成部件可能会有些差异，如有的电控汽油机没有燃油压力调节器等部件，但总体构成上基本相似。

669. 汽油滤清器有哪些类型?

汽油滤清器的作用是在汽油进入燃油导轨之前把含在油中的水分和氧化铁、粉尘等杂质除去，防止燃油系统堵塞，确保发动机稳定运行，提高可靠性。其主要类型有金属网式、金属片缝隙式、多孔陶瓷式、纸质式。

更换汽油滤清器时按如下步骤进行：

1）泄压：拔下电动汽油泵熔丝，打几次起动，防止油压高时汽油飞溅。

2）安装：安装时滤清器壳体上的箭头应指向油液流出方向。

汽油滤清器

汽车行驶

670. 发动机有哪几条燃油管？

电控汽油发动机一般有 3 条燃油管：

1）供油管：将燃油从油箱输送到燃油导轨。

2）回油管：使多余的燃油返回燃油箱。

3）燃油蒸气排放管：将燃油箱中挥发的燃油蒸气从燃油箱内送到活性炭罐。

燃油管安装在车身地板下或车架下，为防止路面飞起的石子损坏燃油管，一般安装有防护板。

671. 燃油导轨的作用是什么？

燃油导轨安装在进气歧管上，其主要作用是安装喷油器并将高压燃油输送给各个喷油器。燃油导轨与喷油器之间用 O 形圈和卡环密封，O 形圈可防止燃油渗漏，并具有隔热和隔振作用；卡环将喷油器固定在燃油导轨上。

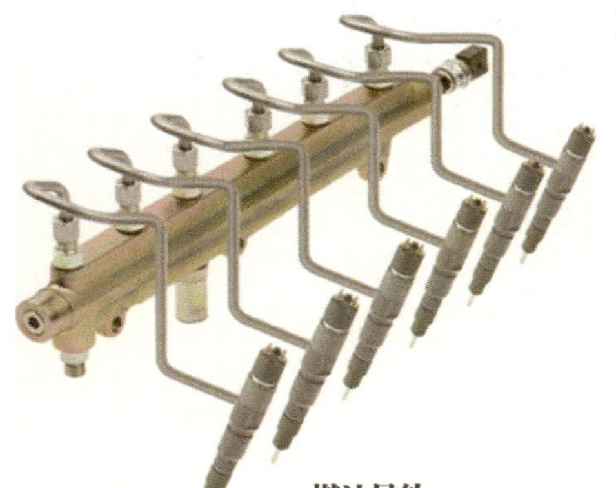

燃油导轨

672. 油压调节器有何作用？

燃油压力调节器简称为油压调节器，其作用是使燃油导轨压力与进气歧管压力的差值保持不变，即保持喷油压力与喷油环境压力的差值保持不变，一般为 0.25 ~ 0.30MPa，这样喷油量才能唯一的取决于喷油持续时间。怠速时喷油持续时间一般为 2 ~ 3ms，不超过 5ms，全负荷时为 13 ~ 15ms。

673. 油压调节器如何工作？

喷油器的喷油量除取决于喷油持续时间外，还与喷油压力有关。在相同的喷油持续时间内，喷油压力越大，喷油量越多，反之亦然。所以，只有保持喷油压力恒定不变，才能使喷油量在各种负荷下都只唯一地取决于喷油持续时间，以实现电控单元对喷油量的精确控制。那么，油压调节器是如何工作的呢?

发动机运转时，进气歧管的真空度和弹簧预紧力共同作用在膜片上，汽油泵供给的汽油同时输送到喷油器和调节器的燃油室。当节气门开度较小时，进气歧管内的真空度作用于弹簧室，使膜片带动球阀克服弹簧力而上移，则燃油室内多余的燃油从回油口流回油箱；当节气门开度较大时，进气歧管内的真空度减小，膜片在弹簧力的作用下下移，将回油口封闭，则燃油室内的油压不再下降。通过油压调节器可使喷油压力保持恒定，从而精确地控制喷油量。

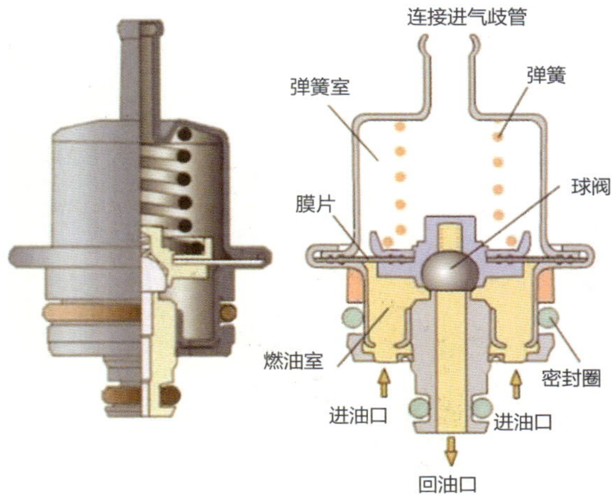

油压调节器构造图

674. 如何检测油压调节器的工作状况？

1）测量发动机运转时的燃油压力。怠速运转时的燃油压力应为 300kPa 左右。

2）测量拔掉真空软管后的燃油压力。拔下油压调节器真空软管，并检查燃油压力，此时的燃油压力应比怠速运转时的燃油压力高 50kPa 左右。如压力变化不符合要求，即说明油压调节器工作不良，应更换。

675. 电动汽油泵有什么作用?

电动汽油泵的作用是将汽油从油箱中吸出，加压后通过供油管输送到燃油导轨，并配合燃油压力调节器建立合适的系统压力。电控汽油喷射系统中使用的电动汽油泵有两种类型：外装式电动汽油泵和内装式电动汽油泵。外装式电动汽油泵布置在油箱外面，可以安装在燃油管路的任一适当位置。内装式电动汽油泵安装在油箱内，或者固定在油泵支架上垂直地悬挂在油箱内，或者垂直安装在油箱底上。

676. 内装式电动汽油泵有什么优点?

内装式电动汽油泵具有不易产生气阻和汽油泄漏，运转噪声小等优点。目前，大多数电控汽油喷射系统都采用内装式电动汽油泵。

电控汽油喷射发动机中使用的内装式电动汽油泵，其油泵大多采用叶片式的涡轮泵或侧槽泵。这种内装式电动汽油泵由电动机、涡轮泵（侧槽泵）、单向阀、限压阀及滤网等部件组成。

电动汽油泵剖视图

677. 涡轮泵如何工作?

涡轮泵由电动机驱动，当涡轮在电动机的带动下旋转时，涡轮圆周槽内的燃油与涡轮一直高速旋转，在涡轮外缘每一个叶片沟槽的前后，因液体的摩擦作用存在一个压力差，由很多叶片沟槽所产生的递升压力差使汽油的压力升高，升压后汽油通过电动机内部经单向阀从油泵出口排出。

678. 涡轮泵的工作有何特点?

由于涡轮泵对汽油的加压输送完全是通过油液分子间动量转换来实现的，因此，这种泵的压力升高效率不高，适用于低压大流量的场合，一般供油压力为 0.25 ~ 0.50MPa；涡轮泵工作时，涡轮与泵壳不直接接触，因此，油泵工作时噪声低、振动小、磨损小，故可靠性高；涡轮泵不存在因容积变化而产生对汽油的压缩，因此，出口端燃油油压脉动很小，仅为 0.002MPa，故可以取消油压脉动减振器，使油泵总长度缩短，便于直接装入油箱内；由于采用叶轮结构，所需驱动力矩小，因此，可以采用低转矩高速型电动机，使电动机小型化和轻量化。

679. 侧槽泵有什么结构?

侧槽泵是液压泵的一种变型，它的结构虽与涡轮泵不同，但是它们的工作原理是十分相似的，即通过油液分子之间的动量转换使汽油升压。两者的主要区别在于叶轮形状、叶片数目以及流道的形状与配置。

侧槽泵由法兰和叶轮组成。法兰包括进油口、侧槽和封闭式导流槽；叶轮包括正对着边槽的叶片环和可使汽油从导流槽穿过叶轮流向其背面的轮辐。

侧槽泵的突出优点在于能以汽油蒸气和燃油的混合物运转，并能通过适当的放气口分离或提高压力，使汽油蒸气冷凝，有利于防止气阻的发生，这对于电控汽油喷射系统的正常工作具有重要意义。

汽油泵

680. 外装式电动汽油泵有几种类型?

外装式电动汽油泵常采用滚柱泵和齿轮泵。外装式电动汽油泵的构造与内装式电动汽油泵基本相同，即由电动机、滚柱泵或齿轮泵、单向阀、限压阀、滤网和阻尼稳压器等组成。

681. 滚柱泵如何工作?

滚柱式转子泵主要由转子、与转子偏心的定子(即泵体)以及在转子和定子之间起密封作用的滚柱等组成。

滚柱泵的转子由电动机驱动，当转子在电动机的带动下旋转时，位于转子凹槽内的滚柱在离心力的作用下，压靠在定子的内表面上，两个相邻的滚柱之间形成一个封闭的空腔。在转子旋转过程中，这些空腔的容积随转子的转动产生变化，在容积由小变大一侧汽油被吸入，在容积由大变小一侧汽油被压出。

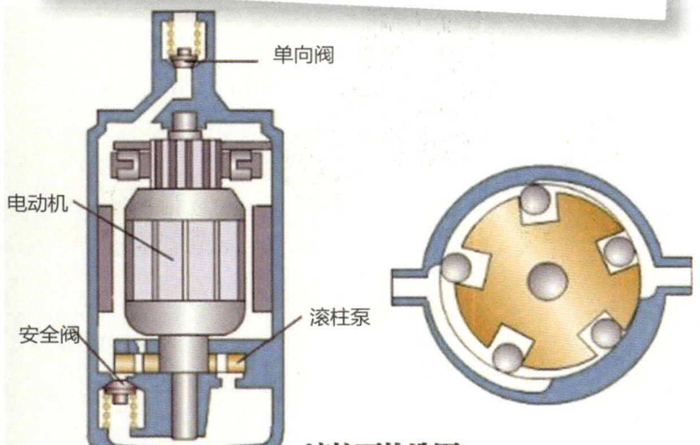

滚柱泵构造图

汽油泵

682. 滚柱泵的工作有何特点?

滚柱泵是通过对汽油压缩来提升油压的，因此，油泵出口端的油压脉动比叶片式油泵大得多。转子每转一周所发生的油压脉动次数等于滚柱数，因此，必须采用阻尼稳压器，以减轻油泵后方燃油管内的压力脉动。

滚柱泵工作过程中，由于泵油室的容积变化大，因此，它的吸油高度和供油压力都比叶片式油泵大。

由于滚柱泵是依靠滚柱与定子内壁的紧密贴合构成泵油室的，因此，滚柱和定子易磨损，运行中噪声较大，且使用寿命也不如叶片式油泵。

683. 齿轮泵如何工作?

齿轮泵由带外齿的主动齿轮和带内齿的从动齿轮及泵体构成，从动齿轮及泵体与主动齿轮偏心安装。齿轮泵的工作原理与滚柱泵相似，主动齿轮由电动机驱动。当主动齿轮在电动机带动下旋转时，其与从动齿轮啮合并带动从动齿轮一起旋转。在主动齿轮与从动齿轮啮合的过程中，由内外齿所围合的泵油室的容积大小发生变化，通过合理地设置进出油口的位置，即可利用这种容积的变化将汽油吸入，然后以一定的压力泵出。

684. 齿轮泵的工作有何特点?

齿轮泵与滚柱泵相比，在同样的外形尺寸下，泵油室的数目(等于齿数)比滚柱泵多，因此，齿轮泵输出的油量比较均匀，油压的波动也比滚柱泵小，比较适合在轿车上使用。

685. 电动汽油泵的单向阀有何作用?

单向阀的作用是防止燃油倒流，使管路中保持适当的残余压力，便于发动机热起动。当发动机熄火，电动汽油泵刚刚停止泵送燃油，单向阀在管路内油压的作用下立即关闭，使油泵出口端与燃油压力调节器之间油道中的燃油仍能保持一定压力，有利于减少气阻现象，提高发动机高温起动性能。

686. 电动汽油泵的安全阀有何作用?

安全阀是一种保护装置。在电动汽油泵中，当出口及下游油路出现堵塞，油泵工作压力大于 0.4MPa 时，安全阀自动打开，使油泵的高压侧与吸入侧连通，燃油仅在泵和电动机内部循环，避免发生管路破裂和燃油泄漏事故。

687. 汽油泵控制的基本要求是什么?

电控汽油喷射系统对油泵控制的基本要求是：只有当发动机处于运转状态时，汽油泵才工作；若发动机不运转，即使接通点火开关，汽油泵也不工作。

688. 汽油泵滤网太脏会引起什么现象?

汽油泵滤网太脏会使燃油系统压力降低，喷油器的喷油量不足，导致汽车高速行驶或急加速时动力不足，加速困难。

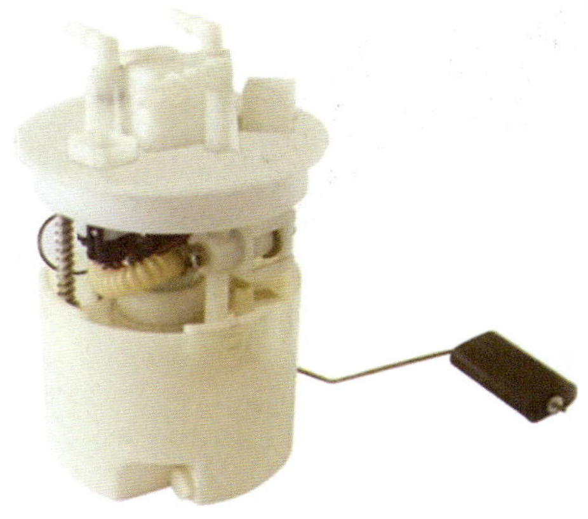

汽油泵

689. 具有转速控制的油泵控制电路有何特点?

具有转速控制的油泵控制电路的特点是：油泵的转速可以变化，发动机高速及大负荷工况时，由于所需油量增大，此时油泵高速运转，泵油量增加。在低速及中小负荷工况时，油泵低速运转，泵油量相应减少，有利于减少油泵的磨损和不必要的电能消耗。

690. 如何就车检查电动汽油泵是否工作?

1）打开油箱盖，然后打开点火开关，但不起动发动机。在油箱口处仔细听有无电动汽油泵运转的声音。如在打开点火开关后，能听到电动汽油泵运转 3 ~ 5s 后又停止，说明电动汽油泵工作正常。

2）若在油箱口处听不清电动汽油泵运转的声音，可以在打开点火开关或起动发动机后，在发动机上方仔细听有无“嘶嘶”的燃油流动声，也可以用手检查进油软管有无压力。如有“嘶嘶”的燃油流动声或进油软管有压力，说明电动汽油泵工作正常。

3）拆下发动机进油管，打开点火开关或起动发动机，此时若油管内有大量汽油流出，说明电动汽油泵工作正常。

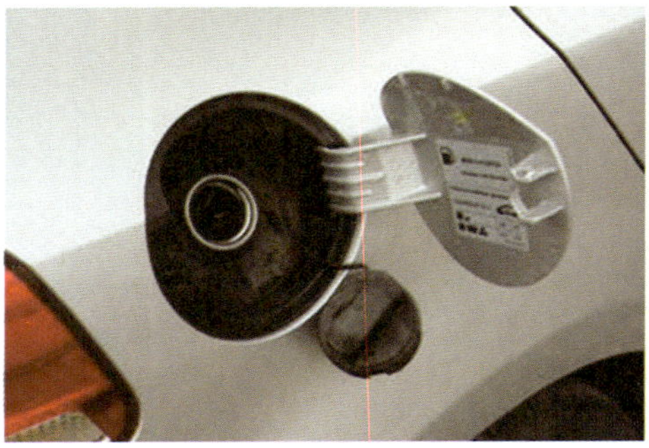

油箱盖

691. 如何就车测量电动汽油泵的最大压力?

1）释放燃油系统中的压力。

2）将燃油压力表接在燃油管路上，并将出油口堵住。

3）用一根导线将电动汽油泵继电器的两个供电插孔短接。

4）打开点火开关，让起动机带动发动机运转 10s 左右（但不起动发动机），使电动汽油泵工作，同时读出燃油压力表的压力，该压力称为电动汽油泵的最大供油压力，它应当比发动机运转时的燃油压力高 200 ~ 300kPa，通常可达 490 ~ 640kPa。如不符合标准值，说明电动汽油泵性能不良，有可能导致电控汽油机动力不足等故障，应更换电动汽油泵。

692. 如何就车测量电动汽油泵的保持压力?

电动汽油泵的保持压力测量是接着问题 691 的第 4）步做的，其步骤如下：

1）关闭点火开关，5min 后再观察燃油压力表的压力，此时的压力称为电动汽油泵的保持压力，其值应大于 340kPa。如不符合标准值，说明电动汽油泵出油口处的单向阀有泄漏，此故障有可能导致电喷发动机起动困难，应更换电动汽油泵。

2）释放燃油系统中的压力。

3）拆下燃油压力表，接好燃油管路。

4）预置燃油系统的压力。

693. 如何检查电动汽油泵是否正常?

1）用万用表测量电动汽油泵两接线柱之间的电阻。如正常，应能导通，其电阻值应为 2 ~ 3Ω。

2）将蓄电池电源短时间加在电动汽油泵两接线柱上。如正常，应能听到电动汽油泵转子高速转动的声音。

3）将电动汽油泵浸在汽油桶内，用专用导线连接蓄电池和电动汽油泵；接通电源后，电动汽油泵出油口应有大量高压汽油泵出。做此项检验时要注意安全，应在通风良好处进行；电动汽油泵接线要连接牢固；蓄电池要远离电动汽油泵；最好使用非可燃性的专用喷油器检验液代替汽油。

以上检查如有异常，应更换电动汽油泵。

694. 喷油器有什么作用?

喷油器是电控汽油喷射系统中一个非常重要的执行元件，在 ECU 的控制下，把雾化良好的汽油喷入进气管或气缸。电控汽油喷射系统中都使用电磁式喷油器。具体原理为发动机电脑控制喷油器的搭铁信号，确定合适的喷油时刻和喷油脉冲宽度，使电磁线圈的电流导通或截止，从而使喷油器喷孔打开或关闭。

695. 低阻喷油器与高阻喷油器有何区别?

1）低阻喷油器。指喷油器电磁线圈的电阻值为 2 ~ 3Ω。

2）高阻喷油器。指喷油器电磁线圈的电阻值为 12 ~ 17Ω。

696. 什么是喷油器的电压驱动?

喷油器的电压驱动适用于高阻喷油器和串有附加电阻的低阻喷油器，其结构简单。电脑控制晶体管导通时，喷油器内通过电流，喷油器开始喷油，电脑控制晶体管截止，喷油结束。晶体管的导通时间就是喷油时间即喷油脉宽，一般用 ms 表示。当晶体管截止时，线圈两端可能产生很高的感应电动势，此电动势与电源电压一直作用在晶体管上，有可能将晶体管击穿，故在电路中设有 CR 消弧电路。

697. 什么是喷油器的电流驱动?

喷油器的电流驱动只适用于低阻喷油器。当采用电流驱动方式时，喷油器直接与电源连接，电脑通过检测回路电磁线圈的通过电流进行控制，此种驱动方式的回路阻抗很小，功率晶体管刚开始导通时，喷油器电磁线圈的通过电流在极短的时间内迅速增大，针阀能以最快的速度升起使喷油器具有良好的动态响应特性，缩短无效喷射时间。当电脑控制喷油时，首先使晶体管完全导通，喷油器内通过 4 ~ 6A 的电流使喷油器快速地打开，当控制回路检测到有 4 ~ 6A 的电流通过时就控制晶体管导通量变小，给喷油器通 1A 左右的电流。停止喷油时使晶体管截止，由于 1A 的电流产生的电感小，所以此控制系统中喷油器反应更加灵敏。

喷油器

698. 轴针式喷油器与孔式喷油器有何区别？

轴针式喷油器针阀的前端有一段轴针，喷油器关闭时轴针露出喷孔。轴针式喷油器的主要特点是喷孔不易堵塞，但燃油的雾化质量稍逊于孔式喷油器，且由于针阀的质量较大，因此，动态响应较差。

孔式喷油器针阀的前端没有轴针，故针阀不露出喷孔。孔式喷油器的喷孔数为 1 ~ 4 个，针阀头部为锥形或球形（也称球阀式喷油器）。孔式喷油器的特点是燃料雾化质量较好，且球阀式针阀的质量仅为轴针式针阀的一半，故响应速度快；不足之处是喷孔易堵塞。

孔式喷油器

轴针式喷油器

699. 喷油器如何工作？

喷油器是电控发动机的关键部件之一，它的工作好坏将严重的影响发动机的性能。那么，它是如何工作的呢？

喷油器其实就是个简单的常闭电磁阀，当电磁线圈通电时，产生吸力，针阀被吸起，打开喷孔，汽油经针阀头部的轴针与喷孔之间的环形间隙高速喷入进气歧管或气缸内，形成雾状，以利于燃烧充分。实际上，喷油器的工作原理和我们常见的喷雾器是一个原理，都是通过加压使液体高速喷出。

喷油器供油最大的优点就是燃油供给控制十分精确，使发动机在任何状态下都能有正确的空燃比，不仅让发动机保持运转顺畅，其废气排放也能合乎环保法规的要求。

700. 如何用测听法检测喷油器？

1）发动机热车后使其怠速运转。

2）用通心螺钉旋具或听诊器测听各缸喷油器工作的声音。

3）如某缸喷油器的工作声音很小，则说明该喷油器工作不正常，可能是针阀卡滞，应进一步检查。

4）如听不见某缸喷油器的工作声音，说明该喷油器不工作。对此，应检查喷油器控制线路或测量喷油器电磁线圈电阻。若控制线路及电磁线圈正常，则说明喷油器针阀完全卡死，应更换喷油器。

701. 如何用断缸法检测喷油器？

1）发动机热车后使其怠速运转。

2）依次拔下各缸喷油器的线束插头，使喷油器停止喷油，进行断缸检测。

① 如拔下某缸喷油器线束插头后，发动机转速有明显下降，则说明该喷油器工作正常。

② 如拔下某缸喷油器线束插头后，发动机转速无明显下降，则说明该缸不工作或工作不良，可能是喷油器不工作，应进一步检测。

高压喷油器

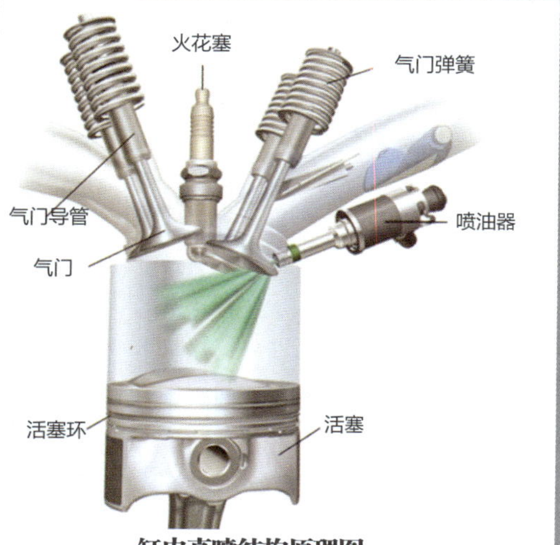

缸内直喷结构原理图

702. 如何检测喷油器的驱动线路？

1）脱开喷油器连接器，点火开关转至 ON 档，检查连接器电源线电压应为蓄电池电压。

2）使用试灯并联在连接器的两个端子，起动发动机，试灯应闪烁，否则检查喷油器至发动机电脑之间的导线连接。

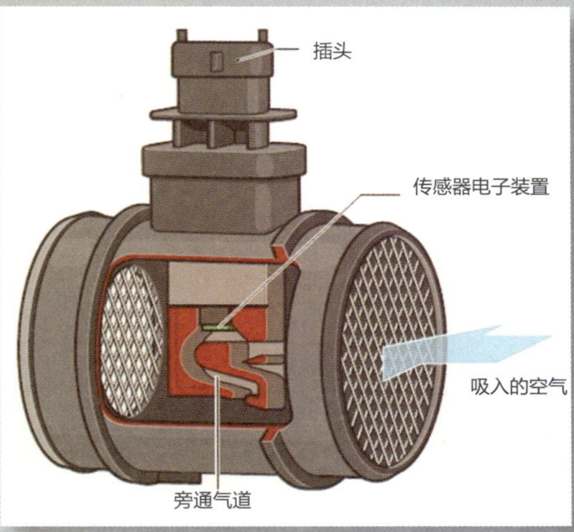

热膜式空气流量传感器构造图

703. 什么是清除溢流控制？

清除溢流功能就是将发动机加速踏板踩到底，接通点火开关起动发动机时，ECU 自动控制喷油器中断喷油，以便排除气缸内的燃油蒸气，使火花塞干燥，从而能够跳火。

当驾驶人踩下加速踏板而发动机又不能起动时，可利用电控系统的清除溢流功能先将溢流清除，然后再进行起动。

704. 清除溢流应满足哪些条件？

1）点火开关处于起动位置。

2）节气门全开。

3）发动机转速低于 500r/min。

只有在以上 3 个条件都满足时，电控系统才能进入清除溢流状态。由此可见，在起动燃油喷射式发动机时，不必踩下加速踏板，直接接通点火开关即可，否则，电控系统可能进入清除溢流状态而使发动机无法起动。

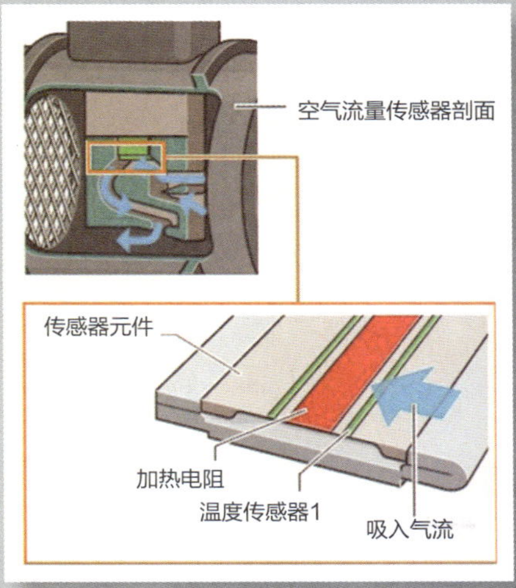

吸入空气的测量

705. 如何控制喷油量？

可以这样认为，进入气缸内的进气量越多，发动机越有劲。早期的化油器车，利用的是节气门控制进气量，节气门开度越大，流经化油器的空气就越多，因此，吸入气缸内的可燃混合气也越多，发动机的功率就越大。而现在的车辆都是电控发动机了，那么，喷油量又是如何控制的呢？用空气流量传感器控制。

空气流量传感器是安装在空气滤清器和节气门之间的一个装置，用于检测发动机的进气量，并将进气量信号转换成电压信号传送给发动机电脑，电脑利用此信号并根据标准空燃比计算出喷油量。空气流量传感器有多种形式，如翼板式空气流量传感器、卡门旋涡式空气流量传感器、热线式空气流量传感器和热膜式空气流量传感器。

现代轿车广泛采用第六代热膜式空气流量传感器，它用两个温度传感器用来识别空气的流动方向：

1）吸入的空气首先经过温度传感器 1。

2）从关闭的气门回流的空气首先经过温度传感器 2。

与加热电阻合用，发动机控制单元就可计算出吸入空气中的氧含量。

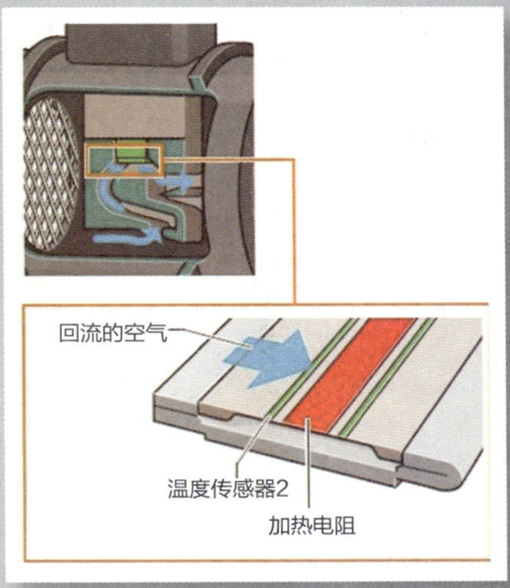

回流空气的测量

706. 无回油系统有何优势?

无回油管的燃油供给系统没有从燃油导轨到燃油箱之间的回油管，也没有压力调节器，取而代之的是油泵上的压力控制阀，其作用可保证燃油导轨内的压力为一恒定值，这种情况下，喷油时间要根据负荷进行修正。无回油管的燃油供给系统设计目的是防止燃油流动升温，造成燃油蒸发过多。

707. 如何实现分层燃烧?

很多人会混淆燃油直喷技术、稀薄燃烧和分层燃烧三者。其实，稀薄燃烧的意思是指在气缸内汽油远远少于空气；分层燃烧是指气缸内混合气的浓度是不同的，有些地方浓，有些地方稀，两者都是燃烧理论。而因为理论在试验中得到了验证，就开发出了燃油直喷技术，为的就是实现前两个燃烧理论。

那么，如何实现分层燃烧呢? 首先，发动机在进气行程时，ECU 控制喷油器进行一次小量的喷油，使气缸内形成稀薄混合气。在活塞压缩行程末了时再进行第二次喷油，这样，在火花塞附近形成浓度相对较高的混合气区域，然后利用这部分较浓的混合气引燃气缸内的稀薄混合气，从而实现气缸内的稀薄燃烧，这样可以用更少的燃油达到同样的燃烧效果，进一步降低发动机的油耗。

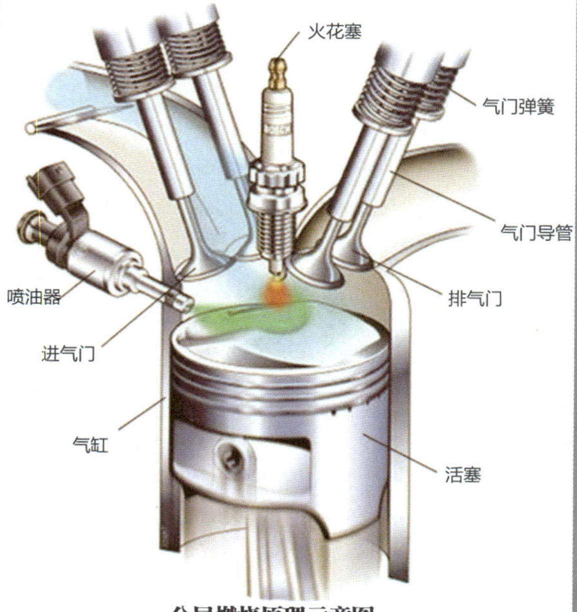

分层燃烧原理示意图

708. 什么是均质燃烧?

由于汽车发动机不是匀速运转的，时而怠速，时而加油，时而又要巡航，因此针对不同的工作状况，发动机的燃烧控制是不相同的。在燃油直喷技术中，只有在节气门开度小的情况下才会实现稀薄燃烧和分层燃烧，在节气门开度大的时候，发动机依然采用或者说必须采用传统的油气混合方式，即我们所说的均质燃烧，以保证功率的输出。

均质燃烧可以理解为普通的燃烧方式，即燃油和空气混合形成一定浓度的可燃混合气，整个燃烧室内混合气的浓度是相同的，经火花塞点燃燃烧。均质燃烧的混合气形成时间较长，燃油和空气可以得到充分的混合，燃烧更均匀，从而获得较大的输出功率。

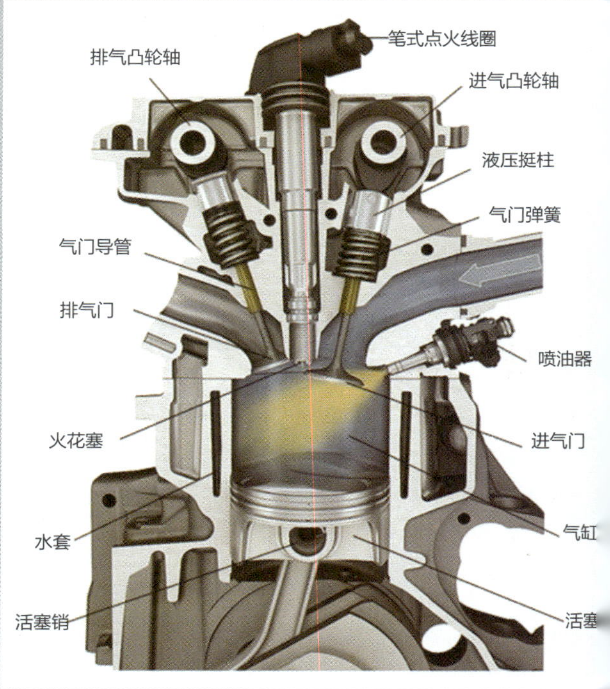

均质燃烧原理示意图

709. 缸内直喷有什么优势？

传统的发动机（缸外喷射）是在进气歧管中喷油，再与空气混合形成可燃混合气，最后才进入到气缸内。在此过程中，因为喷油器离燃烧室还有一定距离，微小的油粒会吸附在管道壁上，而且汽油与空气的混合受进气气流和气门关闭影响较大。

而缸内直喷是将喷油器安装在气缸盖上，直接将燃油喷射在气缸内，在气缸内燃油与空气混合。发动机电脑可以根据吸入的空气量精确地控制燃油的喷射时刻和喷射量。高压（40 ~ 110MPa）的燃油喷射系统可以使油气能够在整个气缸内充分、均匀地混合，从而使燃油充分燃烧，能量转化效率更高。

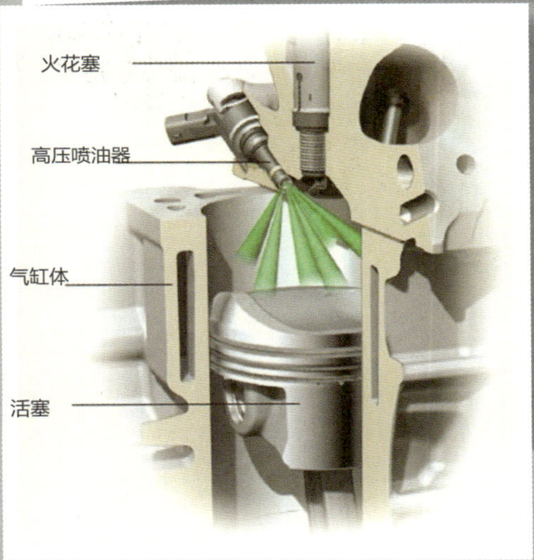

缸内直喷原理示意图

710. 混合喷射是怎么回事？

混合喷射是将缸内直喷技术和进气歧管喷射技术相结合，从而使一个气缸有两个喷油器。在低负荷工况下，安装在进气歧管处的喷油器在进气行程时会打开喷孔进行喷油，这个过程与普通多点电控发动机相同；而在高负荷工况下，直喷系统会全权代理气缸的喷油工作。为什么会是这样的编排？缸内直喷不是比进气歧管喷射更精准吗？怎么反而直喷还要依靠普通喷射来达到更好的燃烧效果呢？

在低负荷的工况下，通过直喷系统释放到气缸内的燃油虽然已经达到了很好的雾化效果，但由于气缸的进气量不够充分，以至于在气缸内无法形成最佳的空燃比，从某种角度来说，混合气是处于偏浓的状态。而在进气阶段，通过位于进气歧管处的喷油器进行少量喷油，这样，在燃油被输送至气缸内的途中便可进行与空气的混合，待这部分混合气进入气缸时，缸内直喷系统再根据发动机工况需求进行混合气加浓的工作。采用这样的设计还有另一个目的，我们都知道直喷技术可以使燃油达到更好的雾化效果，提高燃烧效率，但因此而产生的副作用也很明显。由于温度过高，气缸内存留的氮、氧会发生强烈的反应形成氮氧化合物，这对尾气排放的影响很恶劣，无形中加重了三元催化转换器的负担，而传统的进气歧管喷射则可以最大程度的弥补直喷系统的缺陷。

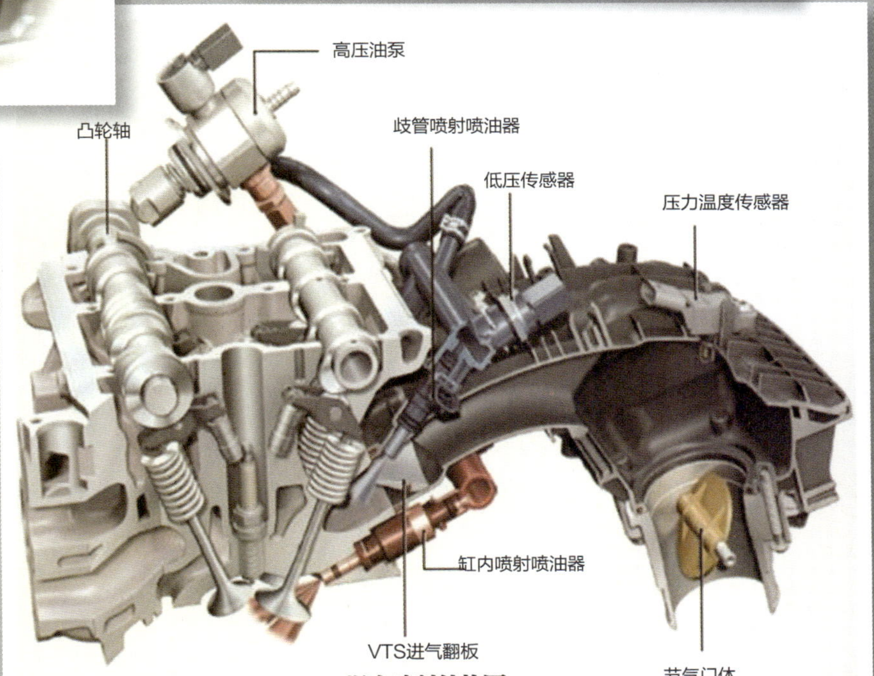

混合喷射结构图

711. 多点缸外喷射系统如何工作？

现在的汽车大都采用多点缸外喷射，所谓多点缸外喷射就是有多少个气缸就有多少个喷油器（并不像有些人所说的每个喷油器上有多个喷油孔），并且喷油器将加压的燃油喷射在进气歧管内。那具体是如何工作的呢？也就是每个缸的喷油器在发动机电脑 ECU 的控制下，按照各缸的工作顺序依次将燃油喷射在进气歧管内（进气门后面），并与空气形成可燃混合气。当进气门打开时，可燃混合气便被吸入气缸并燃烧做功。

712. 什么是柴油机高压共轨？

柴油发动机的供油方式有 3 种：分配泵喷射、高压共轨喷射、泵喷嘴喷射。

高压共轨技术是指在由高压油泵、压力传感器和 ECU 组成的闭环系统中，将喷射压力的产生和喷射过程彼此完全分开的一种供油方式。高压油泵把高压燃油输送到燃油导轨（公共供油管），通过对燃油导轨内油压的精确控制，使高压油管压力大小与发动机的转速无关，可以大幅度减小柴油机供油压力随发动机转速的变化，因此，也就减少了传统柴油机的缺陷。

简单地说，高压共轨就是将所有的喷油器连接到一个公共油轨上，油轨中时刻维持着非常高的喷射压力，喷油器的开启和关闭完全靠电磁阀来实现，可对喷油量实现精确控制。喷油量的大小取决于燃油导轨（公共供油管）压力和电磁阀开启时间的长短。

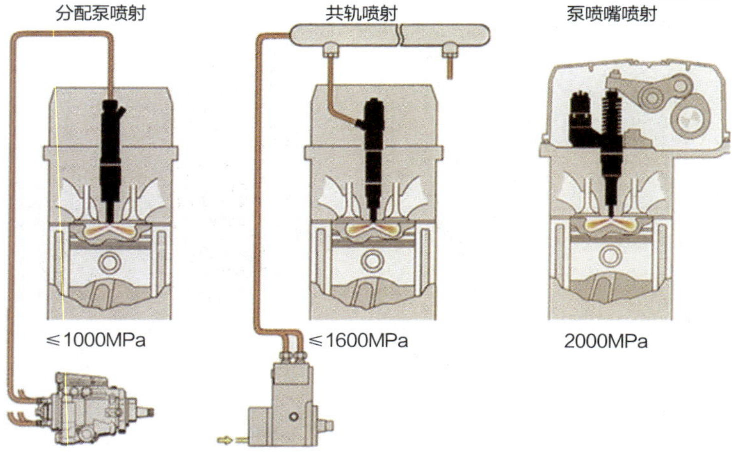

柴油机供油方式

713. 泵喷嘴技术有何优势？

所谓泵喷嘴就是将喷油泵、控制单元和喷油器组合在一起，它集成在缸盖上，每个缸都有一个。由于无高压油管，所以，可消除长的高压油管中压力波和燃油压缩的影响，高压容积大大减少，因此，可产生所需的高喷射压力，一般可达 2000MPa 左右，如此大的压力可提高燃烧质量。

我们经常看到轿车尾部有 TDI 标识，其中 DI 为红色标记的轿车装备的就是泵喷嘴喷射系统。

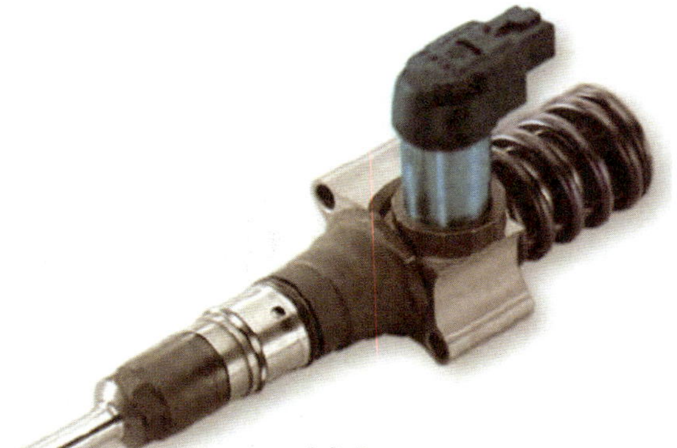

泵喷嘴

714. 空气流量传感器有几种类型？

在电子控制汽油喷射发动机中使用的空气流量传感器主要有：翼片式空气流量传感器、卡门旋涡式空气流量传感器、热线式空气流量传感器和热膜式空气流量传感器。现代电控汽油发动机常用的空气流量传感器为热膜式空气流量传感器。

715. 热线式空气流量传感器构造如何？

热线式空气流量传感器主要由铂丝制成的热线（发热体）、温度补偿电阻、控制热线电流并输出信号的控制电路、采样管和流量传感器壳体等组成。

根据铂丝热线在流量传感器中安装位置的不同，热线式空气流量传感器又可分为主流测量方式和旁通测量方式两种结构形式。

716. 什么是主流测量方式？

主流测量方式采样管置于主空气通道中央，两端为金属防护网，用卡箍固定在壳体上，采样管由两个塑料护套和一个热线支承环构成。直径为 70um 的铂丝热线布置在热线支承环内，铂丝热线的电阻 R_2 值随温度的变化而变化。热线支承环前端的塑料护套内安装一个铂薄膜电阻 R_4，铂薄膜电阻阻值也随进气温度变化，起温度补偿作用（也称为冷线）。在热线支承环后端的塑料护套上粘接了一个能用激光修正的精密电阻，它是惠斯顿电桥的一个臂 R_1，该电阻上的电压，即为热线式空气流量传感器的输出电压信号。电桥的另一个臂 R_3 装在控制线路板上面，该电阻在最后调试中用激光修正，以便在预定空气流量下调定空气流量传感器的输出特性。

热线式空气流量传感器的电子控制线路板包括：电桥平衡电路、烧净电路和怠速混合气调节电位器，电子控制装置的大多数元件（除 R_1、R_2、R_4 外）都配置在这块混合集成电路板上，其上一般设置六脚插头与发动机微机控制装置相连接，传递及反馈信息。

主流测量方式空气流量传感器

717. 旁通测量方式与主流测量方式有何区别？

旁通测量方式与主流测量方式的热线式空气流量传感器在结构上的主要差别在于：将铂丝热线和温度补偿电阻（冷线）安装在空气旁通道上；热线和温度补偿电阻铂丝缠绕在陶瓷线管上。其工作原理与主流测量方式相同。

718. 热线式空气流量传感器如何工作？

当温度较低的进气气流流过放置在空气通道中温度较高的热线时，热线与空气发生热量交换，使热线温度下降。通过热线的空气质量流量越大，被空气带走的热量也越多，热线温度下降也越多。由于热线是惠斯顿平衡电桥电路的一个组成部分（即电阻 R_2），当热线温度下降、电阻值发生变化时，电桥出现不平衡。为了使电桥平衡，必须加大流过热线的电流，使热线温度升高，阻值恢复到使电桥平衡的值。由此可知，流过热线的空气质量越大，空气带走的热量也越多，为保持电桥平衡，维持热线温度所需的电流也越大，反之则越小。热线式空气流量传感器正是利用流过热线的空气质量与保持热线温度所需热线电流的对应关系测量空气的质量流量的。发动机工作时，热线所需的加热电流一般在 50 ~ 120mA 之间。

在空气质量流量不变的情况下，当进气温度发生变化时，会使空气从热线带走的热量发生变化，最终使加热热线所需的电流变化，对测量值的精度造成不利影响。为了解决这一问题，在采样管的前端另装一个温度补偿电阻 R_4（冷线），R_4 的阻值也随进气温度变化，起参照基准的作用。流过热线的电流由混合集成电路控制，它使热线和冷线之间的温度差保持不变（一般为 100℃），从而消除了进气温度对测量值的影响。热线式空气流量传感器的输出信号是精密电阻 R_1 上的电压降，该信号与热线电流成正比。

空气流量传感器

719. 热线式空气流量传感器有何特点？

热线式空气流量传感器具有响应速度快，能在几毫秒内对空气流量的变化作出响应，测量精度高，进气阻力小，不会磨损，可直接测量进气空气的质量流量等优点。但它也存在造价高；热线表面易受空气中尘埃的沾污，使热辐射能力降低，影响精度；当空气流速分布不均匀时会产生误差；发动机回火易造成断线等缺点。

720. 如何检查热线式空气流量传感器的输出电压信号?

检查时拔下空气流量传感器的插接器，拆下空气流量传感器。把蓄电池电压施加于流量传感器端子电源与搭铁之间，然后测量输出端子与接地之间的电压，其标准值约为 1.1～2.1V(日产 VG30E 发动机)之间。若电压值不符，则需要更换空气流量传感器。

在进行上述检查之后，从热线式空气流量传感器进气口吹风，与此同时，测量输出端子与接地之间的信号电压，电压值应为 2.4V。

721. 如何检查热线式空气流量传感器的自清洁功能?

装好空气流量传感器及其插接器，起动发动机并高速运转，然后使发动机熄火。当发动机熄火 5S 后，从空气流量传感器的进气口处可以观察到热线自动烧红 1s。如果无此现象发生，需要测量自洁信号或更换空气流量传感器。

722. 热膜式空气流量传感器构造如何?

热膜式空气流量传感器的工作原理与热线式空气流量传感器基本相同。热膜式空气流量传感器的主要特点是，发热体由热线改为热膜，热膜为固定在薄的树脂膜上的金属铂，或者用厚膜工艺将热线、冷线、精密电阻镀在一块陶瓷片上，有效地降低了制造成本。热膜式空气流量传感器的发热体不直接承受空气流动所产生的作用力，从而提高了发热体的强度和工作可靠性，且结构简单，使用寿命长，不易受尘埃污染。这种流量传感器的主要缺点是空气流速不均匀，易影响测量精度。

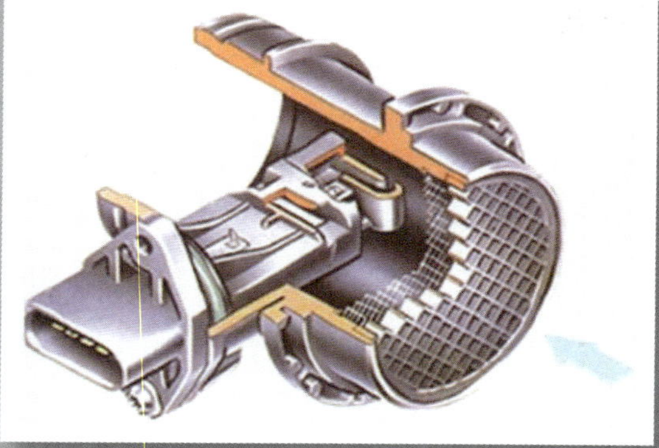

热膜式空气流量传感器

723. 进气歧管绝对压力传感器有何作用?

进气歧管绝对压力传感器是一种间接检测空气流量的传感器，其作用与空气流量传感器相当，用于 D-Jetronic 汽油喷射系统中。ECU 根据发动机转速、节气门开度、进气歧管绝对压力与进入发动机气缸的空气流量的对应关系，由进气歧管内的绝对压力计算出进气量，进而计算出基本喷油量。

进气歧管绝对压力传感器种类很多，根据信号产生的原理有半导体压敏电阻式、电容式、膜盒传动可变电感式和表面弹性波式等，其中，半导体压敏电阻式应用最为广泛。

进气歧管绝对压力传感器

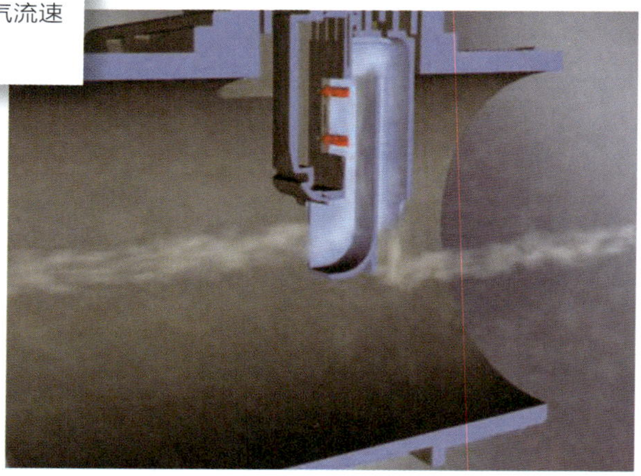

热膜式空气流量传感器工作原理示意图

724. 半导体压敏电阻式传感器如何工作？

半导体压敏电阻式压力传感器由压力转换元件和对输出信号进行放大的混合集成电路等构成。压力转换元件是利用半导体压敏效应制成的硅膜片，硅膜片为约3mm的正方形，其中部经光刻腐蚀形成直径约2mm、厚约50um的薄膜。在膜片表面规定位置有四个应变电阻，以惠斯顿电桥方式连接。

硅膜片的一侧是真空室，另一侧导入进气歧管压力。进气歧管侧的绝对压力（即进气歧管压力）越高，硅膜片的变形越大，其变形与压力成正比，膜片上的应变电阻阻值的变化也与变形的变化成正比。这样就可利用惠斯顿电桥将硅膜片的变形转换成电信号。由于压力转换元件输出的电信号很弱，所以需用混合集成电路进行放大后才输出。

725. 半导体压敏电阻式传感器有何特点？

半导体压敏电阻式压力传感器具有尺寸小、精度高、成本低，响应速度快，重复性和抗振性都较好；输出信号与进气歧管绝对压力呈线性关系；在－30～100℃使用温度范围内，测量精度基本不受温度的影响等优点。

726. 节气门位置传感器有什么作用？

节气门位置传感器用来检测节气门的开度，它安装在节气门体上，通过节气门轴与节气门联动。当驾驶人踩加速踏板时，节气门位置传感器将节气门开度转换成电信号输送到ECU，ECU根据节气门不同的开度决定控制方式和对喷油时间进行修正。

节气门位置传感器

727. 线性输出型节气门位置传感器如何工作？

线性输出型节气门位置传感器的主要特点是，表示节气门开度的输出电压与节气门开度成线性关系。该传感器由两个与节气门联动的可动电刷触点，位于基板上的电阻体、壳体及引出线插座等构成。动触点在电阻体上滑动，利用电阻值的变化，输出与节气门开度相对应的电压值，根据此电压值，ECU就可以知道节气门的开度。但实际上反映节气门开度的电阻体的电阻值总是存在一些偏差，这样将会影响节气门开度检测的准确性。为了能够准确地检测出对ECU确定控制方式和喷油修正具有重要影响的节气门全闭位置，传感器另设一个怠速触点，该触点只有当节气门完全关闭时才被接通。

728. 为什么要有曲轴位置传感器？

在电控汽油喷射系统中，ECU根据每一循环发动机吸入的空气量和发动机运行工况，发出符合最佳空燃比要求的喷油量控制信号。然而，由于空气流量传感器所测出的是单位时间的空气流量，因此，ECU先要把单位时间的空气流量换算成每一循环发动机吸入的空气量，然后才能确定相应的基本喷油量。要完成这一换算，在已知单位时间空气流量的基础上，还需要知道发动机的转速，为此要检测发动机的转速。

ECU利用曲轴位置传感器即可计算出1°曲轴转角信号和发动机转速信号。

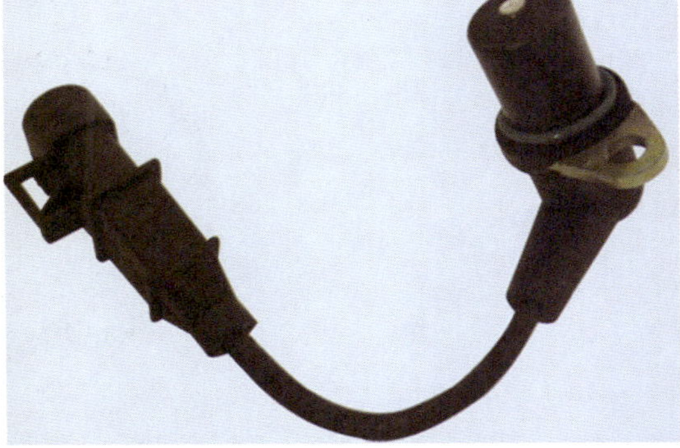

曲轴位置传感器

729. 凸轮轴位置传感器有用吗?

现代的电控发动机均采用顺序燃油喷射和电子点火系统。在发动机运行过程中，凸轮轴位置传感器产生与曲轴位置传感器信号对应的同步信号。ECU 根据凸轮轴位置传感器输出的信号，能对基准气缸正在进行的工作过程及活塞所处位置作出判断。结合曲轴位置传感器输出信号，就能保证发动机喷油和点火的正时及顺序。

凸轮轴位置传感器安装位置图

730. 曲轴位置传感器有几种类型?

目前，电控汽油机中使用的曲轴位置传感器主要有 3 种类型：电磁脉冲式曲轴位置传感器、霍尔效应式曲轴位置传感器和光电式曲轴位置传感器。

731. 电磁脉冲式曲轴位置传感器有何特点?

电磁脉冲式曲轴位置传感器在工作中不需要电源，是一种无源传感器。其输出信号电压受转速影响，即信号电压是随着发动机转速的提高而增大的，同时转速上升后，信号电压上升的速度也加快。

电磁脉冲式曲轴位置传感器

732. 电磁脉冲式曲轴位置传感器如何工作?

电磁脉冲式曲轴位置传感器是由电磁感应式传感器和脉冲盘等组成。电磁感应式传感器安装在机体一侧靠近飞轮处，用来检测曲轴转角和发动机转速。脉冲盘安装在曲轴后端，位于飞轮与曲轴之间，脉冲盘在圆周上等分地布置着 60 个轮子齿，其中空缺两个轮子齿，供 ECU 识别曲轴位置，作为点火正时的参照基准。发动机运转时，脉冲盘上的轮子齿每通过电磁感应式传感器一次，便在传感器内的感应线圈中感应出一个交变电压信号，而在缺齿处产生一个畸变的交变电压信号。ECU 根据这些交变电压信号和畸变的电压信号就可以计算出曲轴位置和发动机转速。

733. 如何检测电磁脉冲式曲轴位置传感器?

1）曲轴位置传感器的电阻检测。将点火开关置于 OFF 档，拔下曲轴位置传感器的导线连接器，用万用表的电阻档测量曲轴位置传感器感应线圈的电阻，其阻值一般在 1000 欧左右（不同车型阻值不尽相同）。如电阻值不在规定的范围内，必须更换曲轴位置传感器。

2）曲轴位置传感器输出信号的检测。插上曲轴位置传感器的导线连接器，利用探针检查传感器输出电压信号。当发动机运转时，用万用表上的交流电压档测量曲轴位置传感器是否有脉冲电压信号输出。如没有脉冲电压信号输出，必须更换曲轴位置传感器。

3）感应线圈与脉冲盘的间隙检测。用塞尺测量脉冲盘与感应线圈凸出部分的空气间隙，其间隙应为 0.3 ~ 0.5mm，且脉冲盘的轮齿应无缺损或铁粉粘附。若间隙不符合要求，则应进行调整。

734. 电磁脉冲式曲轴位置传感器会产生哪些故障？

电磁脉冲式曲轴位置传感器常见故障：感应线圈短路、断路；转子与磁头之间的气隙不当，造成信号减弱或无信号输入电控单元；正时转子轮齿间有赃物，造成信号失真等。这些将会严重影响发动机的性能，甚至使发动机无法运转。

735. 霍尔效应式曲轴位置传感器有何特点？

霍尔效应式曲轴位置传感器在工作中需要始终提供通过霍尔元件的电流，所以这种传感器属于有源传感器，其接线端一般有 3 条导线：信号线、电源线、搭铁线（信号与电源共用）。霍尔式曲轴位置传感器的输出信号电压不受转速影响。

736. 霍尔效应式曲轴位置传感器如何工作？

霍尔效应式曲轴位置传感器是利用霍尔效应原理实现其工作的，它由信号转子和霍尔信号发生器构成。带有触发叶片的信号转子与发动机曲轴皮带轮固联，随曲轴同步运转，或与分电器轴固联，随分电器轴同步运转，信号转子的外缘均布有若干个触发叶轮及相同数目的缺口（数目与发动机气缸数相同）。

霍尔信号发生器由永久磁铁、导磁板及霍尔集成电路等组成。其工作原理为，信号发生器设置在信号转子附近，当信号转子随曲轴转动时，触发叶片及缺口便依次进入永久磁铁和霍尔元件之间的空气隙。当叶片进入时，霍尔集成电路中的磁场就被触发叶片所截断，即旁路，霍尔集成电路因此产生低电位，而当叶片离开缺口正对空气隙时，又使得霍尔集成电路因重新获得磁场而产生霍尔电压，即高电位。该脉冲电压信号经集成电路的放大与整形处理后送至 ECU，经细化处理后用于控制发动机的点火及喷油时刻。

737. 如何检测霍尔效应式曲轴位置传感器？

1）将点火开关置于 ON 档，用万用表检测传感器电源电压，正常值为蓄电池电压，否则为电源线路连接不良或断路故障。

2）用万用表检测传感器信号线工作电压，在点火开关置于 ON 档时，约为 8V；发动机运转时，传感器信号输出电压应在 0.3 ~ 5.0V 之间变化，且该电压值呈脉冲性，最高 5.0V，最低 0.3V，否则，应更换传感器。

点火开关

738. 霍尔式曲轴位置传感器会产生哪些故障？

霍尔式曲轴位置传感器的常见故障有内部集成块烧坏及线路断脱等。这些故障会导致不能产生点火电压信号或信号太弱，从而使电控喷油和电子点火系统不能正常工作。

739. 光电式曲轴位置传感器有何特点？

光电式曲轴位置传感器的缺点是抗污能力差，发光元件和光敏元件受到污染后都会影响信号电压，因此，这种传感器对密封性要求很高。正是由于这个原因，这种传感器远不如电磁脉冲式曲轴位置传感器和霍尔式曲轴位置传感器应用广泛。

740. 光电式曲轴位置传感器如何工作?

光电式曲轴位置传感器的主要组成部分是发光二极管、光敏二极管和带光孔的信号盘。其工作原理为：两只发光二极管分别正对着两只光敏二极管，以光敏二极管为照射目标。信号盘位于发光二极管和光敏二极管之间，当信号盘旋转时，因信号盘上有光孔，于是产生透光和遮光的交替变化。当发光二极管的光束照射到光敏二极管上时，光敏二极管感光产生电压；当发光二极管的光束被遮挡时，光敏二极管的电压为零。将光敏二极管产生的脉冲电压送至整形电路放大整形后，传感器向 ECU 输出表示曲轴转角和活塞位置及工作过程的 1° 曲轴转角信号和 120° 判缸信号。

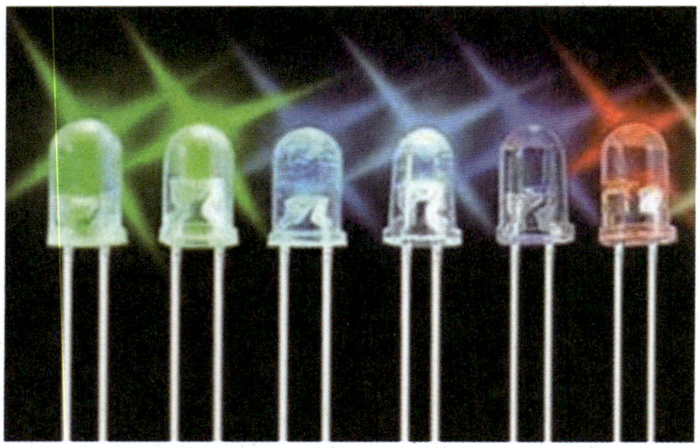

车尾 ABS 标识

741. 如何检测光电式曲轴位置传感器?

1）拔下传感器的导线连接器，将点火开关置于 ON 档，用万用表检测传感器电源电压，正常值为 5V 或 12V（因车型而异），否则应检查传感器至 ECU 之间的电源线路有无连接不良故障。检查传感器的搭铁情况，正常情况下应搭铁良好。

2）插好传感器的导线连接器，起动发动机至 2500r/min 左右，检测传感器电压输出，正常值为 2.0 ~ 3.0V，否则为传感器故障。

3）运转发动机，用示波器检测传感器输出电压信号，该信号应为交变电压输出，且波形均匀，否则应更换传感器。

742. 光电式曲轴位置传感器会产生哪些故障?

光电式曲轴位置传感器的常见故障包括：发光二极管、光敏二极管沾污、损坏；信号盘上的光孔或弧形槽残缺、信号盘翘曲造成脉冲信号变形；内部电路断路或接触不良等，使信号减弱、变形或无信号产生，造成发动机不能正常工作。

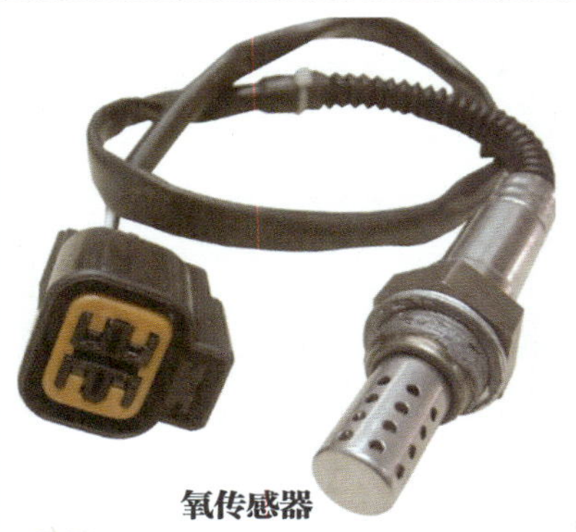

氧传感器

743. 氧传感器有什么作用?

氧传感器随时检测排气中的氧浓度，并随时向发动机电脑反馈信号。发动机电脑根据反馈信号及时调整喷油量，如信号反映混合气偏浓，则减少喷油时间；反之，则增加喷油时间，从而使混合气的空燃比始终保持在理论空燃比附近。

目前使用的氧传感器有氧化锆式和氧化钛式两种，其中应用最多的是氧化锆式氧传感器。

744. 为什么使用两个氧传感器?

氧传感器是实现闭环控制必不可少的重要部件，它对发动机排放控制起着不可缺少的作用。现代电控发动机在三元催化转换器的前后分别装有氧传感器，前面的氧传感器监测空燃比的变化，而三元催化转换器效率的监测，必须使用位于三元催化转换器后面的第二个氧传感器。当三元催化转换器工作正常时，位于三元催化转换器前方的氧传感器的电压变动次数应高于后方的氧传感器，电脑比较前 / 后氧传感器的电压变动次数来判定三元催化转换器是否老化。

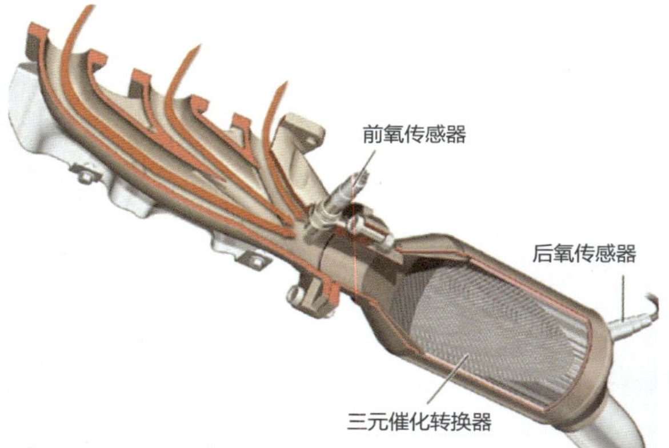

氧传感器安装位置示意图

745. 氧化锆式氧传感器如何工作?

氧化锆式氧传感器的基本元件是氧化锆陶瓷管，亦称锆管。锆管的陶瓷体是多孔的，渗入其中的氧气，在温度较高时发生电离。由于锆管内、外侧氧含量不一致，存在浓度差，因而氧离子从大气侧向排气侧扩散，从而使锆管成为一个微电池，在两电极间产生电压。当混合气的实际空燃比小于理论空燃比，即发动机以较浓的混合气运转时，排气中氧含量少，但 CO、HC 等较多。这些气体在锆管外表面的铅催化作用下与氧发生反应，将耗尽排气中残余的氧，使锆管外表面氧气浓度变为零，这就使得锆管内、外侧氧浓差加大，两铅极间电压陡增。因此，锆管氧传感器产生的电压将在理论空燃比时发生突变：稀混合气时，输出电压几乎为零；浓混合气时，输出电压接近 1V。

要准确地保持混合气浓度为理论空燃比是不可能的。实际上反馈控制只能使混合气在理论空燃比附近一个狭小的范围内波动，故氧传感器的输出电压在 0.1 ~ 0.8V 之间不断变化（通常每 10s 内变化 8 次以上）。如果氧传感器输出电压变化过缓（每 10s 少于 8 次）或电压保持不变（不论保持在高电位或低电位），则表明氧传感器有故障，需检修。

746. 宽频氧传感器是什么原理?

氧传感器的作用是监测尾气中氧的浓度，并将信息反馈给发动机电脑 ECU，ECU 来修正喷油量，实现发动机的闭环控制，减少有害气体的排放。随着发动机电控技术的发展，普通的 4 线制氧传感器由于其检测范围的局限性，已不能满足汽车工况的需求，因而宽频氧传感器在汽车上的应用越来越广泛。

在宽频氧传感器原理图中，废气流通过测量室，只有当“测量室氧浓度”是标准空燃比 14.7 时，窄频带氧传感器的反馈电压才在 0.45V，这时，电脑控制单元泵不泵气，也不排出测量室内的氧气，信号电压在 1.50V 左右。

当混合气浓时，测量室内的氧气浓度会低，电压高压 0.45V 时，电脑识别后让泵电流改变方向，这时向测量室内泵入氧气，电流越大，泵入氧气越多，测量室内氧气变多，浓度恢复到窄频带氧传感器的反馈电压为 0.45V 时，泵电流大小即可反映废气中氧的浓度，信号电压在 1.00 ~ 1.50V 之间。

当混合气稀时，测量室内的氧气浓度会高，电压低压 0.45V 时，电脑识别后让泵电流改变方向，电流越大，排出越多，测量室内氧气变少，浓度恢复到窄频带氧传感器的反馈电压为 0.45V 时，泵电流大小即可反映废气中氧的浓度，信号电压在 1.50 ~ 2.00V 之间。

宽频氧传感器

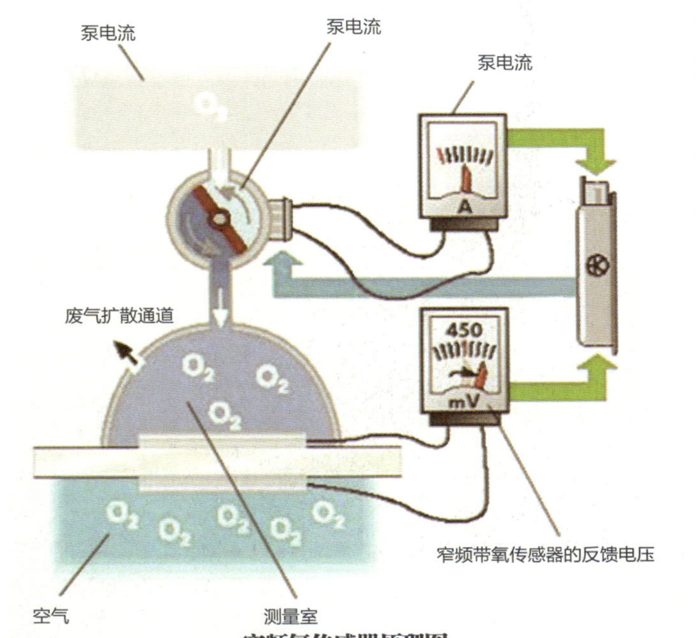

宽频氧传感器原理图

747. 氧传感器有哪些常见故障？

氧传感器一旦出现故障，发动机电脑就不能接收空燃比反馈信号，因而不能对空燃比进行反馈控制，会使发动机油耗和排气污染增加，发动机出现怠速不稳、缺火、喘振等故障现象。氧传感器常见故障如下：

1）氧传感器中毒。氧传感器中毒是经常出现并且较难防治的一种故障，氧传感器顶尖部位的正常颜色为淡灰色，当顶尖部位的颜色为白色则是硅中毒，颜色为棕色则是铅中毒。随着环保要求的日益提高，我国已全面禁止使用含铅汽油，这也避免了氧传感器铅中毒的问题。

2）积炭。积炭的氧传感器顶部是炭黑色的。积炭粘附在氧传感器表面，使对氧敏感材料不能与排气充分接触，积炭少的情况下，可能出现输出信号失准，积炭过多的情况下，氧传感器会完全失效。

3）氧传感器陶瓷碎裂。氧化锆式氧传感器的陶瓷硬并且脆，在安装或维修过程中要避免用较硬的工具敲击或者用强烈气流吹洗，这样都有可能使陶瓷碎裂，所以要特别注意。

4）加热器电阻丝烧断。加热器电阻丝的作用是给氧传感器进行加热，使其可以提前进入工作状态的作用。如果加热器电阻丝烧蚀，就很难使传感器达到正常的工作温度而失去作用。

5）氧传感器内部线路断脱。氧传感器内部断路有是由线束和端子连接不良造成的，还可能是由于其他电系统干涉和机械或化学损坏所造成的，还有时会因为检修或其他原因导致其线路断路或脱落。

氧传感器

748. 如何检测氧传感器加热器电阻？

将点火开关置于 OFF 档位置，拔下氧传感器的线束连接器插头，用万用表电阻档测量氧传感器接线端的加热器端子与搭铁端子间的电阻（具体端子请查阅相关车型的维修手册），其电阻值应符合标准，一般为 4 ~ 40Ω（具体数值参见具体车型说明书）。如不符合标准，应更换氧传感器。测量后，重新连接好氧传感器的线束插接器。

749. 如何检测氧传感器反馈电压？

测量氧传感器反馈电压时，应先拔下氧传感器线束插接器，使用汽车电路测试跨接线进行测量，在发动机运转时从引出线上测量反馈电压。在对氧传感器的反馈电压进行检测时，最好使用指针式万用表，以便直观地反映出反馈电压的变化情况，发动机氧传感器反馈电压检测的具体步骤如下：

1）将发动机运转至正常工作温度。

2）把万用表的负表笔连接搭铁端或负极，正表笔接氧传感器线束插头上引出的测试线。

3）让发动机以 2500r/min 左右的转速保持运转，同时检查万用表读数能否在 0 ~ 1V 之间来回变化，记下 10s 内数值变化的次数。在正常情况下，随着反馈控制的进行，氧传感器的反馈电压将在 0.4V 上下不断变化，10s 内反馈电压的变化次数应不少于 8 次。

4）若万用表数值在 10s 内的变化次数等于或多于 8 次，则说明氧传感器及反馈控制系统工作正常；万用表数值若在 10s 内的变化次数少于 8 次，则说明氧传感器或反馈控制系统工作不正常，可能是氧传感器表面有积炭而使灵敏度降低，此时应让发动机以 2500r/min 的转速运转约 2min，以清除氧传感器表面的积炭；若万用表数值变化依旧缓慢，则为氧传感器损坏或 ECU 反馈控制电路有故障。

750. 如何检查氧传感器是否损坏？

用突然踩下或松开加速踏板的方法来改变混合气浓度。在突然踩下加速踏板时，混合气变浓，氧传感器的反馈电压应上升；突然松开加速踏板时，混合气变稀，氧传感器的反馈电压应下降。如果在混合气浓度变化时，氧传感器输出电压不能相应地改变，说明氧传感器有故障。

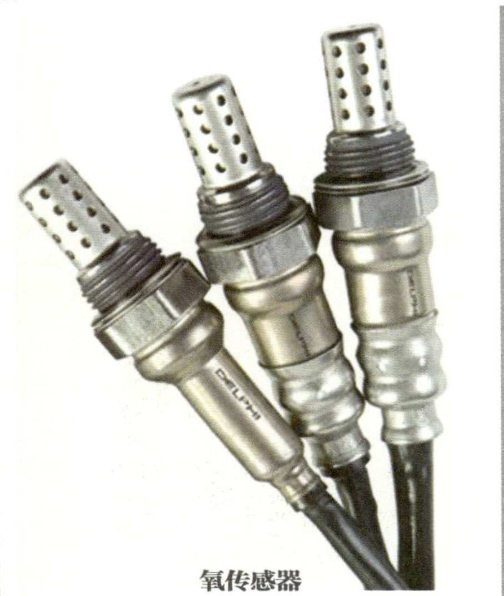

氧传感器

751. 什么是 OBD？

On-Board Diagnostics，简称 OBD，中文翻译为“随车自诊断系统”。这个系统随时监测发动机电控系统的工作状况，并从发动机的运行状况随时监控汽车的尾气是否超标，一旦电控系统元件有故障或尾气超标，会马上发出警示。当系统出现故障时，仪表盘内的故障警告灯（MIL）点亮，同时系统电脑 ECU 将故障信息存入存储器，但通过相应的诊断仪器可将其存入的故障信息读出来。根据故障信息的提示，维修人员能迅速准确地确定故障的性质和部位。

752. 电控点火系统有哪些控制内容？

1）点火提前角控制。在电脑中，首先存储记忆发动机在各种工况及运行条件下最理想的点火提前角。发动机运转时，电脑根据发动机的转速和负荷信号，确定基本点火提前角，并根据其他有关信号进行修正，最后确定点火提前角，并向电子点火控制器输出点火触发信号，以控制点火系的工作。

2）通电时间控制和恒流控制。为保证点火线圈初级电路有足够大的断开电流，以产生足够高的次级电压，同时也要防止通电时间过长使点火线圈过热而损坏，电脑可根据蓄电池电压及转速等信号，控制点火线圈初级电路的通电时间。

在高能点火装置中，还增加了恒流控制电路，以便在极短的时间内初级电流迅速增长到额定值，减少转速对次级电压的影响，改善点火特性。

3）爆燃控制。电脑收到爆燃传感器输出的信号后，电脑对信号进行滤波处理并判定有无爆燃，在检测到爆燃时，立即把点火时刻变成滞后角，在无爆燃时，则采用提前角反馈控制形式。

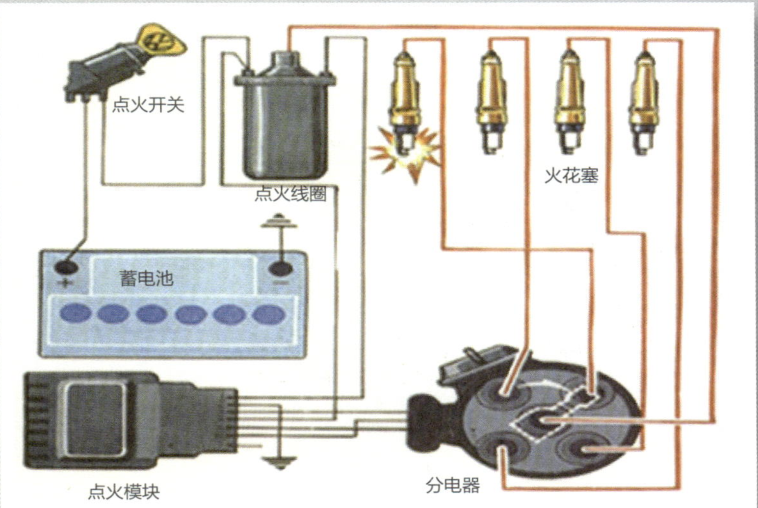

电控点火系统

753. 电子控制无分电器点火系统有何优点?

无分电器点火系统又称直接点火系统，它取消了传统点火系统或普通电子点火系统中的分电器总成（包括分火头和分电器盖等），直接将点火线圈次级线圈与火花塞相连接，即把点火线圈产生的高压电直接送给火花塞进行点火，该系统的优点如下：

1）具有电子控制点火系统的全部优点。

2）废除了分电器，所以节省空间。

3）废除了配电器，不存在分火头与分电器盖旁电极间产生火花的问题，因此，可有效地降低点火系统对无线电的干扰，同时因点火系统高压电路中阻抗减小，点火更加可靠。

无分电器点火控制系统的高压配电方式有二极管分配式和点火线圈分配式两大类。其中，点火线圈分配式无分电器点火系统是将来自点火线圈的高压电直接分配给火花塞，有双缸同时点火和单缸独立点火两种形式。

754. 单缸独立点火有何优势?

独立点火，英文为 Coil On Plug，简称 COP，Coil On Plug 中文直译为线圈在火花塞上，线圈直接安装在火花塞上，即一个气缸分配一个点火线圈，这样还取消了高压线，俗称单缸独立点火。

单缸独立点火方式适用于任何缸数的发动机，特别适合每缸 4 气门的发动机使用。因为点火线圈和火花塞“合二为一”可安装在双顶置凸轮轴 DOHC 的中间，充分利用了间隙空间。由于取消分电器和高压线，能量传导损失及漏电损失极小，没有机械磨损，而且各缸的点火线圈和火花塞装配在一起，外用金属包裹，大幅减少了电磁干扰，可以保障发动机电控系统的正常工作。

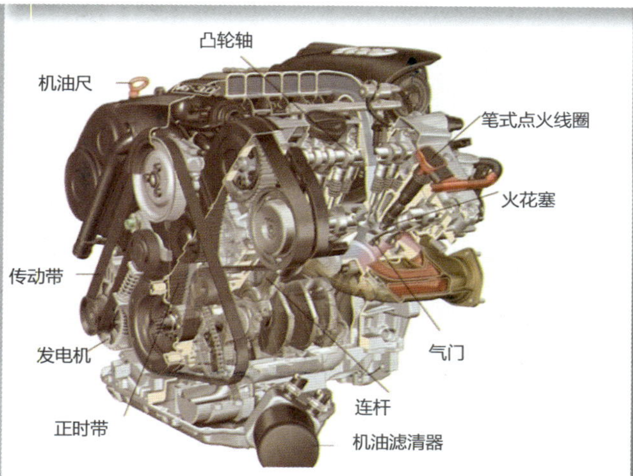

单缸独立点火发动机构造图

755. 什么是双缸同时点火?

双缸同时点火方式是指用一个点火线圈同时为两个气缸点火，因此，这种点火方式只能用于气缸数目为偶数的发动机上。如果在 4 缸汽油机上，当两个气缸的活塞同时接近上止点时（一个是压缩，另一个是排气），两个火花塞共用同一个点火线圈且同时点火，这时候一个是有效点火，另一个则是无效点火。前者处于高压低温的混合气之中，后者处于低压高温的废气中，因此两者的火花塞电极间的电阻完全不一样，产生的能量也不一样，导致有效点火的能量大得多，约占总能量的 80% 左右，所以能可靠点火。

双缸同时点火用点火线圈

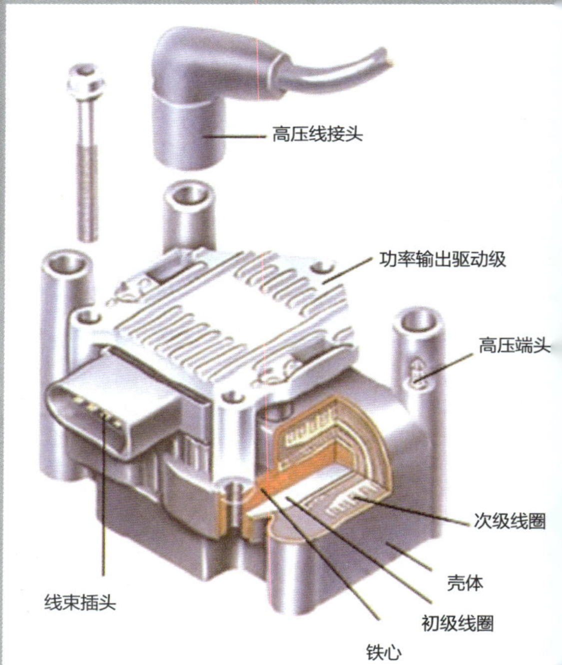

双缸同时点火用点火线圈构造图

756. 什么是连续点火？

连续点火是使每个气缸在工作过程中产生连续两个以上甚至几十个高压火花，能够使放电时间所覆盖曲轴旋转的角度延长十几倍，也就是气缸在每个工作过程产生一串火花而不是仅一个火花。为此，有的制造厂采取在一个火花塞上连续数次放电，也有的制造厂是每个气缸安装两个火花塞依次放电。宝马一般采用的是在一个火花塞上连续 3 ~ 8 次放电的连续点火控制方式，其连续点火只是发生在发动机处于怠速工况时，当发动机转速增加时，连续点火方式即转变为普通一次点火方式；而福特嘉年华的连续点火控制转速范围远远的超过怠速转速，根据实际测试的结果，在发动机转速低于 1700r/min 时，电脑仍执行每缸两次的连续点火控制，但当发动机转速超过 1700r/min 时，点火次数也会从两次连续脉冲点火转变为普通一次点火方式。

757. 连续点火有何优势？

连续点火通过增加点火次数和延长放电时间实现了增强点火能量的目的。由于增加点火次数、延长放电时间，向混合气提供了更多的能量，同时连续击穿放电产生较强的电磁场，这些都使混合气中的氧分子吸收大量能量而转化为活化氧分子、新生氧原子和臭氧。活化氧分子键比普通氧分子的键容易断裂，它们和新生氧原子都表现出较强的化学活泼性，强烈地参与同汽油类分子的氧化反应，这样就使反应速度加快，燃烧更加充分。

758. 什么是双火花塞点火系统？

本田飞度使用的双火花塞点火系统是在半球形燃烧室两侧对称布置两个同型号火花塞，这两个火花塞与燃烧室中心的距离相等，两个火花塞同时点火，不仅火焰传播距离缩短了一半，而且两个火花塞同时着火爆炸燃烧，急速形成较强烈的涡流，大幅度加快了火焰的传播速度。

双火花塞点火系统

759. 双火花塞点火系统有何优势？

本田飞度是配备了本田新一代 23km/L 低耗油发动机 “i-DSI 发动机”。智能化双火花塞顺序点火 i-DSI 系统，把通常一个气缸一个火花塞控制点火方式改为在一个气缸上安装两个火花塞，分别设在进气侧和排气侧，缩短了燃烧室内火焰传播的时间，实现了全域范围内的急速燃烧，同时降低了爆燃的倾向，使大幅度提高压缩比成为可能，实现了高输出功率、高输出转矩及低油耗的统一。

760. 双火花塞点火系统怎样工作？

本田独有的双火花塞点火系统是根据发动机转速和负荷状况来编制的。当可燃混合气进入燃烧室，靠近进气侧的第一个火花塞点火。接着，靠近排气侧的第二个火花塞点火，促进燃烧过程。与单一的火花塞系统相比，这个系统使燃烧更加完全，发动机输出功率更大，油耗更少，排放降低。

761. 什么是高压高频交流点火？

在连续点火控制技术逐步应用在汽车电子点火系统的同时，一种更加先进的电子点火控制技术也在最新型的车辆上得到采用，这就是高压高频交流点火技术。

在最新的奔驰 S600 轿车上，M137.970 发动机控制系统就采用了这一新的点火系统。这一点火系统专门使用了一个 ECI 主控单元，为点火模块提供 180V 的直流电压以及一个 23V 的辅助电压（用于爆燃监控）。来自 ECI 主控单元的 180V 直流电压提供给两个点火模块。在点火瞬间，直流电压被转换为频率为 25kHz 的交流电压，这意味着每一次点火时，在点火线圈内每秒钟会产生 2.5 万次的磁场变化，也就是说会产生同等次数的电火花，使整个燃烧过程中拥有持续不断的火花放电。

火花塞

762. 点火提前角对发动机有何影响?

如果点火提前角过小（即点火过迟），则燃烧将在气缸容积快速增大的情况下进行，从而使最高爆发压力下降，发动机输出功率下降，同时由于高温燃体与气缸壁接触面积增大，导致热损失增大，发动机过热，燃油消耗增加。

如果点火提前角过大（即点火过早），则燃烧将在压缩行程中进行，活塞在到达压缩上止点前，气缸内的压力已达到最大，对正在上行的活塞造成很大的阻力，这样不仅使发动机输出功率下降，燃油消耗增加，还会引起爆燃。

763. 最佳点火提前角由几部分组成?

微机控制电子点火系统所控制的最佳点火提前角通常包括初始点火提前角、基本点火提前角和修正点火提前角 3 部分。实际的点火提前角就是这 3 部分相加的结果。

764. 起动时点火提前角如何控制?

发动机起动时，电控单元不进行最佳点火提前角调整控制，而是根据发动机转速信号和起动开关信号以固定不变的点火提前角点火。当发动机转速超过一定值时，（如大于 500r/min），自动转入由电控单元控制的最佳点火提前角计算及控制程序。

发动机转速表

765. 起动后最佳点火提前角如何控制?

发动机起动后，电控单元对最佳点火提前角的计算和控制一般按照如下步骤进行：首先根据发动机转速信号和判缸信号确定初始点火提前角，然后根据发动机转速和负荷确定基本点火提前角，最后再根据有关传感器的信号确定修正点火提前角，这 3 项点火提前角的代数和即为实际的最佳点火提前角，即：

最佳点火提前角 = 初始点火提前角 + 基本点火提前角 + 修正点火提前角

766. 如何确定基本点火提前角?

发动机正常运转时，电控单元按怠速工况和非怠速工况两种情况，确定基本点火提前角。

发动机处于怠速工况时，电控单元根据节气门位置信号、发动机转速信号及空调开关信号，确定基本点火提前角。

发动机处于非怠速工况时，电控单元根据发动机转速和节气门位置信号，从预置在存储器中的数据表中查出相应的基本点火提前角。

节气门

767. 修正点火提前角包括哪些内容?

除了转速和负荷以外，其他对点火提前角有重要影响的因素均归入到修正点火提前角中。电控单元根据有关传感器的信号，分别调整对应的修正值，它们的代数和就是修正点火提前角。修正点火提前角所包含的修正值有暖机修正、过热修正、空燃比反馈修正、怠速稳定性修正和爆燃修正等。

768. 暖机时如何修正点火提前角?

发动机冷车起动后，冷却液温度较低时，应增大点火提前角。在暖机过程中，随着冷却液温度的升高，点火提前角修正值应逐渐减小。发动机暖机修正的主要控制信号包括冷却液温度信号、空气流量信号、节气门位置信号等。

769. 过热时如何修正点火提前角?

发动机处于正常运行工况时，若冷却液温度过高，为了避免产生爆燃，应将点火提前角推迟。发动机处于怠速工况时，若冷却液温度过高，为了避免发动机长时间过热，应将点火提前角增大。

过热修正的主要控制信号包括冷却液温度信号、节气门位置信号等。

点火燃烧做功

770. 如何进行空燃比反馈修正?

装有氧传感器的电控汽油喷射系统，其电控单元根据氧传感器的反馈信号进行空燃比修正。随着修正喷油的增加或减少，发动机转速在一定范围内波动。为了提高怠速的稳定性，在反馈修正油量减少时，点火提前角相应地增加。

空燃比反馈修正的控制信号主要有氧传感器信号、节气门位置信号、冷却液温度信号、车速信号等。

771. 如何进行怠速稳定性修正?

发动机在怠速工况运行时，负荷变化使发动机转速发生变化，电控单元要调整点火提前角，使发动机在规定的怠速转速下稳定运转。

发动机处于怠速工况时，电控单元不断地计算发动机的平均转速，当发动机的转速低于规定的怠速转速时，电控单元根据实际转速与目标转速差值的大小相应地增大点火提前角；当发动机转速高于目标转速时，则减小点火提前角。

怠速稳定性修正的控制信号主要有发动机转速信号、节气门位置信号、车速信号和空调信号等。

772. 什么是点火正时?

在发动机的压缩行程终了，活塞到达压缩行程的顶点时，点火系统向火花塞提供高压火花以点燃气缸内被压缩的可燃混合气做功，这个时间就是点火正时。为使点火能量最大化，点火正时一般要提前一定的量，所以是在活塞即将到达压缩行程上止点的那一刻点火，而不是正好到达压缩行程上止点时才点火，这个提前量叫点火提前角。

火花塞点火

773. 点火正时灯有什么作用?

点火正时灯是专门用于测试发动机运转中点火时间是否正确的测试仪器，它用正时灯泡与高压电同时发光作为正时记号来测试点火时间。

774. 点火正时灯由哪些部件组成？

点火正时灯由闪光灯、传感器、整形装置、延时触发装置和显示装置组成。正时灯是一种频率闪光灯，每闪光一次表示第一缸的火花塞发火一次，因此，闪光与第一缸点火同步。当正时灯对准发动机第一缸压缩终了上止点标记，并按实际跳火时间进行闪光时，若飞轮或曲轴传动带盘上的标记还未到达固定指针，即第一缸活塞还未到达压缩终了上止点。此时，可调整正时灯电位器，使闪光时机推迟至转动部分上的标记正好对准固定指针之时，那么推迟闪光的时间就是点火提前的时间，将其显示到表头上，便可读出要测的点火提前角。

点火正时灯

775. 如何使用点火正时灯？

1）将正时灯的红色电源夹夹在蓄电池的正极上，黑色电源夹夹在蓄电池的负极上。

2）将正时灯的外卡式传感器卡在一缸高压线上，如果是独立点火系统，应在一缸点火线圈上贴感应片，使用专用片式感应器。

3）发动机运转到正常工作温度，打开正时灯开关。

4）在发动机稳定怠速下，正时灯对准转动标记，调整正时灯延时旋钮，直到转动标记与缸体固定标记对齐，此时，正时灯指示装置上的读数即为发动机怠速下点火提前角。用同样的方法可以测出不同工况下的点火提前角。

5）检测完毕，关闭正时灯，取下电源夹和外卡式传感器。

776. 电子点火系统的使用应注意哪些问题？

1）安装时，接线必须正确、牢固，电源的极性务必不能接错，否则极易损坏点火模块。

2）点火模块必须搭铁良好，使用中应尽可能减少搭铁处接触电阻，确保电路稳定可靠地工作。

3）点火信号线应与高压线分开，避免高压线对点火系统的干扰。

4）洗车时，应尽量避免洗车水溅到点火模块和分动器内。

5）在发动机运转过程中，严禁拆卸蓄电池，也不可用刮火的方法试电，以免损坏点火模块。

6）电子点火系统一般都使用高能点火线圈，应尽可能避免用普通点火线圈代用。

7）高压线必须连接牢靠，如果连接不牢，容易造成系统电压过高而损坏高压系统的绝缘。

8）在判断点火系统的故障时，不要使高压电路处于开路状态，否则极易使点火器中的大功率晶体管损坏。

9）当需要拆卸点火系统的连接导线或安装测试仪器时，应先关断点火开关或拆下蓄电池的负极导线。

10）点火模块应安装在干燥、通风良好的部位，使用中应保持其表面清洁，以利散热。

777.EVAP 是什么原理？

油箱中的燃油因外部空气和排气管的热辐射变热，加之从系统回油管流回的过量燃油在流过发动机零部件时，这些部件已被热的发动机辐射加热，结果油箱中的燃油受热挥发，就产生了排放物，这些排放物主要是油箱中的燃油蒸气。

EVAP 的中文含义为油箱蒸发物排放控制系统。该系统配备有安装在油箱通风管末端的活性炭罐，利用炭罐中的活性碳吸附燃油蒸气，为了使活性炭罐在饱和后具有再生功能，在发动机运行时，进气管中产生的真空将这股新鲜空气和汽油蒸气经过炭罐吸入进气管，并带到发动机中以供燃烧。为了使空燃比控制更精确和利于自诊断，在与进气管相通的导管上安装了碳罐电磁阀，以计算这股再生“清洁”气流。

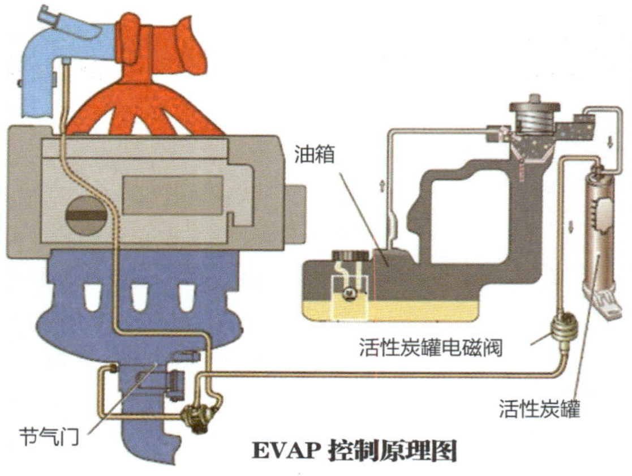

EVAP 控制原理图

778. 二次空气喷射起到什么作用?

自世界上第一个车辆排气污染控制标准实施以来，二次空气喷射系统已经被广泛地应用在汽车上，它实际上就是一种尾气排放控制实用技术，用以减少排气中碳氢化合物 HC 和一氧化碳 CO 的排放量。实践证明，二次空气喷射系统在汽、柴油发动机上都能取得良好的效果。

在发动机冷起动阶段，HC 和 CO 等有害物质排放相对较高，并且此时三元催化转换器尚未达到工作温度（30℃以上），因此，二次空气喷射主要是在冷起动阶段工作。在冷起动及怠速初始阶段，二次空气喷射系统工作，发动机控制单元 J220 控制二次空气泵继电器 J299 及二次空气进气阀 N112 同时启动，则二次空气泵 V101 将新鲜空气泵入到组合阀 A 和 B。与此同时，来自二次空气进气阀 N112 的真空压力将组合阀 A 和 B 打开，则从二次空气泵 V101 到缸盖的二次空气进气道之间的空气通路就被打开了，新鲜空气被送到排气门的后部，这样，就可以增加废气中氧气的浓度，于是，碳氢化合物 HC 和一氧化碳 CO 就会再次燃烧。这个燃烧过程既帮助加热了三元催化转换器，使得三元催化转换器更快地达到工作温度，又降低了空气污染物的排放，可谓“一箭双雕”。

冷起动后，发动机以怠速转速运行约 60 ~ 90s，发动机控制单元 J220 控制二次空气泵继电器 J299 及二次空气进气阀 N112 同时断电，来自二次空气进气阀 N112 的大气压力将组合阀 A 和 B 关闭，则从二次空气泵 V101 到缸盖的二次空气进气道之间的空气通路就被关闭了，从而可防止热的废气进入以及损坏二次空气泵，二次空气喷射系统停止工作。

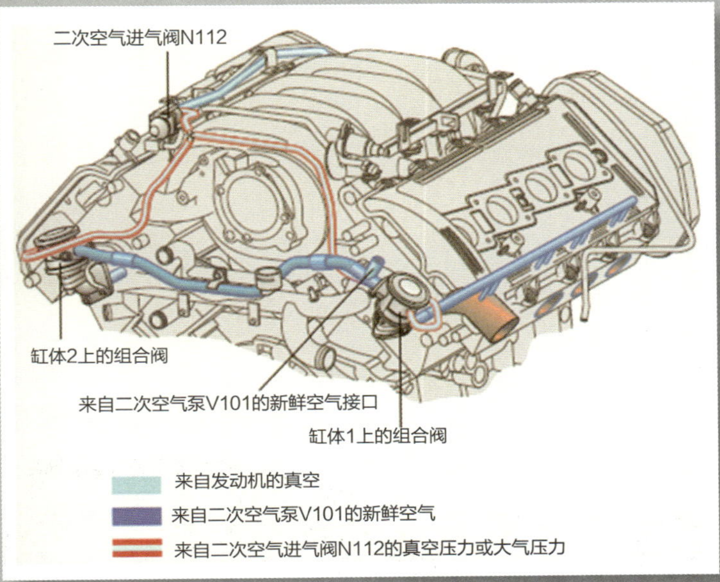

二次空气喷射系统结构图

779. 三元催化转换器有什么作用?

三元催化是指将汽车尾气排出的一氧化碳 CO、碳氢化合物 HC 和氮氧化合物 NO_x 等有害气体通过氧化和还原作用转变成无害的二氧化碳 CO_2、水 H_2O 和氮气 N_2，其主要是利用三元催化转换器，它是安装在汽车排气系统中最重要的机外净化装置。

三元催化转换器的载体部分是一块多孔陶瓷材料，安装在特制的排气管当中。称它为载体，是因为它本身并不参加催化反应，而是在上面覆盖着一层铂、钯、铑等贵重金属。

三元催化转换器

780. 内部废气再循环如何工作？

发动机的内部废气再循环是通过气门重叠角实现的。首先我们来了解一下什么是气门重叠。在进、排气行程中，由于进气门提前开启、排气门迟后关闭而存在进、排气门同时开启的现象，称为气门重叠。进气门提前开启，以增加空气进气量；而排气门迟后关闭，以尽量排出气缸内的残余废气。通过合适的气门重叠角就可实现发动机内部废气再循环。

内部废气再循环可以降低氮氧化合物 NO_x 的生成量。与外部废气再循环一样，氮氧化合物 NO_x 生成量的减少也是通过引入废气来降低燃烧温度的方法实现的。

那么，内部废气再循环是如何工作的呢？在排气行程中，进气门和排气门同时开启，于是借助于进气歧管产生的较高真空度，燃烧室中一部分已经燃烧过的气体就又被吸入到进气道内，在下个进气行程会被吸入燃烧室再次参加燃烧。

781. 什么是进气惯性增压？

当气体高速流向进气门时，如果进气门突然关闭，进气门附近气体的流动将突然停止，但是由于惯性，后面的气体仍在进入，于是进气门附近的气体将受到压缩，压力上升。当气体的惯性效应消减后，被压缩的气体开始膨胀，向进气气流的相反方向流动，压力下降。膨胀气体的膨胀波传到进气管口时又被反射回来，于是形成了压力波。

如果上述的进气压力脉动波与进气门开闭配合好，使反射的压力波集中到要打开的进气门旁，在进气门打开时，就会形成对进气进行增压的效果。

一般而言，进气管长度长时，压力波波长长，可使发动机的中低转速区功率增大。进气管长度短时，压力波波长短，可使发动机的高速区功率增大。

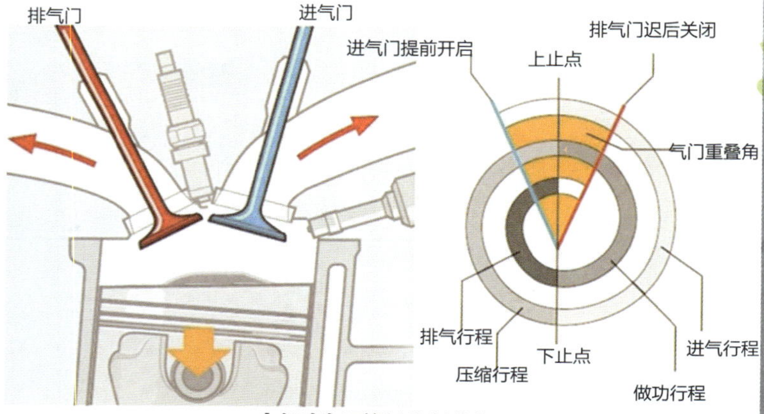

内部废气再循环原理图

782. 为什么安装涡轮增压器？

汽车安装废气涡轮增压器的目的，是为了利用发动机排气气流的动能，推动涡轮和压气机高速旋转，对进气进行压缩，以便在加速和高负荷工况增加进入气缸的空气量，提升发动机的输出功率。

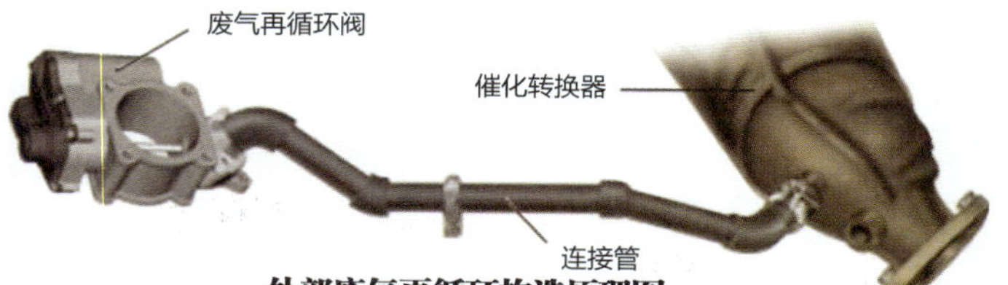

外部废气再循环构造原理图

外部废气再循环通过催化转换器上的一根连接管来抽取废气后，通过再循环阀导入发动机燃烧室内参加燃烧，用以降低最高燃烧温度，从而减少氮氧化合物 NO_x 的生产量。

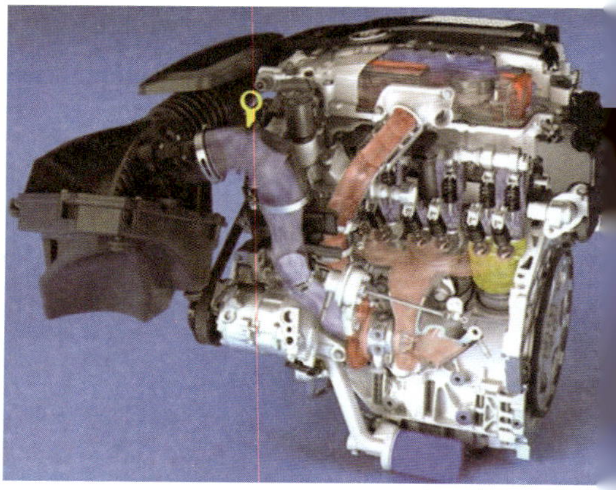
涡轮增压发动机

783. 如何延长涡轮增压器的使用寿命?

1）由于涡轮增压器在使用过程中温度较高，且其结构比较特殊，因此在机油选取方面有特殊的要求。普通汽油机车型在保养时使用的机油不能符合涡轮增压车型的使用要求。因此在保养过程中一定要使用涡轮增压车辆专用机油。

2）发动机着火后，特别是在冬季，应让其怠速运转一段时间，以便在增压器转子高速运转之前让润滑油充分润滑轴承。刚起动后不能猛踩加速踏板，以防损坏增压器油封。发动机大负荷、长时间运行后，在熄火前应怠速运转 3 ~ 5min，使增压器转子的转速降下来以后再熄火。

3）由于很多情况下在城市道路行驶时，“T”车的涡轮增压系统并不起太大作用，长期堵车可能会产生积炭。积炭过多，既会影响发动机工作，也容易危害涡轮增压系统。因此，建议在 20000 ~ 30000km 期间做保养时为车辆清除积炭。

784. 可调叶片式涡轮增压器什么样?

涡轮增压发动机是利用排气系统中的废气冲击泵轮来压缩进气系统中的空气的增压发动机，英文为 Turbocharger，简称 T，我们在轿车尾部看到的 1.8T、3.0T 等，这里面的 T 表示该车采用涡轮增压发动机。

涡轮增压器有旁通支路式和可调叶片式两种控制废气流量的方式。由于可调叶片式涡轮增压器在任何转速下均可产生所需压缩力，因此，被越来越多地采用。

那么，可调叶片式涡轮增压器是如何工作的呢? 举个例子，如果两个管内的压力相同，气体流过有颈缩的管要比流过无颈缩的管速度快很多，可调叶片式涡轮增压器就是采用这一原理。

为在发动机低速和满负荷工作时迅速产生足够的充气压力，叶片转动使进气口变小。进气口变小后，废气流速增大，从而提高了泵轮转速，加大增压效果。如果要减小充气压力，可转动叶片，进气口增大，增大废气流量，从而保证泵轮转速及充气压力恒定不变。

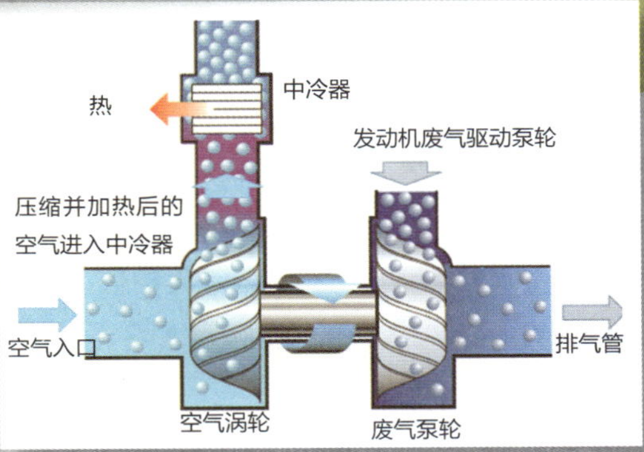

涡轮增压原理图

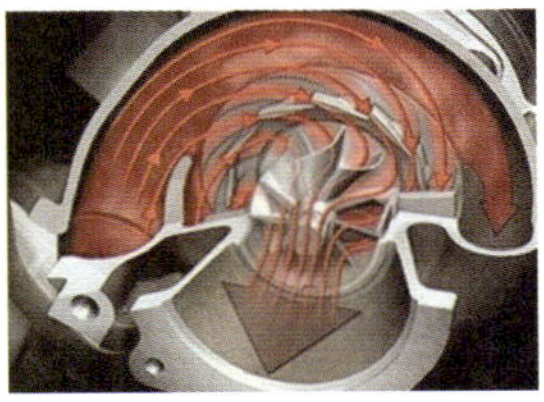
进气口小时气流

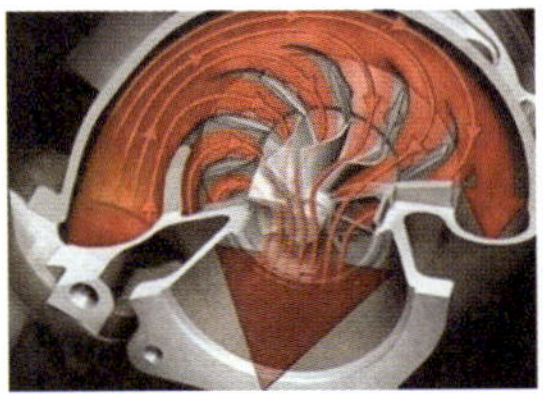
进气口大时气流

785. 旁通支路式涡轮增压器如何工作?

这种增压器与可调叶片式涡轮增压器一样，是利用发动机排出废气的能量冲击装在排气系统中的废气泵轮，使之高速旋转，通过一根转轴带动空气涡轮以同样的速度高速旋转使之压缩空气，并强制地将增压后的空气压送到气缸中。由于发动机功率与进气量成正比，因此，可提高发动机功率。与可调叶片式利用叶片的角度来控制废气的流量及流速不同，它利用的是废气阀来控制废气的流量及流速。无论是可调叶片式还是旁通支路式涡轮增压器，其整个增压过程基本不会消耗发动机本身的动力。

涡轮增压拥有良好的加速持续性，用通俗的话说就是后劲十足。而且最大转矩输出的转速范围宽，转矩曲线平直，但低速时由于涡轮不能及时介入，从而导致动力性稍差。

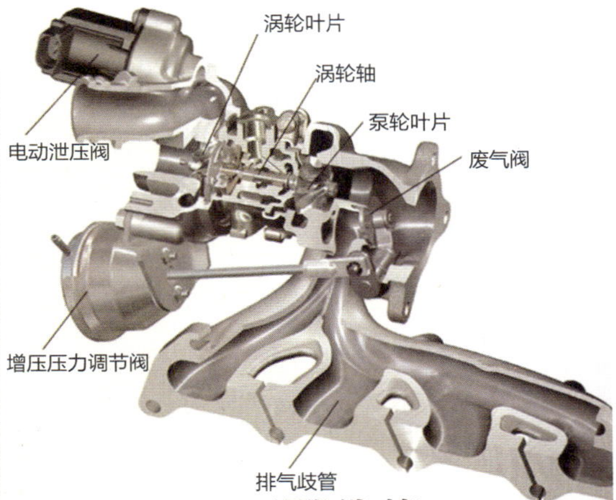

涡轮增压发动机

786. 涡轮增压器为何设有废气阀?

废气涡轮增压器设置废气阀的目的，是让一部分废气从废气阀排出，从而适时降低涡轮增压器叶轮的转速，减小增压压力，以抑制发动机爆燃的产生。废气涡轮增压器的废气阀一般利用节气门后方的负压来驱动。

787. 涡轮增压器为何会变红?

废气涡轮增压器烧得通红是一种过热的表现。这种故障一般是因为气缸内混合气燃烧迟缓。燃烧迟缓的常见原因是点火提前角过小以及混合气过稀。当混合气过稀时，过量空气系数变大，火焰的传播速度较慢，燃烧时间变长，燃烧气体与气缸壁接触的时间增长，因而容易引起发动机过热。另一方面，在排气行程终了时，气缸内还有燃烧火焰，当排气门一开启，含有未燃烧成分的废气排出，在排气管中继续燃烧，就会将增压器烧红。

788. 如何检查排气管是否堵塞?

检查排气管是否堵塞的方法是测量排气管的背压。判断废气涡轮增压型发动机的排气管是否堵塞，不宜采取拆卸氧传感器的检查方法。这是因为废气涡轮增压器是依靠排气气流的动能来推动的，拆卸氧传感器后，虽然排气畅通了，但是由于排气背压大大下降，增压效果也会降低。在三元催化转换器堵塞的情况下，拆卸氧传感器后，涡轮增压型发动机的动力可能没有明显变化。

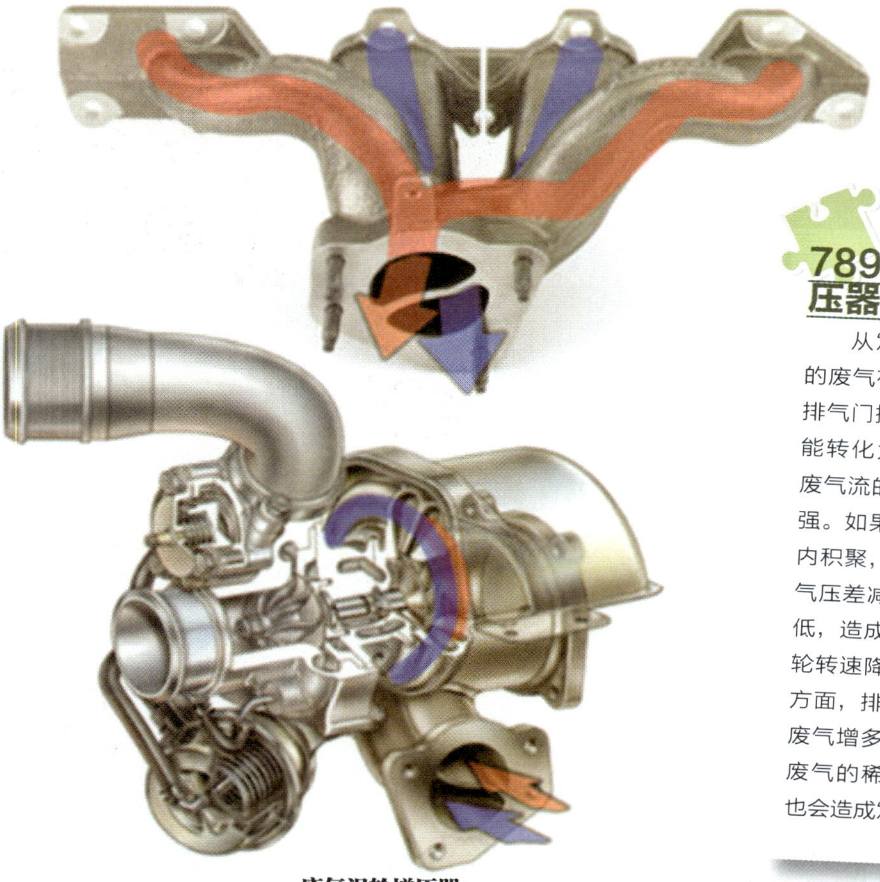

废气涡轮增压器

789. 排气系统堵塞对增压器有何影响?

从发动机的结构与原理看，气缸内的废气在排出前具有相当大的能量，从排气门排出后，驱动泵轮高速旋转，势能转化为动能，然后压力下降。因此，废气流的流速越快，驱动泵轮的能力越强。如果排气管堵塞，废气会在排气管内积聚，使排气背压升高，气缸内外的气压差减小，废气气流的速度和压力降低，造成泵轮转速以及与泵轮同轴的涡轮转速降低，增压能力必然下降。另一方面，排气背压过高时，气缸内残留的废气增多，新鲜空气充入量减少，由于废气的稀释作用，使混合气相对稀薄，也会造成发动机功率下降。

790. 涡轮增压器漏油分为几种情况?

1）对外漏油，会造成机油缺失，发动机的机油压力降低，影响发动机的正常润滑，增加增压器轴承的磨损。

2）向进气系统漏油，会造成发动机冒蓝烟、积炭增加及怠速不稳。如果发动机冒蓝烟（可能是烧机油），需要检查废气涡轮增压器是否向进气管漏油。

3）向排气系统漏油，不仅危害三元催化转换器，使其受到污染和失效，而且容易引起排气管路堵塞，降低发动机的输出功率。

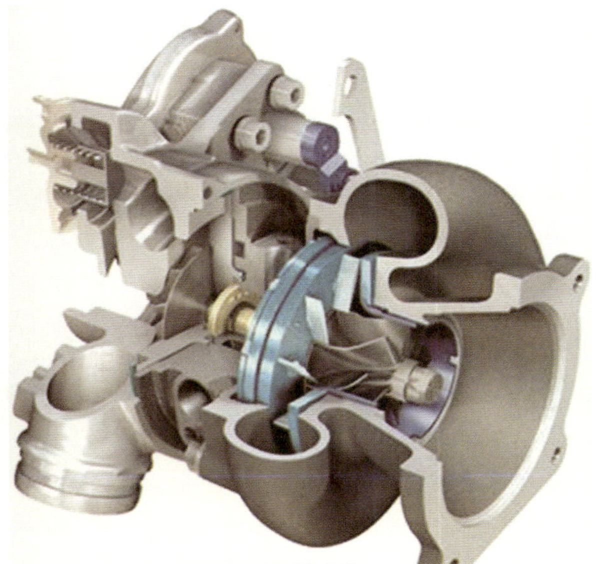

废气涡轮增压器

791. 如何减少涡轮增压器漏油?

1）中间壳体上的机油进油口和出油口应当垂直安装。出油管从增压器接出后，应当逐渐地弯曲并连接到曲轴箱，中途不得有“死弯”，以防回油不顺畅而迫使机油向涡轮室或压气机渗漏。

2）避免长时间怠速运转。若增压器长时间（10min以上）怠速运转，因涡流室和压气机中的压力比较低，少量润滑油有可能通过密封件渗漏进来，使压气机叶轮上粘附润滑油，降低增压器的工作效率。

3）保持中间壳体回油通道畅通、管道不变形、密封件（密封环、油封）不损坏。

792. 废气涡轮增压发动机进气系统有哪些容易漏气的部位?

废气涡轮增压发动机的进气系统由空气滤清器、涡轮增压器、中冷器、进气歧管以及连接管道组成。如果进气系统漏气，将降低增压效果，引起怠速不稳、加速不良和功率下降等现象。废气涡轮增压发动机进气系统容易漏气的部位有以下几处：

1）空气滤清器至增压器压气机进气口之间的接头处，此处漏气还会引起气缸的过早磨损，加速增压器的损坏。

2）增压器的进气口和排气接口处漏气。

3）增压器至进气歧管之间的连接胶管，此处漏气会使进气压力下降，导致发动机的动力不足。

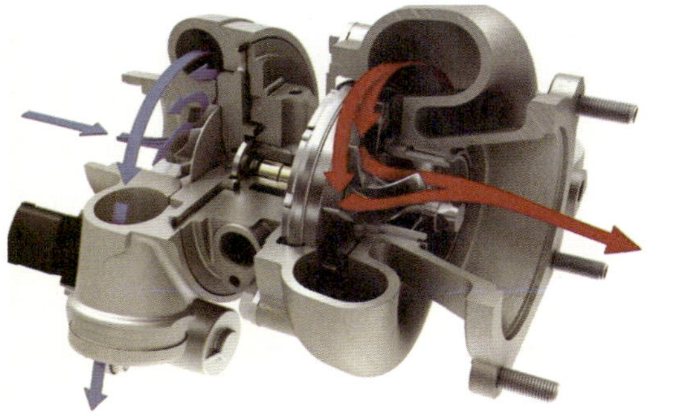

废气涡轮增压器

793. 如何判断废气涡轮增压器的工作性能?

1）一个人踩住加速踏板，将发动机加速到 3000r/min 以上，使废气涡轮增压器起作用。另一个人用手握住节气门之前的进气软管，进气软管应该有膨胀感觉，此时软管内的气体压力激增（约为 160 ~ 180kPa）。如果手感进气管柔软甚至收缩，说明涡轮增压器工作失常。

2）测量发动机进气歧管压力。在涡轮增压器起作用时进气歧管的压力应当大于 102kPa；在发动机熄火后，进气歧管的压力应当等于大气压力。

794. 如何维护废气涡轮增压器？

1）由于涡轮增压器多位于发动机的顶部，而所用的机油来自发动机的油底壳，机油经过机油冷却器和机油滤清器之后，才能到达涡轮增压器，中间需要一个较长的过程。因此，废气涡轮增压发动机应当轻踩加速踏板起动，升温前不加速，怠速运转一段时间后再熄火，其目的是为了确保增压器全浮式轴承的润滑。

2）在检测废气涡轮增压发动机的过程中，要防止发动机熄火。如果涡轮增压发动机在大负荷状态下熄火，应当设法重新起动，以防热量大量聚积而造成增压器的轴承抱死。

3）要防止发生运动干涉现象。发动机一熄火马上倾听叶轮与泵壳之间有无“嚓嚓”的碰撞声音。如有，应当检查转子轴的轴向间隙和径向间隙是否符合规定、浮动轴承是否磨损过甚、增压器机壳是否变形、转子轴是否失去动平衡等。

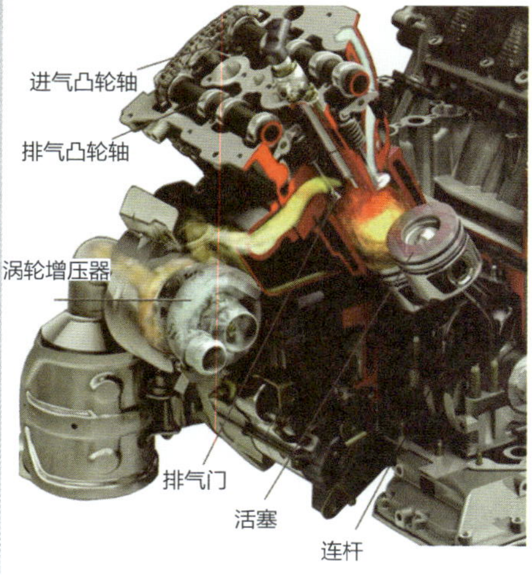

涡轮增压器工作示意图

795. 如何更换废气涡轮增压器？

1）发动机热机时，停机放净油底壳内的旧机油。

2）向发动机内加入适量的清洗油（用 75% 柴油与 25% 机油勾兑），起动发动机运转 3 ~ 5min 后熄火，放掉清洗油，再加入适量的新机油，在发动机运行 5 ~ 10min 后放掉，从而保证发动机润滑油道干净。

3）清洗或更换增压器进回油管，若有密封垫片，应检查其有无腐蚀、变形及堵塞油管。

4）清洗油底壳，更换机油滤清器和空气滤清器芯，再按规定向发动机内添加新机油。

5）拆下损坏的增压器，察看增压器进气管与发动机排气管内是否有杂物，以防杂物打坏泵轮、涡轮。

6）检查新增压器，主要包括外观是否完好，型号是否与发动机相配，转子转动是否灵活。如果泵轮滞转或有碰擦壳体的感觉，要查明原因后再安装。

7）安装新增压器时，应先连接回油管，再向其进油口处加注少量机油，并用手转动泵轮，直到润滑油到达各轴承表面，最后安装进油管及其他管道。

8）起动发动机，怠速工作 3 ~ 5min，检查增压器，应无漏油漏气现象，所有连接部件应紧固密封，逐渐深踩加速踏板，应无异响。

796. 更换涡轮增压器时应注意哪些问题？

1）安装前确保油、气管道的清洁干净。要确保增压器进回油管路的清洁通畅、布置合理适当，不能扭曲阻塞，增压器和进排气道内也不能有任何异物。

2）通过查看增压器的铭牌，确定型号是否与发动机相匹配。

3）安装新增压器时要轻拿轻放，不能把废气阀的推杆当成把手，以免影响废气阀执行机构的灵敏度和可靠性。

4）新增压器使用前需要预润滑，但加入的机油不能浸没增压器。

5）增压器的废气阀、调节阀及其相连接的零件不要随意拆装或更换，防止改变调节阀内的弹簧预紧力，影响增压器的正常工作压力。

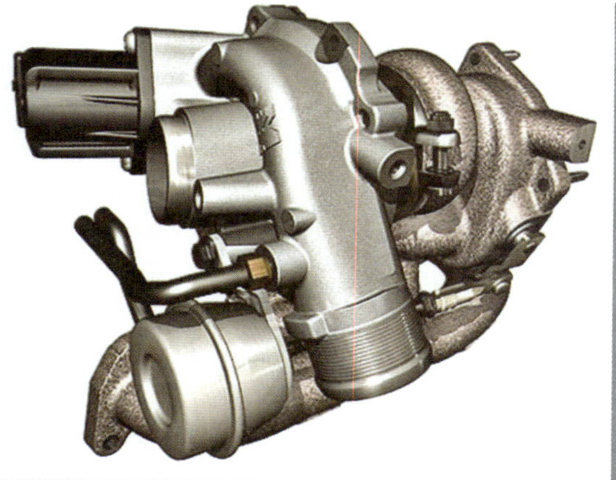

废气涡轮增压器

797. 什么是罗茨式增压器?

在某些资料里，我们看到的罗茨式增压器实际上就是机械增压器，英文为 Supercharger。它不像涡轮增压器那样通过废气驱动泵轮从而来提高进气压力，而是由发动机曲轴通过传动带驱动增压器的转子旋转，从而将空气增压吹到进气管。正因为机械增压是通过曲轴的带动来工作的，因此，会对发动机输出的动力造成一定程度的损耗。

因为机械增压的驱动原理，使其在低转速下便可获得增压。增压的动力输出也与曲轴转速成一定的比例，即随着转速的提高机械增压发动机的动力输出，也随之增强。机械增压发动机与自然吸气式虽然极为相似，却能拥有较大的功率与转矩。但由于高转速时机械增压器会损失掉发动机的部分动力，在高转速时，其增压作用就不是很明显。

以前的增压器配备的是双叶片转子。现在多数配备的是三叶片的螺旋形转子，这样，才能保证产生较高的增压压力，最重要的是产生恒定的增压压力（效率高）。

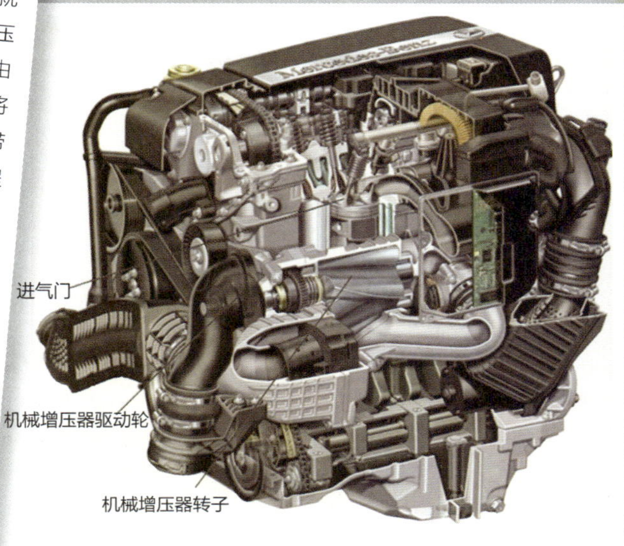

机械增压发动机构造图

798. 双增压器是怎么回事?

所谓双增压就是利用机械增压在低速阶段的优势和涡轮增压在高速阶段的优势衔接在一起工作，其英文为 Twincharger。

机械增压有助于低转速时的转矩输出，但高转速时功率输出有限；而废气涡轮增压在高转速时拥有强大的功率输出，但低转速时则力不从心。鉴于上述原因，发动机的设计师们把机械增压和涡轮增压结合在一起，来弥补两种技术各自的不足，从而保证在低速、中速和高速时都有较佳的增压效果。

双增压发动机构造分解图

799. 为什么需要中冷器?

进入增压发动机的空气经过增压器被压缩后，温度会升高。增压后的气体温度大概会升高多少呢？这个要视增压器的工作情况而定，转速越高，增压压力越大，温度上升就越大，一般而言能够上升 40 ~ 60℃，加上空气本来的温度，增压后的气体已经很烫了。

高温空气对燃烧特别不利，会使发动机功率降低、排放变差。在相同的燃烧条件下，增压空气的温度每上升 10℃，发动机功率就会下降约 3% ~ 5%。这个问题就非常严重了，好不容易增加的功率会因空气温度过高而抵消。为了解决这个问题，在增压器与发动机进气歧管之间安装了散热器。由于这个散热器位于发动机和增压器之间，所以，又称作中间冷却器，简称中冷器。

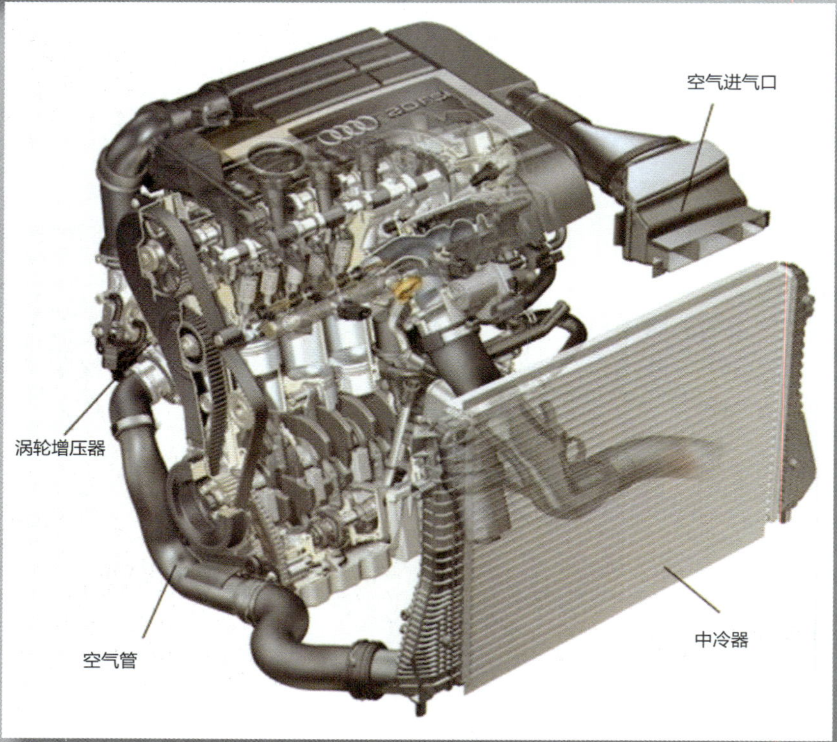

中冷器安装位置示意图

800. 为什么说中冷器和增压器对着干?

增压器通过压缩空气提高发动机的功率，但流经增压器的空气由于摩擦等原因，温度升高，结果是单位体积内的空气量变少，这与安装增压器的目的背道而驰。

之所以说中冷器和增压器对着干，是因为中冷器会增加空气阻力，使增压空气的压力下降，导致增压效果减少，发动机响应变慢，不过这种效应比起中冷器对发动机提升功率的作用来说，就显得无足轻重了。